Sous la direction de

André Meunier   Joëlle Paul

GRAMMAIRE 3e

André Meunier
Agrégé de grammaire
Maître de conférences
en linguistique française

Joëlle Paul
Certifiée de lettres classiques

Anne-Karine Bourkaïb
Agrégée de grammaire
Professeur au collège Moulin-des-Prés
Paris

Catherine Corradino
Agrégée de lettres classiques
Professeur au collège Saint Jean de Passy
Paris

Patrick Dubois
Certifié de lettres modernes
Professeur au collège Georges Braque
Neuilly-sur-Marne

Delphine Dussart
Agrégée de lettres modernes
Professeur au lycée Van Gogh
Aubergenville

Bordas

Une démarche active

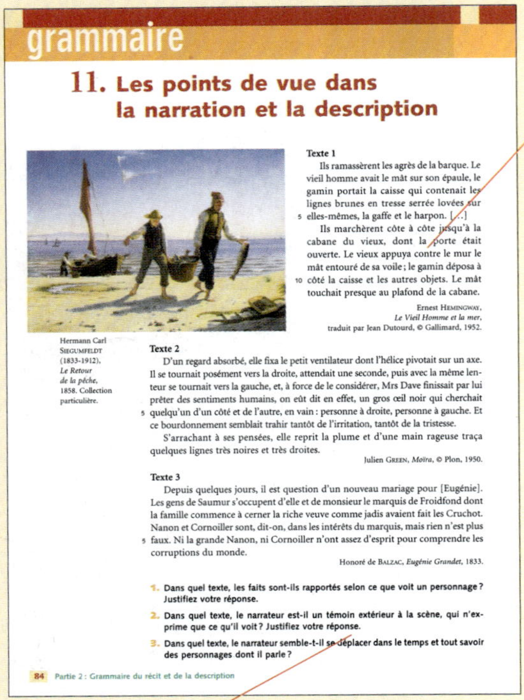

grammaire

11. Les points de vue dans la narration et la description

Texte 1

Ils ramassèrent les agrès de la barque. Le vieil homme avait le mât sur son épaule, le gamin portait la caisse qui contenait les lignes brunes en tresse serrée lovées sur elles-mêmes, la gaffe et le harpon. [...]

Ils marchèrent côte à côte jusqu'à la cabane du vieux, dont la porte était ouverte. Le vieux appuya contre le mur le mât entouré de sa voile ; le gamin déposa à côté la caisse et les autres objets. Le mât touchait presque au plafond de la cabane.

Ernest Hemingway, *Le Vieil Homme et la mer*, traduit par Jean Dutourd, © Gallimard, 1952.

Hermann Carl Siegumfeldt (1833-1912), *Le Retour de la pêche*, 1858. Collection particulière.

Texte 2

D'un regard absorbé, elle fixa le petit ventilateur dont l'hélice pivotait sur un axe. Il se tournait posément vers la droite, attendait une seconde, puis avec la même lenteur se tournait vers la gauche, et, à force de le considérer, Mrs Dave finissait par lui prêter des sentiments humains, on eût dit en effet, un gros œil noir qui cherchait quelqu'un d'un côté et de l'autre, en vain : personne à droite, personne à gauche. Et ce bourdonnement semblait trahir tantôt de l'irritation, tantôt de la tristesse.

S'arrachant à ses pensées, elle reprit la plume et d'une main rageuse traça quelques lignes très noires et très droites.

Julien Green, *Moïra*, © Plon, 1950.

Texte 3

Depuis quelques jours, il est question d'un nouveau mariage pour [Eugénie]. Les gens de Saumur s'occupent d'elle et de monsieur le marquis de Froidfond dont la famille commence à cerner la riche veuve comme jadis avaient fait les Cruchot. Nanon et Cornoiller sont, dit-on, dans les intérêts du marquis, mais rien n'est plus faux. Ni la grande Nanon, ni Cornoiller n'ont assez d'esprit pour comprendre les corruptions du monde.

Honoré de Balzac, *Eugénie Grandet*, 1833.

1. Dans quel texte, les faits sont-ils rapportés selon ce que voit un personnage ? Justifiez votre réponse.
2. Dans quel texte, le narrateur est-il un témoin extérieur à la scène, qui n'exprime que ce qu'il voit ? Justifiez votre réponse.
3. Dans quel texte, le narrateur semble-t-il se déplacer dans le temps et tout savoir des personnages dont il parle ?

84 Partie 2 : Grammaire du récit et de la description

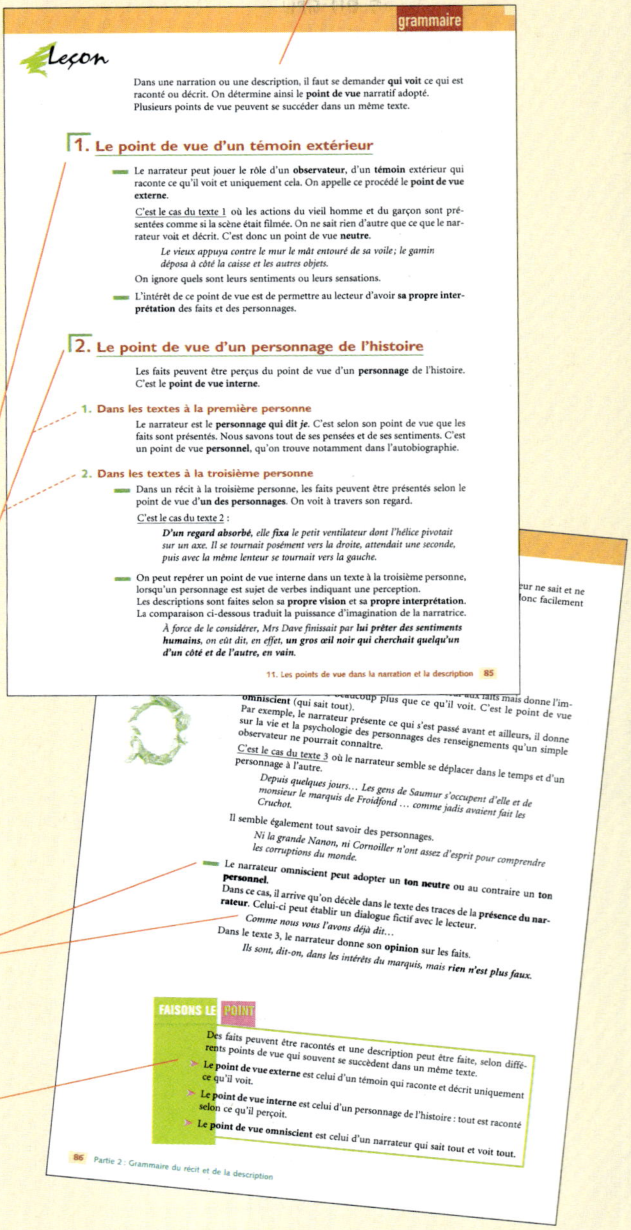

grammaire

Leçon

Dans une narration ou une description, il faut se demander **qui voit** ce qui est raconté ou décrit. On détermine ainsi le **point de vue** narratif adopté. Plusieurs points de vue peuvent se succéder dans un même texte.

1. Le point de vue d'un témoin extérieur

Le narrateur peut jouer le rôle d'un **observateur**, d'un **témoin** extérieur qui raconte ce qu'il voit et uniquement cela. On appelle ce procédé le **point de vue externe**.

C'est le cas du texte 1 où les actions du vieil homme et du garçon sont présentées comme si la scène était filmée. On ne sait rien d'autre que ce que le narrateur voit et décrit. C'est donc un point de vue **neutre**.

Le vieux appuya contre le mur le mât entouré de sa voile ; le gamin déposa à côté la caisse et les autres objets.

On ignore quels sont leurs sentiments ou leurs sensations.

L'intérêt de ce point de vue est de permettre au lecteur d'avoir **sa propre interprétation** des faits et des personnages.

2. Le point de vue d'un personnage de l'histoire

Les faits peuvent être perçus du point de vue d'un **personnage** de l'histoire. C'est le **point de vue interne**.

1. Dans les textes à la première personne

Le narrateur est le **personnage qui dit *je***. C'est selon son point de vue que les faits sont présentés. Nous savons tout de ses pensées et de ses sentiments. C'est un point de vue **personnel**, qu'on trouve notamment dans l'autobiographie.

2. Dans les textes à la troisième personne

Dans un récit à la troisième personne, les faits peuvent être présentés selon le point de vue d'**un des personnages**. On voit à travers son regard.

C'est le cas du texte 2 :

***D'un regard absorbé**, elle **fixa** le petit ventilateur dont l'hélice pivotait sur un axe. Il se tournait posément vers la droite, attendait une seconde, puis avec la même lenteur se tournait vers la gauche.*

On peut repérer un point de vue interne dans un texte à la troisième personne, lorsqu'un personnage est sujet de verbes indiquant une perception.

Les descriptions sont faites selon sa **propre vision** et sa **propre interprétation**.

La comparaison ci-dessous traduit la puissance d'imagination de la narratrice.

*À force de le considérer, Mrs Dave finissait par **lui prêter des sentiments humains**, on eût dit, en effet, **un gros œil noir qui cherchait quelqu'un d'un côté et de l'autre, en vain**.*

11. Les points de vue dans la narration et la description 85

... **omniscient** (qui sait tout). ... beaucoup plus que ce qu'il voit. C'est le point de vue ... aux faits mais donne l'im... ur ne sait et ne ... onc facilement

Par exemple, le narrateur présente ce qui s'est passé avant et ailleurs, il donne sur la vie et la psychologie des personnages des renseignements qu'un simple observateur ne pourrait connaître.

C'est le cas du texte 3 où le narrateur semble se déplacer dans le temps et d'un personnage à l'autre.

Depuis quelques jours... Les gens de Saumur s'occupent d'elle et de monsieur le marquis de Froidfond ... comme jadis avaient fait les Cruchot.

Il semble également tout savoir des personnages.

Ni la grande Nanon, ni Cornoiller n'ont assez d'esprit pour comprendre les corruptions du monde.

Le narrateur **omniscient peut adopter un ton neutre** ou au contraire un **ton personnel**.

Dans ce cas, il arrive qu'on décèle dans le texte des traces de la **présence du narrateur**. Celui-ci peut établir un dialogue fictif avec le lecteur.

Comme nous vous l'avons déjà dit...

Dans le texte 3, le narrateur donne son **opinion** sur les faits.

*Ils sont, dit-on, dans les intérêts du marquis, mais **rien n'est plus faux**.*

FAISONS LE POINT

Des faits peuvent être racontés et une description peut être faite, selon différents points de vue qui souvent se succèdent dans un même texte.

> Le **point de vue externe** est celui d'un témoin qui raconte et décrit uniquement ce qu'il voit.

> Le **point de vue interne** est celui d'un personnage de l'histoire : tout est raconté selon ce qu'il perçoit.

> Le **point de vue omniscient** est celui d'un narrateur qui sait tout et voit tout.

86 Partie 2 : Grammaire du récit et de la description

- **Lecture** d'un texte d'auteur.
- Notions **développées** de façon **progressive** dans la leçon.
- Questions d'**observation** et de **réflexion** pour découvrir activement et concrètement les notions grammaticales contenues dans le texte.
- Mise en relief des **grandes parties** et **sous-parties** pour mémoriser rapidement le **plan**.
- Chaque explication suivie d'un **exemple** qui l'éclaire.
- Mise en évidence des **points essentiels**.

ISBN : 2-04-729690-X

Des exercices variés classés selon leur objectif

- Identification, application et manipulation des notions étudiées.

- Réflexion sur la mise en œuvre des notions grammaticales dans les textes, pour une **meilleure compréhension** et une **lecture active**.

- Utilisation des outils grammaticaux pour travailler et **enrichir** l'**expression écrite** et **orale**.

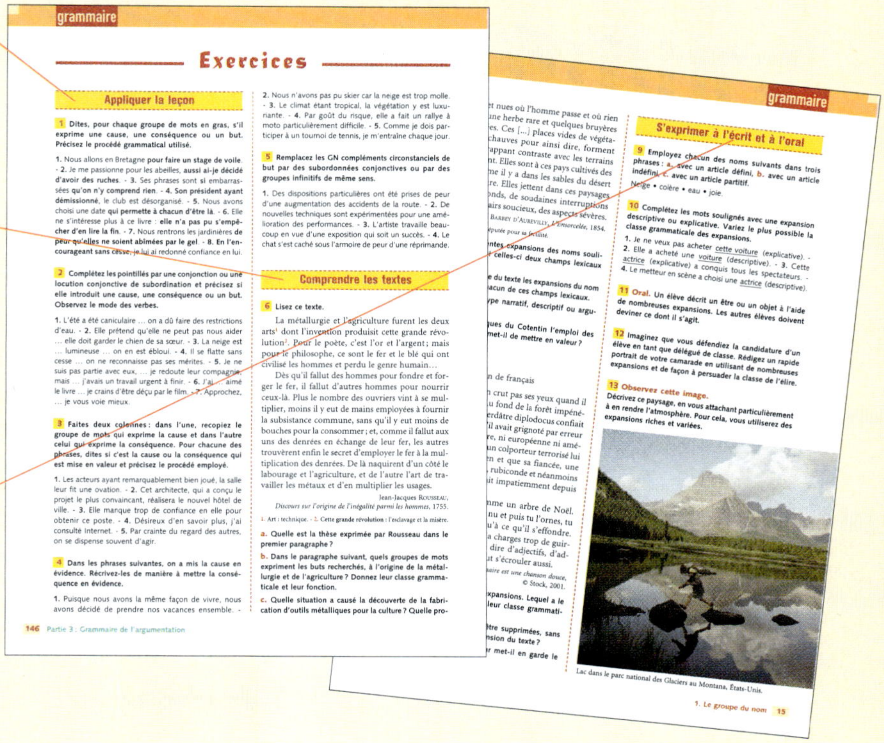

Un ouvrage complet

- Tous les outils de la langue au service de la **lecture** et de l'**écriture**.

Sommaire

1. La phrase et le texte

GRAMMAIRE

ORTHOGRAPHE

VOCABULAIRE

expression écrite

expression orale

2. Grammaire du récit et de la description

3. Grammaire de l'argumentation

4. Grammaire du dialogue

GRAMMAIRE

ORTHOGRAPHE

VOCABULAIRE

expression écrite

expression orale

5. Le lexique et le texte

GRAMMAIRE

ORTHOGRAPHE

VOCABULAIRE

expression écrite

expression orale

Annexes

GRAMMAIRE : TABLEAUX

CONJUGAISON

GLOSSAIRE — MÉMENTO GRAMMATICAL

Annexes

FICHES D'ORTHOGRAPHE

INDEX

1. La phrase et le texte

Le maître d'école, Codex Manes, miniature, XIVe siècle.
Bibliothèque universitaire, Heidelberg.

1. Le groupe du nom

Au milieu des ptérodactyles

(Quatre explorateurs ont découvert, au milieu de la forêt, un marais où continuent à vivre des animaux préhistoriques, les ptérodactyles.)

Sur le bord de l'eau, le sol marécageux grouillait de jeunes ptérodactyles, dont les mères hideuses couvaient encore des œufs jaunâtres couleur de cuir. De cette masse qui se traînait en battant des ailes émanaient non seulement les cris que nous avions entendus, mais encore une odeur méphitique[1], horrible, qui nous soulevait le cœur. Au-dessus de ce panorama de l'obscène[2] vie reptilienne, perchés chacun sur une pierre, grands, gris, desséchés, ressemblant plus à des cadavres qu'à des créatures vivantes, se tenaient les mâles [...].

Le mâle le plus proche poussa un cri perçant et déploya des ailes de cuir qui avaient bien huit mètres d'envergure pour s'élever dans les airs. Les femelles et leurs petits se rassemblèrent au bord de l'eau. Tout un cercle de sentinelles prit son vol dans le ciel. Spectacle magnifique s'il en fut ! Une centaine de ces animaux énormes, hideux, filaient comme des hirondelles avec de vifs battements d'ailes au-dessus de nos têtes [...].

Au moment où nous entamions notre retraite, le cercle se referma sur nous.

Arthur Conan Doyle, *Le Monde perdu*, trad. Gilles Vauthier, © Robert Laffont, 1956.

1. **Méphitique** adj. : toxique et puant. – 2. **Obscène :** choquant, immonde, indécent.

Paysage du jurassique (ère secondaire). Brontosaure.

1. **Relevez les déterminants et les expansions des noms soulignés. Précisez la classe grammaticale de chacune de ces expansions. Laquelle de ces expansions ne peut être supprimée parce qu'elle permet d'identifier une chose parmi d'autres ?**

2. **Supprimez les autres expansions relevées dans la question 1, lisez les phrases obtenues et comparez-les aux phrases d'origine. Qu'apportent les expansions à l'évocation de la scène décrite ?**

3. **Relevez dans le deuxième paragraphe deux déterminants qui comportent une indication de quantité.**

Leçon

1. Le groupe nominal

Le nom est le **noyau** du groupe nominal. Il est le plus souvent précédé d'un **déterminant** avec lequel il forme le groupe nominal minimal.

__Des__ ptérodactyles.

Le nom peut être accompagné d'**expansions**.

Des ptérodactyles __mâles, qui ressemblaient à des cadavres__.

Le nom, son déterminant et ses expansions constituent un groupe nominal qui occupe différentes fonctions dans la phrase (voir tableau pages 306-307).

2. Les déterminants

- Les déterminants **définis** permettent d'**identifier** l'être ou la chose dont il est question. Ce sont

  – les **articles définis** (*le, la, les, l', au, aux, du, des*) : ***Le*** *marais.*

  – les **déterminants démonstratifs** (*ce, cet, cette, ces,* parfois renforcés par *-ci* ou *-là*) :

  __Ces__ animaux énormes filaient comme des hirondelles.

  – les **déterminants possessifs** (*mon, ma, mes, ton, ta, tes, son, sa, ses, notre, nos, votre, vos, leur, leurs*) : ***Leur*** *vol se ralentit.*

- Les autres déterminants sont **indéfinis** mais comportent souvent une indication de **quantité**. Ce sont

  – les **articles indéfinis** (*un, une, des*) et **partitifs** (*du, de la*) : ***Une*** *odeur méphitique.* ***De la*** *peur.*

  – les **déterminants indéfinis** (*quelque(s), certains, plusieurs, aucun, chaque, tout, beaucoup de, peu de...*) : ***Tout*** *un cercle de sentinelles prit son vol.*

  – les **déterminants numéraux cardinaux et ordinaux** (*deux, cent, deuxième, centième...*) : *Des ailes de* ***huit*** *mètres d'envergure.*

  – les **déterminants interrogatifs et exclamatifs** (*quel, quelle, quels, quelles*) : ***Quel*** *cri ?* ***Quel*** *cri !*

3. Les expansions du nom et leurs fonctions

1. L'adjectif épithète

- L'**épithète liée** précède ou suit immédiatement le nom qualifié.

  Un __large__ cercle. Un spectacle __magnifique__.

- L'**épithète détachée** (ou adjectif apposé) est séparée du nom qualifié par une virgule.

  Sur une pierre, __grands__, __gris__, se tenaient les mâles.

- L'épithète peut être aussi
  – un groupe adjectival (c'est-à-dire un adjectif et ses expansions) :
  Leurs becs ***semblables à des pièges à rats.***
  – un participe employé comme adjectif ou un groupe participial :
  Des ptérodactyles ***desséchés,*** *des êtres* ***ressemblant à des cadavres.***

2. L'apposition

L'apposition est **détachée** du nom auquel elle se rapporte par une **virgule** ou **deux points**. Elle peut être
– un nom ou un GN : *Les ptérodactyles,* ***animaux hideux.***
– un infinitif ou un groupe infinitif : *Leur but :* ***mesurer l'étendue du danger.***
– un adjectif ou un équivalent (dans ce cas, on peut parler aussi d'épithète détachée) : ***Horrible*** *et* ***méphitique,*** *l'odeur nous soulevait le cœur.*

3. Le complément de nom

Le complément de détermination du nom (CDN) est souvent introduit par une préposition. Il peut être
– un nom ou un GN : *Les ailes* ***de ces animaux.***
– un pronom : *Les ailes* ***de ceux-ci.***
– un infinitif ou un groupe infinitif : *La peur* ***d'être encerclés.***
– une subordonnée conjonctive : *La peur* ***qu'on les encercle.***

4. La subordonnée relative

La subordonnée relative peut être **liée** à son antécédent, ou **détachée.** Elle est alors entre virgules. Elle est complément de son antécédent.

De cette masse émanaient les cris ***que nous avions entendus.***
Des ptérodactyles, ***dont les mères couvaient des œufs,*** *grouillaient sur le sol.*

4. Le rôle des expansions du nom dans les textes

- Dans les textes narratifs et descriptifs, les **expansions descriptives** permettent d'imaginer avec précision ce qui est raconté ou décrit. Les supprimer appauvrit le texte : *Des ailes* ***de cuir, qui avaient huit mètres d'envergure.***
- Dans les textes informatifs, les **expansions déterminatives** permettent d'identifier un être ou une chose parmi d'autres. On ne peut les supprimer.
  La vie ***reptilienne.*** *L'époque* ***préhistorique.***
- Dans les textes explicatifs et argumentatifs, les **expansions explicatives** (en général détachées) mettent en évidence les liens logiques entre les actions.
  Ces brutes, ***désireuses de mesurer l'étendue du danger qui les menaçait*** (= cause), *dessinèrent un large cercle.*
- Cependant, tous les types d'expansions peuvent se trouver dans tous les types de textes. Ainsi des expansions descriptives peuvent être employées dans un texte argumentatif pour persuader.
  Fuyez ce marécage ***grouillant de créatures énormes et hideuses*** (=cause).

5. Les pronoms

Les pronoms (tableau, p. 302) jouent le même rôle que les GN dans la phrase.

- Les **pronoms indices d'énonciation** (voir ch. 10) désignent des êtres et des choses qui appartiennent à la **situation d'énonciation**. Ils ne peuvent être compris que si l'on connaît cette situation d'énonciation. Ce sont les pronoms personnels et possessifs de la 1re et de la 2e personne, ainsi que certains pronoms démonstratifs (*ceci, ça, celui-ci…*) dans le dialogue : ***Je vous** ai pris **ceci**.*

- Les **pronoms substituts** remplacent généralement un nom ou un GN, mais aussi d'autres catégories de mots ou de groupes de mots. Ce sont notamment les pronoms personnels de la 3e personne et les pronoms possessifs, ainsi que certains pronoms démonstratifs, numéraux, interrogatifs et indéfinis.

*Avez- vous vu Pierre ? Oui, nous **lui** avons même parlé.*

FAISONS LE POINT

- Le **nom** est généralement précédé d'un **déterminant** (article, déterminant démonstratif, possessif, indéfini, numéral cardinal et ordinal, interrogatif ou exclamatif) :

__Les__ ailes de __ces__ animaux ont __une__ dimension de __huit__ mètres.

- Le nom est souvent précisé ou enrichi par des **expansions** variées : épithète liée (*L'**horrible** odeur nous soulevait le cœur.*) ou détachée (***Horrible**, l'odeur nous soulevait le cœur.*), apposition (*leur peur : **être encerclés***), complément de nom (*les ailes **de cuir**, la peur **d'être encerclés***), subordonnée relative (*les cris **que nous avions entendus***).

- Les **pronoms substituts** remplacent un mot ou un groupe de mots. Les autres sont des **indices d'énonciation** : ***Je vous** ai pris **ceci**.*

Exercices

Appliquer la leçon

1 a. Indiquez la classe grammaticale et la fonction des expansions des noms soulignés.
b. Relevez les déterminants qui précèdent ces noms. Précisez s'ils sont définis ou indéfinis et de quels types il s'agit.

Des fontaines, coulant avec un doux murmure sur des prés semés d'amarantes et de violettes, formaient en divers lieux des bains aussi purs et aussi clairs que le cristal ; mille fleurs naissantes émaillaient les tapis verts dont la grotte était environnée. Là on trouvait un bois de ces arbres touffus qui portent des pommes d'or, et dont la fleur, qui se renouvelle dans toutes les saisons, répand le plus doux de tous les parfums ; ce bois semblait couronner ces belles prairies, et formait une nuit que les rayons du soleil ne pouvaient percer.

FÉNELON, *Télémaque*, 1694.

2 a. Relevez chaque déterminant et dites quel nom il détermine.

b. Précisez de quel déterminant il s'agit et s'il est défini ou indéfini.

(Hercule Poirot explique le meurtre, dans un train, de Ratchett, auteur d'un crime dans la famille Armstrong.)

Tous étaient coupables. Que tant de gens, mêlés au drame de la famille Armstrong, voyagent dans le même train, ne pouvait être l'effet du hasard.[...] Un jury se compose de douze membres... et Ratchett avait été frappé de douze coups. Cette fois, la réunion de personnages de tous rangs et de toutes nationalités dans le Stamboul-Calais, à une saison où ce train habituellement est presque vide, s'expliquait. Si Ratchett avait échappé à la justice américaine, sa culpabilité ne faisait pas l'ombre d'un doute. J'imagine alors un jury de douze membres qui le condamnent à mort et se voient obligés de se transformer en exécuteurs pour appliquer leur sentence.

Agatha CHRISTIE, *Le Crime de l'Orient-Express*, traduit de l'anglais par L. Postif, © Librairie des Champs-Élysées, 1934.

3 Relevez les articles et dites s'ils sont définis, indéfinis ou partitifs (on peut remplacer ces derniers par *un peu de*).

1. Voici plusieurs masques qu'elle a confectionnés avec simplement du papier, des ciseaux, de la colle et du talent ! - **2.** Il faut avoir de la patience car nous ne sommes pas près de nous servir de la voiture. Elle nécessite des réparations qui prendront du temps. - **3.** La vue des ruines est encore plus spectaculaire du haut de la colline. - **4.** Pendant le stage de formation il a utilisé des outils très divers et a acquis de l'expérience. - **5.** Il refuse de mettre du sucre dans son café de peur de grossir.

4 a. Relevez les pronoms contenus dans ces phrases et indiquez à quelle catégorie ils appartiennent.

b. Récrivez les phrases en remplaçant les mots soulignés par des pronoms substituts, autres que les pronoms personnels. Faites les transformations qui s'imposent.

1. Permettez-moi de vous prêter mon stylo. - **2.** Tous ceux qui s'adressent à cet employé obtiennent satisfaction. - **3.** Quelques députés se sont abstenus mais pas une personne ne s'est opposée au projet. - **4.** Il voudrait acheter un véhicule. Votre voiture lui plaît et il va sans doute acquérir la même. - **5.** Offre-lui quelque chose : ce foulard par exemple. - **6.** Quelle réponse est la bonne ? La tienne ou la mienne ? - **7.** Personne ne trouve grâce à ses yeux. Rien ne lui plaît. À cause de ce défaut, nul ne le fréquente plus.

Comprendre les textes

5 Lisez ce texte.

Les paysans au XVIIe siècle

L'on voit certains animaux farouches, des mâles et des femelles répandus par la campagne, noirs, livides, et tout brûlés du soleil, attachés à la terre qu'ils fouillent et qu'ils remuent avec une opiniâtreté invincible : ils ont comme une voix articulée, et, quand ils se lèvent sur leurs pieds, ils montrent une face humaine ; et en effet ils sont des hommes.

LA BRUYÈRE, *Les Caractères*, De l'homme, 1688-1696.

a. Relevez le déterminant et les expansions du nom *animaux*.

b. Le déterminant de ce nom est-il défini ou indéfini ? Ses expansions sont-elles descriptives, déterminatives ou explicatives ? Peut-on identifier de façon précise ces animaux ?

c. Relevez dans les propositions soulignées deux noms avec leurs expansions qui permettent de mieux identifier ces *animaux*. Quel est l'effet produit par ces expansions ?

6 Lisez ce texte.

(Chimène vient demander au roi justice pour la mort de son père tué par Rodrigue.)

Sire, mon père est mort ; mes yeux ont vu son sang
Couler à gros bouillons de son généreux[1] flanc ;
Ce sang qui tant de fois garantit[2] vos murailles,
Ce sang qui tant de fois vous gagna des batailles,
Ce sang qui tout sorti fume encor de courroux[3]
De se voir répandu pour d'autres que pour vous,
Qu'au milieu des hasards n'osait verser la guerre,
Rodrigue en votre cour vient d'en couvrir la terre.

CORNEILLE, *Le Cid*, acte II, scène 8, 1637.

1. Généreux : noble. - 2. Garantit : défendit. - 3. Courroux : colère.

a. Relevez les différents déterminants possessifs. Lesquels insistent sur le fait que le roi est concerné personnellement par cette mort ?

b. Relevez les expansions des mots *sang* et *courroux*. Donnez leur classe grammaticale. Sur quels faits insiste Chimène ?

c. De quoi Chimène cherche-t-elle à convaincre le roi ?

7 Lisez ce texte.

Le Cotentin, cette Tempé[1] de la France, cette terre grasse et remuée, a pourtant, comme la Bretagne, sa voisine, la Pauvresse-aux-Genêts, de ces parties stériles et nues où l'homme passe et où rien ne vient, sinon une herbe rare et quelques bruyères bientôt desséchées. Ces [...] places vides de végétation, ces terres chauves pour ainsi dire, forment d'ordinaire un frappant contraste avec les terrains qui les environnent. Elles sont à ces pays cultivés des oasis arides, comme il y a dans les sables du désert des oasis de verdure. Elles jettent dans ces paysages frais, riants et féconds, de soudaines interruptions de mélancolie, des airs soucieux, des aspects sévères.

Jules BARBEY D'AUREVILLY, *L'Ensorcelée*, 1854.

1. **Tempé** : vallée grecque réputée pour sa fertilité.

a. **Relevez les différentes expansions des noms soulignés. Identifiez parmi celles-ci deux champs lexicaux opposés.**

b. **Relevez dans la suite du texte les expansions du nom qui appartiennent à chacun de ces champs lexicaux.**

c. **Ce texte est-il de type narratif, descriptif ou argumentatif ?**

d. **Quelles caractéristiques du Cotentin l'emploi des expansions du nom permet-il de mettre en valeur ?**

8 **Lisez ce texte.**

Une leçon de français

Le directeur [...] n'en crut pas ses yeux quand il regarda mon travail : « Au fond de la forêt impénétrable, le gigantesque et verdâtre diplodocus confiait à ses amis en pleurant qu'il avait grignoté par erreur la fleur délicate, jaune, rare, ni européenne ni américaine mais asiatique, qu'un colporteur terrorisé lui avait vendue trois fois rien et que sa fiancée, une blonde acariâtre, colérique, rubiconde et néanmoins tendrement aimée, attendait impatiemment depuis des années. »

– Une phrase, c'est comme un arbre de Noël. Tu commences par le sapin nu et puis tu l'ornes, tu le décores à ta guise... jusqu'à ce qu'il s'effondre. Attention à ta phrase : si tu la charges trop de guirlandes et de boules, je veux dire d'adjectifs, d'adverbes et de relatives, elle peut s'écrouler aussi.

Erik ORSENNA, *La grammaire est une chanson douce*,

a. **Relevez les GN qui ont des expansions. Lequel a le plus d'expansions ? Distinguez leur classe grammaticale et leur fonction.**

b. **Quelles expansions peuvent être supprimées, sans nuire à l'intérêt et à la compréhension du texte ?**

c. **Contre quel défaut le directeur met-il en garde le narrateur ?**

S'exprimer à l'écrit et à l'oral

9 **Employez chacun des noms suivants dans trois phrases : a. avec un article défini, b. avec un article indéfini, c. avec un article partitif.**

Neige • colère • eau • joie.

10 **Complétez les mots soulignés avec une expansion descriptive ou explicative. Variez le plus possible la classe grammaticale des expansions.**

1. Je ne veux pas acheter cette voiture (explicative). - **2.** Elle a acheté une voiture (descriptive). - **3.** Cette actrice (explicative) a conquis tous les spectateurs. - **4.** Le metteur en scène a choisi une actrice (descriptive).

11 **Oral. Un élève décrit un être ou un objet à l'aide de nombreuses expansions. Les autres élèves doivent deviner ce dont il s'agit.**

12 **Imaginez que vous défendiez la candidature d'un élève en tant que délégué de classe. Rédigez un rapide portrait de votre camarade en utilisant de nombreuses expansions et de façon à persuader la classe de l'élire.**

13 **Observez cette image.**

Décrivez ce paysage, en vous attachant particulièrement à en rendre l'atmosphère. Pour cela, vous utiliserez des expansions riches et variées.

Lac dans le parc national des Glaciers au Montana, États-Unis.

2. Les fonctions autour du verbe

L'éducation d'un futur chef

(Pendant la guerre de 1914-1918, le jeune Lucien Fleurier, pendant ses promenades, rencontre les ouvriers de l'usine dont son père est propriétaire.)

Lucien aimait bien les ouvriers parce que c'étaient des grandes personnes mais pas comme les autres. D'abord, ils l'appelaient monsieur. Et puis ils portaient des casquettes et ils avaient de grosses mains aux ongles ras qui avaient toujours l'air souffrantes et gercées. Ils étaient responsables et respectueux. Il n'aurait pas fallu tirer la moustache du père Bouligaud : papa aurait grondé Lucien. Mais le père Bouligaud, pour parler à papa, ôtait sa casquette, et papa et Lucien gardaient leurs chapeaux sur leurs têtes. [...] Une fois, au retour de la promenade, papa prit Lucien sur ses genoux et lui expliqua ce que c'était qu'un chef. Lucien voulut savoir comment papa parlait aux ouvriers quand il était à l'usine, et papa lui montra comment il fallait s'y prendre, et sa voix était toute changée. « Est-ce que je deviendrai aussi un chef ? demanda Lucien. – Mais bien sûr, mon bonhomme, c'est pour cela que je t'ai fait. »

Jean-Paul SARTRE, *Le Mur*, « L'enfance d'un chef », © Gallimard, 1939.

Sortie d'usine chez Renault (France), 1954.

1. Relevez un sujet inversé à la fin du texte.

2. Est-il possible de déplacer dans la phrase les mots soulignés ? Remplacez-les par un pronom.

3. Relevez les compléments d'objet des verbes *savoir* (l. 8) et *montra* (l. 9) et indiquez leur classe grammaticale.

4. Relevez le mot auquel se rapporte le nom *monsieur* (l. 2). Quelle est la fonction de ce mot ? Par l'intermédiaire de quel verbe *monsieur* se rapporte-t-il à ce mot ? Quelle est donc la fonction de *monsieur* ?

5. Les mots ou les groupes de mots que vous avez relevés dans vos réponses à ces questions peuvent-ils être supprimés ?

Leçon

1. Le sujet

- Le sujet est un **constituant essentiel** de la phrase ou de la proposition. Il représente souvent l'être ou la chose dont on parle, c'est-à-dire le thème de la phrase (voir ch. 14). Il commande l'accord du verbe.

  ***Les ouvriers** portai**ent** des casquettes.*

- Le sujet peut être un nom, un GN, un pronom, un infinitif, un groupe infinitif, une subordonnée relative ou conjonctive.

  Ils (pronom) *étaient responsables.*

- Le sujet **précède** généralement le verbe, mais il peut être **inversé**.

  *Deviendrai-**je** un chef? demanda **Lucien**.*

- Dans les tournures impersonnelles, on distingue le **sujet grammatical** *il* du **sujet logique** qui accomplit l'action.

  ***Il** régnait là **un grand respect**. (= Un grand respect régnait là.)*

2. Les compléments essentiels

On ne peut ni les déplacer ni les supprimer sans modifier profondément le sens de la phrase. On peut toujours les remplacer par des pronoms.

*Il ôtait **sa casquette**. Il **l'**ôtait. Il ôtait **la sienne**.*

1. Les compléments d'objet

- Le **complément d'objet direct** (COD) complète, sans préposition, un verbe **transitif direct**.

  *Papa prit **Lucien** sur ses genoux.*

- Le **complément d'objet indirect** (COI) complète un verbe **transitif indirect** par l'intermédiaire d'une préposition.

  *Le père Bouligaud parlait **à papa**.*

- Le **complément d'objet second** (COS) complète un verbe déjà accompagné d'un COD, ou plus rarement d'un COI. Il est introduit par une préposition.

  *Papa montra l'exemple **à Lucien**.*

- Le complément d'objet peut être un nom, un GN, un pronom, un infinitif, un groupe infinitif, une proposition subordonnée.

  *Lucien voulut **comprendre**.* (infinitif) *Il demanda **comment papa parlait aux ouvriers**.* (sub. interrogative indirecte)

- Un même verbe peut avoir **plusieurs constructions** : transitif direct, transitif indirect, intransitif. Son sens varie alors selon la construction et selon la préposition utilisée.

  *Il **passe** un examen. Sa mère **passe sur** toutes ses fautes. Le train **passe**.*

2. Les compléments essentiels de lieu, de temps et de but

Lorsqu'un complément exprimant le lieu, le temps ou le but ne peut être ni supprimé ni déplacé et peut être remplacé par un pronom, il s'agit d'un **complément essentiel**.

*Il était **à l'usine**. → Il y était.*
(*à l'usine* : complément essentiel de lieu)

3. L'attribut

- L'**attribut du sujet** exprime une qualité ou une propriété du sujet par l'intermédiaire d'un verbe appelé **verbe attributif** *(être, sembler, paraître...)*.
Il peut être un nom, un GN (prépositionnel ou non), un pronom, un adjectif, un participe, un infinitif, une proposition subordonnée.

*Il deviendrait **chef**.* (nom)

- L'**attribut du COD** exprime une propriété du COD par l'intermédiaire d'un verbe. Il peut être un nom ou un GN, un adjectif ou un participe.

*Il l'appelait **monsieur**.* (nom)

FAISONS LE POINT

- Le sujet est un constituant essentiel de la phrase, il commande l'accord du verbe :
__Papa__ parlait.
- Les **compléments essentiels** ne peuvent être ni déplacés ni supprimés.
On distingue les **compléments d'objet** direct, indirect et second :
*Papa montra **l'exemple à Lucien**.*
- **L'attribut** exprime une propriété du sujet ou du COD par l'intermédiaire d'un verbe :
*Il l'appelait **monsieur**.*

Exercices

Appliquer la leçon

1 Indiquez la fonction et la classe grammaticale des mots et groupes de mots soulignés.

1. Il importe peu qu'elle vienne. - **2.** Peut-être le prenait-on pour un fou. - **3.** Dans la nuit brillait une lumière. - **4.** La cour a jugé un dangereux criminel aujourd'hui. - **5.** Le plus incroyable est que cela a marché ! - **6.** Il trouve ce candidat parfait pour le poste. - **7.** Il a trouvé le candidat parfait pour le poste. - **8.** En haut de la colline se profilait la silhouette du château. - **9.** Il reste du gâteau. - **10.** Quelqu'un reprend-il du gâteau ? - **11.** Que tu sois d'accord ou pas n'intéresse personne. - **12.** As-tu vraiment cru à leur sincérité ? J'y ai cru et je m'en suis repenti. - **13.** Il reste toujours à la maison. - **14.** Malgré ses malheurs, il reste serein.

2 Dans ces phrases, relevez les mots qui ont une fonction essentielle par rapport aux verbes soulignés. Précisez leur classe grammaticale et donnez leur fonction exacte.

1. Elle lui a rendu tous ses livres. - **2.** Que tu aies pensé à moi m'a rendue très heureuse. - **3.** Les troupes ont renoncé à avancer et semblent calmes . - **4.** Elle s'est rendue au village pour faire des achats. - **5.** Il a pris cette voiture pour un taxi. - **6.** Sais-tu combien cela coûte ? - **7.** Que personne ne lui en parle !

3 **Modifiez l'ordre des mots de ces phrases pour obtenir une inversion du sujet. Que remarquez-vous alors à propos de leur registre de langue ?**

1. Un chat se prélasse au bord de la fenêtre. - **2.** Vous y êtes allés ? - **3.** Ils ont peut-être raison. - **4.** Il raisonne ainsi. – **5.** Il obéit sans doute aux ordres que son patron lui donne. - **6.** Elle s'écria : « À l'aide ! ».

Comprendre les textes

4 **Lisez ce texte.**

La jeunesse pendant les guerres napoléoniennes

C'était l'air de ce ciel sans tache, où brillait tant de gloire, où resplendissait tant d'acier, que les enfants respiraient alors. Ils savaient bien qu'ils étaient destinés aux hécatombes[1] ; mais ils croyaient Murat[2] invulnérable, et on avait vu passer l'Empereur sur un pont où sifflaient tant de balles qu'on ne savait s'il pouvait mourir. Et quand même on aurait dû mourir, qu'était-ce que cela ? La mort elle-même était si belle alors, si grande, si magnifique dans sa pourpre[3] fumante[4] ! Elle ressemblait si bien à l'espérance, elle fauchait de si verts épis qu'elle en était comme devenue jeune, et qu'on ne croyait plus à la vieillesse.

Alfred de MUSSET, *La Confession d'un enfant du siècle*, 1836.

1. **Hécatombe :** massacre, tuerie. - 2. Murat est un brillant général. - 3. La **pourpre** est une étoffe rouge qui marque un rang social élevé, ici la dignité impériale. - 4. **Fumante** des feux de la guerre.

a. Relevez deux sujets inversés dans la première phrase. Modifiez l'ordre des mots de façon à ce que ces deux sujets précèdent leur verbe. Lisez à voix haute la phrase. La phrase est-elle aussi agréable à écouter ?

b. Relevez dans la seconde phrase trois COD de verbes traduisant une connaissance, une opinion ou une perception ainsi qu'un attribut du COD. Distinguez leur classe grammaticale. Comment les enfants concevaient-ils leur sort à venir ainsi que celui de l'empire ?

c. Relevez les attributs du sujet se rapportant à la mort. Quelle image de la mort les jeunes se faisaient-ils ?

5 **Lisez ce texte.**

(Un habitant de la Bétique[1] critique chez les peuples « civilisés » le développement des arts et des techniques qui suscite le goût du luxe et du superflu.)

Ce superflu amollit, enivre, tourmente ceux qui le possèdent : il tente ceux qui en sont privés de vouloir l'acquérir par l'injustice et par la violence. Peut-on nommer *bien* un superflu qui ne sert qu'à rendre les hommes mauvais ? Les hommes de ces pays sont-ils plus sains et plus robustes que nous ? Vivent-ils plus longtemps ? Sont-ils plus unis entre eux ? Mènent-ils une vie plus libre, plus tranquille, plus gaie ? Au contraire, ils doivent être jaloux les uns des autres [...], incapables des plaisirs purs et simples, puisqu'ils sont esclaves de tant de fausses nécessités dont ils font dépendre tout leur bonheur.

FÉNELON, *Télémaque*, livre septième, 1694.

1. **Bétique :** nom de l'Andalousie sous l'Antiquité.

a. Relevez dans la première phrase deux groupes pronominaux COD. De quels verbes sont-ils compléments ?

b. Relevez dans une même phrase deux attributs du COD et dites de quels mots ils sont attributs.

c. Relevez les sujets inversés et justifiez leur emploi.

d. Relevez les adjectifs qualificatifs attributs du sujet. Qui est désigné par les sujets auxquels ils se rapportent ? Qu'en concluez-vous sur l'opinion qu'a le « sauvage » sur les peuples « civilisés » ?

S'exprimer à l'écrit et à l'oral

6 **Employez ces verbes dans des phrases où ils auront successivement chacune des constructions précisées entre parenthèses.**

1. tenir (COD) ; (COI). - **2.** raconter (COD + COS). - **3.** parler (intransitif) ; (COI) - **4.** commander (intransitif) ; (COD + COS). - **5.** répondre (COI) ; (COD + COS).

7 **a. Employez ces verbes dans des phrases où ils seront accompagnés d'un attribut du sujet :** ***paraître, devenir, sembler, sortir.***

b. Employez ces verbes dans des phrases où ils seront accompagnés d'un attribut du COD : ***élire, considérer comme, tenir pour, juger.*** **Puis remplacez le COD par un pronom personnel.**

Ex. : *Il rend Éric fou.* → *Il le rend fou.*

8 **Rédaction de type Brevet.**

Imaginez que vous répondiez aux habitants de la Bétique et que vous défendiez un ou plusieurs apports de la civilisation, comme l'art ou la technique. Soulignez les sujets en bleu, les compléments d'objet en noir et les attributs en vert.

9 **Oral. Les élèves inventent un texte composé de quatre phrases contenant un COD, un COI, un attribut du sujet, et un attribut du COD répartis dans chacune des phrases. Pour cela, un élève propose d'abord une phrase. Un autre élève continue le texte en inventant une nouvelle phrase et ainsi de suite.**

3. Phrases simples et phrases complexes

Un curieux cas de litige[1]

Il y a quelque cinquante ans, un cas curieux de litige pour la restitution d'une baleine se présenta en Angleterre ; les plaignants disaient qu'après une chasse périlleuse dans les mers du Nord, une certaine baleine, qu'ils avaient réussi à harponner, avait dû être abandonnée ; leur vie ayant été mise en danger, ils avaient dû même abandonner leurs lignes et leur canot lui-même. Les défenseurs (l'équipage d'un autre navire) arrivèrent près de la baleine, la frappèrent, la tuèrent, la saisirent et, finalement, se l'approprièrent sous les yeux mêmes des plaignants.

Et lorsqu'on fit des remontrances au capitaine défendant, celui-ci fit claquer ses doigts au nez des plaignants, et leur dit que par-dessus le marché, il allait maintenant garder leurs lignes, leur harpon et le canot qui était demeuré attaché à la baleine au moment de la capture. [...] Les plaignants réclamaient maintenant la restitution de la valeur de leur baleine ainsi que celle des lignes, du harpon et du canot.

Herman MELVILLE,
Moby Dick, 1851,
© Gallimard,
pour la traduction,
1941.

1. **Litige** : contestation en justice, procès.

Pêche à la baleine, in *Histoire naturelle* de LACÉPÈDE, 1860.

1. **Dans les deux phrases du second paragraphe laquelle ne contient qu'une proposition ? Laquelle en contient plusieurs ? Ces phrases sont-elles des phrases simples ou complexes ?**

2. **Les propositions de la dernière phrase du premier paragraphe sont-elles respectivement juxtaposées, coordonnées ou subordonnées ?**

3. **Dans la première phrase, relevez une proposition subordonnée participiale. Relevez deux autres propositions subordonnées et donnez leur classe grammaticale.**

Leçon

1. La phrase

1. Les constituants de la phrase

- Une phrase est généralement composée d'un groupe sujet et d'un groupe verbal : *Les plaignants* (GS) *réclamaient la restitution de la baleine* (GV).
- Une phrase sans verbe est appelée phrase **non verbale**. Si son noyau est un nom, il s'agit d'une phrase **nominale**.

  *Curieux **cas** de litige que celui-ci !*

2. La phrase simple

La phrase **simple** contient un noyau verbal et n'est donc formée que d'**une proposition** : *Ils **avaient harponné** la baleine.*

3. La phrase complexe

Lorsque au moins deux propositions sont associées pour former une phrase, celle-ci est une phrase **complexe**.

Les plaignants disaient qu'ils avaient harponné la baleine.

2. La juxtaposition et la coordination

- Dans une phrase complexe, deux propositions peuvent être associées par **juxtaposition** ou par **coordination**. Elles ne sont pas alors subordonnées l'une à l'autre et restent **indépendantes**.
  Les signes de ponctuation et les mots coordonnants peuvent donner le même sens à la phrase que les subordonnants (cause, conséquence, condition, etc.).
- Deux propositions **juxtaposées** sont séparées par une virgule, un point-virgule ou deux points.

  Ils avaient dû abandonner la baleine : leur vie avait été mise en danger. (cause)
  (= Ils avaient dû abandonner la baleine parce que...)
- Deux propositions **coordonnées** sont reliées par une conjonction de coordination ou un adverbe de liaison.

  *Ils saisirent la baleine **et** ils se l'approprièrent.*

3. La subordination

Lorsqu'une proposition dépend d'une autre proposition, à l'intérieur d'une phrase, on l'appelle proposition **subordonnée**. La proposition dont elle dépend est appelée proposition **principale**. Une subordonnée peut avoir les mêmes fonctions qu'un GN, un adjectif, un adverbe.

Le capitaine dit qu'il allait garder leurs lignes.
(*qu'il allait garder leurs lignes* : sub. conjonctive COD du verbe *dit*.)

Les différentes propositions subordonnées

1. Classification selon la classe grammaticale

■ **Les subordonnées introduites par un subordonnant** (cf. les emplois de *que*, p. 303)

subordonnants		subordonnées
conjonction de subordination (*que, quand, parce que, pour que*, etc.)	→	subordonnée **conjonctive :** *Il est absent **parce qu'il est malade.***
pronom relatif (*qui, que, quoi, dont, où, lequel*, etc.)	→	subordonnée **relative :** *Je déteste les gens **qui crient.***
mot interrogatif (*qui, ce que, si, lequel, quel, où, quand*, etc.)	→	subordonnée **interrogative indirecte :** *Il m'a demandé **qui est venu.***

■ **Les subordonnées sans subordonnant**

• Les **subordonnées infinitives.** Leur noyau est un infinitif qui a un sujet différent de celui du verbe principal. Ce verbe peut être *faire, laisser,* ainsi que certains verbes de perception : *Je regarde **les enfants jouer**.*

• Les **subordonnées participiales.** Leur noyau est un participe qui a un sujet différent de celui du verbe principal : ***Le soleil se couchant à l'horizon**, les bateaux rentrèrent au port.*

2. Classification selon la fonction

■ **Les fonctions par rapport au nom ou à l'adjectif**

fonctions		subordonnées
complément du nom	→	**relative** (complément de l'antécédent) : *Prends le livre **que tu veux.***
	→	**conjonctive :** *Il est triste à la pensée **que tu pars.***
complément de l'adjectif	→	**conjonctive :** *Nous sommes heureux **qu'il accepte.***

■ **Les fonctions par rapport au verbe**

fonctions		subordonnées
sujet	→	**conjonctive :** ***Qu'il s'amuse** me fait plaisir.*
	→	**relative :** ***Qui dort** dîne.*
attribut	→	**conjonctive :** *Ton intérêt est **que cela marche.***
complément d'objet	→	**conjonctive :** *Je crois **qu'il a raison.***
	→	**interrogative indirecte :** *Je ne sais **qui va venir**. J'ignore **s'il est là.***
	→	**infinitive :** *Nous écoutons **l'enfant chanter**.*

■ **Les subordonnées circonstancielles** (compléments de phrase)

Elles sont compléments de temps, de cause, de conséquence, de but, d'opposition, de condition, de comparaison (partie 3, ch. 18, 19, 20, pages 142 à 159).

• **Subordonnée conjonctive :** *Il t'aide **pour que tu réussisses.*** (but)

• **Subordonnée participiale :** ***Le soir tombant,** ils durent rentrer chez eux.*(cause)

Exercices

Appliquer la leçon

1 a. Dites si les phrases de ce texte sont des phrases simples ou complexes.

b. Relevez les propositions subordonnées. Indiquez leur classe grammaticale et leur fonction.

c. Relevez dans les deux dernières phrases les propositions juxtaposées. Coordonnez-les à l'aide d'une conjonction de coordination de votre choix afin de faire apparaître la relation de sens qui les unit.

La pieuvre est de toutes les bêtes la plus formidablement armée.[…] Dans les écueils de pleine mer, là où l'eau étale et cache toutes ses splendeurs, dans les creux de roches non visités, dans les caves inconnues où abondent les végétations, les crustacés et les coquillages, sous les profonds portails de l'océan, le nageur qui s'y hasarde, entraîné par la beauté du lieu, court le risque d'une rencontre. Si vous faites cette rencontre, ne soyez pas curieux, évadez-vous. On entre ébloui, on sort terrifié.

Victor HUGO, *Les Travailleurs de la mer*, 1866.

2 a. Relevez les propositions subordonnées et dites quelle est leur fonction commune.

b. Donnez la classe grammaticale de chacune d'elles.

1. Les inspecteurs ont remarqué que les locaux étaient insalubres et ont demandé où se trouvait le responsable. - **2.** C'est à se demander s'il est doué de quelque intelligence. - **3.** Ignorant que les tigres n'existent pas en Afrique, il prétend qu'un tigre l'a attaqué lors d'un safari au Kenya. - **4.** Je n'ai pas encore décidé lequel je vais choisir mais je crois bien que ce sera celui-là. - **5.** La question est de savoir comment on peut sortir le pays de son endettement. - **6.** Devine qui vient dîner ce soir. - **7.** J'ai senti le vent venir.

3 Relevez les subordonnées introduites par *que*. Indiquez leur classe grammaticale et leur fonction. Lorsque *que* est un pronom relatif, indiquez son antécédent. (Voir tableaux pages 22, 305.)

1. La bévue qu'il a commise est impardonnable. - **2.** Tous les participants à la réunion ont accepté que la décision soit reportée. - **3.** La pensée que les vacances approchaient le mettait en joie. - **4.** C'est une pensée que bien d'autres ont eue avant lui. - **5.** Quand les perspectives économiques se sont assombries et qu'a déferlé une vague de scandales financiers, les cours de la Bourse ont chuté. - **6.** Arrête de bouger, qu'on puisse te photographier. - **7.** Que la ville ait connu un essor financier n'est pas contestable mais il n'en est pas moins vrai que ce progrès est encore insuffisant. - **8.** La vie qu'elle mène n'est pas enviable et je suis sûr qu'elle en a conscience. - **9.** Nous serions ravis que vous acceptiez de venir à la soirée qu'organise Paul.

4 Relevez les subordonnées contenues dans ces phrases, indiquez leur classe grammaticale et leur fonction. Attention, une subordonnée peut en contenir une autre.

1. Dis-moi qui il est et ce qu'il désire. - **2.** Qui vivra verra. - **3.** L'orage menaçant, les randonneurs rebroussèrent chemin. - **4.** As-tu entendu chanter le coq ce matin ? - **5.** Qu'il nous explique où il veut en venir. - **6.** Le sac est toujours à l'endroit où tu l'as laissé. - **7.** Il est probable que, lorsque vous avez refusé son invitation, vous l'ayez vexé. - **8.** Le spectacle terminé, nous nous sommes aperçus que tu avais quitté la salle et nous avons regretté que tu n'aies pas vu les enfants danser. - **9.** Ils ont fait tous les préparatifs pour que le départ ait lieu très tôt demain. - **10.** L'heure est trop tardive pour qu'ils prennent la mer. - **11.** Le plus beau est que, après que tant d'amis se sont évertués à lui trouver du travail, il a refusé le poste qui lui était proposé. - **12.** La sanction ayant été levée, il est possible que les enfants sortent plus tôt.

Comprendre les textes

5 Lisez ce texte.

(Le narrateur vient d'emménager à Nantes.)

Voyons maintenant la ville !

Toutes mes illusions sur l'Océan, envolées ; tous mes rêves de tempêtes, tombés dans l'eau douce, car c'était de l'eau douce !

Point de vaisseaux avec des canons ; […] pas d'exercices d'abordage ; des odeurs de goudrons, point de parfums de mer. J'eus une espérance : on me parla de *têtes de mort* entassées sur un trois mâts : c'étaient des fromages de Hollande.

Comme la vie de marin me paraît bête !

Jules VALLÈS, *L'Enfant*, 1879-1886.

a. La phrase d'introduction et celle de conclusion sont-elles simples ou complexes ?

b. Relevez les phrases nominales. Quel sentiment du narrateur expriment-elles ?

c. Coordonnez les trois propositions juxtaposées soulignées de façon à faire apparaître clairement les liens logiques qui les unissent.

6 Lisez ce texte.

À peine Candide fut-il dans son auberge qu'il fut attaqué d'une maladie légère, causée par ses fatigues. Comme il avait au doigt un diamant énorme, et qu'on avait aperçu dans son équipage une cassette prodigieusement pesante, il eut aussitôt auprès de lui deux médecins qu'il n'avait pas mandés, quelques amis intimes qui ne le quittèrent pas, et deux dévotes[1] qui faisaient chauffer ses bouillons. Martin disait : « Je me souviens d'avoir été malade aussi à Paris dans mon premier voyage ; j'étais fort pauvre : aussi n'eus-je ni amis, ni dévotes, ni médecins, et je guéris. »

VOLTAIRE, *Candide*, 1759.

1. **Dévote :** femme pieuse, attachée à la religion.

a. Relevez les propositions subordonnées dans la deuxième phrase. Indiquez leur classe grammaticale et leur fonction.

b. Dites si les propositions dans la dernière phrase sont juxtaposées, coordonnées ou subordonnées. Quel rythme cette phrase donne-t-elle au texte ?

c. Relevez un adverbe de liaison indiquant la conséquence.

d. Montrez que la différence de construction entre la deuxième et la troisième phrase est adaptée à la différence de situation entre Candide et Martin.

7 Lisez ce texte.

Un enfant dans la foule

Avant de traverser la rue du Havre, l'enfant remarque, à un kiosque de journaux, un énorme pied de footballeur qui lance le ballon dans des « buts » inconnus. Pendant qu'il regarde fixement la page de l'illustré, Antoine a l'impression qu'on le sépare violemment de sa bonne. Cette grosse main à bague noire et or qui lui frôla l'oreille ? L'enfant est entraîné dans un remous de passants. Une jupe violette, un pantalon à raies, une soutane, des jambes crottées de terrassier, et par terre une boue déchirée par des milliers de pieds. C'est tout ce qu'il voit. [...] Au milieu du bruit, l'enfant croit entendre le lugubre appel de sa bonne : « Antoine ! » La voix lui arrive déchiquetée comme par d'invisibles ronces. Elle semble venir de derrière lui. Il rebrousse chemin, mais ne répond pas. Et toujours le bruit confus de la rue, ce bruit qui cherche en vain son unité parmi les milliers d'aspirations différentes.

Jules SUPERVIELLE, *Le Voleur d'enfants*,
© Gallimard, 1926.

a. Relevez dans la deuxième phrase les propositions subordonnées. Donnez leur classe grammaticale et leur fonction.

b. Relevez deux phrases nominales dont le seul noyau verbal est contenu dans une proposition relative. Relevez une autre phrase nominale. De quel personnage ces phrases traduisent-elles le point de vue ?

c. Relevez les autres propositions indépendantes.

d. Quel rythme les phrases relevées en b. et en c. donnent-elles au récit ? En quoi sont-elles adaptées aux événements racontés ?

8 Lisez ce texte.

Dès que le charcutier voyait ma mère s'approcher de l'étalage, <u>sa voix montait comme une sirène d'alarme, il se précipitait, se penchait, la panse sur le comptoir, brandissait le poing, faisait mine de défendre sa marchandise de son corps, sommant ma mère de passer son chemin</u>, et, pendant que la cruelle plongeait dans le jambon un nez impitoyable, avec une grimace d'abord d'incrédulité, et ensuite d'horreur, indiquant par toute une mimique variée qu'une odeur abominable venait de frapper ses narines, Renucci, les yeux levés au ciel, les mains jointes, implorait la madone de le retenir, de l'empêcher de la tuer, et déjà ma mère, repoussant enfin le jambon avec dédain, un sourire de défi aux lèvres, allait continuer son règne ailleurs, parmi les rires, les « Santa Madonna » et les jurons.

Romain GARY, *La Promesse de l'aube*,
© Gallimard, 1960.

a. Relevez une subordonnée conjonctive contenant une subordonnée infinitive. Indiquez la fonction de chacune des deux propositions.

b. Comment les cinq propositions soulignées sont-elles reliées entre elles (juxtaposition, coordination, subordination) ? Quel est l'effet de rythme ainsi produit ?

c. Relevez une subordonnée conjonctive complément circonstanciel de temps contenant une subordonnée conjonctive COD.

d. En vous aidant de vos réponses aux questions précédentes, montrez que l'auteur a adapté la construction de cette phrase aux différentes étapes du récit.

9 **Lisez ce texte.**

Récit d'un professeur

Nous venions de faire connaissance à la rentrée, un gamin de treize ans, bien fait, grand, mince, un peu pâle, distingué, qui me regardait avec des yeux si avides, si ardents à s'instruire que je l'avais d'emblée adopté, installé devant moi et toujours je m'adressais à lui, sans m'en rendre compte, comme s'il avait été seul avec moi en leçon particulière, mais je m'aperçus bien vite que c'était peine inutile. Pas un mot de sa bouche je ne tirais à longueur de journée, ses devoirs nuls. Un muet. Un soliveau[1]. Les zéros s'additionnaient. À la fin, n'y tenant plus, à cause de cette attention passionnée qui me fascinait, je décidai d'obtenir, coûte que coûte, quelque chose de lui ; je l'entreprenais[2], je le pris à partie[3] avec douceur d'abord, avec fermeté ensuite, convaincu de mon pouvoir, du pouvoir que j'avais de le faire sortir de lui lentement avec son assentiment[4] et bientôt, s'il le fallait, par attaques brusquées, malgré lui[...].

Marcel JOUHANDEAU, *Essai sur moi-même*,
© Gallimard, 1947.

1. **Soliveau :** être immobile, inactif. - 2. **Entreprendre :** s'occuper de quelqu'un pour le former, l'instruire. - 3. **Prendre à partie :** s'en prendre à (quelqu'un). - 4. **Assentiment :** consentement.

a. **Relevez deux phrases complexes. Relevez les propositions subordonnées. Indiquez leur classe grammaticale et leur fonction.**

b. **Relevez les phrases simples. Dites lesquelles sont des phrases nominales.**

c. **En quoi l'emploi de phrases simples, qui fait contraste avec l'emploi des phrases complexes, est-il adapté aux événements racontés ?**

S'exprimer à l'écrit et à l'oral

10 **Transformez ces phrases simples en phrases complexes en remplaçant les groupes de mots soulignés par des propositions subordonnées de même sens et de même fonction.**

1. Malgré les punitions, il ne s'assagit pas. - **2.** On prévoit un afflux de touristes sur les plages cette année. - **3.** En cas de pluie, la sortie est annulée. - **4.** Il a montré sa force de caractère en renonçant à la boisson. - **5.** À court de carburant, le convoi a dû s'arrêter. - **6.** À la nouvelle de sa victoire, la ville a pavoisé. - **7.** Ils ont annoncé leur départ imminent. - **8.** À sa vue, il a pris peur. - **9.** On élargit certaines routes pour un meilleur accès des autocars aux sites touristiques.

11 **Ces phrases sont composées de deux propositions indépendantes juxtaposées ou coordonnées. Récrivez-les en associant les propositions par subordination pour faire apparaître plus clairement le sens de la phrase. La subordonnée ainsi construite peut précéder la principale.**

1. Il lisait son journal au lieu de travailler ; le directeur est arrivé. - **2.** Tu l'écouterais, tu ne sortirais jamais de chez toi. - **3.** Le paysage est verdoyant : il pleut très souvent. - **4.** Il reste peu de temps, je ne le verrai donc sans doute pas. - **5.** Les ressources minières de ce pays sont très importantes et elles ne sont pas exploitées.

12 **Oral.** **Le litige évoqué dans le texte, page 20, fait l'objet d'un procès. Imaginez la plaidoirie ou le réquisitoire de l'avocat des plaignants ou des accusés. Vous utiliserez un certain nombre de phrases complexes.**

13 **Rédaction de type Brevet.**
Rédigez la suite du texte de l'exercice 9. Vous utiliserez surtout des phrases complexes et, en contraste, quelques phrases simples.

14 **Observez cette image.**
Racontez cette scène sur un rythme rapide, en utilisant une majorité de phrases simples, sans oublier quelques phrases non verbales.

Christophe BLAIN,
Isaac le Pirate, Les Glaces
© éd. Dargaud, 2002 (extrait).

4. Les compléments de phrase : les compléments circonstanciels

Howard Pyle,
Néron portant une harpe d'or lors de l'incendie de Rome, illustration de *Quo Vadis* de Sienkiewicz, 1896. Delaware Art Museum.

L'incendie de Rome sous Néron (64 avant J.-C.)

Impétueusement, se répandant partout, l'incendie ravagea **d'abord** la plaine, **puis** se dirigea vers les hauteurs, et, **de nouveau**, descendit ravager les quartiers bas, si vite que le mal devança tous les remèdes, la ville lui offrant une proie facile **à cause de ses ruelles étroites et tortueuses, tracées sans règle** [...]. De plus, les femmes épouvantées et en pleurs, les vieillards affaiblis, les enfants inexpérimentés, les gens qui songeaient à leur propre sûreté, ceux qui se préoccupaient de sauver autrui, **en entraînant** ou **en attendant les plus faibles**, tous, les uns en s'attardant, les autres en se hâtant, faisaient obstacle aux secours. [...]

Néron fit construire **à la hâte** des baraquements **pour recevoir la foule des indigents** ; on fit venir des vivres et des meubles **d'Ostie et des quartiers voisins**, et l'on abaissa le prix du blé jusqu'à trois sesterces. Mais toutes ces mesures, bien qu'elles eussent pour but la popularité, s'avéraient vaines, parce que la rumeur s'était répandue que Néron, alors même que Rome était en flammes, était monté sur son théâtre privé et avait chanté la ruine de Troie[1], en comparant les malheurs passés avec le désastre présent.

Tacite, *Annales*, 117 ap. J.-C., traduit du latin.

1. **Troie** : ville d'Asie Mineure, dont Homère a conté la guerre contre les Grecs dans l'Antiquité.

1. **Les compléments en caractères gras peuvent-ils être supprimés ou déplacés ? S'agit-il donc de compléments essentiels ?**

2. **Parmi ces compléments, lesquels expriment le temps, le lieu, le but, la cause, la manière ? Indiquez la classe grammaticale de chacun.**

3. **Relevez les subordonnées compléments circonstanciels de conséquence, de temps et de cause.**

4. **Relevez une proposition subordonnée complément circonstanciel d'opposition dans l'extrait souligné.**

5. **Lisez le texte en supprimant les compléments circonstanciels. Comparez-le avec le texte d'origine et déduisez-en l'utilité et l'intérêt de ces compléments.**

Leçon

1. Qu'appelle-t-on « compléments de phrase » ?

Les compléments de phrase complètent la phrase dans son ensemble et non pas le verbe seul. On peut généralement les déplacer ou les supprimer. Ce sont des **constituants facultatifs** de la phrase.

> ***Impétueusement****, l'incendie ravagea* ***d'abord*** *la plaine. →* ***D'abord****, l'incendie ravagea* ***impétueusement*** *la plaine. → L'incendie ravagea la plaine.*

Les compléments de phrase expriment tous une circonstance : lieu, temps, but, cause, manière, etc. C'est pourquoi on les appelle aussi des **compléments circonstanciels.**

> *À cause des ruelles étroites* (cause)*, le feu se répandit vite* (manière)*.*

Les compléments circonstanciels peuvent être construits avec ou sans préposition : ***Un jour****, un incendie éclata* ***dans le cirque de Rome****.*

Attention ! Lorsqu'un complément exprime une circonstance, mais ne peut être ni supprimé, ni déplacé, il s'agit d'un **complément essentiel.**

> *Il se dirigea* ***vers les hauteurs****.* (complément essentiel de lieu)

2. À quelle classe grammaticale appartiennent-ils ?

Un complément de phrase peut être
– un nom ou un GN : *On fit venir des meubles* ***des quartiers voisins****.*
– un pronom : *À cause de* ***cela****, Néron devint impopulaire.*
– un infinitif ou un groupe infinitif :

> *Néron fit construire des baraquements* ***pour recevoir les indigents****.*

– un adverbe : *L'incendie ravagea* ***d'abord*** *la plaine.*
– un gérondif ou un groupe au gérondif :

> *Tous,* ***en s'attardant****, faisaient obstacle aux secours.*

– une subordonnée conjonctive :

> ***Alors même que Rome était en flammes****, Néron était monté sur son théâtre privé.*

– une subordonnée participiale :

> *Le mal devança les remèdes,* ***la ville lui offrant une proie facile****.*

3. Quelles circonstances expriment-ils ?

Les compléments de **lieu** peuvent exprimer la localisation (*Il y eut un incendie* ***à Rome****.*), le déplacement (*Il se répandit* ***partout****.*), l'origine (*On fit venir des vivres* ***d'Ostie****.*), le passage (*Il s'avança* ***à travers la plaine****.*).

Les compléments de **temps** précisent le moment (*sous le règne de Néron*), la durée (*pendant des jours*), la fréquence (*plusieurs fois par jour*).

- Selon leur **sens**, on distingue également de nombreuses circonstances comme
  – le **moyen** : *On guérit le mal* ***avec des remèdes.***
  – la **manière** : *Ils sauvaient autrui* ***en attendant les plus faibles.***
  – l'**accompagnement** : *Les femmes fuyaient* ***avec leurs enfants.***
  – la **cause** : *Ces mesures s'avéraient vaines* ***à cause de la rumeur.***
  – la **conséquence** : *Le feu se répandit* ***si*** *vite* ***que le mal devança tous les remèdes.***
  – le **but** : *Néron fit venir des vivres* ***pour assurer sa popularité.***
  – l'**opposition** : ***Malgré ces mesures,*** *Néron n'atteignit pas son but.*
  – la **condition** : ***S'il s'attardait,*** *il gênerait les secours.*
  – la **comparaison** : ***Comme Troie,*** *Rome était en ruines.*

4. Quels rôles jouent-ils dans les textes ?

1. En général

- Les compléments circonstanciels **précisent** et **enrichissent** les textes. Si on supprimait tous les compléments circonstanciels, le texte de la page 26 serait peu compréhensible.
- Placés en tête de phrases ou de propositions, certains compléments circonstanciels participent à la cohérence du texte en tant que **connecteurs** de temps et de lieu ou en tant que connecteurs logiques.

  D'abord, *l'incendie ravagea la plaine,* ***puis*** *il s'élança vers les hauteurs, et,* ***de nouveau,*** *descendit ravager les quartiers bas.*

2. Dans les textes narratifs et descriptifs

- Dans les textes **narratifs**, les compléments circonstanciels précisent dans quelles **circonstances** (temps, lieu, manière, cause, etc.) se sont déroulés les faits.
  Les compléments de **temps** font connaître le **déroulement chronologique** du récit ou la **durée** des événements.

  L'incendie continua ***pendant plusieurs jours.***

  Les compléments de **cause**, de **manière**, de **but** font comprendre le mécanisme des **pensées** et des **actes** des personnages.

  Il avait chanté la ruine de Troie, ***en comparant le passé avec le présent.***

- Dans les textes **descriptifs**, les compléments de **temps** et de **lieu** situent les éléments de la description dans le temps et l'espace.

  Quand l'incendie fut terminé, *tout n'était,* ***à Rome,*** *qu'amas de ruines fumantes et misérables.*

  Les compléments de **manière** renseignent sur la **façon d'être** des personnages et des choses.

  Les femmes marchaient ***en pleurant.***

3. Dans les textes explicatifs et argumentatifs

Les compléments de **cause** et de **conséquence** mettent en évidence l'**enchaînement logique** des explications et des arguments. Les compléments de **but** indiquent les **objectifs** recherchés, les compléments de **condition** envisagent les

hypothèses réalisables ou non et enfin les d'compléments d'**opposition** font ressortir ce qui **oppose** deux idées ou deux faits.

Ces mesures, ***bien qu'elles eussent pour but la popularité,*** *s'avéraient vaines,* ***parce qu'une rumeur s'était répandue.***

FAISONS LE POINT

- Les compléments de phrase, ou **compléments circonstanciels**, complètent la phrase dans son ensemble. Ils en sont des **constituants facultatifs.** Ils peuvent être supprimés ou déplacés.

  Impétueusement, *l'incendie ravagea* ***d'abord*** *la plaine.*

- Ils expriment **différentes circonstances** : lieu, temps, accompagnement, moyen, manière, cause, conséquence, but, opposition, condition, comparaison.

  Néron n'atteignit pas son but, ***malgré ces mesures.*** (opposition)

- Ils **précisent** et **enrichissent** les textes. Ils situent les faits dans l'espace et dans le temps, et assurent la cohérence et la logique de la pensée.

Exercices

Appliquer la leçon

1 a. Relevez les compléments circonstanciels de temps et de lieu qui servent de connecteurs.

b. Relevez les autres compléments circonstanciels. Précisez leur classe grammaticale et la circonstance exprimée.

L'escalier, très étroit, un ancien escalier de service, avait trois étages démesurés, qu'elle gravit en butant, les jambes cassées et maladroites. Ensuite, il la prévint qu'ils devaient suivre un long corridor ; et elle s'y engagea derrière lui, les deux mains filant contre les murs, allant sans fin dans ce couloir, qui revenait vers la façade, sur le quai. Puis, ce fut de nouveau un escalier, mais dans le comble[1] celui-là, un étage de marches en bois qui craquaient, sans rampe, branlantes et raides comme les planches mal dégrossies d'une échelle de meunier. En haut, le palier était si petit, qu'elle se heurta dans le jeune homme, en train de chercher sa clef. Il ouvrit enfin.

Émile Zola, *L'Œuvre*, chap. 1, 1886.

1. **Comble** : partie la plus haute d'une construction.

2 Dans ces phrases, relevez les compléments de phrase, indiquez leur classe grammaticale et précisez la circonstance exprimée.

1. Il s'est excusé, maladroitement, sans doute par timidité, en cherchant ses mots. - **2.** L'excursion finie, chacun est reparti très vite, sans même remercier le guide. - **3.** Il est parti pendant un mois pour le Canada, avec son fils, pour passer des vacances tranquilles, loin de tout. -**4.** J'accepte de t'aider malgré ta mauvaise volonté. - **5.** En partant, il n'a pas emporté assez de vivres si bien qu'au bout de quelques jours il a dû renoncer à continuer, faute de nourriture. - **6.** Bien qu'elle soit fort méchante, à force de cadeaux, j'ai réussi à l'amadouer.

3 Imaginez des phrases qui servent de réponses à ces questions. Soulignez les compléments de phrase et précisez les circonstances exprimées.

1. Avec quoi comptes-tu construire ta cabane ? - **2.** Où et avec qui veux-tu partir en voyage ? - **3.** Comment as-tu réussi à le convaincre de faire affaire avec toi ? - **4.** Pourquoi as-tu acheté un vélo ? - **5.** À quel moment lui rend-on visite ? - **6.** À quelles conditions accepte-t-il de prêter son bateau ? - **7.** Dans quel cas les vols sont-ils annulés ?

4 Indiquez quelles circonstances expriment les GN soulignés. Transformez-les en subordonnées conjonctives de même sens et de même fonction.

1. Malgré sa blessure, il espère participer au prochain match. - **2.** Avec un peu de bonne volonté, tu pourrais améliorer tes résultats. - **3.** Pour une amélioration de vos performances vous devriez vous entraîner plus intensivement et régulièrement. - **4.** Il a gâché l'ambiance par ses propos violents et agressifs. - **5.** Les touristes ont été pris en charge dès leur arrivée à l'aéroport. - **6.** Faute d'organisation sérieuse, elles n'ont pas pu faire aboutir leur projet.

5 Remplacez les adverbes circonstanciels par des GN dont vous préciserez la circonstance exprimée.

1. Il nous a reçus très poliment. - **2.** Nous mangerons bientôt. - **3.** La baignade est interdite ici. - **4.** Ils habitent loin. - **5.** Elle a réagi trop violemment.

Comprendre les textes

6 Lisez ce texte.

Rouletabille émet une hypothèse

(Une « boîte infernale », c'est-à-dire une bombe à retardement, a été placée dans un bouquet au chevet du général russe Trébassof. Rouletabille veille, la nuit, en compagnie de la femme du général, Matrena.)

Le lit du général était placé de telle sorte que celui qui l'occupait, eût-il eu les yeux grands ouverts, n'eût pu voir tourner la porte donnant sur l'escalier de service. [...] Rien n'avait dû être plus facile, pour quelqu'un qui pouvait entr'ouvrir cette porte, d'allonger le bras et de déposer la boîte infernale parmi les herbes sauvages, surtout si, comme il fallait le croire, on avait attendu pour cette besogne que le souffle bruyant du général eût averti que celui-ci dormait et si, en regardant par le trou de la serrure, on avait constaté que Matrena était occupée alors dans sa propre chambre.

Gaston LEROUX, *Rouletabille chez le tsar*, ch. VI, 1913.
© Gaston Leroux (DR).

a. **Relevez les propositions subordonnées de conséquence et de condition.**

b. **Relevez un complément circonstanciel de but. Donnez sa classe grammaticale.**

c. **Ce texte est-il de type narratif, descriptif ou argumentatif ? Les compléments circonstanciels sont-ils appropriés à ce type de texte ?**

7 Lisez ce texte (suite du texte précédent).

Rouletabille et Matrena vérifient leur hypothèse

[...] Et tous deux avaient le cou tendu... les oreilles dressées, comme des bêtes... comme des bêtes... à l'affût... Oui... oui... il y avait un petit bruit dans la serrure... Une clé tournait... doucement... doucement dans la serrure ; et puis, le silence... et puis un autre petit bruit, un grincement, un léger crissement d'acier... là-bas sur le verrou... sur le verrou qui brille... Et le verrou, tout doucement... tout doucement, sur la porte, glissa tout seul... tout seul... Et puis, la porte fut poussée lentement... si lentement... entr'ouverte... et, par l'ouverture... l'ombre d'un bras... s'allongea... s'al... lon... gea... un bras au bout duquel il y avait quelque chose qui brillait...[...] La main mystérieuse tenait une fiole dont elle vida le contenu dans la potion. Et puis, comme elle était venue, la main se retira, lentement, prudemment, sournoisement, et la clé tourna dans la serrure, et le verrou reprit sa place.

Gaston LEROUX, *Rouletabille chez le tsar*, ch. VI, 1913.
© Gaston Leroux (DR)

a. **Relevez les compléments circonstanciels dans la première phrase. Précisez leur classe grammaticale et la circonstance exprimée. Quelle apparence ces compléments contribuent-ils à donner aux personnages ?**

b. **Relevez les compléments circonstanciels de temps qui servent de connecteurs. Quelle remarque faites-vous sur le choix de ces connecteurs ?**

c. **Relevez les compléments circonstanciels de lieu. Quelle est leur utilité ? Lesquels sont répétés ?**

d. **Relevez les compléments de manière. Donnez leur classe grammaticale.**

e. **En quoi l'emploi des compléments circonstanciels contribue-t-il à traduire l'attente et l'attention anxieuses des personnages tout en entretenant le suspense ?**

8 Lisez ce texte.

(Charles Darwin décrit comment l'amblyrhynchus, « genre remarquable de lézards », creuse son terrier.)

Leurs terriers ne paraissent pas très profonds ; ils pénètrent sous le sol en faisant un angle fort petit avec la surface, de telle sorte que, quand on marche sur un endroit habité par ces lézards, on enfonce constamment. Quand il creuse son terrier, cet animal travaille alternativement avec les côtés opposés de son corps. Une de ses pattes de devant gratte le sol pendant quelque temps, en rejetant la terre qu'il extrait vers sa patte de derrière qu'il a placée de façon à rejeter la terre hors du trou. Quand ce côté du corps est fatigué, les pattes situées de l'autre côté reprennent le travail, et ainsi de suite alternativement. J'en ai examiné un pendant longtemps, jusqu'à ce que la moitié de son corps ait disparu dans le trou ; je m'approchai alors de lui et le tirai par la queue. Il sembla fort étonné de ce procédé et sortit du trou pour voir ce qu'il y avait ; il me regarda alors bien en face comme s'il voulait me dire : Pourquoi diable me tirez-vous la queue ?

Charles DARWIN, *Voyage d'un naturaliste*, traduction de la 1re édition française, 1875.

a. **Quelle partie du texte est descriptive ? Relevez les compléments circonstanciels appropriés au type de texte descriptif. Précisez leur classe grammaticale et la circonstance exprimée.**

b. **Relevez un complément circonstanciel de conséquence. Donnez sa classe grammaticale. Quel fait permet-il d'expliquer ?**

c. **Quelle partie du texte est narrative ? Relevez les compléments de temps qui font connaître le déroulement chronologique et la durée des événements racontés.**

d. **Relevez dans cette partie narrative les compléments de lieu, de but et de manière. Relevez un complément de condition et un de comparaison.**

e. **Quels compléments permettent de personnifier l'animal et de donner un ton humoristique au texte ?**

S'exprimer à l'écrit et à l'oral

9 **Enrichissez ces phrases à l'aide de compléments dont la classe grammaticale et la fonction vous sont indiquées entre parenthèses.**

1. Mon frère a fait un cerf-volant (GN, c. circ. de moyen). - **2.** (GN, c. circ. d'opposition), nous n'avons pas été félicités. - **3.** Il a plu toute la journée (subordonnée conjonctive, c. circ. de conséquence). - **4.** (adverbe de temps) nous ferons une promenade (GN, c. circ. de lieu), (subordonnée conjonctive, c. circ. de condition). - **5.** (subordonnée participiale, c. circ. de cause), Jacques n'a pas pu venir. - **6.** (GN, c. circ. de temps), vous vous êtes comportés (GN, c. circ. de comparaison).

10 **Sur le modèle du texte de Darwin (exercice 8), décrivez la manière de se comporter d'un animal en une circonstance précise (par exemple la toilette d'un chat) puis racontez à ce propos une anecdote. Utilisez notamment les compléments circonstanciels appropriés aux textes descriptifs et narratifs.**

11 **Rédaction de type Brevet.**
Un vol a été commis et vous menez l'enquête. Sur le modèle du texte des exercices 6 et 7, après avoir exposé les faits, vous émettez d'abord une hypothèse sur la façon dont ce vol a été commis, puis, vous racontez comment l'hypothèse a été confirmée ou démentie par les faits. Utilisez notamment les compléments circonstanciels appropriés aux textes argumentatifs et narratifs.

Publicité pour les îles Bermudes
parue dans *Harper's Bazaar*, mars 1939.

12 **Oral.** **Un élève propose une phrase de son invention, composée d'un GN sujet, d'un verbe, et éventuellement d'un ou plusieurs compléments essentiels. D'autres élèves refont la phrase en l'enrichissant de compléments circonstanciels les plus variés possible.**

13 **Observez cette image.**

a. **Faites-en une description organisée, en utilisant des compléments de lieu.**

b. **Imaginez une scène qui aurait pu se dérouler dans ce décor. Utilisez des compléments de phrase exprimant les diverses circonstances.**

5. Les types et les formes de phrases

Dialogue entre un Sirien et un Terrien

(Un philosophe raconte à un habitant de la planète Sirius comment les Terriens sont capables de s'entretuer lors d'une guerre pour la possession d'un territoire.)

« Savez-vous bien, par exemple, qu'à l'heure que[1] je vous parle, il y a cent mille fous de notre espèce, couverts de chapeaux, qui tuent cent mille autres animaux couverts d'un turban, ou qui sont massacrés par eux, et que, presque par toute la terre, c'est ainsi qu'on en use de temps immémorial ? » Le Sirien frémit, et demanda quel pouvait être le sujet de ces horribles querelles entre de si chétifs animaux. « Il s'agit, dit le philosophe, de quelque tas de boue grand comme votre talon. Ce n'est pas qu'aucun de ces millions d'hommes qui **se font** égorger prétende un fétu[2] sur ce tas de boue. Il ne **s'agit** que de savoir s'il appartiendra à un certain homme qu'on nomme « Sultan », ou à un autre qu'on nomme, je ne sais pourquoi, « César ».[...]

– Ah ! malheureux ! s'écria le Sirien avec indignation, peut-on concevoir cet excès de rage forcenée ! Il me prend envie de faire trois pas, et d'écraser de trois coups de pied toute cette fourmilière d'assassins ridicules. – Ne vous en donnez pas la peine, lui répondit-on ; ils travaillent assez à leur ruine. »

VOLTAIRE, *Micromégas*, 1752.

1. Que : où. - 2. Prétende un fétu : ait la moindre prétention, revendication.

Photo extraite du film *Underground* d'Emir KUSTURICA, 1995.

1. **Relevez quatre phrases respectivement de type déclaratif, interrogatif, injonctif, et exclamatif.**

2. **Relevez dans la première phrase deux subordonnées relatives ayant le même antécédent. Dites si elles sont à la voix passive ou active. Quel mot est mis en relief par le présentatif *c'est ... qu'* ?**

3. **Quelle est la particularité commune aux verbes en caractères gras ?**

4. **L'avant-dernière phrase est-elle à la forme personnelle ou impersonnelle ?**

5. **Relevez une phrase à la forme négative où la négation est mise en valeur par un présentatif.**

Leçon

1. Les types de phrases

Selon le but recherché, on peut employer différents **types** de phrases.

- La phrase **déclarative** permet généralement d'apporter une **information**.

  Ils travaillent à leur ruine.

- La phrase **interrogative** permet généralement de poser une **question**.

  Quel est le sujet de ces horribles querelles ?

- La phrase **injonctive** permet d'exprimer un **ordre**, un **conseil**, une **défense**. Le verbe est en général à l'**impératif** (*N'entrez pas.*) mais il peut être aussi à l'**infinitif** (*Ne pas entrer.*) ou au **subjonctif** à la troisième personne, précédé de *que* (*Qu'il n'entre pas.*).

- La phrase **exclamative peut se combiner** avec les trois types fondamentaux. Elle traduit un **sentiment**, une émotion.

  Peut-on concevoir cet excès de rage forcenée ! (type interrogatif et exclamatif, traduit l'indignation)

2. Les formes de phrases ou de propositions

À l'intérieur d'une phrase, chaque proposition a elle-même une ou plusieurs formes.

1. Forme positive et forme négative

Chaque phrase ou proposition a soit une **forme positive**, soit une **forme négative** qui est son **contraire** : *Ils tuent. Ils ne tuent pas.*

La négation la plus courante est *ne* associé à *pas, plus, point, guère, jamais, rien, personne, nul, aucun,* etc. : ***Aucun*** *homme* ***ne*** *s'intéresse à ce tas de boue.*

2. Forme active et forme passive

- Selon la voix de son verbe (si celui-ci est transitif direct), une phrase ou une proposition peut être à la **forme active** ou à la **forme passive**. Comparons :

  Des animaux sont tués par des fous. (forme passive)
  Des fous tuent des animaux. (forme active)

  Dans la première phrase, le **thème** est le sujet *Des animaux*, tandis que dans la deuxième, le thème est *Des fous*.

- Le verbe passif peut être suivi d'un **complément d'agent**.

  Un tas de boue est disputé ***par des millions d'hommes****.*

  Une phrase passive ne contient pas de complément d'agent quand on ignore qui est à l'origine de l'action ou qu'on juge inutile de le préciser.

  Il a été nommé « Sultan ». (On ignore par qui.)

  Si on mettait la phrase à la forme active, elle aurait le sujet indéterminé ***on***.

  On *l'a nommé « Sultan ».*

3. Forme pronominale

- Les **verbes pronominaux** sont toujours accompagnés d'un pronom personnel réfléchi.

  Ils ***se*** *font égorger.*

  On distingue les verbes pronominaux
  – de **sens réfléchi** : *Ils se détruisent eux-mêmes.*
  – de **sens réciproque** : *Ils s'égorgent mutuellement.*
  – de **sens passif** : *La bataille s'engagea (= fut engagée).*
  – **essentiellement pronominaux** : *Ils s'enfuirent.*

- Certains verbes pronominaux sont des verbes d'action et la présence du pronom réfléchi renforce la **participation du sujet** à l'action exprimée.

  Il se retourna et se rua sur lui.

  Une phrase de forme pronominale peut être l'équivalent d'une phrase de **forme passive**. Leur **thème** est le même.

  La bataille s'engage. = La bataille est engagée.

  On remarque que, dans la phrase pronominale de sens passif, l'action est présentée dans son **commencement** ou son **déroulement** (*s'engage*), tandis qu'à la forme passive l'action est réalisée (*est engagée*).
  Les verbes pronominaux de sens passif peuvent exprimer des **actions habituelles**.

  De nombreuses guerres se livrent sans raison.

4. Forme personnelle et forme impersonnelle

- Dans cette phrase, le pronom personnel sujet *Il* ne représente rien ni personne.

  Il *me prend l'envie de faire trois pas.*

  Il s'agit d'une phrase de **forme impersonnelle**.

  Une phrase impersonnelle contient un **sujet grammatical** impersonnel *il* et un **sujet logique** placé après le verbe.

  Il *est passé* ***une voiture.*** *= Une voiture est passée.*

- Dans la phrase impersonnelle, le **sujet** (*une voiture*) n'est pas le thème, mais fait partie du **propos**, tandis que dans la phrase personnelle, le sujet est bien le thème.
  On choisit donc la forme impersonnelle, lorsqu'on veut mettre tout le poids de la phrase **sur le propos.**

  Il ***est passé une voiture.***

- Certains verbes impersonnels, tels que *il faut, il s'agit, il y a, il pleut, il neige, il vente,* n'existent qu'à la forme impersonnelle.
  Ce sont des verbes **essentiellement impersonnels**.

- La forme impersonnelle s'associe à d'autres formes de phrases.

  Il a été perdu un sac. (passive)
  Il s'est engagé une féroce bataille. (pronominale)

5. Formes de mise en relief

Certaines formes de phrases comportent des **mises en relief.** On les appelle des **formes emphatiques.**

- Dans les **formes de phrases emphatiques à détachement**, le mot ou le groupe de mots mis en relief est placé en tête ou en fin de phrase, comme thème détaché. Il est repris par un pronom personnel.

  Personne ne peut concevoir un tel excès de rage. (forme neutre) →
  ***Un tel excès de rage**, personne ne peut **le** concevoir.* (forme emphatique à détachement)

- Les **formes de phrases à présentatifs** permettent la mise en relief du propos ou d'une partie du propos. Le mot ou le groupe de mots mis en relief est encadré par un présentatif : *c'est... qui / que ; voici / voilà... qui / que ; il y a... qui / que.*

  On en use ainsi. → *C'est **ainsi** qu'on en use.*

FAISONS LE POINT

- Une phrase peut être de **type déclaratif**, **interrogatif**, **injonctif** ou **exclamatif**. Il existe plusieurs **formes de phrases.**
- **Forme positive et forme négative :** *Ils tuent. Ils ne tuent pas.*
- **Forme active et forme passive :** *Des fous tuent des animaux.*
  Des animaux sont tués par des fous.
- **Forme pronominale :** *Les hommes se battent.*
- **Forme personnelle et forme impersonnelle :**
  Il est passé une voiture. = *Une voiture est passée.*
- **Formes emphatiques :** *Elle, elle n'est pas responsable.* (forme à détachement)
  C'est elle qui est responsable. (forme à présentatif)

Exercices

Appliquer la leçon

1 **Dites avec quel type de phrase se combine chacune des phrases exclamatives suivantes et quel sentiment celle-ci exprime (joie, regret, colère, tristesse, indignation...).**

1. J'ai à peine eu le temps de le voir ! - **2.** Cesse de m'énerver ! - **3.** Pourquoi ai-je à supporter tant d'épreuves ! - **4.** Quand se décidera-t-il à travailler ! - **5.** Montre-moi vite le cadeau !

2 **Indiquez quelles sont les formes de ces phrases. Attention, les formes de phrases peuvent se combiner entre elles.**

1. C'est ce restaurant qui a été fermé par les autorités. - **2.** Il n'est survenu aucun accident depuis des mois. - **3.** Ce livre se vend très bien. - **4.** Il s'est dit beaucoup de choses contradictoires. - **5.** Lui, il n'a rien compris. -**6.** Le ballon s'éleva très haut dans les airs. - **7.** Il voyage beaucoup. - **8.** Il est fort agréable de se promener ici. -**9.** Il y a de nombreuses personnes qui le détestent.

3 **Indiquez si ces phrases sont actives, passives, impersonnelles, emphatiques à détachement ou à présentatifs. (Certaines phrases présentent plusieurs de ces formes.) Précisez quels sont les mots mis en évidence par ces formes de phrase.**

1. Voilà l'hôtel qui t'a été recommandé. - **2.** De l'argent, il en manque toujours. - **3.** Vous devriez lui rendre visite, à ce pauvre homme. - **4.** Il y a quelqu'un qui t'a demandé tout à l'heure. - **5.** Mes parents organisent souvent des soirées.

4 **a. Dites si les phrases sont de type déclaratif, interrogatif, injonctif ou exclamatif.**

b. Indiquez si les propositions sont de forme passive, pronominale, impersonnelle ou négative. Précisez si les verbes pronominaux sont de sens réfléchi, réciproque, passif ou s'ils sont essentiellement pronominaux.

(Alice se demande si elle est toujours la même.)

« Réfléchissons. Étais-je encore la même lorsque je me suis levée ce matin ? Je crois bien me rappeler que je me suis sentie un peu différente. Mais, si je ne suis pas la même, une autre question se pose. Qui diable puis-je bien être ? Ah, c'est là le grand problème ! » Et elle se mit à penser à toutes les fillettes de son âge qu'elle connaissait, pour voir si elle avait pu être changée en l'une d'elles [...] ; et ses yeux s'emplirent de larmes tandis qu'elle poursuivait : « Après tout, je dois être Mabel. Il va falloir que j'aille habiter cette minuscule maisonnette, et je n'aurai presque pas de jouets ! »

Lewis CARROLL, *Alice au pays des merveilles*, 1865.

5 **Récrivez ces phrases de manière qu'elles aient les formes indiquées entre parenthèses.**

1. Le premier mai, on vend beaucoup de muguet. (impersonnelle et pronominale) - **2.** Son invention a remporté un prix. (emphatique) - **3.** On a trouvé une montre. (impersonnelle et passive) - **4.** Que tu conclues cette affaire est très important. (impersonnelle) - **5.** Un grand nombre de touristes est arrivé. (impersonnelle) - **6.** Qui a bâti cette maison ? (passive) - **7.** Des élèves manquent aujourd'hui. (impersonnelle)

6 **Récrivez les phrases suivantes en modifiant leur forme, sans changer leur sens. Toutes les formes de phrases doivent être utilisées. Vous pouvez changer certains mots.**

1. Cette pièce a été très mal accueillie par le public. - **2.** Il s'est produit une éruption volcanique. - **3.** C'est un étranger qui a acheté ce tableau de Renoir. - **4.** Ce bateau part demain. - **5.** Un nouveau café s'est ouvert dans la rue. - **6.** Ce garçon, je m'en méfie comme de la peste. - **7.** Ils ne sont pas d'accord avec lui. - **8.** Les enfants apprécient en général les bonbons. - **9.** Le café se boit très sucré dans ce pays. - **10.** Il est survenu un grave accident.

Comprendre les textes

7 **Lisez ce texte.**

L'éveil des carillons de Paris

Voyez, car il semble qu'en certains instants l'oreille aussi a sa vue, voyez s'élever au même moment de chaque clocher comme une colonne de bruit, comme une fumée d'harmonie. D'abord, la vibration de chaque cloche monte droite, pure et pour ainsi dire isolée des autres, dans le ciel splendide du matin. Puis, peu à peu, en grossissant elles se fondent, elles se mêlent, elles s'effacent l'une dans l'autre, elles s'amalgament dans un magnifique concert. Ce n'est plus qu'une masse de vibrations sonores qui se dégage sans cesse des innombrables clochers, qui flotte, ondule, bondit, tourbillonne sur la ville, et prolonge bien au-delà de l'horizon le cercle assourdissant de ses oscillations.

Victor HUGO, *Notre-Dame de Paris*, Livre III, chap. 11, 1831.

a. Relevez deux injonctions. Quel effet produisent-elles sur le lecteur ?

b. Dans l'expression *Il semble ... sa vue* (l. 1-2) quel est le sujet logique du verbe *semble* ?

c. Relevez les verbes pronominaux. Lesquels ont un sens à la fois réfléchi et réciproque ? Dites si les autres verbes relevés sont de sens réfléchi, réciproque, passif ou s'ils sont essentiellement pronominaux. Lesquels traduisent la fusion du son des cloches ?

8 **Lisez ce texte.**

Ce n'est point de la bruine qui tombe, ce n'est point une pluie languissante et douteuse. La nue attrape de près la terre et descend sur elle serré et bourru[1], d'une attaque puissante et profonde. Qu'il fait frais, grenouilles, à oublier, dans l'épaisseur de l'herbe mouillée, la mare ! Il n'est point à craindre que la pluie cesse ; cela est copieux, cela est satisfaisant.

Paul CLAUDEL, *Connaissance de l'Est*, « La Pluie », 1900, © Mercure de France.

1. **Serré, bourru :** adjectifs employés comme adverbes et donc invariables.

a. Quelle phrase combine la forme négative et la forme emphatique à présentatif ? Quels GN sont ainsi mis en relief ?

b. Relevez deux propositions à la forme impersonnelle.

c. Des deux propositions relevées en **b.** laquelle est à la forme négative ? Dites laquelle est à la forme exclamative et quel sentiment elle exprime.

9 Lisez ce texte.

Propos d'une servante
aux yeux « mi-glauques[1] mi-violets ».

Ils font peur et ils ont toujours fait peur, mes yeux d'eau. C'est de l'eau, deux gouttes d'eau qu'on dirait prises dans la rivière, n'est-ce pas ? Ma mère avait les mêmes yeux d'eau, et quand elle mourut, dès que le cœur cessa de battre, ses yeux se fondirent comme deux morceaux de glace et lui coulèrent le long des joues. J'ai vu ça, j'étais toute petite et j'y pense tous les jours, tous les matins, quand je me coiffe. Mes yeux s'en iront comme ceux de ma mère, et parfois j'ai peur qu'ils ne s'en aillent, moi vivante, et ne s'en retournent à la rivière couler sous les joncs et sur les pierres. Je n'ai jamais pleuré. S'ils pleuraient, ils s'en iraient, mes pauvres yeux. Pleurer, j'en eus envie, une fois ; il y a si longtemps !

Rémy de Gourmont, « Les Yeux d'Eau »,
in *Histoires magiques et autres récits*, 1894.

1. **Glauque :** de couleur vert bleuâtre.

a. Comment les GN soulignés sont-ils mis en relief ? Pourquoi sont-ils importants dans le texte ?

b. Relevez une phrase de type interrogatif qui permet de solliciter l'adhésion du lecteur.

c. Relevez les verbes pronominaux à la troisième personne qui insistent sur la participation du sujet à l'action. Quel est ce sujet ? Quelle est cette action ?

d. Dans la dernière phrase quel mot est mis en relief par une forme emphatique à détachement ? Quelle proposition exprime le sentiment du passé révolu ? Quelle est sa forme ?

S'exprimer à l'écrit et à l'oral

10 Employez ces verbes pronominaux dans des phrases différentes où ils auront les sens indiqués entre parenthèses.

1. se voir (réfléchi ; passif) - **2.** s'entendre (passif ; réciproque) - **3.** se blesser (réfléchi ; réciproque) - **4.** se rencontrer (réciproque ; passif).

11 Sur le modèle du texte de Paul Claudel (exercice 8) décrivez une bourrasque de neige. Vous utiliserez des phrases de type exclamatif et des formes impersonnelles, négatives ainsi que des mises en relief.

12 Décrivez une maison ou un appartement.

a. Faites une description objective pour une agence immobilière, sans aucune mise en relief et en utilisant surtout des phrases de type déclaratif.

b. Faites une description enthousiaste à un camarade, en utilisant de nombreuses mises en relief (formes à détachement et formes à présentatif) ainsi que des phrases de type exclamatif.

13 Rédaction de type Brevet.

Imaginez la suite du texte de Rémy de Gourmont (exercice 9). Respectez le style de l'auteur et variez les types et les formes de phrases en utilisant notamment des mises en relief.

14 Oral. Un élève dit une phrase de son invention, de type déclaratif et de formes positive, active, personnelle, sans mise en relief. Les autres élèves refont la phrase, sans en changer le sens, en modifiant, au choix, le type, une ou plusieurs formes de cette phrase.

15 Observez cette image.

Décrivez-la en variant le plus possible les formes de phrases. Vous veillerez à ce que le choix des formes de phrases soit justifié et ne paraisse pas forcé et artificiel.

Carte postale des années 50 extraite de la série « The Butlin's Studio John Hinde », camp de vacances, piscine intérieure.

6. Le système verbal : modes, temps et aspects

Une bonne action mal récompensée

JACQUES. – Le jour était tout à fait tombé, lorsque trois bandits sortent d'entre les broussailles qui bordaient le chemin, se jettent sur moi, me renversent à terre, me fouillent, et sont étonnés de me trouver aussi peu d'argent que j'en avais. Ils avaient compté sur une meilleure proie ; témoins de l'aumône que j'avais faite au village, ils avaient imaginé que celui qui peut se dessaisir aussi lestement d'un demi-louis devait en avoir encore une vingtaine. Dans la rage de voir leur espérance trompée et de s'être exposés à avoir les os brisés sur un échafaud pour une poignée de sous marqués, si je les dénonçais, s'ils étaient pris et que je les reconnusse, ils balancèrent[1] un moment s'ils ne m'assassineraient pas. Heureusement ils entendirent du bruit ; ils s'enfuirent, et j'en fus quitte pour quelques contusions que je me fis en tombant et que je reçus tandis qu'on me volait. Les bandits éloignés, je me **retirai**. [...] Mon maître, qu'avez-vous ? Vous **serrez** les dents, vous **vous agitez** comme si vous étiez en présence d'un ennemi.

LE MAÎTRE. – J'y suis, en effet ; j'ai l'épée à la main ; je fonds sur tes voleurs et je te venge. Dis-moi comment celui qui a écrit le grand rouleau[2] a pu écrire que telle serait la récompense d'une action généreuse ?

DIDEROT, *Jacques le Fataliste*, 1778-1780.

1. **Balancer :** être incertain, hésiter, se demander. - 2. **Celui qui a écrit le grand rouleau** est Dieu.

Honoré DAUMIER (1808-1879), *Les Voleurs et l'âne*, illustration d'une fable de La Fontaine. Musée d'Orsay, Paris.

1. **Relevez six verbes : à l'indicatif, au subjonctif, à l'impératif, à l'infinitif, au participe et au gérondif.**

2. **À quel mode et à quel temps sont les verbes en gras ? Ces verbes situent-ils les faits dans le présent, le passé ou le futur ? Relevez deux verbes au conditionnel qui situent les faits dans le futur du passé.**

3. **À quel mode et à quel temps sont les verbes soulignés ? Sont-ils à un temps simple ou composé ? Indiquent-ils une action en train de se dérouler ou déjà accomplie ?**

Leçon

Lorsqu'on étudie l'emploi d'un verbe dans un texte, on doit considérer non seulement le choix du **mode** et du **temps**, mais aussi celui de l'**aspect** selon lequel est envisagé le déroulement de l'action.

1. Les modes personnels et impersonnels

1. Les modes personnels

- Les formes des **modes personnels** varient selon la personne et le nombre.

  Indicatif : ***je*** *pars* – Subjonctif : *que* ***tu*** *partes* – Impératif : *part**ez**.*

- Le choix d'un mode personnel se fait en fonction de la façon dont le locuteur envisage la **réalité** ou la **réalisation** du fait exprimé.
  – **Indicatif** : faits (présents ou passés) **réels** ou faits (futurs) considérés comme **réalisables**.

  Il ***part****. Je* ***sais*** *qu'il* ***partira****.*

  – **Subjonctif** : faits considérés comme simplement **possibles** ou probables, ou qu'on souhaite voir se réaliser, sans aucune certitude.

  Qu'il ***parte****. Je voudrais qu'il* ***parte****.*

  – **Impératif** : **injonctions**, faits qu'on **s'attend à voir réaliser** par l'interlocuteur : ***Pars****.*

2. Les modes impersonnels

Les **modes impersonnels** ne varient pas selon les personnes, ni selon le nombre.

- L'**infinitif** peut avoir
  – la valeur d'un **nom** dont il a les fonctions :

  La rage ***de vivre***
  complément de nom

  – la valeur d'un **verbe** :

  Comment ***partir*** *? = Comment partirai-je ?*
  Je vois les voleurs ***s'enfuir****.* (verbe d'une subordonnée infinitive)

- Le **participe** peut jouer le rôle d'un adjectif dont il a les fonctions (épithète ou attribut), ou celui d'un verbe.

  Affolés*, ils s'enfuirent.* (participe employé comme adjectif)
  épithète détachée

  *Les bandits(****s'étant****)* ***éloignés****, je me retirai.*
  (verbe d'une subordonnée participiale = *Comme les bandits s'étaient éloignés...*)

- Le **gérondif** est l'équivalent d'un GN ou d'une subordonnée complément circonstanciel.

  Je me fis quelques contusions ***en tombant****.*
  = lors de ma chute, au moment où je tombai. (c. circ. de temps)

2. Les temps

- Chaque mode comporte deux ou plusieurs **temps**. Ces temps sont divisés en **formes simples** et en **formes composées** à l'aide des auxiliaires *avoir* ou *être* selon les verbes. Par exemple :

Indicatif	présent *(il part)* imparfait *(il partait)*	passé composé *(il est parti)* plus-que-parfait *(il était parti)*
Subjonctif	présent *(qu'il parte)* imparfait *(qu'il partît)*	passé *(qu'il soit parti)* plus-que-parfait *(qu'il fût parti)*
Impératif	présent *(pars)*	passé *(sois parti)*
Infinitif	présent *(partir)*	passé *(être parti)*

- L'**indicatif** est le seul mode dont les temps peuvent avoir une véritable **valeur temporelle.** Ils indiquent la place des faits selon une chronologie.

  *Le maître **répondit** : « J'**ai** l'épée à la main. Je te **vengerai**. »*
  (répondit : passé ; ai : présent ; vengerai : futur)

  Cependant certains temps de l'indicatif peuvent avoir aussi une **valeur modale** et indiquer par exemple une hypothèse ou un ordre.

  S'ils partaient (imparfait → hypothèse), *je les poursuivrais.*
  Vous ne partirez pas ! (futur → ordre)

3. Le cas du conditionnel

Le conditionnel (forme en *-rais*) est-il un temps de l'indicatif ou un mode ? (voir ch. 24 sur le conditionnel) Il a, en fait, un double statut.
Il peut avoir une **valeur temporelle** quand il s'agit du futur du passé ou du futur antérieur du passé, des temps de l'indicatif. (voir ch. 29 sur la concordance)

*Ils se demandèrent s'ils ne l'**assassineraient** pas.* (futur du passé)

Il peut avoir aussi une **valeur modale** (éventualité, doute).

*Si des voleurs nous attaquaient, ce **serait** terrible.* (éventualité)

4. Les aspects

L'aspect est la façon dont un verbe, indépendamment du temps, **présente le déroulement** d'un fait.

- On peut présenter les faits comme achevés. On dit alors qu'ils ont un **aspect accompli.** C'est le cas des temps composés des différents modes.

  *Il **a bu**.* (accompli) *Quand le jour **fut tombé*** (accompli), *ils sortirent.*

- On peut présenter les faits comme non achevés, c'est-à-dire en cours de réalisation. Les temps simples présentent un aspect **non accompli**.

  Il boit. Il buvait. (non accompli)

- Un verbe au présent ou à l'imparfait peut avoir un **aspect répétitif.**

  Chaque soir, les bandits ***partent*** (ou ***partaient****) à la recherche d'une victime.*

  D'autres aspects sont exprimés par des auxiliaires. Ils sont étudiés ch. 9.

- Aux modes autres que l'indicatif, les formes composées ne servent pas à situer les faits dans le temps mais ont seulement une valeur d'**aspect**. Ainsi, dans la phrase *Il compte avoir regagné le village avant l'aube*, l'infinitif « passé » *avoir regagné* ne désigne pas un fait passé mais un fait situé dans l'avenir. Il présente l'action comme achevée avant l'aube.

FAISONS LE POINT

- Il existe des **modes personnels** et **impersonnels**. Le choix d'un mode personnel se fait en fonction de la façon dont on envisage la réalité du fait.

  Il ***part****. Il est possible qu'il* ***parte****.*

- Les **temps** peuvent être **simples** ou **composés**. Seuls les temps de l'indicatif peuvent situer les faits dans le temps.

  Il partit. Il part. Il partira.

- L'**aspect** est la façon dont un verbe présente le **déroulement** d'un fait. L'aspect peut être **accompli, non accompli, répétitif.**

  Il est parti. (accompli)

Exercices

Appliquer la leçon

1 Dites si ces formes verbales appartiennent à des modes personnels ou impersonnels. Essayez d'identifier ces modes. (Il y a parfois deux ou même trois réponses.)

Vu • partir • ai mangé • ait voulu • en parlant • joue • riant • pleurais • sortirait • lu • avoir travaillé • soyons respectés • veuille • finît • ayant répondu • mourrait.

2 Donnez la forme composée correspondant à chacune de ces formes simples, en respectant le mode.

Battre • je chante • étant remarqué • en achetant • tu courrais • conclu • que nous voulions • il naît • être lu • vous vous aperceviez • lisez • en observant • nous sortîmes • vouloir • nous étions récompensés.

3 Relevez les verbes à un mode personnel. Dites s'ils sont employés avec une valeur temporelle.

1. Elle est partie hier, avant toi. - **2.** Si tu travaillais, tu améliorerais tes résultats. - **3.** Je pensais autrefois que tu réussirais. - **4.** Qu'elle fasse ses preuves et nous aviserons ensuite. - **5.** Ils seraient partis sans prévenir. - **6.** Puisses-tu ne pas le regretter ! - **7.** J'espérais que tu serais parti quand j'arriverais à la maison. - **8.** Il ne comprenait pas pourquoi elle s'était fâchée. - **9.** Je viens t'avertir que le bâtiment fermera bientôt. - **10.** Elle refusa l'offre que nous lui faisions.

4 Dites quel aspect exprime chacun des verbes soulignés. (Il y a parfois deux réponses.)

1. Dès que nous <u>eûmes accosté</u>, les indigènes vinrent à notre rencontre. - **2.** Tu paieras quand tu <u>auras reçu</u> ton salaire. - **3.** Il <u>travaillait</u> le dimanche. - **4.** Il <u>apporte</u>

le courrier tous les matins. - **5.** Tu as reçu plusieurs appels. - **6.** Son attention faiblit. - **7.** Quand je l'ai croisé, il retournait chez lui. - **8.** Je ne me souviens pas d'avoir dit cela.

5 Dites si les verbes employés à un mode impersonnel ont une valeur de verbe, de nom ou d'adjectif.

1. Le soir approchant, les randonneurs virent le paysage s'obscurcir et, alarmés, ils se dirent qu'il était temps de rentrer. - **2.** Pourquoi toujours me réprimander ? Dis-moi plutôt comment m'y prendre. - **3.** Une fois la lumière éteinte, se lever du lit était interdit.

Comprendre les textes

6 Lisez ce texte.

Amants, heureux amants, voulez-vous voyager ?
Que ce soit aux rives prochaines[1] ;
Soyez-vous l'un à l'autre un monde toujours beau,
Toujours divers, toujours nouveau ;
Tenez-vous lieu de tout[2], comptez pour rien le reste ;
J'ai quelquefois[3] aimé ; je n'aurais pas alors,
Contre le Louvre et ses trésors,
Contre le firmament et sa voûte céleste,
Changé les bois, changé les lieux
Honorés par les pas, éclairés par les yeux
De l'aimable et jeune bergère,
Pour qui sous le fils de Cythère
Je servis[4], engagé par mes premiers serments.
Hélas ! quand reviendront de semblables moments ?

La Fontaine, *Fables*, Livre IX, 2, 1678-1679.

1. **Prochaines :** proches. - 2. **Tenez-vous lieu de tout :** soyez tout l'un pour l'autre. - 3. **Quelquefois :** un jour (archaïsme). - 4. **Pour qui sous le fils de Cythère /Je servis :** « dont je fus amoureux » (Le fils de Cythère est l'Amour).

a. Remplacez l'expression « voulez-vous voyager ? » par « si vous voulez voyager ». Le sens de la phrase est-il changé ? Quels sont le mode et le temps du verbe *voulez* ? Quelle est sa valeur modale (doute, regret, hypothèse...) ?

b. Relevez dans les cinq premiers vers les verbes au subjonctif et à l'impératif. Justifiez leur emploi.

c. Relevez dans les vers 6 à 9 deux verbes au conditionnel passé dotés du même auxiliaire. Quelle nuance expriment-ils (hypothèse, doute, regret, souhait...) ? Ont-ils donc une valeur temporelle ou modale ?

d. Relevez les participes passés des vers 10 à 13. Jouent-ils le rôle d'un adjectif ou d'un verbe ? S'ils sont employés comme adjectifs, donnez leur fonction.

7 Lisez ce texte.

Quel progrès nous obtiendrions contre nos vieux réflexes stupides si, au lieu de glorifier la victoire de telle équipe, nous jugions simultanément les deux équipes en fonction de la ferveur de leur engagement ! Imaginez qu'en première page de votre journal on ne parle que de la qualité du jeu ; l'on n'y apprendrait que dans une page intérieure le score obtenu, ou même on l'ignorerait. [...]

Je ne sais quel peuple africain se passionne pour le football, mais a apporté à la règle du jeu une légère modification : lorsqu'un joueur de l'équipe A marque un but contre l'équipe B, il va aussitôt jouer dans cette équipe B, en échange d'un membre de celle-ci. L'intérêt du spectacle est ainsi prolongé.

Albert Jacquart, *Abécédaire de l'ambiguïté*, © Le Seuil, 1989.

a. Relevez les verbes à l'impératif et au subjonctif. Justifiez leur emploi.

b. Relevez les verbes au conditionnel. À quel temps sont-ils ? Ont-ils donc une valeur temporelle (futur du passé) ou modale (hypothèse) ?

c. À quel mode sont les verbes dans le second paragraphe ? Quels verbes ont un aspect répétitif ? Indiquez leur temps.

d. Dans quel paragraphe l'auteur décrit-il une réalité imaginaire ? Dans lequel décrit-il une réalité existante ?

8 Lisez ce texte.

(Hortense répond à une amie, qui va épouser un certain Lélio et qui lui demande si elle veut se remarier.)

Hortense. – Trouvez-moi quelqu'un qui ait à peu près le mérite de Lélio, **et** le goût du mariage me reviendra peut-être ; car je l'ai tout à fait perdu, et je n'ai point tort. Avant que le comte Rodrigue m'épousât, il n'y avait amour ancien ni moderne qui pût figurer auprès du sien ; [...] Deux siècles, si nous les passions ensemble, n'épuiseraient pas cette tendresse-là, disais-je en moi-même ; en voilà pour plus que je n'en userai. Je ne craignais qu'une chose, c'est qu'il ne mourût de tant d'amour avant que d'arriver au jour de notre union. Quand nous fûmes mariés, j'eus peur qu'il n'expirât de joie. Hélas ! Madame, il ne mourut ni avant ni après, il soutint fort bien la joie. Le premier mois elle fut violente ; le second elle devint plus calme, à l'aide d'une de mes femmes qu'il trouva jolie ; le troisième elle baissa à vue d'œil, et le quatrième il n'y en avait plus.

Marivaux, *Le Prince travesti*, acte I, scène 2, 1724.

a. Relevez dans la première phrase un verbe au passé composé. Quelle est sa valeur d'aspect ? Que révèle-t-il des sentiments d'Hortense vis-à-vis du mariage ?

b. À quel mode et à quel temps est chacun des verbes des trois premières propositions ? Faites de la première proposition une proposition hypothétique introduite par *si* et supprimez le mot en gras. Hortense peut-elle changer de sentiments vis-à-vis du mariage ?

c. Relevez un verbe au conditionnel. A-t-il une valeur temporelle ou modale ? Justifiez votre réponse.

d. Quels sont le mode et le temps des verbes soulignés ? Quelle est la valeur de ce mode ? Quel mode est employé ensuite pour traduire les faits qui se sont finalement réalisés ?

9 Lisez ce texte.

La chose que je regrette le plus dans les détails de ma vie dont j'ai perdu la mémoire est de n'avoir pas fait des journaux de mes voyages. Jamais je n'ai tant pensé, tant existé, tant vécu, tant été moi, si j'ose ainsi dire, que dans ceux que j'ai faits seul et à pied [...]. Pourquoi, direz-vous, ne les pas écrire ? et pourquoi les écrire, vous répondrai-je : Pourquoi m'ôter le charme actuel[1] de la jouissance pour dire à d'autres que j'avais joui ? Que m'importaient des lecteurs, un public et toute la terre, tandis que je planais dans le Ciel ? D'ailleurs portais-je avec moi du papier, des plumes ? Si j'avais pensé à tout cela rien ne me serait venu. Je ne prévoyais pas que j'aurais des idées ; elles viennent quand il leur plaît, non quand il me plaît. Elles ne viennent point, ou elles viennent en foule, elles m'accablent de leur nombre et de leur force. Dix volumes par jour n'auraient pas suffi. Où prendre du temps pour les écrire ? En arrivant je ne songeais qu'à bien dîner. En partant je ne songeais qu'à bien marcher.

Jean-Jacques Rousseau,
Confessions, IV, 1782.

1. **Actuel** : présent (« que je ressentais au moment de mes voyages »).

a. Relevez les verbes au passé composé. Quelle est leur valeur d'aspect ?

b. Relevez deux verbes au futur qui permettent d'établir un dialogue imaginaire entre le narrateur et le destinataire. Ce dialogue est-il réalisable dans l'avenir ? Précisez la valeur modale de ce futur.

c. Les verbes à l'infinitif dans les phrases interrogatives ont-ils la valeur d'un verbe ou d'un nom ?

d. Relevez les verbes au conditionnel. Dites s'ils ont une valeur temporelle (futur du passé) ou modale.

e. Dans les deux dernières phrases les infinitifs ont-ils des valeurs de noms ou de verbes ? Remplacez dans ces deux phrases les gérondifs par des GN ou des subordonnées. Quel effet de symétrie observez-vous ?

S'exprimer à l'écrit et à l'oral

10 Complétez les phrases suivantes. Indiquez le mode et le temps des verbes que vous avez utilisés.

1. Si tu cessais de fumer ... - **2.** Je désirerais que ... - **3.** La maison fut construite après que ... - **4.** Tu l'as beaucoup déçue en ... - **5.** Nous pensions que plus tard ... - **6.** Réfléchis avant que ... - **7.** Il serait bon que d'ici demain ... - **8.** Je crois que demain au plus tard ...

11 Oral. Plusieurs élèves, à tour de rôle, écrivent au tableau un texte bref de leur invention commençant, comme le texte de l'exercice 9, par « La chose que je regrette le plus... ». Les autres élèves indiquent quels verbes, dans chacun de ces textes, sont à un mode personnel et lesquels sont à un mode impersonnel.

12 Observez cette image.

Racontez la scène comme si vous en étiez le témoin. Introduisez quelques dialogues. Tous les modes personnels et impersonnels devront être représentés.

Kobayashi Eitaku (1843-1890),
Jeux d'enfants, 1888.
Saint Martin's College of Art, Londres.

7. Valeurs des temps simples de l'indicatif

(Le récit se déroule au Moyen Âge. Girard refuse d'obéir à sa mère qui maintient son père dans un isolement total parce qu'il est lépreux.)

[*Girard*] n'était pas bien grand, il n'avait que sept ans, cependant telle était sa piété filiale[1] qu'il prenait tout le pain qu'il pouvait sur la table pour le porter à son père. Sa mère, quand elle s'en aperçut, s'en prit à lui et le menaça de le jeter à terre, de le frapper à coups de poing et de le gifler si fort qu'il en garderait les marques : « Fils du plus lépreux des lépreux, lui dit-elle, [...] je vous imposerai un parâtre[2] qui sera le dernier des lâches s'il ne vous tue pour vous punir de l'amour que vous portez à votre père. »

Anonyme, *Ami et Amile*, trad. Michel Blanchard et Michel Quereuil, © Champion.

1. **Piété filiale :** respect et affection d'un enfant pour ses parents. - 2. **Parâtre :** beau-père.

Un lépreux et un estropié. Miniature du XIIIe siècle (détail).

1. **Relevez les verbes à l'imparfait et au passé simple. Quel temps est employé pour décrire ou traduire des faits répétés dans le passé ? Lequel est utilisé pour exprimer des faits qui ont lieu à un moment plus nettement déterminé du passé ?**

2. **Le verbe souligné situe-t-il le fait avant, pendant ou après les faits exprimés par les verbes de la proposition précédente ? Relevez deux verbes situant les faits dans l'avenir. À quel temps est chacun de ces trois verbes ?**

3. **Relevez parmi les verbes un présent d'actualité et un présent qui traduit une hypothèse.**

Leçon

Pour la conjugaison des temps simples de l'indicatif, se reporter aux tableaux des pages 310 à 319.

1. Le présent et le futur

1. Le présent

- Le présent situe les faits au **moment même** de l'énonciation (**présent d'actualité** ou **d'énonciation**) : *Vous **aimez** votre père.*
- Mais il peut aussi exprimer
  – des faits situés dans un **passé proche** ou un **futur proche** :
  *J'**arrive** tout juste* (passé), *je te **reçois** dans un instant* (futur).

– un **ordre** : *À partir de maintenant, vous* ***cessez*** *de lui porter à manger.*
– des faits **habituels** ou **répétés** : *Girard* ***rend*** *régulièrement visite à son père.*
– des faits valables de tout temps (**présent de vérité générale**) :

La lèpre ***est*** *une maladie contagieuse.*

– dans un récit au passé, des faits passés de **premier plan**, présentés comme s'ils se déroulaient au moment de l'énonciation (**présent de narration** ou **présent historique**) :

Girard, qui semblait si obéissant, ***décide*** *soudain de résister à sa mère.*

- Dans une subordonnée de condition, le présent peut exprimer une **hypothèse**.

  Il sera le dernier des lâches s'il ne vous ***tue****.*

2. Le futur

- Le futur situe les faits dans l'**avenir**.

  Je vous ***imposerai*** *un beau-père.*

- Il peut être utilisé dans une phrase déclarative pour exprimer un **ordre atténué**.

  Vous ne lui ***rendrez*** *plus jamais visite.*

- Le **futur du passé** (conditionnel présent) situe les faits dans le **passé** mais **après** un autre fait exprimé à un temps du passé. (voir ch. 24 et 29)

  Elle lui déclara qu'il ***serait giflé*** *si fort qu'il en* ***garderait*** *des marques.*

2. L'imparfait et le passé simple

L'**imparfait** et le **passé simple** situent les faits dans le **passé**. (voir ch. 16)

1. L'imparfait

- L'imparfait est employé pour des faits de **second plan**, présentés dans leur **déroulement**, sans qu'on se préoccupe de leur commencement ni de leur fin.

  Girard ***aimait*** *son père.*

- Cet emploi en fait le temps
  – de la **description** dans le passé : *Girard* ***n'était*** *pas bien grand.*
  – des faits **habituels** ou **répétés** dans le passé : *Au dîner, il* ***prenait*** *du pain.*

- Dans une subordonnée de condition, l'imparfait peut exprimer une **hypothèse**.

  S'il ***obéissait*** *à sa mère, son père serait malheureux.*

2. Le passé simple

- Le passé simple permet de traduire des actions passées **nettement délimitées dans le temps**, qu'elles soient longues ou brèves.

  Sa mère, quand elle s'en ***aperçut****, s'en* ***prit*** *à lui.*

- Dans un récit écrit au passé (coupé de la situation d'énonciation), il est le temps des faits de **premier plan** qui se détachent par rapport aux faits de deuxième plan, exprimés par des imparfaits.

  Girard, qui aimait son père, lui ***apporta*** *à manger.*

Exercices

1 Écrivez ces phrases en mettant les verbes à un temps du passé de l'indicatif.

1. Il n'(être) pas doué de beaucoup d'imagination : tous les soirs il (chanter) sous le balcon de celle qu'il (aimer). - **2.** De magnifiques bougainvilliers (orner) le jardin. - **3.** Il (être) très jeune quand on le (promouvoir) capitaine. - **4.** Au XIXe siècle les enfants (abandonner) souvent l'école avant seize ans pour aller travailler. Il (falloir) attendre Jules Ferry pour changer cet état de choses. - **5.** Elle (espérer) encore qu'il (revenir) un jour au pays.

2 Relevez les verbes conjugués à un temps simple de l'indicatif. Précisez quel est ce temps et justifiez son emploi.

1. Ce jour-là, à la sortie de l'opéra, elle décida qu'elle serait ballerine. - **2.** En sortant, vous prendrez soin de ne rien oublier. - **3.** Les visites ont lieu le samedi. - **4.** Elle portait un tailleur strict et avait une allure sévère. - **5.** Je pars demain. - **6.** S'il change d'avis, il me le fera savoir. - **7.** La France bénéficie d'un climat tempéré. - **8.** Tu parais de bonne humeur aujourd'hui. - **9.** J'arrive de la gare mais je repars bientôt. - **10.** Tout était prêt pour mon départ à l'étranger quand soudain la guerre est déclarée.

3 Mettez les verbes entre crochets aux temps simples de l'indicatif qui convient. (Il y a parfois deux possibilités.)

(Au XIXe siècle, un prince russe envoie son aide de camp, Loris Melikov, auprès de Hadji Mourad, un chef tchétchène.)

Hadji Mourad prit place sur le divan et, les coudes posés sur les genoux, la tête baissée, il [écouter] avec attention Loris Melikov qui [parler] couramment le tartare.

Le prince, [déclarer] l'aide de camp, bien que la connaissant déjà, [désirer] entendre Hadji Mourad lui raconter lui-même sa vie.

– Tu [parler] et je [prendre] des notes ; je [traduire] en russe et le prince [envoyer] ton récit à l'empereur.

Hadji Mourad [garder] le silence, (non seulement il n'[interrompre] jamais ses interlocuteurs, mais encore il [attendre] toujours pour répondre, comme pour savoir si quelques mots ne [venir] pas s'ajouter à ceux déjà prononcés), puis il [relever] la tête, [rejeter] son bonnet en arrière et [sourire]...

– Je [être] d'accord, [dire]-il, visiblement séduit par l'idée que sa biographie (être) lue par l'empereur.

– Raconte-moi ta vie (en langue tartare le vouvoiement n'[exister] pas) dès le commencement et sans te presser, [dire] Loris Melikov.

D'après Léon Tolstoï, *Hadji Mourad*, © Edito-Service, Genève, pour la traduction française.

4 Mettez le texte suivant au passé. Le verbe à l'indicatif de la phrase entre guillemets change-t-il ? Pourquoi ?

(Alain prend congé après une visite chez tante Clio et son époux, M. René.)

[Alain] remercie pour le thé [...]. Non, il ne peut s'attarder. Il doit rejoindre le clavier de sa machine à écrire.

Pour aujourd'hui, les René n'en sauront pas plus. Il eût été grossier de lui poser des questions, commentera plus tard tante Clio, qui ne songe plus qu'à revoir son visiteur.

Sur le seuil de la porte elle lui demande l'autorisation de l'appeler Alain. Il est si jeune et ils sont si âgés ! Elle suggère : « Revenez un jour prochain, nous parlerons. » Il promet vaguement.

Michèle Gazier, *Le Merle bleu*, © Le Seuil.

5 Lisez ce texte.

(Une jeune fille rencontre son père qui a abandonné sa mère et elle-même quand elle était enfant.)

– « J'avais ce puzzle, tu sais, les comtés d'Angleterre... » Elle **se sentait** gauche en disant cela, pas vraiment embarrassée, mais comme si elle **dévoilait** trop ses sentiments. « Tu **cachais** toujours un morceau et tu le "**retrouvais**" à la fin. Tu as emporté le Nottinghamshire[1] avec toi quand tu es parti.Tu ne te **rappelles** pas ? »

Il secoua la tête. « Tu jouais avec les puzzles ? Je suppose que tous les gosses **aiment** ça. [...]

– Tu ne te rappelles pas ? »

Il la **regarda**.

« Vraiment, vraiment pas ? »

Cela, elle le lui **reprocherait** toujours. Elle avait maintenant plus de vingt-cinq ans, et elle continuerait à avancer en âge, à s'éloigner encore et toujours plus de ses vingt-cinq ans, et elle se débrouillerait toute seule ; mais elle lui reprocherait toujours ça.

Julian Barnes, *England, England*, © Mercure de France pour la traduction, 2000.

1. **Nottinghamshire** : comté d'Angleterre.

a. **Justifiez l'emploi des temps des verbes en gras.**

b. **Récrivez ce texte en mettant le verbe *se sentait* au présent et en mettant les autres verbes du récit aux temps qui conviennent.**

6 **Justifiez l'emploi des différents temps simples de l'indicatif employés dans ce texte.**

(André, le narrateur, a rendu involontairement Anna aveugle en jouant avec un fil de fer. On vient de retirer les pansements des yeux d'Anna.)

Le docteur Delfan fit passer les mains devant son visage.

« J'y vois ! dit soudain Anna d'une voix rauque. Je vois des mains.

– Ses yeux sont sauvés ! » murmura M. Delfan...

Au fond de la chambre, adossé au mur, je pleurais de joie et de honte...

« Pardon, Anna, je ne tirerai plus les fils de fer. Je ne te désobéirai plus jamais. [...]

– Vous voyez, dit le docteur Saix à mon père, vous qui vous demandiez si ce petit n'avait pas de cœur... On ne sait jamais ce qui se passe dans ces cervelles d'enfants... Ils savent dissimuler leurs sentiments mieux que les grandes personnes. »

André CHAMSON, *Le Chiffre de nos jours*, © Bartillat.

7 **Lisez ce texte.**

Voyage en automobile en 1900

Il [*mon père*] dit :

« Laurent, tu monteras derrière. On va placer le coussin. Ton ami se mettra près de moi. »

Comme nous arrivions sur la place de l'église, il souleva son couvre-chef[1] et salua plusieurs personnes d'une façon fort élégante.

Nous avions quitté les maisons. Une grande plaine fraîchement labourée se montrait sur notre droite. La voiture avançait en égrenant un joli chapelet de détonations qui s'amortissaient dans l'étendue. Parfois, quelque détonation manquait à l'appel ou bien faisait long feu. Mon père souriait avec un sang-froid que, dans le fond de mon cœur, je jugeais assez remarquable. Il disait :

« Cette voiture peut faire dix-huit et même vingt ou vingt-deux kilomètres à l'heure. Mais je ne la connais pas encore assez pour lui demander le maximum. »

Georges DUHAMEL, *Vue de la terre promise*, © Mercure de France, 1934.

1. **Couvre-chef :** chapeau.

a. **Relevez dans les propos du père deux verbes qui expriment un ordre de façon atténuée. À quel temps sont ces verbes ?**

b. **Relevez un présent d'énonciation (ou d'actualité). Se trouve-t-il dans les propos du père ou dans le récit ?**

c. **Quelle est la valeur du passé simple des deux verbes dans le troisième paragraphe ? Mettez à l'imparfait ces verbes. Précisez comment sont présentés, désormais, les faits exprimés par ces verbes.**

d. **À quel temps simple de l'indicatif sont employés les verbes dans l'avant-dernier paragraphe ? Quelle est la valeur de ce temps ?**

8 **Lisez ce texte.**

(Perrette, légère et court vêtue, va vendre son pot de lait au marché.)

Notre laitière ainsi troussée[1]
Comptait déjà dans sa pensée
Tout le prix de son lait, en employait l'argent ;
Achetait un cent d'œufs, faisait triple couvée :
La chose allait à bien par son soin diligent[2].
« Il m'est, disait-elle, facile
D'élever des poulets autour de ma maison ;
Le renard sera bien habile
S'il ne m'en laisse assez pour avoir un cochon.
Le porc à s'engraisser coûtera peu de son ;
Il était, quand je l'eus, de grosseur raisonnable ;
J'aurai, le revendant, de l'argent bel et bon.
Et qui m'empêchera de mettre en notre étable,
Vu le prix dont il **est**, une vache et son veau,
Que je verrai sauter au milieu du troupeau ? »
Perrette là-dessus saute aussi, transportée :
Le lait tombe : adieu veau, vache, cochon, couvée.

LA FONTAINE, *Fables*, Livre VII, 10 (extrait), 1678-1679.

1. **Trousser :** habiller. - 2. **Soin diligent :** zèle, application.

a. **Mettez les verbes des quatre premiers vers au passé simple. Pourquoi l'emploi de l'imparfait convient-il mieux ?**

b. **Relevez, dans les quatre premiers vers qui transcrivent les paroles de Perrette, les verbes au présent. Lequel traduit un fait éventuel ?**

c. **Relevez dans les propos rapportés de Perrette un imparfait et un passé simple. Traduisent-ils des faits qui ont eu réellement lieu dans le passé ?**

d. **Le présent d'actualité en gras traduit-il un fait qui a réellement lieu au moment de l'énonciation ?**

e. **En vous aidant des réponses aux questions c. et d., dites en quoi l'emploi de certains temps par Perrette manifeste sa tendance à prendre ses désirs pour des réalités.**

f. **Quelle est la valeur du présent dans les deux derniers vers ? Pourquoi l'auteur l'emploie-t-il ?**

8. Formes et valeurs des temps composés de l'indicatif

Ferdinando SCIANNA,
Piazza Madrice à Bagheria, Sicile, 1962.

– Non seulement tu continues, mais tu persévères. Voilà un devoir de français que le professeur t'**a donné** vendredi dernier pour demain. Tu avais donc huit jours pour le faire et tu n'en **as** pas **trouvé** le moyen. Et si je n'en **avais** pas **parlé**, tu allais en classe sans l'avoir fait. Mais le plus fort, c'est que tu **auras passé** tout ton jeudi à flâner et à paresser.

Marcel AYMÉ, *Le Proverbe*, in *Le Passe-Muraille*, © Gallimard, 1943.

1. **Pourquoi dit-on que les verbes en caractères gras sont à un temps composé ? À quel temps est leur auxiliaire ?**

2. **Le verbe de la deuxième phrase traduit-il une action antérieure, simultanée ou postérieure à celles exprimées au présent dans la phrase précédente ?**

3. **L'action exprimée par ces verbes en caractères gras a-t-elle un aspect accompli ou non accompli (voir ch. 6) ? Lequel de ces verbes exprime une hypothèse non réalisée dans le passé ?**

Leçon

1. Conjugaison des temps composés

À la **voix active**, les temps composés de l'indicatif sont formés de l'**auxiliaire** *être* ou *avoir* et du **participe passé** du verbe. Les principaux verbes qui se conjuguent avec l'auxiliaire *être* sont : *aller, arriver, descendre, devenir, entrer, monter, mourir, naître, partir, rester, sortir, tomber, venir.*
Le temps de l'auxiliaire est celui du temps simple correspondant. (voir tableau)

Temps composés	Temps de l'auxiliaire	*Aimer*	*Partir*
passé composé	présent	*j'***ai** *aimé* *nous* **avons** *aimé*	*je* **suis** *parti(e)* *nous* **sommes** *parti(e)s*
futur antérieur	futur	*j'***aurai** *aimé* *nous* **aurons** *aimé*	*je* **serai** *parti(e)* *nous* **serons** *parti(e)s*
futur antérieur du passé	futur du passé	*j'***aurais** *aimé* *nous* **aurions** *aimé*	*je* **serais** *parti(e)* *nous* **serions** *parti(e)s*
plus-que-parfait	imparfait	*j'***avais** *aimé* *nous* **avions** *aimé*	*j'***étais** *parti(e)* *nous* **étions** *parti(e)s*
passé antérieur	passé simple	*j'***eus** *aimé* *nous* **eûmes** *aimé*	*je* **fus** *parti(e)* *nous* **fûmes** *parti(e)s*

À la **voix passive**, l'auxiliaire *être* est au temps composé correspondant.

*Il **a été** compris* (*a été* = auxiliaire *être* au passé composé, conjugué avec l'auxiliaire *avoir*).

À la **voix pronominale**, seul est utilisé l'auxiliaire *être*.

Attention ! Ne confondez pas *je suis parti* (passé composé actif) et *je suis convoqué* (présent passif).

2. Valeur d'antériorité

Un temps composé de l'indicatif exprime souvent une **antériorité** par rapport au temps simple correspondant.

- **Passé composé / présent**

  *« On t'**a donné** (1) ce devoir il y a une semaine », **remarque** (2) le père.*

- **Futur antérieur / futur**

  *J'**espère** (1) que, dès que tu **auras fini** (2) ton devoir, tu le **rendras** (3).*

- **Futur antérieur du passé / futur du passé**

  Le futur antérieur du passé exprime un **fait passé**, qui se situe **après** un autre fait passé et **avant un fait au futur du passé.** (voir ch. 24, le conditionnel)

  *J'**espérais** (1) que, dès que tu **aurais fini** (2) ton devoir, tu le **rendrais** (3).*

- **Plus-que-parfait / imparfait**

  *Le travail **avait été donné** (1) à l'avance mais il ne le **faisait** (2) pas.*

  Le plus-que-parfait peut aussi exprimer une antériorité par rapport à un passé simple ou à un passé composé.

  *Le travail **avait été donné** (1) à l'avance mais il ne le **fit** (2) pas.*

- **Passé antérieur / passé simple**

  *Quand il **eut achevé** (1) ses remontrances, son père **se leva** (2).*

3. Valeur d'aspect

- Comme toutes les formes verbales composées, les **temps composés de l'indicatif** ont un **aspect accompli** (voir ch. 6), tandis que les temps simples ont un aspect non accompli.

  Tu ***persévères*** encore : le présent *persévères* indique une action en cours d'accomplissement, donc non accomplie.

  Tu ***as persévéré*** longtemps : le passé composé *as persévéré* exprime un fait achevé, accompli.

- Les temps composés peuvent être utilisés sans idée d'antériorité, avec seulement un aspect accompli.

  *Demain, tu **auras rédigé** ton devoir. (= tu auras fini de rédiger)*

4. Valeurs modales

- Le **futur antérieur** peut exprimer une **supposition.**

  *Le plus fort, c'est que tu **auras** sans doute **passé** tout ton jeudi à flâner.*

- Le **plus-que-parfait** peut exprimer une **hypothèse non réalisée** dans le passé. On le rencontre généralement dans une subordonnée conditionnelle introduite par *si.*

  *Si je n'en **avais** pas **parlé**, tu serais allé en classe sans l'avoir fait.*

5. Emplois particuliers du passé composé

- Le **passé composé** est l'**équivalent du passé simple** à l'oral et dans la langue écrite dans les registres courant et familier.

  *L'enfant **a écouté** attentivement son père. (= L'enfant écouta ...)*

- Le passé composé peut aussi exprimer des **faits passés dont les conséquences durent encore.**

  *Il **a été convaincu** par son père de l'importance du travail.* (Il l'est toujours.)

Exercices

1 Identifiez la voix et le temps de ces verbes à l'indicatif. Attention, ils ne sont pas tous à un temps composé.

Il était resté • je serai remerciée • nous fûmes partis • tu eus été grondée • tu as été accepté • ils furent accueillis • ils sont nés • il avait été félicité • nous avons été vus • vous étiez tombés • tu es descendu • nous sommes récompensés • elle était arrivée • vous aurez été vues • elle a été punie • je suis engagée • je serai venu.

2 Ces verbes sont à des temps simples. Mettez-les aux temps composés correspondants et indiquez de quels temps il s'agit.

Je mangeais • vous voyez • tu acquiers • ils croissaient • il craindra • il s'assit • vous étiez battus • tu croyais • ils meurent • je joins • je fus • elles se promèneraient • tu vivais • nous avions • ils seront encouragés • vous courrez • elle dut.

3 Chacune des phrases suivantes comprend un verbe à la voix pronominale ou passive. Mettez ces verbes au temps composé qui convient.

1. Je sais que tu (s'entraîner) avec sérieux. - **2.** Quand tous (se taire), il commença son discours. - **3.** Une fois qu'il (être réprimandé), il ne recommencera plus ses erreurs. - **4.** Nous (se permettre) d'entrer. - **5.** J'ignorais qu'ils (s'installer) là deux ans auparavant. - **6.** Nous aurions été déçus si vous n' (être récompensé) de votre générosité. - **7.** Les enfants qui (se lever) très tôt commencèrent dès l'heure du goûter à montrer des signes de fatigue. - **8.** Jacques ne (se sentir) jamais intimidé jusqu'à maintenant. - **9.** Jacques ne (se sentir) jamais intimidé jusqu'alors.

4 Complétez ces phrases avec le temps composé qui convient.

1. Nous pensons que vous (*exagérer*). - **2.** Je (*demeurer*) là, épuisée, jusqu'au moment où on est venu me chercher. - **3.** Vous êtes déçus parce que vous (*échouer*). - **4.** Quand je (*éteindre*) la lumière, tu devras être couchée. - **5.** Il reviendrait dans un an ou deux dans son pays, quand il (*finir*) son tour du monde. - **6.** Si nous ne (*rencontrer*) pas Pierre, nous errerions encore dans la ville. - **7.** Ils croyaient que, quand ils passeraient devant le jury, celui-ci (*étudier*) leurs dossiers qu'ils (*déposer*) un mois auparavant. - **8.** Quand on (*immobiliser*) l'animal, le vétérinaire s'approcha de lui. - **9.** Un fois que Jacques (*finir*) de ranger sa chambre, son père viendra lui lire une histoire.

5 Indiquez le temps de chaque verbe souligné et expliquez pourquoi on l'a employé.

1. Penses-tu qu'elle aura fait les courses quand elle viendra ? - **2.** Il prétendait que la décision avait été prise avant son arrivée. - **3.** Il est puni : il aura encore fait l'école buissonnière. - **4.** Dans deux heures, j'aurai donné ma démission. - **5.** S'il s'était méfié davantage, il n'aurait pas été volé. - **6.** J'espérais que tu aurais acheté un cadeau en prévision de son anniversaire. - **7.** Il n'y a pas de récolte cette année car le terrain a été laissé en friche.

6 Récrivez ces phrases en mettant le verbe de la principale au temps indiqué. Précisez quel temps composé vous avez dû utiliser.

1. J'étais (présent) persuadé qu'elle aurait bientôt acquis suffisamment d'expérience pour monter son affaire. - **2.** Depuis qu'il avait appris la nouvelle il était (présent) ravi. - **3.** Quand il a fini de traire les vaches, il va (imparfait) rejoindre ses amis. - **4.** Quand il a fini de traire les vaches, il va (passé simple) rejoindre ses amis. - **5.** Il espère (imparfait) que personne ne se sera vexé. - **6.** Étais-tu (présent) sûr que personne n'avait été mis en cause ? - **7.** Si le temps se gâtait nous renoncerions (conditionnel passé) à camper.

7 Relevez tous les verbes à un temps composé de l'indicatif dans ces textes et justifiez l'emploi de ce temps.

1. « C'est une vipère de marais ! s'écria Holmes, le plus venimeux de tous les serpents de l'Inde. Le docteur est mort, dix secondes après avoir été mordu. Le misérable aura été son propre bourreau, car il vient de tomber lui-même dans le guet-apens qu'il avait préparé pour sa victime. » (A. Conan Doyle)

2. [Il] ne pouvait s'empêcher de regretter qu'il eût, avant précisément de disparaître, prononcé des paroles de menaces [...]. Eliphas avait dit textuellement en parlant du fauteuil de l'éminent prélat : « Malheur à ceux qui auront voulu s'asseoir avant moi ! » (Gaston Leroux).

3. Le médecin ne manquera pas de tirer avantage de ce délai. Si l'enfant meurt, on l'aura appelé trop tard ; s'il réchappe, ce sera lui qui l'aura sauvé. (Rousseau)

8 a. Relevez tous les verbes à un temps composé de l'indicatif dans ces textes et justifiez l'emploi de ce temps.

b. Récrivez ces textes en mettant le verbe souligné au présent.

1. Quelques heures de sommeil vers le matin l'avaient entièrement reposé. [...] Quand le soleil, complètement dégagé, eut inondé la campagne de son aveuglante clarté, Napoléon, comme s'il n'avait attendu que ce moment, [...] donna l'ordre d'engager la bataille. (Tolstoï)

2. D'abord, miss Lydia s'était flattée de trouver au-delà des Alpes des choses que personne n'aurait vues avant elle [...]. Mais bientôt, partout devancée par ses compatriotes, et désespérant de rencontrer rien d'inconnu, elle se jeta dans le parti de l'opposition. (Mérimée)

9 Lisez ce texte.

(Gaspard Lalouette, qui va être élu académicien, annonce à sa femme qu'il vient de révéler au secrétaire de l'Académie qu'il ne sait pas lire.)

– Il [Le secrétaire] sait tout !

– Ça vaut mieux !... Comme ça, si un jour on apprend quelque chose... Il n'y aura pas de surprise... Tu auras fait ton devoir... c'est lui qui n'aura pas fait le sien !

Ils s'embrassèrent. Ils étaient radieux.

Mme Lalouette dit :

– Bonjour, monsieur l'Académicien !

– C'est bien pour toi... fit Lalouette.

Et c'est vrai que c'était pour elle qu'il jouait cette étrange partie. Mme Lalouette, qui avait épousé M. Lalouette parce qu'il avait écrit des livres[1], n'avait jamais pardonné à son mari de lui avoir caché qu'il ne savait pas lire. [...] Or, nous avons vu que M. le secrétaire perpétuel avait passé par-dessus ce léger détail. [...]

– Une autre femme aurait eu peur ! Toi, tu m'as soutenu, tu m'as encouragé ; tu m'as dit : « va, Gaspard !... »

1. Il est l'auteur de livres qu'il dictait oralement.

a. Relevez les verbes au passé composé. Lesquels sont employés dans le dialogue ? Lequel marque une antériorité par rapport au moment où écrit l'auteur ?

b. Relevez tous les autres verbes à un temps composé de l'indicatif et justifiez l'emploi de ce temps.

10 Imaginez une entrevue entre Gaspard Lalouette et les académiciens (texte de l'exercice 9) qui ne savent pas que celui qu'ils vont élire est illettré mais qui risquent de le découvrir.

9. Les auxiliaires de voix, de temps, de modalité et d'aspect

Jerry Spring, « La Route de Coronado »,
illustration de Jijé et Giraud,
scénario de Philip,
© Dupuis, 1982.

(Deux cow-boys s'adressent à un homme accusé à tort d'un vol de chevaux.)

– Tu es libre, mais tu **peux dire** que tu as de la veine.

– On **va faire** encore mieux, dit un homme au cœur tendre [...]. Achetons-lui son bétail sur-le-champ et laissons-le partir.

Aussitôt dit, aussitôt fait. Le marché fut conclu. L'homme était prêt à partir mais il tombait de faiblesse. La longue succession d'espoir et de craintes, la mort à laquelle il **venait d'échapper**, tout avait contribué à le rendre vulnérable et désemparé. Il s'écroula sur le sol comme terrassé.

Clifford P. Westermeier, *La Grande Aventure du Far West*, © Tchou, 1969.

1. **Relevez un verbe à la voix passive et un verbe à un temps composé. Quels sont leurs auxiliaires ?**

2. **Comment sont composées les périphrases verbales en caractères gras ?**

3. **Quelle différence de sens faites-vous entre *tu peux dire* et *tu dis*, *on va faire* et *on fait*, *il venait d'échapper* et *il échappait* ?**

Leçon

1. Qu'est-ce qu'un auxiliaire ?

- Le mot **auxiliaire** s'applique généralement à une personne ou à une chose qui s'ajoute à une autre pour la seconder ou lui porter secours.
On appelle donc **verbe auxiliaire**, un verbe qui s'ajoute à un autre verbe pour l'« aider » à former un temps, une voix, ou à prendre une nuance de temps, de modalité, d'aspect.

- Les auxiliaires *être* et *avoir*, quand ils sont suivis d'un participe passé, permettent de former les différents temps de la conjugaison et les voix des verbes. Ce sont des **auxiliaires de conjugaison** (voir ch. 8).
Il existe d'autres verbes ou locutions verbales auxiliaires qui sont suivis d'un infinitif et forment avec lui une **périphrase verbale**. Ce sont des **auxiliaires de temps, de modalité et d'aspect**.

  *Il **fut** conclu.* (*fut* : auxiliaire de conjugaison)
  *On **va** faire mieux.* (*va* : auxiliaire de temps)

- Lorsqu'un verbe est employé comme auxiliaire, il perd généralement son sens premier. Comparez : *Il **va** à Paris.* (verbe de mouvement) *On **va** faire mieux.*

2. Les auxiliaires de temps

- Expression d'un **futur proche** ou **futur imminent** (*aller, être sur le point de, s'apprêter à*) : *L'homme s'apprêtait à partir.*
- Expression d'un **passé récent** (*venir de*) : *Il venait d'échapper à la mort.*

3. Les auxiliaires de modalité

Certains verbes auxiliaires peuvent exprimer la **modalité d'une action**, c'est-à-dire la façon dont on la juge possible, nécessaire, souhaitable, etc. L'action est exprimée par le verbe à l'infinitif.
Il existe de nombreux auxiliaires de modalité. Ils peuvent exprimer
– la **volonté** : *Il **veut** acheter son bétail.*
– l'**éventualité** : *Tu **peux** te tromper.*
– la **nécessité** : *Il **faut** le relâcher.*
– la **permission** : *Tu **peux** t' en aller.*
– la **probabilité** : *Il **doit** être très ému.*

Attention ! Un même auxiliaire de modalité peut avoir des sens différents.
Il doit s'en aller. Dans cette phrase, l'auxiliaire *doit* peut exprimer, selon le contexte, l'obligation ou la probabilité.

4. Les auxiliaires d'aspect

Les auxiliaires d'aspect peuvent exprimer
– le début de l'action (*commencer à, se mettre à, entreprendre de*) :
*Ils **commencent** à comprendre.* (**aspect inchoatif**)
– la durée, le développement de l'action (*continuer à, ne pas cesser de, être en train de*) :
*Ils **continuent** à douter.* (**aspect duratif ou progressif**)
– la fin de l'action (*finir de, cesser de, s'arrêter de, achever de*) :
*Ils **ont cessé** de le tourmenter.* (**aspect terminatif**)

Exercices

1 Relevez les auxiliaires et dites s'il s'agit d'auxiliaires de temps, de modalité ou d'aspect.
Précisez également quelle nuance de sens ils apportent à la périphrase.

1. Il vient de vendre sa maison : il doit manquer d'argent. - **2.** Cesse de t'amuser avec le feu, tu vas te brûler ! - **3.** Le bébé continue à pleurer. - **4.** Vous devriez avoir honte. - **5.** Ils commencent tout juste à se rendre compte de la situation. - **6.** Finissez de faire vos devoirs et vous pourrez jouer ensuite. - **7.** Il se met à crier dès que le docteur l'approche. - **8.** Je voudrais le rencontrer mais je commence à m'impatienter car il ne cesse de reporter nos rendez-vous. - **9.** Jacques est en train d'acheter son billet. Il faut lui dire qu'il doit se presser s'il veut prendre le prochain bus car celui-ci s'apprête à partir.

2 **Relevez les périphrases verbales et indiquez quelle modalité traduit leur auxiliaire.**

1. Je peux être nommé dans un pays étranger. - **2.** Un tel comportement doit être condamné. - **3.** Il doit être mécontent de sa situation car il veut changer de profession. - **4.** Vous pouvez vous asseoir.

3 **Remettez ces phrases en ordre. Précisez, chaque fois, ce qu'exprime l'auxiliaire.**

a. Pendant une semaine elle ne cessa de proposer, en vain, ses services à toutes les boutiques du voisinage. **b.** Elle se mit donc à chercher un emploi temporaire de vendeuse. **c.** Jeanne voulait gagner un peu d'argent de poche. **d.** Heureusement, elle finit par trouver une place de vendeuse grâce à une petite annonce ! **e.** Découragée, elle était sur le point de renoncer.

4 **a. Précisez quel aspect les auxiliaires donnent aux périphrases verbales contenues dans ces phrases. Attention, la forme négative peut modifier le sens d'un auxiliaire.**

b. Récrivez les phrases en remplaçant les auxiliaires par des synonymes (verbes ou locutions verbales).

1. Elle n'en finit pas de ressasser les mêmes rancœurs. - **2.** Je finis d'étendre le linge et je suis à vous. - **3.** Il a entrepris d'écrire ses mémoires. - **4.** Nous persistons à croire en lui. - **5.** Cesse d'embêter ton frère. - **6.** Tu ne cesses d'embêter ton frère. - **7.** Ils se sont mis à repeindre entièrement la maison.

5 **Quels sont les différents sens des verbes *devoir* et *pouvoir* dans ces phrases ? Précisez lorsqu'ils ne sont pas des auxiliaires.**

1. Vous me devez de l'argent. - **2.** Vous devez manquer d'argent. - **3.** Vous devez rendre le plus vite possible cet argent. - **4.** Puis-je vous dire un mot ? - **5.** Il pourrait se vexer. - **6.** Je ne peux rien pour toi.

6 **Employez chacun des verbes suivants dans deux phrases : l'une où il sera un auxiliaire, l'autre où il n'en sera pas un.**

Être • avoir • aller • arrêter.

7 **Lisez ce texte.**

(L'article suivant a été écrit après la destruction d'Hiroshima par une bombe atomique.)

Le monde est ce qu'il est, c'est-à-dire peu de chose. C'est ce que chacun sait depuis hier grâce au formidable concert que la radio, les journaux et les agences d'information viennent de déclencher au sujet de la bombe atomique. On nous apprend, en effet, au milieu d'une foule de commentaires enthousiastes, que n'importe quelle ville d'importance moyenne peut être totalement rasée par une bombe de la grosseur d'un ballon de football [...] : la civilisation mécanique vient de parvenir à son dernier degré de sauvagerie. Il va falloir choisir, dans un avenir plus ou moins proche, entre le suicide collectif ou l'utilisation intelligente des conquêtes scientifiques. [...]

On offre sans doute à l'humanité sa dernière chance. Et ce peut être après tout le prétexte d'une édition spéciale[1]. Mais ce devrait être plus sûrement le sujet de quelques réflexions et de beaucoup de silence.

Combat, 8 août 1945,
recueilli dans Albert Camus, *Actuelles I*, © Gallimard.

1. Il s'agit de l'édition spéciale d'un journal qui a lieu lors d'un événement important.

a. Relevez dans le premier paragraphe les auxiliaires. Dites de quels types d'auxiliaires il s'agit et ce qu'ils expriment. À quel événement récent est-il fait allusion ? Quelle éventualité est évoquée ?

b. Relevez les autres auxiliaires dans la suite du texte et dites ce qu'ils expriment. Face à la gravité des événements, quelle est l'obligation morale du journaliste ?

8 **Lisez ce texte.**

La mission de l'art n'est pas de copier la nature, mais de l'exprimer ! [...]Essaie de mouler la main de ta maîtresse et de la poser devant toi, tu trouveras un horrible cadavre sans aucune ressemblance, et tu seras forcé d'aller trouver le ciseau[1] de l'homme qui, sans te la copier exactement, t'en figurera le mouvement et la vie. Nous avons à saisir l'esprit, l'âme, la physionomie des choses et des êtres. [...] Une main, puisque j'ai pris cet exemple, une main ne tient pas seulement au corps, elle exprime et continue une pensée qu'il faut saisir et rendre. Ni le peintre, ni le poète, ni le sculpteur ne doivent séparer l'effet de la cause qui sont invinciblement l'un dans l'autre !

Honoré de Balzac, *Le Chef-d'œuvre inconnu*, 1831.

1. **Ciseau** : outil du sculpteur.

a. Relevez un auxiliaire de modalité qui exprime une tentative.

b. Relevez quatre auxiliaires de modalité qui expriment la nécessité. Que doit faire l'artiste ?

9 **Sur le modèle du texte de l'exercice 8, rédigez un texte où vous conseillerez une personne de votre choix. Utilisez plusieurs auxiliaires de modalité.**

Ai, aie, aies, ait, aient, es, est
Ces, ses, c'est, s'est

1. Ne pas confondre *ai, aie, aies, ait, aient, es, est*

- *Ai, aie, aies, ait, aient* sont des formes du verbe ***avoir***, au **présent**
  – de l'**indicatif** : *j'ai* (1re personne du singulier),
  – de l'**impératif** : *aie* (2e personne du singulier),
  – du **subjonctif** : *que j'aie* (1re pers. sing.), *que tu aies* (2e pers. sing.), *qu'il ait* (3e pers. sing.), *qu'ils aient* (3e pers. plur.)
  Pour les distinguer, on les met à la 2e personne du pluriel : *j'ai → vous avez ; aie → ayez ; que j'aie, que tu aies, qu'ils aient → que vous ayez.*
- *Es, est* sont des formes du verbe ***être*** à l'**indicatif présent** : *tu es* (2e pers. sing.), *il est* (3e pers. sing.). On les met au pluriel pour les reconnaître : *tu es → vous êtes ; il est → ils sont.*
- *Ai, aie, aies, ait, aient, es, est* sont aussi employés comme **auxiliaires** : *j'**ai** vu* (passé composé), *que j'**aie** réussi* (subjonctif passé), *tu **es** parti* (passé composé).

2. Ne pas confondre *ces, ses ; c'est, s'est*

- ***Ces*** est un **déterminant démonstratif**. Si on met le GN au singulier *ces* devient *ce, cet* ou *cette* : ***ces** sacs → ce sac, **ces** arbres → cet arbre, **ces** robes → cette robe.*
- ***Ses*** est un **déterminant possessif**. Si on met le GN au singulier, *ses* devient *son* ou *sa* : ***ses** livres → son livre, **ses** robes → sa robe.*
- ***C'est*** est un **présentatif**. Il peut être suivi d'un GN (***C'est** l'homme*), d'un pronom (***C'est** lui*), d'un adjectif (***C'est** vrai*) ou d'un adverbe (***C'est** ici*).
- ***S'est*** fait partie d'un verbe pronominal au passé composé. Il est toujours suivi d'un participe passé : *Il **s'est** arrêté.*

Exercices

1 **Complétez ces phrases avec *ai, aie, aies, ait, aient, es* ou *est*.**

1. J'... bien peur qu'ils ... commis une faute. - **2.** N'... pas cet air malheureux et réjouis-toi que personne ne t'... rien reproché. - **3.** Bien que tu ... sans doute raison, le fait que tu ... refusé ce poste m'a peiné. - **4.** Peut-être l' ...-je trop énervé pour qu'il ... encore envie de travailler avec moi. - **5.** ... toujours un dossier sous le bras afin qu'ils ... l'impression que tu ... en permanence occupé. - **6.** Que tu ... raison ou non, il ... évident que tu ... de bonne foi.

2 **Complétez ces phrases avec *ces, ses, c'est* ou *s'est*.**

1. ... robes que vous admirez sont ... créations : elle ... confectionné elle-même tous ... effets personnels. - **2.** ... vrai qu'il ... montré violent avec ces gens-là mais ... sans doute qu'il ... cru attaqué par eux.- **3.** ... avec beaucoup de grâce qu'il ... incliné devant ... souverains. - **4.** ... derniers temps elle ... occupé davantage de ... propres affaires que de celles de ... parents. - **5.** Il ... promené dans ... lieux méditerranéens qu'il a si souvent décrits dans ... romans.

La conjugaison des temps simples de l'indicatif

1. La conjugaison

(Pour le détail des conjugaisons, se reporter aux tableaux pages 310 à 319.)

1. La voix active

- Les terminaisons du **présent** varient selon les groupes.

  – Terminaisons du 1er groupe (infinitif en *-er*) :
  -e, -es, -e, -ons, -ez, -ent **:** *je joue, il chante, nous aimons, ils pleurent.*

  – Terminaisons du 2e groupe (infinitif en *-ir* + participe présent en *-issant*) :
  -is, -is, -it, -issons, -issez, -issent **:** *je finis, il fleurit, nous obéissons, ils réussissent.*

  – Terminaisons du 3e groupe (infinitif en *-ir* + participe présent en *-ant; -re, -oir*) :
  -s, -s, -t, -ons, -ez, -ent **:** *je cours, il voit, nous tenons, ils croient.*

  Les **trois personnes du pluriel** se forment sur le **radical du participe présent.**
  *Je crains, nous **craign**ons, tu bois, vous **buv**ez, il résout, ils **résolv**ent.*

  Exceptions : aux **trois premières personnes** du singulier
  – les verbes *assaillir, cueillir, défaillir, offrir, ouvrir, souffrir, tressaillir* et leurs composés se conjuguent **comme** les verbes du **1er groupe** :
  J'assaille, tu cueilles, il défaille, j'offre, tu ouvres, je souffre, il tressaille.
  – les verbes en ***-dre*** ont les terminaisons en ***-ds, -ds, -d,*** sauf les verbes en ***-indre*** et ***-soudre*** qui perdent le ***d*** :
  *prendre : je pren**ds**, tu pren**ds**, il pren**d** – peindre : je peins, tu peins, il peint.*
  – ***pouvoir, valoir*** et ***vouloir*** ont les terminaisons en ***-x, -x, -t*** : *je peu**x**, tu vau**x**, il veu**t**.*
  – le verbe ***haïr*** perd le tréma sur le ***i*** aux trois premières personnes du singulier : *je ha**i**s, tu ha**i**s, il ha**i**t,* (mais *nous haïssons*).

- Le **futur** se forme généralement sur l'infinitif, avec les terminaisons :
  -ai, -as, -a, -ons, -ez, -ont **:** *je parlerai, il fuira, nous prévoirons, ils diront.*

  Exceptions : ***envoyer*** et ***renvoyer*** font au futur : *j'en**verrai**, je ren**verrai**…*
  Pour les verbes du 3e groupe, le radical du futur est souvent différent de celui de l'infinitif. Se reporter aux tableaux des pages 310 à 319.
  *Voir : je **verr**ai – devoir : il **devr**a – faire : nous **fer**ons – savoir : ils **saur**ont.*

Attention ! Il ne faut pas oublier le ***e*** des verbes en ***-éer, -ier, -ouer*** et ***-uer*** au futur.
*Créer : je cré**e**rai – prier : il pri**e**ra – jouer : nous jou**e**rons – affluer : ils afflu**e**ront.*

- Le **futur du passé** a une conjugaison identique à celle du conditionnel présent (se reporter au ch. 24).
  Il se forme comme le futur, mais avec les terminaisons de l'imparfait :
  -ais, -ais, -ait, -ions, -iez, -aient **:** *je jouerais, il vêtirait, nous lirions, ils verraient.*

- L'**imparfait** se forme sur le même radical que le participe présent, avec les terminaisons :
-ais, -ais, -ait, -ions, -iez, -aient : *je criais, il bondissait, nous tenions, ils allaient.*

Attention ! Pour les verbes en ***-ier, -yer, -iller, -gner,*** il ne faut pas oublier le ***-i-*** des terminaisons ***-ions*** et ***-iez***. Ce ***i*** distingue seul l'imparfait du présent.
*plier : nous pl**i**ions – envoyer : vous envoy**i**ez – briller : nous brill**i**ons – grogner : vous grogn**i**ez.*

- Les terminaisons du **passé simple** varient selon les groupes.
(Voir *la conjugaison du passé simple*, page 114)
1er groupe : ***-ai, -as, -a, -âmes, -âtes, -èrent :*** *je parlai, il monta, nous gagnâmes, ils donnèrent.*
2e groupe : ***-is, -is, -it, -îmes, -îtes, -irent :*** *je saisis, il retentit, nous maudîmes, ils éblouirent.*
3e groupe (terminaisons en ***-i-, -u-,*** ou ***-in-***) : ***-s, -s, -t, -îmes /-ûmes /-înmes, -îtes /-ûtes /-întes, -rent*** : *je pris, il crut, nous vînmes, ils vécurent.*

Seuls *tenir, venir* et leurs composés ont leurs terminaisons en ***-in-*** : *je vins, vous tîntes.*
Certains verbes du 3e groupe ont)une formation irrégulière. Se reporter aux pages 316 à 319.
Acquérir : j'acquis – devoir : tu dus – faire : nous fîmes – naître : ils naquirent – pouvoir : il put – résoudre : vous résolûtes – savoir : je sus – vivre : je vécus.

2. La voix passive

À la **voix passive** les temps simples de l'indicatif se forment avec l'auxiliaire ***être*** au temps simple correspondant et le **participe passé** du verbe.
Je suis aimé (présent) – *je serai plaint* (futur) – *je serais accepté* (futur du passé) – *j'étais pris* (imparfait) – *je fus critiqué* (passé simple).

2. Les verbes difficiles

- Les verbes en ***-cer*** prennent une cédille devant ***o*** et ***a***.
*Avancer : j'avan**ç**ais, il avan**ç**a, nous avan**ç**ons* (mais *tu avanceras*).

- Les verbes en ***-ger*** prennent un ***e*** devant ***o*** et ***a***.
*Manger : nous mang**eo**ns, tu mang**ea**is, il mang**ea**.*

- Les verbes en ***-yer*** changent le ***y*** en ***i*** devant un ***e* muet** (mais les verbes en ***-ayer*** peuvent le conserver).
*Essuyer : j'essu**ie**, tu essu**ie**ras, il essu**ierait*** (mais *nous essuyions, ils essuyaient*).
*Payer : je pa**ie*** (ou *je paye*), *tu pa**ie**ras* (ou *tu payeras*), *il pa**ie**rait* (ou *il payerait*).

- Les verbes en ***-ever, -emer, -eser…*** (avec un ***e* muet à l'avant-dernière syllabe**) prennent ***è*** (accent grave) avant une consonne suivie d'un ***e* muet**.
*Lever : je l**è**ve / il levait – semer : tu s**è**meras / vous semez – peser : nous p**è**serions.*

Cependant, les verbes en ***-eler*** et ***-eter*** sauf *acheter, haleter, harceler, déceler, modeler, peler, geler, ciseler* prennent ***ll*** et ***tt*** devant un ***e* muet**.
*Appeler : j'appe**ll**e, tu appe**ll**eras, il appe**ll**erait / nous appelions, ils appelèrent.*
*Jeter : je je**tt**e, tu je**tt**eras, il je**tt**erait / nous jetions, ils jetèrent.*
Mais : *j'ach**è**te, tu ach**è**teras, il achetait, tu p**è**les, nous p**è**lerions, ils pelèrent.*

- Les verbes en ***-éder, -égner, égler...*** (avec ***é*** **à l'avant-dernière syllabe**) prennent ***è*** avant une consonne suivie d'un ***e*** **muet**, sauf au futur et au futur du passé : *céder : je cède / tu céderas, il cédait – régner : ils règnent / nous régnerions, ils régnèrent – régler : tu règles / vous réglerez.*
- Les verbes en ***-aître***, ainsi que ***plaire*** et ***déplaire***, n'ont l'**accent circonflexe** que devant ***t*** : *je plais, il plaît, il déplaît.*
  Connaître : je connais, il connaît, tu connaîtras, nous connaîtrions, ils connaissent.
  Le verbe ***croître*** garde l'accent devant ***t*** et ***s*** à toutes les formes où l'on pourrait le confondre avec le verbe ***croire*** : *je croîs, tu croîs, il croît, il crût*, etc.

Exercices

1 Conjuguez ces verbes aux trois premières personnes du présent de l'indicatif.

Contribuer • vaincre • défaillir • coudre • rendre • valoir.

2 Conjuguez ces verbes au présent de l'indicatif.

Commencer • manger • mener • s'ennuyer.

3 Conjuguez ces verbes à la personne du singulier correspondante.

Nous cédons • vous vous relevez • ils étincellent • nous joignons • ils paraissent • vous projetez • nous pelons • ils haïssent • nous assiégeons • nous croissons • nous croyons • ils éteignent • vous appuyez.

4 À l'aide du tableau des verbes irréguliers, pages 316 à 319, conjuguez ces verbes au présent de l'indicatif à toutes les personnes.

Aller • dire • acquérir • s'asseoir • vaincre • émouvoir.

5 Mettez les verbes au présent de l'indicatif.

1. Nous (juger) que tu (pouvoir) nuire au projet. - **2.** Il (essayer) de devenir un artiste et de copier des tableaux connus mais il (peindre) assez mal. - **3.** Tu (accéder) à toutes ses demandes et pourtant tu te (rendre) compte qu'il (mentir). - **4.** J'(appuyer) sa proposition car elle (allier) l'utile à l'agréable. - **5.** Elle (acheter) beaucoup de vêtements qu'elle (payer) très cher. - **6.** Les rosiers (croître) beaucoup au printemps mais ils (geler) en hiver. - **7.** Il (déblayer) la neige chaque matin et (se frayer) ainsi un chemin à travers le jardin. - **8.** Je (renouveler) régulièrement ma demande mais l'administration la (rejeter) toujours. - **9.** Tu (se créer) toujours des ennuis et ensuite tu (se plaindre). - **10.** Nous (naviguer) peu et nous n'(avancer) guère dans notre périple. - **11.** J'(espérer) que tu le (connaître) bien, que tu (répondre) de lui et que tu (n'exagérer) pas quand tu le (louer) comme tu le (faire).

6 Conjuguez ces verbes au temps indiqué entre parenthèses.

Réagir (futur) • apprécier (futur) • louer (futur du passé) • continuer (futur du passé).

7 Mettez ces verbes au futur.

Nous (appuyer) • il (détruire) • vous (balayer) • je (nuire) • tu (employer) • ils (distraire) • vous (conclure).

8 Mettez ces verbes au futur du passé.

Il (ficeler) • nous (projeter) • vous (peler) • ils (croire) • ils (croître) • je (connaître) • tu (envoyer) • nous (régner).

9 À l'aide du tableau des verbes irréguliers, pages 316 à 319, conjuguez ces verbes au futur à toutes les personnes.

Aller • recevoir • s'asseoir • courir • renvoyer • pouvoir • acquérir • régler.

10 À l'aide du tableau des verbes irréguliers, pages 316 à 319, conjuguez ces verbes au futur du passé à toutes les personnes.

Mourir • cueillir • valoir • faire • devoir • venir • vouloir • savoir • émouvoir.

11 Mettez les verbes au futur.

1. Si nous sommes en difficulté, il nous (secourir). - **2.** Demain, tu (déployer) tout ton charme, tu (subjuguer) ton public, tu (conquérir) tous les cœurs, et tu les (convaincre) tous de ton mérite. - **3.** Quand vous (se rendre) chez Pierre, vous le (saluer) de ma part et vous (s'enquérir) de la santé de sa mère. - **4.** Nous ne vous (oublier) pas et nous vous (envoyer) régulièrement des nouvelles. - **5.** Il (créer) des bijoux pour toi si tu le lui demandes. - **6.** Ils ne (céder) pas.

12 **Mettez les verbes au futur du passé.**

1. J'espérais non seulement que tu (nettoyer) les couverts mais que tu les (essuyer) ensuite. - **2.** Il a déclaré qu'en cas de procès il n'(avouer) rien et qu'il (rejeter) toutes les accusations. Il (nier) même connaître la victime. - **3.** Il était évident qu'en faisant du bruit nous (effrayer) les animaux qui (se réfugier) dans la forêt. - **4.** Je pensais que vous (se rappeler) notre rencontre et que vous (venir) me rendre visite.

13 **Conjuguez ces verbes à l'imparfait.**

Manger • briller • rayer.

14 **Mettez ces verbes à l'imparfait.**

Je (fatiguer) • il (protéger) • nous (se plaindre) • tu (annoncer) • ils (regretter) • nous (ficeler) • je (rejeter) • tu (croître) • nous (tutoyer) • vous (égayer).

15 **Mettez les verbes à l'imparfait.**

1. Il (boire) trop et (chanceler) souvent en sortant du bar. - **2.** Chaque fois que je (jouer) à la guerre je (vaincre) mes adversaires. - **3.** Comme vous (résoudre) aussi bien l'un que l'autre les problèmes, vous (gagner) souvent tous les deux les concours de mathématiques qu'(organiser) le professeur. - **4.** Nous ne (s'ennuyer) pas. Nous (créer) de petites robes dont nous (habiller) nos poupées et dont nous les (dépouiller) si maladroitement ensuite que nous (déchirer) souvent ces fragiles vêtements. Maman (accourir), (s'émouvoir) de notre tristesse et (rapiécer) les robes abîmées. - **5.** Tu (enfreindre) ces règles que tu (connaître) fort bien.

16 **Conjuguez ces verbes au passé simple.**

Expliquer • remplir • tenir • croire • croître.

17 **Dites lesquels de ces verbes au passé simple peuvent avoir la même forme au présent.**

Je dis • il suivit • tu éclaircis • je cueillis • tu servis • il saisit • tu franchis • je conduisis • tu conclus.

18 **À l'aide du tableau des verbes irréguliers, pages 316 à 319, mettez ces verbes au passé simple.**

Il (pleuvoir) • il (naître) • nous (acquérir) • tu (plaire) • vous (faire) • ils (s'asseoir) • je (résoudre) • nous (pouvoir) • il (se taire) • ils (savoir) • tu (moudre) • nous (coudre) • vous (vaincre) • il (courir) • nous (voir).

19 **Mettez les verbes au passé simple.**

1. Nous (parcourir) le livre mais nous ne (parvenir) pas à le lire entièrement. - **2.** Je (changer) de méthode et j'(obtenir) de meilleurs résultats. - **3.** Ils m'(accueillir) avec beaucoup de gentillesse, s'(enquérir) de ma santé et m'(inviter) à m'asseoir. - **4.** Tu (revoir) Claire mais tu n'(obtenir) rien d'elle. - **5.** Soudain elle les (devancer), les (distancer) de quelques mètres et ils (commencer) à presser le pas. - **6.** Je (perdre) mon sang-froid, (balbutier) quelques mots d'excuse et (partir) sans demander mon reste. - **7.** Nous (devoir) faire appel à un passant que nous (prier) de pousser avec nous la voiture, ce qu'il (faire) d'ailleurs avec beaucoup de gentillesse.

20 **Mettez les verbes suivants à la première personne de tous les temps simples de l'indicatif. Dites quelles formes sont semblables.**

Voir • vivre • peindre • peigner • mouler • moudre.

21 **Relevez les verbes au présent de l'indicatif. Mettez-les successivement à l'imparfait, au passé simple, au futur et au futur du passé.**

À travers la vitre d'un train

Balayant vivement de leur raie noire toute l'étendue de la vitre, se succèdent sans interruption les poteaux de ciment ou de fer ; montent, s'écartent, redescendent, reviennent, s'entrecroisent, se multiplient, se réunissent, rythmés par leurs isolateurs, les fils téléphoniques.

Michel BUTOR, *La Modification*, © Éditions de Minuit, 1957.

22 **Dictée préparée.**

Lisez ce texte.

a. **Relevez tous les verbes conjugués à un temps simple de l'indicatif.** **b.** **Indiquez leur infinitif et leur temps.**

(Alice vient de manger un gâteau qui la fait s'allonger.)

« Je m'allonge maintenant comme le plus grand télescope au monde ! Au revoir, mes pieds (car quand elle regarda ses pieds, ils lui parurent presque hors de vue tant ils devenaient lointains). Oh ! mes pauvres petits pieds, je me demande qui vous mettra vos bas et vos chaussures à présent, mes chéris ? Je suis sûre que je ne pourrai pas le faire ! Je serai bien trop loin pour m'occuper de vous. Il faudra vous débrouiller comme vous le pourrez. Mais je dois être gentille avec eux, pensa Alice, sinon peut-être iront-ils ailleurs que là où je veux aller. Voyons, je leur offrirai une nouvelle paire de souliers neufs à chaque Noël. »

Et elle continua d'imaginer comment elle arrangerait cela. « Il faudra utiliser un porteur pour les faire parvenir à destination, se dit-elle, et comme cela paraîtra amusant quand j'enverrai des cadeaux à mes propres pieds ! »

Lewis CARROLL, *Alice au pays des merveilles*, 1865.

L'accord du verbe avec le sujet

1. Cas général

- Le verbe s'accorde en nombre et en personne avec son sujet. Aux formes composées avec l'auxiliaire *être*, il s'accorde également en genre.

  ***Les fleurs** se **sont** fanées. **Nous** jouons.*

- Le verbe s'accorde avec le sujet, même si celui-ci est inversé ou éloigné.

  *Là se trouv**aient**, loin de toute civilisation, **de petites îles désertes**.*

2. Cas particuliers

- Si un verbe a plusieurs sujets dont l'un au moins est un **pronom personnel**,
  – la première personne l'emporte sur la deuxième et la troisième :

  *Toi et **moi** rest**ons**. Eux et **nous** rest**ons**.*

  – la deuxième personne l'emporte sur la troisième :

  ***Toi** et lui rest**ez**. **Toi** et eux rest**ez**.*

- Si le sujet est un **pronom relatif**, le verbe s'accorde en genre, en nombre et en personne avec l'antécédent : *C'est **toi**, **Marie**, **qui es** élue déléguée.*
- Si le sujet est un GN composé d'un **nom collectif** et d'un complément de nom, l'accord se fait au singulier avec le noyau du GN, mais il peut se faire aussi au pluriel avec le complément de nom.

  *La **majorité** des invités **est** partie. La majorité des **invités sont** partis.*

- Après ***beaucoup***, ***peu***, ***la plupart***, ***combien***, ***assez***, ***tant***, le verbe se met au **pluriel** : *La plupart **sont partis** ; peu **sont revenus**.*
- Après ***on***, ***chacun***, ***chaque*** introduisant un GN, ***plus d'un***, le verbe se met au **singulier** : *Chacun **était content**.*
- Lorsque deux sujets sont coordonnés par ***ou*** ou par ***ni***, le verbe est au pluriel si les deux sujets peuvent faire l'action, mais il est au singulier si un seul des deux sujets peut faire cette action.

  *Jean ou Éric **feront** ce travail. Ni Jean ni Éric ne **feront** ce travail.*
  *Jean ou Éric **sera** le parrain de son fils.*

- Lorsque plusieurs sujets sont **résumés** par un dernier sujet, l'accord se fait avec celui-ci : *L'armoire, la table, les chaises, **tout le mobilier a été vendu**.*
- Quand deux sujets sont reliés par ***ainsi que***, ***de même que***, ***comme***, le verbe est au singulier si les deux sujets sont séparés par une virgule, sinon il est au pluriel.

  *Le rhinocéros, de même que le tigre, **est** un animal protégé.*
  *Le rhinocéros de même que le tigre **sont** des animaux protégés.*

Exercices

1 Justifiez l'accord des verbes.

1. L'espagnol, comme l'italien, est une langue latine. - **2.** L'espagnol comme l'italien sont des langues latines. - **3.** Tant d'épreuves l'ont terrassé. - **4.** En l'absence d'autres concurrents, ce sera Jacques ou Pierre qui remportera la coupe. - **5.** C'est nous qui avons préparé le dîner. - **6.** Chacune de ces voitures est équipée de la climatisation. - **7.** Hommes, femmes, vieillards, enfants, la population entière est venue l'accueillir. - **8.** Combien sont victimes de sa méchanceté ! - **9.** Plus d'un a tenté de conquérir son cœur. - **10.** Vous et moi partirons ensemble.

2 Mettez les verbes entre parenthèses au temps indiqué, en les accordant correctement avec le sujet.

1. Dans un coin (*se blottir*, imparfait) deux enfants endormis. - **2.** Mes collègues et moi-même vous (*souhaiter*, présent) la bienvenue. - **3.** Sa mère ainsi que sa femme lui (*rendre*, passé composé) visite. - **4.** Sa mère, ainsi que sa femme, lui (*rendre*, passé composé) visite à l'hôpital. - **5.** Ce sera toi et Marie qui (*partir*, futur) d'abord. - **6.** La plupart des randonneurs, à cause de l'orage, (*retourner*, passé composé) sur leurs pas. - **7.** La chaleur, le bruit, l'inconfort, tout cela (*indisposer*, passé simple) les passagers du train.

3 Même exercice.

1. Chacun des enfants (*recevoir*, passé simple) un petit présent. - **2.** Jacques de même que toi (*être*, présent) mes invités. - **3.** De la cavité (*s'échapper*, imparfait) des volutes de fumée. - **4.** Ni l'un ni l'autre ne l'(*épouser*, futur). - **5.** Ce qui les (*étonner*, présent), c'est qu'on ne (*voir*, présent) aucune habitation. - **6.** L'ensemble des spectateurs (*applaudir*, passé simple). - **7.** Tant (*essayer*, passé composé), si peu (*réussir*, passé composé) !

4 Complétez les verbes.

1. Regarde, un tas de pierres encombr... la route. - **2.** Ce bouquet de roses lui fer... plaisir. - **3.** Raconte-moi comment se pass... tes vacances. - **4.** Il y a bien assez de touristes qui visit... la région. - **5.** Combien de jours de congé te rest...-il ? - **6.** Combien de jours se pass... à ne rien faire ! - **7.** C'est ainsi que parl... les sages. - **8.** Tu oses te plaindre de moi qui te soutien... toujours. - **9.** Il faut se débarrasser du monceau de détritus qui défigur... l'esplanade.

5 Complétez ces phrases avec le pronom personnel qui convient.

1. Tes parents et ... acceptons l'offre. - **2.** Vous et ... sommes ravis. - **3.** Eux et ... mangez à la même table. - **4.** Est-ce ... qui as sifflé ? - **5.** Se sont-... vues ?

6 Mettez les verbes entre parenthèses au présent de l'indicatif.

1. Ce sont les plus grands qui (devoir) se placer au fond. - **2.** C'est l'ensemble des parents qui vous (remercier). - **3.** Ce sont les élèves, les parents, les professeurs, les surveillants, tout le collège qui (organiser) cette fête. - **4.** C'est Pierre, Alain et moi-même qui (faire) la vaisselle aujourd'hui. - **5.** C'est moi qui (avoir) raison.

7 Dictée préparée.

Indiquez avec quel(s) mot(s) se fait l'accord de chaque verbe.

La cour des Miracles

C'était une vaste place, irrégulière et mal pavée, comme toutes les places de Paris alors. Des feux, autour desquels fourmillaient des groupes étranges, y brillaient çà et là. Tout cela allait, venait, criait. On entendait des rires aigus, des vagissements d'enfants, des voix de femmes. Les mains, les têtes de cette foule, noires sur le fond lumineux, y découpaient mille gestes bizarres. Par moments, sur le sol, où tremblait la clarté des feux, mêlée à de grandes ombres indéfinies, on pouvait voir passer un chien qui ressemblait à un homme, un homme qui ressemblait à un chien. [...] Hommes, femmes, bêtes, âge, sexe, santé, maladie, tout semblait être en commun parmi ce peuple ; tout allait ensemble, mêlé, confondu, superposé ; chacun y participait de tout.

Victor Hugo, *Notre-Dame de Paris*, Livre II, 6, 1831.

8 Dictée.

Le jeune baron, unique survivant de la famille Sigognac, avait bien des motifs de mélancolie. Ses aïeux s'étaient ruinés de différentes manières, soit par le jeu, soit par la guerre ou par le vain désir de briller, en sorte que chaque génération avait légué à l'autre un patrimoine de plus en plus diminué. [...]

Aussi beaucoup de gens croyaient-ils que les Sigognac étaient éteints, et l'oubli, qui pousse sur les morts encore plus vite que l'herbe, effaçait cette famille autrefois importante et riche, et bien peu de personnes savaient qu'il existât[2] encore un rejeton de cette race amoindrie.

Théophile Gautier, *Le Capitaine Fracasse*, 1863.

1. Imparfait du subjonctif (voir ch. 23 sur le subjonctif).

L'accord du participe passé

1. Avec l'auxiliaire *être* à la voix active ou passive

Le participe passé, employé avec l'auxiliaire ***être***, s'accorde **toujours** avec le **sujet**, lorsqu'il se trouve
– dans un verbe actif à un temps composé : *Les jeunes filles sont part**ies**.*
– dans un verbe passif : *La région est dévast**ée**.*
À la voix passive, à un temps composé, l'auxiliaire **être** est précédé de l'auxiliaire *avoir*. Mais le participe passé est toujours employé avec l'auxiliaire *être* et s'accorde donc avec le sujet.

*Les fillettes ont été félicit**ées**.* *Les immeubles avaient été démol**is**.*

2. Avec l'auxiliaire *avoir*

- Le participe passé employé à une forme composée avec ***avoir*** ne s'accorde **jamais** avec le **sujet**.

  *Elles ont achet**é** un châle.*

- Si le **COD** est placé **après** le verbe, le participe passé reste **invariable**.

  *Nous avons gar**é** la voiture.*

- Le participe **s'accorde** avec le **COD** lorsque celui-ci est placé **avant** le verbe. Ce COD est généralement
  – un pronom personnel (*le, l', la, les, me, te, nous, vous*) :

  *Elles nous ont remerci**é(e)s**.*

  – le pronom relatif *que* (dans ce cas, le participe passé prend le genre et le nombre de l'antécédent du pronom) :

  *J'ai examiné **les documents** que tu m'as confi**és**.*

  – un pronom interrogatif (*qui, qu', lequel, laquelle, lesquels, lesquelles*) :

  *Lesquelles avez-vous v**ues** ?*

  – un GN contenant un adjectif interrogatif ou exclamatif (*quel, quelle, quels, quelles*) :

  *Quels vêtements avez-vous chois**is** ?* *Quelle peur j'ai e**ue** !*

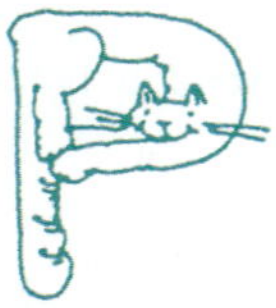

3. Avec l'auxiliaire *être* à la voix pronominale

- Lorsqu'il s'agit d'un verbe pronominal **réfléchi** ou **réciproque**, conjugué à un temps composé, donc avec l'auxiliaire *être*, le participe passé suit les mêmes règles d'accord que s'il était employé avec *avoir*, c'est-à-dire qu'il **s'accorde avec le COD** si celui-ci est placé **avant** le verbe.

  *Elle s'est procur**é** les documents.* (les documents : COD) ***Les documents** qu'elle s'est procur**és**.* (qu' : COD)

- Si le pronom réfléchi *se, nous, vous* est COD, c'est avec lui que se fait l'accord.

  *Elles se sont rencontr**ées**.* *Ils se sont v**us**.*
  (se : COD) (se : COD)

  Si le pronom réfléchi est COI ou COS, le participe passé ne s'accorde pas avec lui.

  *Elles se sont succéd**é**.* *Elles se sont écri**t** de nombreuses lettres.*
  (se : COI) (se : COS)

  En revanche, on écrira : ***Les lettres** qu'elles se sont écri**tes***, parce que le COD *qu'* précède le verbe.

- Lorsqu'il s'agit d'un verbe pronominal de **sens passif** ou **essentiellement pronominal**, le participe passé s'accorde **toujours** avec le **sujet**, parce qu'on ne peut guère analyser le pronom réfléchi.

  *Les bonbons se sont vite vend**us**.* *Les biches se sont enfu**ies**.*

4. Le participe passé avant un infinitif

- Le participe passé ***fait*** est **invariable** quand il est **suivi d'un infinitif**.

  *Nous les avons **fait** raccompagner.* *Elle s'est **fait** réprimander.*

- Si le verbe contenant un participe passé est complété par une subordonnée infinitive, le participe passé **s'accorde** avec le **sujet de l'infinitif** si celui-ci est placé **avant** lui. Dans ce cas, il s'agit généralement d'un pronom personnel ou du pronom relatif *que*.

  *Je les ai entendu**es** jouer.* *Les fillettes que j'ai entendu**es** jouer.*

  Dans ces deux cas, *les* et *qu'* représentent *les fillettes* qui est le sujet de l'infinitif. Le participe passé s'accorde donc avec *les* et *que* qui sont placés **avant** lui.

- Si le sujet de l'infinitif est **après** le participe passé, l'accord ne se fait pas.

  *J'ai entend**u** [les fillettes jouer].*
  (les fillettes : sujet ; [les fillettes jouer] : subordonnée infinitive)

- Si le verbe contenant un participe passé est complété par un groupe infinitif dont le **COD** est placé **avant** ce verbe, le participe passé reste **invariable**.

  *Nous avons v**u** labourer les champs.* *Nous les avons v**u** labourer.*
  (les champs : COD) (les : COD de *labourer*)

5. Cas particulier

Le participe passé reste **invariable**
– quand il est conjugué avec *avoir* et qu'il est précédé du pronom personnel *en* COD : *J'ai vu de jolies cartes postales, j'en ai achet**é**.*
– quand il appartient à un verbe impersonnel : *Quels efforts il a fall**u** !*
– quand il est précédé du pronom personnel COD *le* qui reprend une proposition : *Elles sont déjà parties, je l'ai appris trop tard.*

6. Le participe passé employé comme adjectif

Le participe passé **employé comme adjectif**, c'est-à-dire sans auxiliaire, **s'accorde** toujours en genre et en nombre avec le nom ou le pronom auquel il se rapporte.

*Ses mains glacé**es** me font frissonner.*

Exercices

1 Mettez les verbes de ces phrases au passé composé. Accordez le participe passé si c'est nécessaire.

1. Eux, tu ne les blâmes jamais. - **2.** Les ouvriers sortent plus tôt aujourd'hui. - **3.** Les tableaux qu'elle expose sont parfois des copies. - **4.** Deux chameaux quittent la caravane et s'en vont dans la campagne. - **5.** Lesquelles choisis-tu ? - **6.** Quelles belles histoires me raconte-t-il ! - **7.** Elle se rend compte des profits que font ici les commerçants. - **8.** Ces menaces, il les profère souvent.

2 Mettez ces phrases à la forme passive. Accordez le participe passé si c'est nécessaire.

1. La direction connaît les noms des responsables de l'accident. - **2.** La sécheresse avait provoqué la famine. - **3.** Pierre a repéré l'endroit. - **4.** Jacques a dévoilé la supercherie. - **5.** Champollion a traduit la pierre de Rosette. - **6.** Les bateaux détruisaient parfois les coraux. - **7.** Les bandits dévalisèrent la diligence. - **8.** Les bouchers dépècent les bêtes. - **9.** Les habitants ont signalé la présence d'un tigre. - **10.** Chaque année, des dizaines de millions de touristes visitent la France.

3 Dans ces phrases, remplacez les COD par des pronoms personnels. Accordez le participe passé si c'est nécessaire.

1. Les paysans avaient déjà rentré les troupeaux au bercail. - **2.** Vous avez pris des décisions inconsidérées. - **3.** Il a remercié Jacques et moi pour notre aide. - **4.** Je n'avais pas compris que tu venais. - **5.** Comment as-tu retrouvé ta montre ? - **6.** Nous avons cherché longtemps les clés. - **7.** Vous avez envoyé les colis trop tard. - **8.** Ils ont réclamé leur dû. - **9.** As-tu visité la boutique ? - **10.** Les enfants ont cueilli les cerises. - **11.** Le voleur lui a volé sa sacoche.

4 Écrivez correctement le participe passé des verbes entre parenthèses. Lorsqu'il s'accorde avec le COD, soulignez celui-ci.

1. Elle a (refuser) toutes les propositions qu'on lui avait (faire). - **2.** Que de problèmes ont (causer) ses initiatives ! - **3.** Quelle tenue avait-il (adopter) pour l'occasion ? - **4.** L'idée qu'il a (avoir) a (intéresser) les jeunes filles et les a (inciter) à investir dans son entreprise. - **5.** De toutes les statues que l'on a (découvrir) sur ce site, celle-ci a été (juger) la plus belle. - **6.** En ce qui concerne ses projets, dis-moi si tu les as (comprendre) et ce que tu en as (penser). - **7.** Les personnes qui ont été (sélectionner) étaient (ravir) et n'ont (cesser) de remercier le jury.

5 Écrivez correctement le participe passé des verbes entre parenthèses et indiquez si le pronom réfléchi est COD, COI ou COS.

1. Jacques et moi, nous nous sommes (entendre) tout de suite et nous nous sommes ensuite beaucoup (plaire). - **2.** Elle s'est (attirer) bien des ennuis par son comportement violent et s'est finalement (sentir) honteuse de la réputation qu'elle s'était ainsi (créer). - **3.** À peine Pierre et Karine s'étaient-ils (rencontrer) qu'ils s'étaient déjà (fixer) un prochain rendez-vous. - **4.** La robe que Marie s'est (acheter) est magnifique. - **5.** Elle et lui se sont (regarder), se sont (sourire) et se sont (aimer).

6 Mettez les verbes pronominaux de ces phrases au passé composé.

1. Elles se disent tout, tellement elles se font confiance. - **2.** Ils se rendent antipathiques par leur silence hostile. - **3.** Tu te crois très intelligente mais tu te trompes. - **4.** Claire et Hélène s'accordent d'abord une sieste puis se mettent à travailler. - **5.** Ils se rendent souvent service car ils s'apprécient. - **6.** Il se dit bien des mensonges sur ce sujet. - **7.** Elle se montre très habile et se procure facilement tous les documents. - **8.** Lui et moi, nous nous excusons.

7 Les participes passés de ces phrases sont suivis d'un infinitif. Accordez-les quand il le faut et soulignez le mot avec lequel se fait l'accord.

1. Nous avons (voir) passer les camions. - **2.** C'est elle que j'ai (entendre) ouvrir la porte ce matin. - **3.** Quelle calomnie a-t-il (vouloir) encore répandre à mon sujet ?

- **4.** Tu nous avais (faire) espérer davantage. - **5.** Voici la personne que j'ai (espérer) si souvent rencontrer. - **6.** J'ai (sentir) la voleuse glisser sa main dans ma poche et je l'ai (faire) arrêter.

8 Expliquez pourquoi les participes passés restent invariables dans ces phrases.

1. Vous avez accepté l'offre. - **2.** Les personnes que nous avons vu arrêter sont libres maintenant. - **3.** On les a fait patienter trop longtemps. - **4.** Ils se sont parlé. - **5.** Ces histoires, je les ai si souvent entendu raconter ! - **6.** Des chameaux, j'en ai vu beaucoup en Égypte. - **7.** Il s'est trouvé beaucoup de gens pour le critiquer.

9 Accordez le participe *fait* quand il le faut.

1. Elles se sont (faire) détester par leur attitude méprisante. - **2.** Quelle erreur as-tu encore (faire) ? - **3.** Les enfants se sont (faire) réprimander à cause de toutes les bêtises qu'ils ont (faire) pendant le goûter. - **4.** Des plans de la maison, vous en avez beaucoup (faire) mais vous les avez tous mal (faire).- **5.** Ils se sont (faire) faire des costumes sur mesure.

10 Exercice bilan. Mettez les verbes entre parenthèses au participe passé.

1. De toutes les maisons que je t'ai (faire) visiter, laquelle as-tu (préférer) ? - **2.** Dès que j'ai (entendre) parler la jeune fille je l'ai (juger) intéressante. - **3.** On nous a (permettre) d'entrer partout où nous l'avons (demander). - **4.** Des films, j'en ai (voir) beaucoup, mais celui-ci m'a particulièrement (plaire). - **5.** As-tu (remarquer) ces fleurs ? Nous n'en avons jamais (cueillir) d'aussi belles. - **6.** Elles se sont (faire) remarquer par la joie qu' elles ont (manifester). - **7.** Où sont les bonbons qu'ils vous ont (offrir) ? - **8.** Ces tableaux, je les ai (voir) peindre par l'artiste lui-même. - **9.** La pauvre, je l'ai (sentir) frissonner de peur.

11 Relevez tous les participes passés de ce texte et justifiez leur emploi.

(Le narrateur se souvient de son père journaliste.)

Le dossier de ses articles, le vieux livre de comptes, dans lequel il avait collé ses coupures de presse, m'ont livré les vestiges des temps héroïques et pleins d'espoir qu'il avait vécus avec Mac Gowan[1].

C'était, très sommairement, ce que je savais lorsque, deux ans après avoir écrit un livre sur Bogart[2] et la vie de ma rue, j'ai songé à reconstituer la vie de quelqu'un comme mon père. À Londres j'avais déménagé ; et m'était alors revenu le souvenir de ma découverte des quelques meubles que mon père avait emportés avec lui à Port of Spain[3], en 1938, les premiers meubles que j'avais considérés comme m'appartenant [...] ; et le livre qui en a résulté était avant tout le livre de mon père. Il est écrit à partir de son travail de journaliste, de ses articles, de ses connaissances qui lui venaient de cette façon de regarder que Mac Gowan lui avait enseignée.

V. S. Naipaul, *Sacrifices*, trad. Annie Saumont, © Éditions 10/18, 1995.

1. Il s'agit du directeur du journal. - 2. Personnage d'un roman du narrateur. - 3. Ville en mer des Caraïbes.

12 Justifiez la terminaison du participe passé dans chacune de ces phrases en fonction de leur sens. Puis, insérez chacune d'elle dans un paragraphe qui mettra en valeur son sens et expliquera la différence d'orthographe.

1. a. Je les ai vu écrire. - **b.** Je les ai vus écrire.

2. a. Je les ai entendu beaucoup critiquer. - **b.** Je les ai entendus beaucoup critiquer.

13 Dictée préparée.

Relevez tous les participes passés de ce texte et justifiez leur emploi.

Le premier voyage en ballon

Nous sommes partis du jardin de la Muette. [...] La machine, dit le public, s'est élevée avec majesté ; mais il me semble que peu de personnes se sont aperçues qu'au moment où elle a dépassé les charmilles[1], elle a fait un demi-tour sur elle-même.

Dès ce moment jusqu'à celui où nous sommes arrivés, nous avons conservé la même position par rapport à la ligne que nous avons parcourue. J'étais surpris du silence et du peu de mouvement que notre départ avait occasionnés parmi les spectateurs ; je crus qu'étonnés, et peut-être effrayés de ce nouveau spectacle, ils avaient besoin d'être rassurés. Je saluai du bras avec assez peu de succès ; mais ayant tiré mon mouchoir, je l'agitai, et je m'aperçus alors d'un grand mouvement dans le jardin de la Muette. Il m'a semblé que les spectateurs qui étaient épars dans cette enceinte se réunissaient en une seule masse, et que, par un mouvement involontaire, elle se portait pour nous suivre vers le mur.

Marquis d'Arlandes, *Lettre à M. Faujas de Saint-Fond*, 28 nov. 1783.

1. **Charmilles :** allée bordée d'arbres en berceau.

14 Imaginez une suite au texte de l'exercice 13. Vous devrez continuer le récit au passé composé. Soyez attentif à l'accord des participes passés.

Les procédés de nominalisation

Reconstitution d'un combat gaulois

Des hurlements, des gesticulations [...]. Puis le choc frontal. L'engagement total, auquel succède le choix d'un adversaire. Un ennemi à sa portée, sorte d'*alter ego*[1] probablement repéré dès les premières provocations, et qui conduit en plein cœur de la bataille à un duel. C'est seulement à ce stade qu'intervient l'usage de l'épée.

Bernadette ARNAUD, « Une bataille oubliée », © *Sciences et Avenir*, avril 2002.

1. **Alter ego** (latin : « autre moi-même ») : personne semblable à une autre, double.

1. **Quelle est la particularité de la première phrase du texte ? Transformez-la en phrase verbale.**

2. **Relevez un GN qui pourrait être remplacé par la proposition *dès qu'ils ont commencé à se provoquer*. Sur quel verbe est formé le noyau du GN ?**

Leçon

1. La nominalisation

- Lorsqu'on remplace une proposition par un GN, on opère une **nominalisation**. Cette nominalisation peut se faire à partir
  – d'un verbe : *Le combat* ***est engagé.*** → ***Engagement*** *du combat.*
  – d'un adjectif : *La bataille est* ***violente.*** → ***Violence*** *de la bataille.*
- La nominalisation peut porter sur une proposition subordonnée.

  Ils ont repéré leur ennemi ***dès que le combat a commencé.***
  Ils ont repéré leur ennemi ***dès le commencement du combat.***
- Si la nominalisation concerne une proposition indépendante, on aboutit alors à une **phrase nominale**.

  Ils hurlent, gesticulent. → Des hurlements, des gesticulations.

2. Les emplois de la nominalisation

- La nominalisation **condense** l'information. C'est pourquoi elle est souvent utilisée pour les **prises de notes** et pour les **titres** (par exemple dans les journaux).

  Reconstitution d'un combat gaulois.

  Elle permet aussi de mettre un **mot en valeur**. Dans l'exemple ci-dessus, l'accent est mis sur le mot *reconstitution*.
- La nominalisation se rencontre particulièrement dans les **textes explicatifs** ou **argumentatifs** d'un niveau de langue soutenu.

Attention ! Il ne faut pas confondre la **nominalisation** et la **substantivation.**
La substantivation consiste à **transformer en nom** (substantif) un mot ou un groupe de mots, quelle que soit sa classe grammaticale. Il est alors précédé d'un déterminant : *le dîner* (infinitif substantivé), *l'essentiel* (adjectif substantivé), *l'arrière* (adverbe substantivé), etc.

Exercices

1 Transformez ces phrases en titres en les nominalisant.

1. Le trafic est interrompu sur toutes les lignes du métro. - **2.** La consommation des ménages a augmenté en avril. - **3.** Les mesures de sécurité ont été renforcées. - **4.** Les dommages occasionnés par l'inondation sont graves. - **5.** À l'annonce d'une hausse du prix du carburant, les automobilistes s'inquiètent. - **6.** Les supporteurs sont déçus après la défaite de leur club. - **7.** Pierre Martin a été acquitté. - **8.** Les beaux jours reviennent. - **9.** Les investissements locatifs se révèlent rentables.

2 a. Procédez à la nominalisation des subordonnées de ces phrases, en les remplaçant par des GN.

b. Précisez quels mots sont mis en valeur par la nominalisation.

c. En quoi les phrases contenant une nominalisation sont-elles souvent préférables aux autres ?

1. Je ne les ai pas revus depuis qu'ils ont déménagé. - **2.** Nous ne croyons pas que leur entreprise réussira. - **3.** L'architecte a été critiqué parce qu'il a fait démolir ce mur. - **4.** Il craint qu'on ne le réprimande. - **5.** Bien qu'elle ait été sévèrement critiquée, la pièce a connu un certain succès. - **6.** Le comité a demandé que la prochaine réunion soit annulée.

3 a. Créez des phrases nominales à partir de ces noms. b. Transformez-les en phrases verbales.

Ex. : ***création → Création de postes → Des postes sont créés.***

Protestation • cessation • réconciliation • reprise.

4 Activité de groupe.

Chacun cherche (ou invente) plusieurs titres de journaux formés de phrases nominales. On en copie une dizaine au tableau. Puis on écrit les phrases verbales correspondant à ces titres.

5 a. Employez chacun de ces verbes dans une proposition indépendante.

b. Procédez à la nominalisation des phrases obtenues sur ce modèle :

inaugurer → Une nouvelle salle a été inaugurée. → Inauguration d'une nouvelle salle.

Interdire • condamner • manifester • organiser.

6 Relevez les mots ou les expressions qui ont été substantivés et indiquez leur classe grammaticale la plus courante.

1. Elle a très peur du qu'en dira-t-on. - **2.** Avec des si, on mettrait Paris dans une bouteille. - **3.** Il a soif de savoir et s'interroge toujours sur le pourquoi des choses. - **4.** Tous les participants au concours ont reçu un lot. - **5.** Elle a le vague à l'âme car elle ressent un grand vide depuis son départ. - **6.** C'est un rusé, un être suspect au passé un peu louche, dont tu devrais te méfier à l'avenir.

7 Employez ces mots dans deux phrases : l'une où ils auront leur classe grammaticale la plus courante, l'autre où ils seront utilisés comme un substantif.

M'as-tu vu • mal • avant • croyant.

8 Rédigez la suite de ce texte en employant une ou plusieurs phrases nominales.

(Une femme attend l'homme qu'elle aime.)

Attentes, ô délices. Après le bain et le petit déjeuner, merveille de rêvasser à lui, étendue sur le gazon, merveille de …

D'après Albert COHEN, *Belle du Seigneur*, 1968.

9 a. Relevez dans cette phrase deux participes substantivés. Lequel est un néologisme (voir ch. 31) ? Quel est son sens ?

b. Rédigez un texte bref comportant un ou plusieurs mots substantivés de votre invention.

Accompagné par l'accompagnateur, animé par l'animateur, voire surveillé par le surveillant, le touriste […]cesse d'être un voyageur pour devenir un voyagé. (Jacques Lacarrière)

Désigner des personnages en variant les substituts

Alphonse MUCHA (1860-1939), Affiche de publicité pour les biscuits « Flirt », 1899.

Maréchal apportait des fleurs, lui, l'homme riche, le monsieur, le client, à **cette petite boutiquière**, à la femme de ce bijoutier modeste. **L'**avait-**il** aimée ? Comment serait-**il** devenu l'ami de **ces marchands** s'**il** n'avait pas aimé **la femme** ? [...] **Ce Maréchal**, jeune, libre, riche, prêt à toutes les tendresses, était entré, un jour, par hasard, dans une boutique, ayant remarqué peut-être **la jolie marchande. Il** avait acheté, était revenu, avait causé, de jour en jour plus familier, et payant par des acquisitions fréquentes le droit de s'asseoir dans cette maison, de sourire à **la jeune femme** et de serrer la main du **mari**.

Guy de MAUPASSANT, *Pierre et Jean*, 1888.

1. **Parmi les mots en caractères gras, lesquels désignent respectivement Maréchal, la bijoutière, le bijoutier ? (Un de ces GN désigne deux personnages à la fois.) Quelle est leur classe grammaticale ?**

2. **Pourquoi l'auteur a-t-il choisi de varier la désignation des personnages ?**

Leçon

Les procédés de reprise permettent de désigner les personnages sans alourdir le texte, en assurant sa cohérence et en évitant les répétitions.

1. Les reprises pronominales

On peut reprendre la désignation de personnages grâce à des **substituts pronominaux** : pronoms personnels, relatifs, démonstratifs, possessifs.

> ***Maréchal*** *apportait des fleurs à* ***une jeune femme*** ***qui*** *tenait boutique.*
> ***L'*** *aimait-****il*** *?*

2. Les reprises nominales

La reprise peut se faire aussi grâce à des groupes nominaux, appelés alors **substituts lexicaux**. On peut ainsi

– reprendre le **même nom** avec un **déterminant différent**, pour marquer une insistance : ***Maréchal*** *l'avait remarquée.* ***Ce Maréchal****, jeune et libre, lui avait souri.*

– utiliser un **synonyme** : *Il était entré chez **la boutiquière** et **la marchande** lui avait plu.*

– remplacer un nom spécifique par un **nom générique** : *Il était revenu voir **les bijoutiers**. Ainsi, **les marchands** étaient devenus ses amis.*

– employer une **périphrase** : *Il s'asseyait près de **la boutiquière**. **La femme du bijoutier** causait avec lui.*

– donner une **information** supplémentaire ou exprimer une **opinion** : ***La jeune femme** l'appréciait ; il devenait familier avec **la jolie marchande**.*

Exercices

1 Récrivez ces phrases en remplaçant chacun des GN soulignés par divers substituts pronominaux (pronoms personnels, démonstratifs, possessifs et relatifs).

1. L'ordinateur de Pierre est très beau mais mon ordinateur est plus performant. - **2.** Le regard de Jean rencontra le regard de la jeune fille. - **3.** Elle confectionna un masque, ce masque devait faire peur aux enfants. - **4.** T'es-tu entretenu avec Jacques ? Jacques est de très bon conseil. - **5.** J'ai ramené d'Inde un châle, le châle que je porte a été tissé dans une autre région que ton châle. - **6.** Il a apporté à Jacques des pâtisseries autrichiennes, Jacques raffole de ces pâtisseries autrichiennes.

2 Évitez chaque répétition en utilisant un synonyme ou un nom générique.

1. Bien des gens ont visité notre maison mais fort peu de gens ont été sensibles au charme si particulier de la maison. - **2.** Je ne veux pas porter cette bague ; c'est une bague trop voyante. - **3.** Elle laisse parfois son petit garçon jouer seul des heures dans son parc mais son petit garçon n'a jamais l'air de s'ennuyer. - **4.** C'est un peureux et je n'aime pas les peureux.

3 Remplacez les points de suspension par un GN ou un nom propre qui peut être repris par la périphrase soulignée.

1. Je tenais à m'assurer de l'estime des ... de Pierre car j'étais très respectueux envers ceux qui lui avaient donné le jour. - **2.** Peu d'écrivains ont atteint la notoriété de ... ; l'auteur des *Misérables* est connu dans le monde entier. - **3.** Tous les touristes en Afrique désirent d'abord photographier ... car ils sont fascinés par le roi des animaux.

4 Complétez ces phrases en utilisant les procédés de reprise qui vous sont indiqués entre parenthèses.

1. Il ne vendra jamais la tapisserie car ... (GN reprenant le même nom avec un déterminant plus précis) appartient à sa famille depuis des générations. - **2.** Je n'offre pas beaucoup de jouets à Marie et Pierre mais cela ne semble pas manquer à ... (nom générique). - **3.** Cette femme critique et houspille tout le monde ; je ne supporte pas ... (GN exprimant une opinion). - **4.** Nous avons aperçu une vipère ... (pronom) s'est enfuie à notre approche. - **5.** On connaît l'œuvre de Shakespeare mais on ne sait pas grand-chose de la vie de ... (GN exprimant une opinion).

5 Les GN génériques suivants peuvent servir à reprendre un ou plusieurs GN spécifiques. Rédigez pour chacun d'eux un court texte où ils joueront un rôle de substitut lexical.

1. Ces mammifères. - **2.** Ces personnages. - **3.** Cette manifestation artistique. - **4.** Cette idole. - **5.** Ce triste individu.

6 Ce texte n'est pas clair parce qu'on ne sait pas toujours qui est *il*. Récrivez-le pour qu'on le comprenne mieux.

Pierre, à la sortie de l'usine, a cédé, malgré lui, à l'insistance de Jacques et a pris le métro en sa compagnie. Comme il l'appréhendait, il a évoqué les problèmes professionnels pendant tout le trajet. Il a cherché à savoir ce qu'il pensait de la situation de l'entreprise mais il n'avait pas envie de répondre. Il le fatiguait alors qu'il aurait voulu se reposer.

7 Rédaction.

Vous avez gagné à un concours un voyage en Afrique. Racontez un épisode d'un safari-photo auquel vous participez en imaginant et en présentant avec précision les circonstances. Vous serez attentifs à la désignation des personnages (hommes et animaux) tout au long du récit. Vous soignerez particulièrement l'emploi des substituts lexicaux.

Rédiger les réponses aux questions du brevet

Voici une partie d'une épreuve de brevet (Caen-juin 2002).

(En regardant des photographies, Anny Duperey cherche à retrouver les souvenirs de sa petite enfance perdus à la suite d'un grave choc émotionnel.)

Ce qui me fascine sur cette photo, m'émeut aux larmes, c'est la main de mon père sur ma jambe. La manière si tendre dont elle entoure mon genou, légère mais prête à parer toute chute, et ma petite main à moi abandonnée sur son cou. Ces deux mains, l'une qui soutient et l'autre qui se repose sur lui.

Après la photo, il a dû resserrer son étreinte, m'amener à plier les genoux, j'ai dû me laisser aller contre lui, confiante, et il a dû me faire descendre du bateau en disant « hop là ! », comme le font tous les pères en emportant leur enfant dans leurs bras pour sauter un obstacle.

Nous avons dû gaiement rejoindre ma mère qui rangeait l'appareil photo et marcher tous les trois sur la plage. J'ai dû vivre cela, oui...

La photo me dit qu'il faisait beau, qu'il y avait du vent dans mes cheveux, que la lumière de la côte normande devait être magnifique ce jour-là.

Et entre mes deux parents à moi, si naturellement et si complètement à moi pour quelque temps encore, j'ai dû me plaindre des coquillages qui piquent les pieds, comme le font tous les enfants ignorants de leurs richesses.

Anny Duperey, *Le Voile noir*, © Le Seuil, 1992.

Extrait des questions du brevet
(Caen-juin 2002)

I. La recomposition du passé

1. **De la ligne 5 à la fin du texte, le verbe « devoir » est employé à plusieurs reprises.**

a. **Relevez deux expressions où on le rencontre à deux temps différents que vous nommerez.**

b. **Récrivez les deux expressions relevées en supprimant « devoir » et en opérant les transformations grammaticales nécessaires.**

c. **Quelle modification de sens cela entraîne-t-il ?**

2. **« Ce qui me fascine... » (l. 1)**
« comme le font tous les enfants... » (l. 14-15)

a. **Quelles sont les valeurs respectives du présent dans ces deux expressions ?**

b. **Quels sont les temps verbaux utilisés pour évoquer le passé ?**

c. **Pourquoi sont-ils employés en complément du présent ?**

Leçon

1. Tenez compte de chaque élément de la consigne

Q. 1. a. Relevez deux expressions où on le (le verbe « devoir ») **rencontre à deux temps différents que vous nommerez.**

R. *On rencontre le verbe « devoir » dans les expressions « a dû resserrer » (ligne 5) et « devait être » (ligne 12). Dans la première expression citée il est employé au passé composé, dans la seconde il est à l'imparfait.*

2. Observez attentivement le texte pour repérer, récrire, interpréter

- En effet, on demande souvent de partir du **repérage** et de l'**observation** d'un fait grammatical ou lexical.

Q. 2. b. Quels sont (repérage d'un fait grammatical) **les temps verbaux utilisés pour évoquer le passé ?**

R. *Le passé composé (« a dû ») et l'imparfait (« rangeait », « faisait », « avait », « devait ») sont utilisés pour évoquer le passé.*

- On demande ensuite de **justifier**, d'**expliquer** ou de **commenter** ce fait.

Q. 2. c. Pourquoi (justification, explication) **sont-ils employés en complément du présent ?**

R. *Ils sont employés pour situer les faits dans le passé, avant le moment de l'énonciation. La narratrice imagine ce qui a eu lieu pendant et après la photo.*

- On demande parfois de **récrire** une partie du texte.

Q. 1. b. Récrivez les deux expressions relevées en supprimant « devoir » et en opérant les transformations grammaticales nécessaires.

R. *« a dû resserrer » : a resserré ; « devait être » : était.*

- On demande ensuite quel est l'**effet** ainsi produit.

Q. 1. c. Quelle modification de sens cela entraîne-t-il ?

R. *Si l'on supprime l' auxiliaire de modalité « devoir », la réalisation des faits ainsi exprimés est présentée non plus comme probable mais comme certaine.*

3. Présentez vos réponses sous forme de phrases complètes

Q. 2. « Ce qui me fascine… » (l. 1)
« comme le font tous les enfants… » (l. 14-15)
a. Quelles sont les valeurs respectives du présent dans ces deux expressions ?

R. *Le verbe « fascine » est au présent d'actualité et le verbe « font » est au présent de vérité générale.*

4. Insérez des citations

Lorsque vous citez le texte, vous devez mettre la citation **entre guillemets**. Vous pouvez indiquer entre parenthèses, quand c'est utile, le **numéro de la ligne du texte** à laquelle correspond la citation.

Questions supplémentaires sur le texte de la page 70.

■ II. Le rôle de la photographie

Q. 1. a. Par quel détail de la photographie le regard d'Anny Duperey est-il arrêté ?

b. Pourquoi Anny Duperey est-elle émue « aux larmes » (l. 1) ? Justifiez votre réponse à l'aide de citations.

Q. 2. Quelle est la représentation du père qui se dégage de la scène décrite ?

Pour insérer les citations vous pouvez recourir à plusieurs procédés.

- **Utiliser des parenthèses.**

R. 1. a. *Le regard d'Anny Duperey est arrêté* ***(ligne 1 : « Ce qui me fascine sur cette photo… »)*** *par la main de son père sur sa jambe.*

- **Intégrer la citation à son propre texte.**

R. 1. b. *La narratrice est émue à cause de l'attitude à la fois affectueuse et protectrice de son père envers elle, qui pose sa main sur sa jambe de* ***« manière si tendre » (ligne 2), « prête à parer toute chute » (lignes 2-3).***

- **Signaler la citation par un verbe introductif** ***(écrire, déclarer, affirmer…).***

R. 2. *Le père représente l'image typique du père, à la fois protecteur, joueur et tendre. La narratrice* ***déclare*** *: « j'ai dû me laisser aller contre lui, confiante, et il a dû me faire descendre du bateau en disant « hop là ! », comme le font tous les pères » (lignes 5-7).*

Exercices

Questions supplémentaires sur le texte de la page 70.

1 a. Récrivez la première phrase en supprimant les expressions « Ce qui » (*Ce qui me fascine…*) et « c'est » (*c'est la main…*) et en changeant l'ordre des mots dans la phrase.

b. L'effet de mise en relief de certaines expressions est-il le même ?

2 a. Relevez dans le premier paragraphe trois propositions subordonnées relatives qui appartiennent à deux phrases nominales.

b. Qu'indiquent ces propositions sur le rapport qu'entretiennent le père et sa fille ?

3 a. Relevez dans le texte deux comparaisons et soulignez les mots qu'elles ont en commun.

b. Quel rôle jouent ces comparaisons dans la tentative de recomposition du passé à partir de la photographie ?

4 Illustrez les affirmations suivantes, en les développant éventuellement, à l'aide de citations que vous insérerez de la façon la plus variée possible.

a. La scène décrite fait apparaître la confiance que l'enfant éprouve envers son père.

b. La narratrice prête un caractère enjoué et gai à la scène photographiée.

c. Anny Duperey insiste sur le fait qu'au moment de la photo ses parents lui appartenaient entièrement.

5 À quel genre appartient le texte ? Appuyez-vous sur des citations tirées du texte pour y répondre.

Donner du relief à ses paroles

Les formes de mise en relief (ch. 5) permettent de mieux se faire comprendre.

1. Le détachement d'un nom, d'un pronom ou d'un GN

Si l'on veut préciser de qui ou de quoi on parle (le thème), on le détache
– **en tête de phrase**, repris par un pronom, lorsque l'on veut clairement relier ce que l'on dit à ce qui précède :

Pierre et Jean vont arriver. ***Ces amis****, je* ***les*** *invite très souvent.*

– **en fin de phrase**, annoncé par un pronom, pour préciser ce dont on parle :

Pierre et Jean vont arriver. Mais ***il*** *est souvent en retard,* ***Jean****.*

On peut détacher plusieurs mots, en tête ou à la fin d'une même phrase.

Moi, je les *invite très souvent,* ***ces amis****.*

2. Les tournures présentatives

Si l'on veut insister sur ce qui est **nouveau** (le propos) dans ce que l'on dit, on utilise en particulier le présentatif ***c'est… qui / que***
– **pour répondre à une question :**

De quel livre veux-tu parler ? – C'est ***de ce livre*** *que je veux parler.*

– **pour souligner un mot** (nom, adjectif, adverbe) par opposition à un autre :

C'est ***ici*** *que je veux vivre (et pas ailleurs).*

Exercices

1 **Donnez du relief à ces phrases, grâce à des formes de détachement appliquées aux termes soulignés.**

1. Quand est-ce que tu penses venir ? - **2.** Ces difficultés ne le découragent pas. - **3.** Je vais souvent à Marseille pour voir Jean. - **4.** Je me demande si Pierre viendra.

2 **Appliquez aux phrases suivantes toutes les formes de détachement possibles en tête ou en fin de phrase.**

1. Je pense trouver facilement ces disques. - **2.** Il nous manque souvent de la monnaie pour faire l'appoint. - **3.** Ce chien obéit à son maître. - **4.** Je crois que Jean se souvient très bien de ce que j'ai dit.

3 **Transformez les phrases suivantes en utilisant le présentatif *c'est…qui/que* pour mettre en relief l'information soulignée.**

1. Il prépare son examen avec acharnement. - **2.** Jean a appris la nouvelle en arrivant. - **3.** Je voudrais vous parler de cela avant tout. - **4.** Ici, il faut faire très attention.

4 **Un élève-délégué a rédigé le compte rendu d'un conseil de classe. Il le présente à ses camarades oralement en employant des formes de mise en relief (détachement et présentatifs) qui soulignent ce qui est essentiel et le rendent plus vivant.**

Les professeurs jugent dans l'ensemble satisfaisant le travail du 2e trimestre. Mais il faut améliorer ces résultats en mathématiques car il reste dans cette matière trop de notes insuffisantes. Les meilleurs résultats sont en français. Il faut pourtant noter que l'orthographe présente encore des faiblesses, même chez ceux qui réussissent en rédaction.

> PREMIÈRE PARTIE : QUESTIONS-RÉÉCRITURE-DICTÉE (25 points)

(L'auteur, Christian Signol, évoque son enfance dans un village du Quercy.)

Ils étaient nombreux, à l'époque, les petits cirques que la télévision n'avait pas encore acculés à la ruine. Ils arrivaient sans crier gare, souvent en fin d'après-midi, installaient leurs roulottes, détachaient leurs chevaux qu'ils laissaient négligemment paître dans le pré voisin du foirail[1], prenaient leurs aises, faisaient régner dans le village une atmosphère heureuse, donnant à tous la conviction que quelque chose se passait enfin. Leurs gens étaient surtout équilibristes, jongleurs, dresseurs de chevaux, gymnastes ou trapézistes, et ils ne possédaient que peu d'animaux. Quelquefois pourtant, une petite ménagerie montrait des singes aux fesses roses, un lion, un tigre, une panthère ou bien, attachés à un pieu, un chameau, un dromadaire, une autruche ou un lama qui trompaient leur ennui en rêvant à leur liberté perdue.

Le montage du chapiteau, le lendemain, nous attirait comme le pollen des fleurs attire les abeilles. Nous passions la journée à errer entre les roulottes, à tenter de surprendre les secrets de ces gens qui nous dévisageaient, me semblait-il, avec un rien de commisération[2] : nous n'étions que de simples mortels alors qu'ils étaient des dieux de la piste. Un prestige particulier auréolait les trapézistes qui, à l'époque, les protections n'étant pas obligatoires, effectuaient le saut de la mort sans filet. Plus rares étaient les dompteurs, dont les fauves qui tournaient dans des cages minuscules nous terrifiaient.

Je n'ai pas oublié celui qui est mort devant mes yeux, en 1956 ou 1957, ce qui valut au village la une de la presse nationale. Cet homme fêtait son anniversaire – cinquante ans, je crois – et ses amis lui avaient offert un costume de spectacle neuf. Le lion ne l'a pas reconnu. Il ne l'a pas dévoré, non, il s'est contenté de lui ouvrir la carotide[3], si bien que ce dompteur tchèque est enterré dans le petit cimetière de mon village, dans une tombe que les mauvaises herbes ont recouverte depuis longtemps. Son sang, lui, est resté plusieurs mois sur la place du foirail, me faisant découvrir avec un peu d'angoisse ce qu'était le destin. Aujourd'hui, je me dis qu'il est mort sans avoir assisté à la disparition du cirque, et que c'est peut-être mieux ainsi.

Christian SIGNOL, *Bonheurs d'enfance*,

1. **Foirail :** place de la foire.
2. **Commisération :** pitié qu'on éprouve pour quelqu'un que l'on considère comme inférieur.
3. **Carotide :** artère qui conduit le sang du cœur à la tête.

Questions sur le texte (15 points)

I. Souvenirs d'enfance (5,5 points)

1. Quel pronom personnel apparaît en premier dans chaque paragraphe ? Que désigne chacun d'eux ? *(1 point)*

2. a. Relevez :

– dans les deux premiers paragraphes un même GN complément circonstanciel de temps qui situe les faits racontés dans le passé. *(0,5 point)*

– dans le dernier paragraphe un adverbe complément circonstanciel de temps qui situe les faits au moment de l'écriture. *(0,5 point)*

b. Des deux compléments circonstanciels relevés lequel pourrait être placé en tête de la première phrase du dernier paragraphe sans changer le sens de cette phrase ? *(0,5 point)*

c. Dans la première et la dernière phrase du dernier paragraphe, le point de vue du narrateur est-il celui de l'adulte qu'il est devenu ou de l'enfant qu'il était ? Justifiez votre réponse. *(1 point)*

3. Relevez dans le dernier paragraphe trois verbes au présent. Pourquoi l'auteur emploie-t-il ce temps dans un récit au passé ? *(1 point)*

4. En vous appuyant sur vos réponses précédentes dites à quel genre littéraire appartient ce texte. *(1 point)*

II. Les enfants et les gens du cirque (4 points)

1. *« Le montage ... attire les abeilles. »* (lignes 12-13)

a. À quel temps est le verbe *attire* ? Quelle est la valeur de ce temps ? *(0,5 point)*

b. Récrivez cette phrase en mettant le verbe *attirait* au passé simple. Pourquoi l'auteur a-t-il choisi d'employer l'imparfait plutôt que le passé simple ? *(1 point)*

2. *« Nous passions ... des dieux de la piste. »* (lignes 13 à 16)

a. Relevez dans cette phrase une proposition subordonnée d'opposition. *(0,5 point)*

b. Remplacez les deux-points par une conjonction ou une locution conjonctive de subordination, de manière à faire ressortir le rapport logique existant entre les deux propositions. Dites quel est ce rapport logique (opposition, cause...). *(1point)*

3. Quels sentiments les gens du cirque suscitent-ils chez les enfants ? Appuyez-vous sur le texte pour répondre. *(1 point)*

III. La disparition des gens du cirque (5,5 points)

1. a. Récrivez la première phrase du texte en mettant en tête de phrase le nom *cirques* et ses expansions et en supprimant le pronom *ils.* *(0,5 point)*

b. Pourquoi l'auteur a-t-il choisi de mettre cette phrase à la forme emphatique ? *(1 point)*

2. Quelle est la fonction du groupe pronominal *« celui qui est mort devant mes yeux »* (ligne 20) ? Quel est l'effet produit par le choix de ce groupe pronominal pour désigner le dompteur ? *(1,5 point)*

3. a. **Relevez dans les deux dernières phrases trois subordonnées COD introduites par un mot subordonnant.** *(1,5 point)*

b. **Le narrateur-adulte porte-t-il le même regard sur la mort du dompteur que le narrateur-enfant ? Justifiez votre réponse.** *(1 point)*

Réécriture (5 points)

Récrivez les lignes 23 à 26 (de *« Le lion »* à *« depuis longtemps. »*) en remplaçant *« ce dompteur tchèque »* par *« ces dompteurs tchèques »* et *« une tombe »* par *« des tombes »*. N'oubliez pas de mettre au pluriel les pronoms désignant le dompteur.

Les fautes de copie seront pénalisées.

Dictée (5 points)

Puis, en rôdant par tous les coins de cette demeure qu'elle allait abandonner, Jeanne monta, un jour, dans le grenier. Elle demeura saisie d'étonnement ; c'était un fouillis d'objets de toute nature, les uns brisés, les autres salis seulement, les autres montés là on ne sait pourquoi, parce qu'ils ne plaisaient plus, parce qu'ils avaient été remplacés. Elle apercevait [...] ces vieux petits objets insignifiants qui avaient traîné quinze ans à côté d'elle, qu'elle avait vus chaque jour sans les remarquer et qui, tout à coup, retrouvés là dans ce grenier, à côté d'autres plus anciens dont elle se rappelait parfaitement les places aux premiers temps de son arrivée, prenaient une importance soudaine de témoins oubliés, d'amis retrouvés.

Guy de MAUPASSANT, *Une vie*, 1883.

> SECONDE PARTIE : RÉDACTION (15 points)

Sujet

« Aujourd'hui, je me dis... » **: Christian Signol, adulte, n'a plus le même regard sur la mort du dompteur que quand il était enfant.**
Racontez, à votre tour, un événement qui vous a marqué et que vous ne considérez plus maintenant tout à fait de la même manière qu'au moment où vous l'avez vécu.

Consignes

Vous analyserez non seulement les sentiments et les impressions ressentis lors de l'événement mais aussi ceux que vous éprouvez au moment où vous écrivez. Vous emploierez, pour cela, les temps verbaux qui conviennent.

Lire un texte autobiographique

Lors de la lecture d'un texte autobiographique, on aura soin d'étudier :

- **La situation d'énonciation :** Qui parle ? à qui ? de quoi ?
- **La désignation des personnages :** Qui est « je » ? S'agit-il de l'auteur-narrateur adulte (qui est en train d'écrire) ou bien de l'auteur-narrateur qui est le personnage des événements passés racontés ? Quels sont les substituts utilisés pour désigner les autres personnages ?
- **Les repères de lieu et de temps :** Désignent-ils le lieu et le moment où le narrateur écrit ses souvenirs (*ici, maintenant, aujourd'hui...*) ? Désignent-ils le lieu et le moment où ont eu lieu les faits passés racontés ?
- **L'emploi des temps :** Sont-ils employés pour situer les faits par rapport au moment de l'écriture : présent d'énonciation, passé composé... ? Sont-ils employés pour situer les faits dans le passé du narrateur : passé simple ou composé (récit), imparfait (habitudes, descriptions)... ?

Lisez ce texte en appliquant les conseils donnés ci-dessus.
Puis précisez en quoi il est caractéristique d'un texte autobiographique.

(L'auteur, Fedor Dostoïevski, a été condamné, pour des raisons politiques, à une peine de travaux forcés dans un bagne de Sibérie.)

Le premier mois et en général le début de ma vie de prisonnier se présentent vivement à mon imagination, tandis que les années suivantes ne m'ont laissé qu'un souvenir confus. Certaines même se sont fondues, effacées, et je n'en ai gardé qu'une impression unique de lourdeur, d'uniformité, d'étouffement. [...]

En pénétrant au bagne ma première impression fut surtout de l'horreur, et cependant – chose étrange ! – la vie me parut beaucoup plus facile que je ne me l'étais imaginé durant mon voyage. Bien qu'ils eussent les fers aux pieds, les détenus circulaient librement, juraient, chantaient, travaillaient pour leur compte, fumaient la pipe ; d'aucuns même (en très petit nombre) buvaient de l'eau-de-vie et, la nuit, certains jouaient aux cartes. Quant à la corvée[1], elle me parut beaucoup moins pénible, beaucoup moins « travaux forcés » qu'on ne le penserait ; je ne compris qu'assez longtemps après le véritable caractère de ces travaux, moins pénibles par leur dureté et leur continuité que par le fait d'être *imposés*, obligatoires, de se faire sous le bâton.

DOSTOÏEVSKI, *Souvenirs de la maison des morts*, 1860,
traduction Henri Mongault et Lucie Desormonts, © Gallimard.

1. **Corvée :** travail obligatoire.

2. Grammaire du récit et de la description

Réunion de sages, miniature, époque Moghole, vers 1625-1630, Inde.
Musée Guimet, Paris.

10. Récits et situation d'énonciation

Texte 1

(Lettre adressée à sa grand-mère par Élisabeth Lacoin, au lendemain de la victoire.)

Le 13 novembre 1918

Victoire ! On les a ! Depuis **avant-hier** matin 8 heures ces mots résonnent à **nos** oreilles [...]. Je ne connaissais pas Paris, **hier** j'ai fait connaissance avec lui ; **nous** avons quitté notre tranquillité rive gauche, nous avons passé l'eau. À travers la foule en délire de vieux et jeunes s'embrassant et se congratulant réciproquement, **nous** avons débouché sur la place de la Concorde ; la statue de Strasbourg portant le deuil depuis quarante-deux ans avait été dévoilée le matin devant une foule frémissante et émue, par une troupe d'officiers.

In *Lettres de Femmes*, Michèle LOVRIC, © Albin Michel, 1999.

Texte 2

Le matin du 16 avril, le docteur Bernard Rieux sortit de son cabinet et buta sur un rat mort, au milieu du palier. Sur le moment, il écarta la bête sans y prendre garde et descendit l'escalier. Mais, arrivé dans la rue, la pensée lui vint que ce rat n'était pas à sa place et il retourna sur ses pas pour avertir le concierge. Devant la réaction du vieux M. Michel, il sentit mieux ce que sa découverte avait d'insolite. La présence de ce rat mort lui avait paru seulement bizarre tandis que pour le concierge, elle constituait un scandale.

Albert CAMUS, *La Peste*, © Gallimard, 1947.

Raoul DUFY (1877-1953),
La Musique militaire (le 14 juillet), 1951.
Musée des beaux-arts André Malraux, Le Havre.

1. **Dans le texte 1, décrivez la situation d'énonciation en précisant qui parle, à qui, où et quand.**

2. **À partir de cette situation d'énonciation, et en observant les mots en gras, devinez qui est *nous*, et dites à quelles dates correspondent les adverbes *avant-hier* et *hier*. Peut-on les comprendre si on n'est pas au courant de la situation d'énonciation ?**

3. **Dans le texte 2, pour comprendre ce qui est raconté et, notamment, pour identifier les repères de temps et de lieu, a-t-on besoin de savoir qui a écrit le texte, où et quand il l'a fait ?**

Leçon

1. La situation d'énonciation

La situation d'énonciation est la situation dans laquelle on se trouve **au moment où l'on parle** ou au moment où l'**on écrit**.
On définit cette situation d'énonciation en répondant aux questions :
– **qui parle** ? (l'énonciateur) ; **à qui** ? (le destinataire) ;
– **où** ? (le lieu de l'énonciation) ; **quand** ? (le moment de l'énonciation).
Dans le texte 1, la situation d'énonciation est la suivante : le 13 novembre 1918, à Paris, Élisabeth Lacoin écrit à sa grand-mère.

2. Les faits racontés sont en relation avec l'énonciation

- Certains textes narratifs contiennent des éléments qui ne peuvent être compris que si l'on est au courant de la situation d'énonciation. Ces éléments, appelés **indices d'énonciation**, sont
  – des **indices de personnes** qui désignent l'énonciateur et le ou les destinataires : pronoms personnels ou déterminants possessifs de la 1re et de la 2e personne ;
  – des **indices de lieu** : *ici, chez moi, dans votre quartier*, etc.
  – des **indices de temps** : *aujourd'hui, demain, hier, dans trois jours*, etc.
- Les **temps verbaux** utilisés sont le présent d'énonciation, le passé composé et le futur qui situent les faits par rapport au moment où ils sont dits ou écrits.

  Depuis avant-hier ces mots résonnent à nos oreilles.
- On dit que ces textes narratifs sont **ancrés dans la situation d'énonciation**. On les trouve dans les lettres, les journaux intimes, les conversations orales ou les dialogues insérés dans des récits…

3. Les faits racontés ne sont pas en relation avec l'énonciation

- En revanche, on peut comprendre certains récits tout en ignorant qui les a écrits, où et quand.

  Le matin du 16 avril, le docteur Bernard Rieux sortit de son cabinet et buta sur un rat mort, au milieu du palier.
- Les **repères** de **temps** et de **lieu** se comprennent, non pas par rapport à la situation d'énonciation mais par rapport au **contexte** ou par rapport à des événements historiques. C'est ainsi que *demain* devient *le lendemain*, *hier* devient *la veille*, *ici* devient *à cet endroit*, etc.
- Les **temps** utilisés sont le passé simple pour les faits de premier plan et l'imparfait pour les faits de second plan.

  *Il **sentit** mieux ce que sa découverte **avait** d'insolite.*

  On peut cependant rencontrer le présent de narration (historique) dans ce type de texte. Il donne aux faits une apparence d'actualité (voir ch. 15).

On dit que ces textes sont **coupés de la situation d'énonciation**. Ce sont les romans, les nouvelles ou les ouvrages historiques.

Attention ! Un texte narratif écrit à la 1re personne peut être coupé de la situation d'énonciation. C'est le cas des romans ou des nouvelles où les événements vécus par le personnage qui dit *je* sont sans relation avec le moment de l'énonciation.

4. Les textes mixtes

Lorsqu'un **récit** comporte des **dialogues**, le texte est mixte :
– les parties narratives peuvent être des énoncés coupés de la situation d'énonciation : *Un matin, Claire rencontra une amie qui lui dit : …*
– les dialogues sont toujours des énoncés qui dépendent de la situation d'énonciation évoquée : « *Viens chez moi, je vais te raconter ce qui s'est passé hier.* »

Un **récit autobiographique** rapporte des faits anciens, donc coupés de la situation d'énonciation : *je* représente alors le personnage dont est racontée la vie. Mais il arrive fréquemment que l'énonciateur évoque ce qu'il pense ou ressent au moment même où il écrit : *je* représente alors l'énonciateur. Il s'agit d'un discours ancré dans la situation d'énonciation.

FAISONS LE POINT

- La **situation d'énonciation** est constituée par l'énonciateur, le destinataire, le lieu et le moment où les faits sont rapportés.
- Certains textes narratifs sont **ancrés** dans cette situation d'énonciation et ne peuvent être compris sans elle : *Depuis avant-hier ces mots résonnent à nos oreilles.*
- Certains textes narratifs sont **coupés** de cette situation d'énonciation et peuvent être compris sans elle : *Le matin du 16 avril, le docteur Bernard Rieux sortit de son cabinet.*

Exercices

Appliquer la leçon

1 Dites si ces énoncés dépendent ou non de la situation d'énonciation. Si oui, relevez les indices.

1. Le mois dernier, nous avons organisé, à la maison, une soirée musicale où tous nos amis ont dû jouer, bien ou mal, d'un instrument. - **2.** Le voyageur aperçut au loin un rhinocéros qui semblait paisible, mais il préféra cependant grimper sur un arbre. - **3.** Le passage au troisième millénaire fut l'occasion de fêtes délirantes. - **4.** Quelqu'un a téléphoné pour toi hier soir. - **5.** Un sapin a été déraciné par le vent, le mois dernier, dans notre jardin.

2 Toutes ces phrases sont extraites de narrations à la première personne. Précisez si ce sont des énoncés qui dépendent ou non de la situation d'énonciation. Si c'est le cas, relevez les indices d'énonciation.

1. J'avais longtemps espéré battre un record de vitesse, mais je dus, au bout de quelques années, y renoncer totalement. - **2.** Depuis deux jours, un jeune lièvre vient, dans notre jardin, brouter mon persil. - **3.** Le brouillard se leva enfin et nous nous rendîmes compte que nous nous étions totalement égarés. - **4.** Oui, c'est exactement là, où tu es assis en ce moment, à côté de moi, que m'est apparu Victor Hugo et si tu me dis que je suis fou, c'est que tu n'es pas plus raisonnable que les autres.

3 a. Ce texte est entièrement écrit à la 1re personne. Quelles phrases appartiennent à un récit coupé de la situation d'énonciation ? À quoi les reconnaissez-vous ?

b. Lesquelles appartiennent à un discours ancré dans la situation d'énonciation ? Relevez les indices d'énonciation qui justifieront votre réponse.

Un jour, j'ouvris une malle où se trouvaient de vieux papiers qui avaient appartenu à mon arrière-grand-mère. Un cahier jauni par les ans attira mon attention. Je l'ouvris avec émotion et me rendis compte que c'était un journal intime. Je lus au hasard cette page, avec l'impression de violer un secret :
13 février 1919 : Aujourd'hui, j'ai seize ans. La guerre est enfin finie depuis quelques mois, mais la souffrance et les deuils ne sont pas encore effacés. Pourtant, ce matin je ne veux penser qu'à l'avenir. Oui, je suis sûre que les années qui viennent seront des années de paix.

Bouleversé, je refermai le cahier. Moi aussi, en ce temps-là, j'avais seize ans mais je savais que la paix n'était qu'une illusion.

Comprendre les textes

4 Lisez ces deux textes.

1. Aujourd'hui est un jour de grande solennité ! L'Espagne a un roi. On l'a trouvé. Ce roi, c'est moi. Ce n'est qu'aujourd'hui que je l'ai appris. J'avoue que j'ai été brusquement comme inondé de lumière. [...] Maintenant tout m'est révélé.

Nicolas GOGOL, *Journal d'un fou*, 1835, © Gallimard.

2. Je n'ai pas besoin de consulter mes notes, ce soir, dans la chambre de l'hôtel Dodds. Je me souviens de tout comme si c'était hier... Ils étaient arrivés sur la Côte d'Azur, au printemps de 1942. Elle avait seize ans et lui vingt et un. Ils ne sont pas descendus, comme moi, à la gare de Saint-Raphaël, mais à celle de Juan-les-Pins.

Patrick MODIANO, *Voyage de noces*, © Gallimard, 1990.

a. Quel texte dépend d'une situation d'énonciation ? Relevez les indices de cette énonciation.

b. Quel texte est mixte ? Justifiez votre réponse.

5 Lisez ce texte.

La portière de la Rolls s'ouvrit et se referma. Presque tout de suite, il y eut un grésillement dans le haut-parleur posé sur la table de chêne et le Président s'assit dans son fauteuil Louis-Philippe, croisa les mains et, les paupières closes, attendit aussi.

Ce furent d'abord, brèves, anonymes, les dépêches d'agences :

– *Paris... Dernières nouvelles politiques... Cet après-midi, à cinq heures, le président de la République a reçu à l'Élysée M. Philippe Chalamont, chef du groupe des indépendants de gauche, à qui il a demandé de former un cabinet de coalition. Le député du seizième arrondissement a réservé sa réponse jusqu'à demain matin. En fin d'émission, nous diffuserons une courte interview radiophonique de M. Chalamont par notre collaborateur Bertrand Picon...*

Saint-Étienne... L'incendie qui a éclaté la nuit dernière dans une usine d'appareillage électrique...

Le Président resta immobile, sans écouter davantage, surveillant du coin de l'œil une bûche qui menaçait de rouler sur le plancher.

Georges SIMENON, *Le Président*,

a. À quel type de texte appartient cet extrait ?

b. Relevez les passages qui dépendent d'une situation d'énonciation. Donnez les indices de cette énonciation.

c. Relevez les passages qui ne dépendent pas d'une situation d'énonciation. À quoi les reconnaissez-vous ?

d. Pourquoi les deux types d'énoncés sont-ils liés ici ?

S'exprimer à l'écrit et à l'oral

6 Ces énoncés appartiennent à des récits coupés de la situation d'énonciation. Transformez-les en énoncés ancrés dans la situation d'énonciation.

1. Un mardi soir, je me hâtais de rentrer chez moi, car j'étais allé au restaurant avec des collègues et il était tard. En arrivant devant ma porte, j'eus la surprise de voir un ami que j'avais invité pour le mardi suivant et qui s'était trompé de jour. Il me dit que, puisque j'avais déjà dîné, il reviendrait le lendemain. - **2.** Un été, Laure participa à un chantier d'archéologie. Elle trouva le travail harassant mais enrichissant, et se fit plein d'amis. Aussi décida-t-elle qu'elle recommencerait l'année suivante.

7 Écrivez un extrait de roman policier : un inspecteur de police interroge un témoin. Vous mêlerez le récit du narrateur, les questions du policier et le récit du témoin.

8 Oral. a. Un élève raconte un événement réel ou imaginaire qu'il vient de vivre. b. Un autre raconte cette histoire à la 3e personne et au passé simple.

11. Les points de vue dans la narration et la description

Hermann Carl SIEGUMFELDT (1833-1912), *Le Retour de la pêche*, 1858. Collection particulière.

Texte 1

Ils ramassèrent les agrès de la barque. Le vieil homme avait le mât sur son épaule, le gamin portait la caisse qui contenait les lignes brunes en tresse serrée lovées sur elles-mêmes, la gaffe et le harpon. [...]

Ils marchèrent côte à côte jusqu'à la cabane du vieux, dont la porte était ouverte. Le vieux appuya contre le mur le mât entouré de sa voile ; le gamin déposa à côté la caisse et les autres objets. Le mât touchait presque au plafond de la cabane.

Ernest HEMINGWAY, *Le Vieil Homme et la mer*, traduit par Jean Dutourd, © Gallimard, 1952.

Texte 2

D'un regard absorbé, elle fixa le petit ventilateur dont l'hélice pivotait sur un axe. Il se tournait posément vers la droite, attendait une seconde, puis avec la même lenteur se tournait vers la gauche, et, à force de le considérer, Mrs Dave finissait par lui prêter des sentiments humains, on eût dit en effet, un gros œil noir qui cherchait quelqu'un d'un côté et de l'autre, en vain : personne à droite, personne à gauche. Et ce bourdonnement semblait trahir tantôt de l'irritation, tantôt de la tristesse.

S'arrachant à ses pensées, elle reprit la plume et d'une main rageuse traça quelques lignes très noires et très droites.

Julien GREEN, *Moïra*, © Plon, 1950.

Texte 3

Depuis quelques jours, il est question d'un nouveau mariage pour [Eugénie]. Les gens de Saumur s'occupent d'elle et de monsieur le marquis de Froidfond dont la famille commence à cerner la riche veuve comme jadis avaient fait les Cruchot. Nanon et Cornoiller sont, dit-on, dans les intérêts du marquis, mais rien n'est plus faux. Ni la grande Nanon, ni Cornoiller n'ont assez d'esprit pour comprendre les corruptions du monde.

Honoré de BALZAC, *Eugénie Grandet*, 1833.

1. **Dans quel texte, les faits sont-ils rapportés selon ce que voit un personnage ? Justifiez votre réponse.**

2. **Dans quel texte, le narrateur est-il un témoin extérieur à la scène, qui n'exprime que ce qu'il voit ? Justifiez votre réponse.**

3. **Dans quel texte, le narrateur semble-t-il se déplacer dans le temps et tout savoir des personnages dont il parle ?**

Leçon

Dans une narration ou une description, il faut se demander **qui voit** ce qui est raconté ou décrit. On détermine ainsi le **point de vue** narratif adopté. Plusieurs points de vue peuvent se succéder dans un même texte.

1. Le point de vue d'un témoin extérieur

- Le narrateur peut jouer le rôle d'un **observateur**, d'un **témoin** extérieur qui raconte ce qu'il voit et uniquement cela. On appelle ce procédé le **point de vue externe**.

  C'est le cas du texte 1 où les actions du vieil homme et du garçon sont présentées comme si la scène était filmée. On ne sait rien d'autre que ce que le narrateur voit et décrit. C'est donc un point de vue **neutre**.

  > *Le vieux appuya contre le mur le mât entouré de sa voile ; le gamin déposa à côté la caisse et les autres objets.*

  On ignore quels sont leurs sentiments ou leurs sensations.

- L'intérêt de ce point de vue est de permettre au lecteur d'avoir **sa propre interprétation** des faits et des personnages.

2. Le point de vue d'un personnage de l'histoire

Les faits peuvent être perçus du point de vue d'un **personnage** de l'histoire. C'est le **point de vue interne**.

1. Dans les textes à la première personne

Le narrateur est le **personnage qui dit *je***. C'est selon son point de vue que les faits sont présentés. Nous savons tout de ses pensées et de ses sentiments. C'est un point de vue **personnel**, qu'on trouve notamment dans l'autobiographie.

2. Dans les textes à la troisième personne

- Dans un récit à la troisième personne, les faits peuvent être présentés selon le point de vue d'**un des personnages**. On voit à travers son regard.

  C'est le cas du texte 2 :

  > ***D'un regard absorbé**, elle **fixa** le petit ventilateur dont l'hélice pivotait sur un axe. Il se tournait posément vers la droite, attendait une seconde, puis avec la même lenteur se tournait vers la gauche.*

- On peut repérer un point de vue interne dans un texte à la troisième personne, lorsqu'un personnage est sujet de verbes indiquant une perception.
  Les descriptions sont faites selon sa **propre vision** et sa **propre interprétation**.
  La comparaison ci-dessous traduit la puissance d'imagination de la narratrice.

  > *À force de le considérer, Mrs Dave finissait par **lui prêter des sentiments humains**, on eût dit, en effet, **un gros œil noir qui cherchait quelqu'un d'un côté et de l'autre, en vain**.*

Lorsqu'un texte narratif adopte un point de vue interne, le lecteur ne sait et ne sent que ce que le personnage voit, sent ou sait. Il s'**identifie** donc facilement à lui.

3. Le point de vue d'un narrateur qui sait tout et voit tout

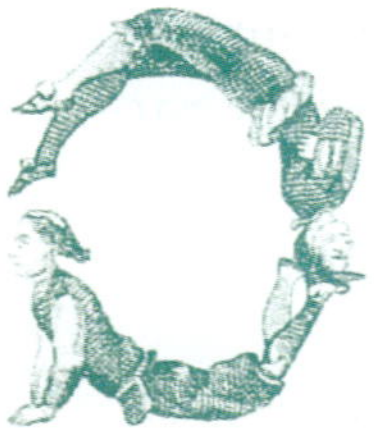

Il arrive fréquemment que le narrateur soit extérieur aux faits mais donne l'impression d'en savoir beaucoup plus que ce qu'il voit. C'est le point de vue **omniscient** (qui sait tout).
Par exemple, le narrateur présente ce qui s'est passé avant et ailleurs, il donne sur la vie et la psychologie des personnages des renseignements qu'un simple observateur ne pourrait connaître.

C'est le cas du texte 3 où le narrateur semble se déplacer dans le temps et d'un personnage à l'autre.

> *Depuis quelques jours… Les gens de Saumur s'occupent d'elle et de monsieur le marquis de Froidfond … comme jadis avaient fait les Cruchot.*

Il semble également tout savoir des personnages.

> *Ni la grande Nanon, ni Cornoiller n'ont assez d'esprit pour comprendre les corruptions du monde.*

Le narrateur omniscient peut adopter un **ton neutre** ou au contraire un **ton personnel**.
Dans ce cas, il arrive qu'on décèle dans le texte des traces de la **présence du narrateur**. Celui-ci peut établir un dialogue fictif avec le lecteur.

> *Comme nous vous l'avons déjà dit…*

Dans le texte 3, le narrateur donne son **opinion** sur les faits.

> *Ils sont, dit-on, dans les intérêts du marquis, mais **rien n'est plus faux**.*

FAISONS LE POINT

Des faits peuvent être racontés et une description peut être faite, selon différents points de vue qui souvent se succèdent dans un même texte.

- Le **point de vue externe** est celui d'un témoin qui raconte et décrit uniquement ce qu'il voit.
- Le **point de vue interne** est celui d'un personnage de l'histoire : tout est raconté selon ce qu'il perçoit.
- Le **point de vue omniscient** est celui d'un narrateur qui sait tout et voit tout.

Exercices

Appliquer la leçon

1 Selon quel point de vue chacun de ces textes est-il écrit ?

1. Il aperçut, à demi noyée dans la brume, la silhouette d'un berger, immobile au bord de la draille, dans sa cape noire qui le faisait ressembler à un petit sapin; le berger grandit, et devint justement un sapin. Il fallait rebrousser chemin : il n'y avait pas de sapin avant l'embranchement de Mazel-de-Mort.

Jean CARRIÈRE, *L'Épervier de Maheux*, © Jean-Jacques Pauvert, 1972.

2. Un homme, la joue contre l'herbe, soufflait un feu. Un garçon portait de l'eau aux bêtes. Une petite fille coupait les liens des bottes de foin et elle répandait l'herbe sèche dessous le nez des chevaux. Deux mulets se surveillaient, se tournaient, frottaient leurs bâts, se ruaient dans les jambes et riaient avec de grandes dents jaunes. Les chevaux poussaient la petite fille avec leurs museaux, et ils tapaient du sabot dans la terre.

Jean GIONO, *Le Chant du monde*, © Gallimard, 1934.

3. Hermann est devenu fou. Il occupe la chambre n° 17 à l'hôpital Oboukhov, ne répond à aucune question et marmonne avec une extraordinaire volubilité : « Trois, sept, as, trois, sept, dame ! »

Lisaveta Ivanovna a épousé un fort aimable jeune homme; il est fonctionnaire et jouit d'une coquette fortune : il est fils d'un ancien intendant de la vieille comtesse. Lisaveta Ivanovna a recueilli chez elle une parente pauvre.

Tomsky, passé capitaine, est sur le point d'épouser la princesse Pauline.

POUCHKINE, *La Dame de pique*, traduit par Dimitri Sesemann, © Librairie Générale Française, 1989.

2 a. Dans ces textes, le narrateur extérieur est-il un simple témoin ou un narrateur omniscient ? Quels indices vous permettent de le savoir ?

b. Précisez si les textes présentent des traces de la présence du narrateur. Si c'est le cas, relevez-les.

1. Dans la vie privée, [Thomas Black] était un homme absolument nul, qui n'existait pas en dehors des questions astronomiques, vivant dans le ciel, non sur la terre, un descendant de ce savant du bonhomme La Fontaine qui se laissa choir dans un puits[1]. Avec lui pas de conversation possible, si l'on ne parlait ni d'étoiles ni de constellations. C'était un homme à vivre dans une lunette. Mais quand il observait, quel observateur sans rival au monde ! quelle infatigable patience il déployait !

Jules VERNE, *Le Pays des fourrures*, 1873.

1. Allusion à la fable *L'Astrologue qui se laisse tomber dans un puits*.

2. La nuit s'écoula ; à l'aube, le pacha Boulgah en personne s'installa sur une hauteur dominant le chemin qui descendait de Mar-Élais. Des serviteurs avaient apporté des sièges, et le major John Misset prit place à ses côtés. Les deux hommes attendirent. [...] Du thé vert était servi sur une table encombrée de fruits. Le capitaine vint dire que ses hommes se trouvaient à leur poste, en embuscade, comme prévu, puis il partit les rejoindre.

Bertrand SOLET, *Espion en Égypte*, © Castor Poche Flammarion, 1996.

3. Je sens que le lecteur a, autant que moi, envie d'arriver à l'âge d'homme de Jean Arnaud. Mais patience ! On n'est pas un adulte en quelques jours et rien ne serait clair (et romanesque) si je ne prenais pas le temps d'éclairer de quelques anecdotes la période enfantine de notre héros. C'est durant cette période qu'il apprit la vie, ou, plus exactement, qu'il éprouva une gamme de sentiments, de répulsions, de ferveurs qui s'imprimèrent profondément en lui et dont il n'eut la clé que bien plus tard, vers la trentaine, quand il commença de voir clair.

Michel DÉON, *Le Jeune Homme vert*, © Gallimard, 1975.

Comprendre les textes

3 Lisez ce texte.

Il passait des heures à regarder, du haut de son balcon, la rivière qui coulait entre les quais grisâtres, noircis, de place en place, par la bavure des égouts, avec un ponton de blanchisseuses amarré contre le bord, où des gamins quelquefois s'amusaient, dans la vase, à faire baigner un caniche. Ses yeux délaissant à gauche le pont de pierre de Notre-Dame et trois ponts suspendus, se dirigeaient toujours vers le pont aux Ormes sur un massif de vieux arbres pareils aux tilleuls de Montereau. La tour Saint-

Jacques, l'Hôtel de Ville, Saint-Gervais, Saint-Paul se levaient en face, parmi les toits confondus, – et le génie de la colonne de Juillet resplendissait à l'Orient comme une large étoile d'or, tandis qu'à l'autre extrémité le dôme des Tuileries arrondissait, sur le ciel, sa lourde masse bleue. C'était par-derrière, de ce côté-là, que devait être la maison de Mme Arnoux.

Gustave FLAUBERT, *L'Éducation sentimentale*, 1869.

a. **Selon quel point de vue ce texte est-il écrit ? Quel verbe nous permet de le comprendre ?**

b. **Quelle est la position du narrateur par rapport à ce qu'il voit ?**

c. **Quelles directions son regard suit-il ? Appuyez-vous sur le texte pour répondre.**

d. **Montrez qu'il s'attache parfois à des détails.**

e. **Ce qu'il voit correspond-il cependant à ce qu'il désirerait voir ? Qu'est-ce qui, dans le texte, vous permet de le deviner ?**

4 **Lisez ce texte.**

Ça et là, quelques larges clairières se développaient au milieu du taillis, et les chasseurs s'y arrêtaient pour observer les fourrés environnants.

Il faut dire que cette première journée ne fut pas favorable à Son Honneur[1]. En vain son compagnon et lui parcoururent-ils une vaste portion de la forêt. Aucun échantillon de la faune africaine ne se dérangea pour les recevoir, et sir John songea plus d'une fois à ses plaines écossaises sur lesquelles un coup de fusil ne se faisait pas attendre. Peut-être le voisinage du kraal[2] avait-il contribué à éloigner le gibier soupçonneux. Quant à Mokoum, il ne montrait ni surprise ni dépit. Pour lui cette chasse n'était pas une chasse, mais une course précipitée à travers la forêt.

Jules VERNE, *Aventures de trois Russes et de trois Anglais dans l'Afrique australe*, 1872.

1. Il s'agit de sir John, un lord écossais. - 2. **Kraal** : village d'Afrique australe.

a. **Relevez les passages qui expriment les pensées, les intentions ou les sentiments communs aux deux personnages.**

b. **Relevez les passages qui traduisent le point de vue de sir John, et ceux qui expriment celui de Mokoum. En quoi leur caractère diffère-t-il ?**

c. **Dans quelles phrases le narrateur exprime-t-il son opinion sur la situation ?**

d. **Selon quel point de vue ce texte est-il donc écrit ?**

5 **Lisez ce texte.**

(Une réception en Afrique, en 1948.)

Puis on avait servi la collation, à l'ombre de la varangue[1], de grands plats de foufou[2] et de la viande de mouton grillée, et des verres de jus de goyave remplis de glace pilée. Sur la longue table il y avait une nappe blanche, et des bouquets de fleurs ordonnés par la femme du Résident elle-même. Les invités parlaient fort, riaient aux éclats, mais Maou ne pouvait pas quitter des yeux le groupe des forçats qui commençaient à creuser la terre, à l'autre bout du jardin. Les gardes les avaient détachés de la longue chaîne, mais ils restaient entravés par les anneaux autour de leurs chevilles. À coups de pioche et de pelle, ils ouvraient la terre rouge, là où Simpson aurait sa piscine. C'était terrifiant. Maou n'entendait rien d'autre que les coups dans la terre durcie, le bruit de la respiration des forçats, le tintement des anneaux autour de leurs chevilles. Elle sentait sa gorge se serrer, comme si elle allait pleurer. Elle regardait les officiers anglais autour de la table si blanche, elle cherchait le regard de Geoffroy. Mais personne ne faisait attention à elle et les femmes continuaient de manger et de rire.

J. M. G. LE CLÉZIO, *Onitsha*, © Gallimard, 1991.

1. **Varangue**, n.f. : sorte de véranda. - 2. **Foufou**, n. m. : farine de manioc.

a. **À partir de quel moment passe-t-on d'un point de vue omniscient à un point de vue interne ?**

b. **Selon le point de vue de quel personnage le récit et la description se poursuivent-ils ? Relevez les termes qui confirment ce point de vue.**

c. **Par ce changement de point de vue, quel contraste l'auteur cherche-t-il à rendre entre la façon dont Maou perçoit les faits et l'attitude des autres convives ?**

6 **Lisez ce texte.**

Hervé Joncour regarda autour de lui. Un soleil estival brillait, sur le vert des champs de blé, et sur le monde entier. En face de lui était assis un négociant russe : il avait ôté ses chaussures et s'éventait avec la dernière page d'un journal écrit en allemand. Hervé Joncour le regarda. Il vit les taches de sueur sur sa chemise et les gouttes qui perlaient à son front et sur son cou. Le Russe dit quelque chose, en riant. Hervé Joncour lui sourit, se leva, prit ses bagages et descendit du train. Il le remonta jusqu'au dernier wagon, un fourgon de marchandises qui transportait du poisson et de la viande conservée dans la glace. L'eau dégoulinait comme d'une cuvette transpercée par des milliers de projectiles. Il ouvrit la porte du fourgon, monta sur la plate-forme, et prit l'une après l'autre ses boîtes en bois, rondes, les emporta à l'extérieur et les posa par terre à côté des rails. Puis il referma la porte et attendit.

Alessandro BARICCO, *Soie*, traduit par Françoise Brun, © Albin Michel, 1996.

a. **Selon quel point de vue le début du texte est-il écrit ?**

b. **Quelles directions le regard d'Hervé Joncour prend-il successivement ? Appuyez-vous sur le texte pour répondre.**

c. **À partir d'où change-t-on de point de vue ? Quel est ce point de vue ? Quel ton donne-t-il désormais au récit ?**

7 **Lisez ce texte.**

Auguste Saint-Clair n'était point aimé dans ce qu'on appelle le monde ; la principale raison, c'est qu'il ne cherchait à plaire qu'aux gens qui lui plaisaient à lui-même. Il recherchait les uns et fuyait les autres. D'ailleurs il était distrait et indolent. Un soir, comme il sortait du Théâtre-Italien, la marquise A*** lui demanda comment avait chanté Mlle Sontag. « Oui, madame », répondit Saint-Clair en souriant agréablement, et pensant à tout autre chose. On ne pouvait attribuer cette réponse ridicule à la timidité ; car il parlait à un grand seigneur, à un grand homme, et même à une femme à la mode, avec autant d'aplomb que s'il eût entretenu son égal. – La marquise décida que Saint-Clair était un prodige d'impertinence et de fatuité.

Prosper MÉRIMÉE, *Le Vase étrusque*, 1830.

a. **Selon quel point de vue ce portrait est-il fait ? Justifiez votre réponse en la détaillant et en citant le texte.**

b. **Relevez les termes qui illustrent le caractère de Saint-Clair et portent un jugement sur lui. Ces mots sont-ils valorisants ou dévalorisants ? Par qui ces jugements sont-ils portés ?**

S'exprimer à l'écrit et à l'oral

8 **Lisez ce texte, puis racontez l'histoire en adoptant un style personnel et en y incluant le point de vue de Bavé. Vous commencerez ainsi :** ***Bavé, dont le canot suivait celui de Pé' Botte, vit tout à coup une vague…***

Deux heures avant le soir tombé, la vague porta haut la barque de Pé' Botte, et le vieil homme fut jeté à l'eau, roulé, basculé, pour quelques longues minutes. Bavé était là, tout de suite derrière, qui avait vu. Padisson et Rouge également avaient vu. Aussitôt, ils dirigèrent leurs canots vers le lieu du drame, se démenant rageusement pour rejoindre le vieux maltraité par l'écume.

Tout se déroula très vite. Trois minutes après l'accident, Bavé hissait à son bord Pé' Botte geignant et trempé, à demi mort de honte et de froid.

Pierre PELOT, *La Drave*, © Hachette, 1991.

9 **En vous inspirant de ces phrases, racontez une histoire selon un point de vue omniscient. Vous inclurez un passage rédigé selon un point de vue interne.**

Avec des amis, Laure est allée en forêt pour ramasser des châtaignes. Soudain elle entend un bruit dans un fourré. Elle écarte les branches et voit un animal.

De jeunes garçons regardent avec curiosité et amusement des écoliers du collège d'Eton dans leur uniforme. Photographie, Londres, 1937.

10 **Oral.** **Un élève fait à ses camarades le récit d'un film qui l'a intéressé. Le point de vue adopté sera celui d'un narrateur omniscient. Un de ses camarades vient ensuite raconter la même histoire, en adoptant un point de vue interne : celui d'un personnage. Son récit sera fait à la première personne.**

11 **Observez cette image.**

a. **Racontez la scène, à la 3ᵉ personne, en adoptant le point de vue omniscient d'un narrateur qui connaît tout des enfants et de leur situation.**

b. **Un des garçons situés à droite de la photo raconte ce qu'il voit et ce qu'il pense.**

12. La chronologie et le rythme de la narration

Les pauvres gens vivaient péniblement des petits appointements du mari. Deux enfants étaient nés depuis leur mariage, et la gêne première était devenue une de ces misères humbles, voilées, honteuses, une misère de famille noble qui veut tenir son rang quand même.

Hector de Gribelin avait été élevé en province, dans le manoir paternel, par un vieil abbé précepteur. On n'était pas riche, mais on vivotait en gardant les apparences.

Puis, à vingt ans, on lui avait cherché une position[1], et il était entré, commis à quinze cents francs, au ministère de la Marine. […]

Hector de Gribelin rencontra dans ce monde une jeune fille noble et pauvre comme lui, et l'épousa.

Ils eurent deux enfants en quatre ans.

Pendant quatre années encore, ce ménage, harcelé par la misère, ne connut d'autres distractions que la promenade aux Champs-Élysées, le dimanche, et quelques soirées au théâtre, une ou deux par hiver, grâce à des billets de faveur offerts par un collègue.

Mais voilà que, vers le printemps, un travail supplémentaire fut confié à l'employé par son chef, et il reçut une gratification extraordinaire de trois cents francs.

En rapportant cet argent, il dit à sa femme :

« Ma chère Henriette, il faut nous offrir quelque chose, par exemple une partie de plaisir pour les enfants. »

Et après une longue discussion, il fut décidé qu'on irait déjeuner à la campagne.

« Ma foi, s'écria Hector, une fois n'est pas coutume ; nous louerons un break pour toi, les petits et la bonne, et moi je prendrai un cheval au manège. Cela me fera du bien. »

Et pendant toute la semaine on ne parla que de l'excursion projetée.

Guy de Maupassant, *À Cheval*, 1883.

1. **Une position :** une situation, un emploi.

Sir Lawrence Alma-Tadema (1836-1912), *Dalou, sa femme et sa fille*, XIXe siècle. Musée d'Orsay, Paris.

1. Relevez les indications de temps de ce récit. Lesquelles situent les faits dans le temps ? Lesquelles indiquent leur durée ?

2. À partir de quelle ligne, le narrateur rapporte-t-il des faits situés avant les événements dont il est question ? Que nous apprend ce retour en arrière ?

3. Relevez la phrase et les expressions qui marquent une accélération dans le récit et permettent de faire un saut dans le temps.

Leçon

1. Le temps de la narration

1. La narration au passé

Lorsqu'une narration est faite au passé, elle relate des **faits antérieurs** au moment où ils sont racontés.

Ils eurent deux enfants en quatre ans.

2. La narration au présent

Lorsqu'une narration est faite au présent, les faits semblent se dérouler **au moment où** ils sont dits ou écrits.

Depuis toujours Hector de Gribelin se heurte à des difficultés financières. Un jour cependant, il reçoit une gratification exceptionnelle.

2. L'ordre de la narration

1. L'ordre chronologique

- Les événements sont le plus souvent racontés dans l'ordre où ils se sont déroulés. C'est l'ordre chronologique.
  Le récit est alors jalonné de nombreux **indices temporels**, en particulier des **connecteurs**, qui indiquent
  – la **succession** des faits dans le temps :

  Vers le printemps, *un travail supplémentaire fut confié à l'employé. [...]* ***Après une longue discussion***, *il fut décidé qu'on irait déjeuner à la campagne.*

  – leur **durée** :

  Pendant toute la semaine *on ne parla que de l'excursion projetée.*

- Un récit est composé de **plusieurs paragraphes** qui correspondent souvent à ses différentes étapes.
- Un récit qui suit l'ordre chronologique respecte généralement le **schéma narratif** :
  – la **situation initiale**,
  – l'**événement perturbateur**,
  – les différentes **péripéties**,
  – la **situation finale**.

2. Les retours en arrière

- Il arrive que le narrateur **interrompe** le cours de la narration pour revenir en arrière.

  Hector de Gribelin avait été élevé en province, dans le manoir paternel, par un vieil abbé précepteur.

- Ces retours en arrière se caractérisent par des **indices de temps** (*auparavant, un an plus tôt*), des **plus-que-parfait** dans un récit au passé (*avait été élevé*) et des **passés composés** dans un récit au présent.
Ils ont souvent une fonction **explicative**. Ils permettent de présenter les événements antérieurs, l'origine sociale des personnages, les faits qui les ont marqués, leur personnalité.

On n'était pas riche, mais on vivotait en gardant les apparences.

- Il arrive que le narrateur choisisse de ne pas suivre le schéma narratif et de ne pas prendre les événements à leur début. Il préfère alors commencer son récit lorsque **l'action est déjà engagée**. Il revient ensuite en arrière pour présenter ce qui a précédé.

3. Les anticipations

Plus rarement, le narrateur **anticipe** sur les événements qu'il rapporte et présente des faits qui se produiront ou se sont produits après les événements qu'il est en train de raconter.

Plus tard, Hector regrettera d'avoir conçu ce projet.

L'anticipation se caractérise par l'emploi du **futur** (*regrettera*) et celui d'**indices de temps** (*Plus tard*).

3. Le rythme de la narration

1. La narration et les événements avancent à la même vitesse

Le déroulement de la narration peut **reproduire** celui des événements lorsque le narrateur les raconte dans le détail ou lorsqu'il rapporte avec exactitude, au **discours direct**, les **paroles** prononcées par les personnages.

« Ma foi, s'écria Hector, une fois n'est pas coutume ; nous louerons un break pour toi, les petits et la bonne, et moi je prendrai un cheval au manège. Cela me fera du bien. »

2. Le narrateur condense

Pour ne pas alourdir le récit, le narrateur **condense** certains faits, les résume.

Ils eurent deux enfants en quatre ans.

Les propos des personnages sont rapportés au **discours indirect**.

*On décida **qu'on irait déjeuner à la campagne**.*

On assiste parfois à une **accélération** des faits.

La décision est prise. L'excursion est organisée. La voiture est louée. Les voilà partis !

3. Le narrateur s'attarde

Le narrateur peut également s'attarder sur certains faits en **décrivant** minutieusement le décor ou les personnages. Le temps semble suspendu. Il y a alors une **pause** dans la narration.

4. Le narrateur passe sous silence des événements

Comme un récit ne peut tout dire, sous peine d'être ennuyeux, le narrateur opère des **choix** et passe volontairement sous silence certaines périodes de l'histoire. C'est ce qu'on appelle une **ellipse narrative**.

Dix ans plus tard...

Généralement un indice de temps, indiquant la durée (*huit jours se passèrent*), marque cette période passée sous silence.

FAISONS LE POINT

- On peut raconter des faits **passés** ou des faits qui se passent **au moment de l'énonciation**.
- Dans un récit, on peut suivre l'**ordre chronologique**, mais on peut également faire des **retours en arrière** et plus rarement des **anticipations**.
- Le narrateur peut ou non **condenser** certains événements, il peut **s'attarder** sur d'autres. Il peut passer sous silence des périodes de l'histoire : c'est l'**ellipse narrative**.

Exercices

Appliquer la leçon

1 **Relevez les connecteurs de temps qui marquent les étapes du récit. Ce récit comporte un ralentissement : à quel passage correspond-il ?**

(Le narrateur vient d'arriver dans un lycée où l'on récite les textes le plus vite possible et de façon totalement monotone.)

Quand mon tour vint de réciter (je voudrais me rappeler quoi), je sentis aussitôt que, malgré le meilleur vouloir, je ne pourrais me plier à leur mode, et qu'elle me répugnait trop. Je récitai donc comme j'eusse récité chez nous. Au premier vers, ce fut de la stupeur, cette sorte de stupeur que soulèvent les vrais scandales ; puis elle fit place à un immense rire général. D'un bout à l'autre des gradins, du haut en bas de la salle, on se tordait ; chaque élève riait, comme il n'est pas souvent donné de rire en classe ; on ne se moquait même plus ; l'hilarité était irrésistible. [...] Je ne sais pas où je pus trouver la constance de poursuivre jusqu'au bout du morceau que, Dieu merci, je possédais bien. Alors, à mon étonnement et à l'ahurissement de la classe, on entendit la voix très calme, auguste même, de M. Nadaud qui souriait encore après que les rires enfin s'étaient tus.

– Gide, dix. (C'était la note la plus haute.)

André GIDE, *Si le grain ne meurt*, © Gallimard, 1924.

2 **a. Relevez un retour en arrière. À quoi le reconnaissez-vous ?**

b. Quel rôle les compléments de temps en gras jouent-ils dans le rythme du récit ?

Thérèse allait avoir dix-huit ans. Un jour, seize années auparavant, lorsque madame Raquin était encore mercière, son frère, le capitaine Degans, lui apporta une petite fille dans ses bras. Il arrivait d'Algérie.

– Voici une enfant dont tu es la tante, lui dit-il avec un sourire. Sa mère est morte... Moi je ne sais qu'en faire. Je te la donne.

La mercière prit l'enfant, lui sourit, baisa ses joues roses. Degans resta **huit jours** à Vernon. Sa sœur l'interrogea à peine sur cette petite fille qu'il lui donnait. Elle sut vaguement que la chère petite était née à Oran et qu'elle avait pour mère une femme indigène d'une grande beauté. Le capitaine, une heure avant son départ, lui remit un acte de naissance dans lequel Thérèse, reconnue par lui, portait son nom. Il partit, et on ne le revit plus ; **quelques années plus tard**, il se fit tuer en Afrique.

Émile ZOLA, *Thérèse Raquin*, 1867.

Comprendre les textes

3 Lisez ce texte.

– Elle était là ! Là, vous voyez, au large de la Trinité, à 9° 22' de latitude nord. Y a pas d'erreur possible !

L'ivrogne frappait de son doigt noir un lambeau de carte géographique souillé de taches de graisse, et chacune de ses affirmations passionnées soulevait le rire des pêcheurs et des dockers qui entouraient notre table.

On le connaissait. Il jouissait d'un statut à part. Il faisait partie du folklore local. Nous l'avions invité à boire avec nous pour entendre de sa voix éraillée quelques-unes de ses histoires. Quant à son **aventure**, elle était exemplaire et navrante à la fois, comme c'est souvent le cas.

Quarante ans plus tôt, il avait disparu en mer à la suite de tant d'autres. On avait inscrit son nom à l'intérieur de l'église avec ceux de l'équipage dont il faisait partie. Puis on l'avait oublié.

Pas au point cependant de ne pas le reconnaître, lorsqu'il avait reparu au bout de vingt-deux ans, hirsute et véhément, en compagnie d'un nègre. L'**histoire** qu'il dégorgeait à toute occasion était stupéfiante. Unique survivant du naufrage de son bateau, il serait resté seul sur une île peuplée de chèvres et de perroquets, sans ce nègre qu'il avait, disait-il, sauvé d'une horde de cannibales. Enfin une goélette anglaise les avait recueillis, et il était revenu, non sans avoir eu le temps de gagner une petite fortune grâce à des trafics divers assez faciles dans les Caraïbes de cette époque.

Michel TOURNIER, *La Fin de Robinson Crusoé*,
in *Le Coq de bruyère*, © Gallimard, 1978.

a. **Combien de retours en arrière ce récit comporte-t-il ? Quel est le temps le plus utilisé dans ces passages ?**

b. **Les deux premiers paragraphes correspondent-ils à une pause ou à une accélération dans le récit ? Justifiez votre réponse.**

c. **Relevez les connecteurs et les compléments de temps. Dites quelle est l'utilité de chacun dans la chronologie ou le rythme du récit.**

4 Lisez ce texte.

C'était en 1827, au mois de juillet. Je me trouvais à Rouen en garnison.

Un jour, comme je me promenais sur le quai, je rencontrai un homme que je crus reconnaître sans me rappeler au juste qui c'était. Je fis, par instinct, un mouvement pour m'arrêter. L'étranger aperçut ce geste, me regarda et tomba dans mes bras.

C'était un ami de jeunesse que j'avais beaucoup aimé. Depuis cinq ans que je ne l'avais vu, il semblait vieilli d'un demi-siècle. Ses cheveux étaient tout blancs ; et il marchait courbé, comme épuisé. Il comprit ma surprise et me conta sa vie. Un malheur terrible l'avait brisé.

Devenu follement amoureux d'une jeune fille, il l'avait épousée dans une sorte d'extase de bonheur. Après un an d'une félicité surhumaine et d'une passion inapaisée, elle était morte subitement d'une maladie de cœur, tuée par l'amour lui-même, sans doute.

(L'ami demande un service au narrateur : aller chercher des lettres dans son ancienne demeure. Là, le narrateur voit une femme étrange : un fantôme ? un être réel ? Terrifié, il s'enfuit.)

Je lui fis porter ses lettres, dont il remit un reçu au soldat. **Il s'informa beaucoup de moi.** On lui dit que j'étais souffrant, que j'avais reçu un coup de soleil, je ne sais quoi. Il parut inquiet.

Je me rendis chez lui le lendemain, dès l'aube, résolu à lui dire la vérité. Il était sorti la veille au soir et pas rentré.

Je revins dans la journée, on ne l'avait pas revu. J'attendis une semaine. Il ne reparut pas. Alors je prévins la justice. On le fit chercher partout, sans découvrir une trace de son passage ou de sa retraite.

Un visite minutieuse fut faite du château abandonné. On n'y découvrit rien de suspect.

Aucun indice ne révéla qu'une femme y eût été cachée.

L'enquête n'aboutissant à rien, les recherches furent interrompues.

Et, depuis cinquante-six ans, je n'ai rien appris. Je ne sais rien de plus.

Guy de MAUPASSANT, *Apparition*, 1883.

a. **Relevez les indicateurs de temps qui situent les faits dans le temps et ceux qui indiquent une durée.**

b. Relevez un retour en arrière. À quel temps sont les deux premiers verbes qui correspondent à ce retour en arrière ? Quelle proposition précède et annonce ce retour en arrière ?

c. La phrase en gras permet-elle d'accélérer, de condenser ou de ralentir le rythme du récit ?

d. Relevez une ellipse narrative. Expliquez ce que le narrateur veut mettre en évidence en l'utilisant.

5 Lisez ce texte.

(Milan en 1796.)

Peu de jours après la victoire, le général français chargé de maintenir la tranquillité dans la Lombardie s'aperçut que tous les fermiers des nobles, que toutes les vieilles femmes de la campagne, bien loin de songer encore à cette étonnante victoire de Marengo qui avait changé les destinées de l'Italie, et reconquis treize places fortes en un jour, n'avaient l'âme occupée que d'une prophétie de saint Giovita, le premier patron de Brescia. Suivant cette parole sacrée, les prospérités des Français et de Napoléon devaient cesser treize semaines juste après Marengo. [...] Tous ces gens-là n'avaient pas lu quatre volumes en leur vie ; ils faisaient ouvertement leurs préparatifs pour rentrer à Milan au bout des treize semaines ; mais le temps, en s'écoulant, marquait de nouveaux succès pour la cause de la France. **De retour à Paris**, Napoléon, par de sages décrets, sauvait la révolution à l'intérieur, comme il l'avait sauvée à Marengo contre les étrangers. **Alors** les nobles lombards, réfugiés dans leurs châteaux, découvrirent que d'abord ils avaient mal compris la prédiction du saint patron de Brescia : il ne s'agissait pas de treize semaines, mais bien de treize mois. Les treize mois s'écoulèrent, et la prospérité de la France semblait s'augmenter tous les jours.

Nous glissons sur dix années de progrès et de bonheur, de 1800 à 1810 ; Fabrice passa les premières au château de Grianta, donnant et recevant force coups de poing au milieu des petits paysans du village, et en n'apprenant rien. **Plus tard**, on l'envoya au collège des Jésuites à Milan.

STENDHAL, *La Chartreuse de Parme*, 1839.

a. Quelle est l'utilité des mots en gras dans la construction du récit ? Comment appelle-t-on ces mots ?

b. Dans le premier paragraphe, le rythme du récit est-il lent ou rapide ? Qu'est-ce que le narrateur cherche à mettre ainsi en évidence ?

c. Par rapport à ce premier paragraphe, quel effet produit la première proposition du paragraphe suivant ? Quel procédé narratif contient-elle ?

S'exprimer à l'écrit et à l'oral

6 Écrivez une suite au texte de la page 90, en variant le plus possible le rythme du récit.

7 Après avoir lu le texte de l'exercice 2, imaginez-en la suite. Variez le rythme de votre récit, en ménageant des pauses, des ellipses et en faisant parfois avancer au même rythme les événements et la narration.

8 **Oral.** Voici quelques connecteurs de temps qui structurent un récit. Un élève dit le premier et commence ainsi une histoire. Un deuxième élève enchaîne avec le suivant et poursuit le récit. On continue ainsi en changeant de narrateur pour chaque connecteur.

En cette matinée du mois de juin... Tout à coup... Aussitôt après... Quelques jours auparavant... Pendant plusieurs mois... Maintenant...

9 **Observez cette image.**

Inventez un récit, fait par un narrateur omniscient, en commençant par raconter la scène représentée par l'image. Puis, opérez un retour en arrière pour expliquer la situation. Ménagez quelques pauses dans votre récit, en y insérant des descriptions ou des dialogues.

Elliot ERWITT, *Enfants, dans le sud de l'Espagne*, photographie, 1969.

13. La cohérence et la progression du récit

Le taureau s'était planté au milieu de la chaussée : il baissait la tête, on le sentait en train de rassembler ses forces, se préparant à se jeter sur cet homme maigre et sa badine de noisetier. **C'est alors qu'**on vit cette chose incroyable qui frappa de stupeur le père, la mère, Mariette, Catherine, Aubin, et, assemblée en contre-bas, toute la famille Lagrange : Robert le domestique alla droit au taureau ; arrivé à un mètre, il s'arrêta, se baissa un peu, écartant légèrement les bras du corps. Le taureau frappa le sol de son sabot. Tous cessèrent de respirer : la bête allait bondir et lancer sur ses cornes la dépouille ensanglantée du domestique. Ce ne fut pas l'animal mais l'homme qui le premier s'élança. [Il agrippa les cornes du fauve. Celui-ci essaya de se dégager **et** dans son effort souleva son adversaire du sol], **mais** vite Robert reprit terre, il s'arc-bouta, et l'on devinait la lente, terrible pression que ses bras exerçaient sur ses cornes. Le taureau soufflait, ses yeux étaient injectés de sang ; la bave coulait de son mufle. **Enfin** on vit le col de la bête se tordre, le taureau tomba sur les genoux, Robert se penchait sur le vaincu, la sueur sillonnait sa face.

Georges-Emmanuel CLANCIER, *Le Pain noir*, © Laffont, 1956.

Samuel Henry ALKEN (1810-1894), *Taureau se débattant.* Phillips, The International Fine Art Auctioneers.

1. Les mots en gras relient-ils deux phrases ou deux propositions ?
2. Relevez les pronoms et les groupes nominaux qui désignent le taureau et Robert. Que reprend le pronom *Tous* (ligne 6) ?
3. Dans la première proposition du texte, quel est le sujet ? Que dit-on de lui ? Le sujet suivant reprend-il le thème (sujet) ou le propos de la proposition précédente ? Dans le passage entre crochets, le sujet de la deuxième phrase reprend-il le thème ou le propos de la phrase précédente ?

Leçon

1. Les mots de liaison

- Les **connecteurs** sont des mots-outils (adverbes de liaison, conjonctions de coordination) qui relient les phrases, les propositions ou les paragraphes d'un texte pour le rendre **cohérent** et le faire **progresser**. On distingue
  – les connecteurs de **temps** : *d'abord, puis, hier, le lendemain,* etc.
  – les connecteurs de **lieu** : *ici, là, plus loin, devant, au-dessus,* etc.
  – les connecteurs **logiques** : *car, en effet, puisque, donc, c'est pourquoi, mais, de plus, en outre, bref, et,* etc.

  Il essaya de se dégager ***et*** *dans son effort souleva son adversaire du sol,* ***mais*** *vite Robert reprit terre.*

- Les compléments circonstanciels détachés en tête de phrase jouent le même rôle que des connecteurs. Ils permettent de situer les faits et assurent la **chronologie** du récit.

  Quand le père aperçut le taureau*, il chercha en vain quelque bâton.*

2. Les procédés de reprise

- Lorsqu'un personnage ou une chose sont désignés pour la première fois dans un texte, ils le sont généralement par un GN introduit par un déterminant indéfini : *Un taureau surgit.* Ensuite, lorsqu'il s'agit de les désigner à nouveau, on a le choix entre plusieurs procédés.
- Les **reprises nominales**, qui sont appelées aussi **substituts lexicaux**, utilisent
  – le **même nom** avec un déterminant plus précis : *ce taureau* ;
  – un **GN différent** qui fournit une description ou une précision : *le fauve furieux au mufle baveux et aux yeux injectés de sang* ;
  – un **nom générique**, précédé d'un déterminant défini : *la bête, l'animal.*
- Les **reprises pronominales sont assurées par des pronoms** substituts, personnels, relatifs, démonstratifs et possessifs : *il, lui, qui, lequel, celui-ci, le sien,* etc.

3. La progression thématique

- *Robert agrippa les cornes du fauve.* De qui parle-t-on dans cette phrase ? De Robert. Il s'agit du **thème** de la phrase. Le thème est ici le sujet du verbe.
  Le thème est ce dont il est question dans une phrase. Il précède généralement le groupe verbal.
  Que dit-on à propos de ce « thème » ? On dit qu'il *agrippa les cornes du fauve.* C'est le **propos**. Le propos, exprimé dans le groupe verbal, contient une information sur le thème. C'est donc lui qui **fait progresser** le texte.
- On distingue trois sortes de progressions thématiques :
  – dans une progression **à thème constant** les phrases s'enchaînent par reprise du même thème :

  Le taureau *essaya de se dégager …* ***Il*** *soufflait…*

– dans une progression **linéaire**, le thème d'une phrase reprend le propos, ou un élément du propos, de la phrase précédente :

*Il agrippa les cornes **du fauve**. **Celui-ci** essaya de se dégager.*

– dans une progression **à thèmes dérivés**, des phrases successives ont chacune un thème qui exprime un élément du thème principal :

*Le taureau soufflait. **Ses yeux** étaient injectés de sang. **Ses sabots** frappaient le sol. **Ses cornes** cherchaient l'adversaire.*

FAISONS LE POINT

➤ La continuité et la progression d'un texte sont assurées par

– les **connecteurs** et les compléments circonstanciels en position détachée, qui assurent le lien entre les différentes parties :

***Après s'être élancé**, il souleva son adversaire du sol, **mais** Robert reprit terre.*

– les **reprises nominales** et **pronominales** qui assurent la continuité tout en évitant les répétitions :

*On vit le col de **la bête** se tordre, **le taureau** tomba sur les genoux.*

– l'**enchaînement** des **thèmes** et des **propos** des phrases :

*Il agrippa les cornes **du fauve** (propos). **Celui-ci** (thème) essaya de se dégager.*

Exercices

Appliquer la leçon

1 Reliez ces phrases ou ces propositions par un de ces connecteurs : *alors, mais, et, car, quand le brouillard se dissipa, et puis, cependant, voilà pourquoi, d'abord.*

Ils avançaient résolument … ils savaient qu'ils touchaient au but malgré des conditions atmosphériques difficiles. …, …, ils s'aperçurent qu'ils étaient revenus à leur point de départ. … le découragement les gagna … ils se laissèrent tomber épuisés. … ils ne tardèrent pas à réagir. … ils ne devaient pas se laisser engourdir par le froid … la nuit allait arriver. …, d'un pas ralenti par l'épuisement, ils poursuivirent leur route.

2 Identifiez avec précision tous les procédés de reprise utilisés dans ces phrases pour éviter les répétitions. Indiquez les mots ainsi repris.

1. La chanteuse salua le public en délire. Puis elle chanta à nouveau pour ses admirateurs inconditionnels. - **2.** Il croyait avoir eu une idée géniale, mais cette idée s'est révélée catastrophique. - **3.** Nous atteignîmes une petite place sur laquelle s'était rassemblée une centaine de personnes. - **4.** J'ai noté plusieurs fois son numéro de téléphone sur des petits papiers, mais cela n'a servi à rien parce que je les ai tous perdus.

3 Indiquez si ces groupes de phrases sont reliés par une progression linéaire, à thème constant ou à thèmes dérivés.

1. Notre professeur d'anglais nous a donné un contrôle lundi. Il nous le rendra jeudi. - **2.** Fabien s'est cassé un bras en faisant du roller. Cependant cet accident n'a pas découragé ce casse-cou. Il a hâte en effet de pouvoir reprendre l'entraînement. - **3.** Les élèves ont monté *Cyrano de Bergerac*. La pièce a été chaleureusement applaudie. - **4.** Le visage de l'inconnu était inquiétant. Ses yeux étroits laissaient filtrer un regard indéchiffrable. Sa bouche se tordait en un rictus qui ne pouvait passer pour un sourire. Une barbe hirsute masquait ses joues.

Comprendre les textes

4 Lisez ce texte.

La mère de Jacques rentrait tard le soir et se contentait de regarder et d'écouter ce qui se disait, dépassée par la vitalité de la grand-mère et lui abandonnant tout. C'est ainsi que Jacques, pendant toute sa vie d'enfant, devait porter des imperméables trop longs car la grand-mère les achetait pour qu'ils durent et comptait sur la nature pour que la taille de l'enfant rattrape celle du vêtement. Mais Jacques grandissait lentement et ne se décida vraiment à pousser que sur ses quinze ans, et le vêtement était usé avant d'être ajusté. On en rachetait un autre selon les mêmes principes d'économie, et Jacques, dont les camarades moquaient l'accoutrement, n'avait plus que la ressource de faire bouffer ses imperméables à la ceinture pour rendre original ce qui était ridicule. Au reste, **ces courtes hontes** étaient vite oubliées en classe, où Jacques reprenait l'avantage, et dans la cour de récréation, où le football était son royaume. [Mais **ce royaume** était interdit.] Car la cour était cimentée et les semelles s'y usaient avec une telle rapidité que la grand-mère avait interdit à Jacques de jouer au football pendant les récréations.

Albert Camus, *Le Premier Homme*, © Gallimard, 1994.

a. Quel rôle les mots soulignés jouent-ils dans les phrases qui les contiennent ?

b. Par quel type de progression thématique, la phrase entre crochets est-elle reliée à la précédente ?

c. Relevez les désignations de Jacques et de l'imperméable. À quels procédés de reprise correspondent les GN en gras ? Que reprennent-ils ? Que nous apprennent ces GN sur l'univers de l'enfant ?

5 Lisez ce texte.

(Après une dernière représentation, un vieux marionnettiste, dont le petit-fils a disparu, fait des adieux émouvants aux villageois.)

Quand il fut tout à fait debout, on entendit quelqu'un qui sanglotait en l'air dans le feuillage.

Cela venait des branches basses de l'ormeau. Toutes les têtes se levèrent. [Alors on découvrit Gatzo. Il pleurait, à cheval sur une branche. Il pleurait avec une sorte de fureur contre lui-même. Il avait honte de pleurer sur ces trois cents têtes sensées, ébahies de le voir là-haut ruisselant de larmes. Mais il pleurait, quoiqu'il en eût] ; et d'en bas, son grand-père Savinien, pétrifié par l'émotion, le regardait d'un air inexpressif, tant il lui paraissait inexplicable que l'enfant perdu lui tombât du ciel.

– Descends, petit, criaient les femmes. On te donnera du vin cuit.

Le grand-père ne disait rien ; l'émotion lui avait coupé la parole. Il regardait toujours son petit-fils dont les jambes pendaient au milieu du feuillage.

Henri Bosco, *L'Enfant et la rivière*, © Gallimard, 1953.

a. Quels connecteurs sont utilisés dans le 2ᵉ paragraphe ? Relient-ils des phrases ou des propositions ?

b. Selon quelles sortes de progressions thématiques s'enchaînent les phrases entre crochets ? Sur quel personnage l'accent est-il ainsi mis ?

c. Quelle est la classe grammaticale de *Cela*, au début du 2ᵉ paragraphe ? Quel rôle ce mot joue-t-il ?

d. Relevez toutes les désignations de l'enfant. Classez-les en reprises nominales et pronominales. Lesquelles sont exprimées selon le point de vue du grand-père ?

S'exprimer à l'écrit et à l'oral

6 Utilisez les connecteurs suivants pour relier deux phrases ou deux propositions.

Auparavant • en revanche • d'autre part • dans cette hypothèse • de surcroît • en conséquence • néanmoins.

7 Récrivez ces phrases en utilisant un substitut lexical ou pronominal, de façon à éviter les répétitions.

1. Nous n'avons pas vu François depuis longtemps. On dit que François vit désormais à l'étranger. - **2.** Nos voisins ont un nouveau chien, mais le chien aboie toute la journée. - **3.** L'été est vraiment le moment de l'année que je préfère. L'été est pour moi synonyme de vacances et donc de liberté. - **4.** Je fais équipe avec un nouveau partenaire, le nom de ce nouveau partenaire est Éric.

8 Ajoutez deux phrases à chacune de celles qui vous sont proposées. Enchaînez les phrases selon la progression thématique indiquée.

1. Un château fort en ruine se dressait sur la colline. (à thème constant) - **2.** L'équipage réfugié sur les canots de sauvetage regardait le bateau s'enfoncer inexorablement dans les flots. (linéaire) - **3.** La pièce où ils entrèrent était chaleureuse. (à thèmes dérivés)

9 Oral. Un élève propose une phrase simple. Un autre élève la répète en la faisant suivre d'une autre phrase selon une progression à thème constant. On recommence l'exercice avec une progression linéaire.

14. La combinaison des temps dans le récit

(Mirko est un orphelin de quatorze ans, lent, sans aucun don pour les études. Un soir il assiste à une partie d'échecs entre le curé qui l'a recueilli et le maréchal des logis.)

Un soir d'hiver, tandis que les deux partenaires étaient plongés dans leur jeu, on entendit tinter, toujours plus près, les clochettes d'un traîneau qui glissait à fond de train dans la rue. Un paysan, la casquette blanche de neige, entra précipitamment et pria le prêtre de venir administrer l'extrême-onction à sa vieille mère qui se mourait. Le curé le suivit sans tarder. Le maréchal des logis, qui n'**avait** pas encore **vidé** son verre de bière, ralluma sa pipe et se mit en devoir de renfiler ses lourdes bottes pour s'en aller. Il s'aperçut tout à coup que le regard de Mirko restait obstinément fixé sur la partie commencée.

« Eh bien ! veux-tu la finir ? » dit-il en plaisantant, car il était persuadé que le jeune endormi ne **saurait** pas déplacer un pion correctement sur l'échiquier.

Le garçon leva timidement la tête, fit signe que oui, et s'assit à la place du curé. En quatorze coups, voilà le maréchal des logis battu et obligé de reconnaître qu'il ne devait pas sa défaite à une négligence de sa part. La seconde partie tourna de même.

Stefan ZWEIG, *Le Joueur d'échecs*, 1942,

Lubin BAUGIN (1612/1613-1663), *Nature morte à l'échiquier*. Musée du Louvre, Paris.

1. **Quels sont les deux temps utilisés dans la première phrase ? Lequel présente la situation en cours au moment où se produit un événement ? Lequel exprime cet événement ?**

2. **Des deux verbes en gras, lequel exprime un fait antérieur à celui du verbe de la principale ? Lequel exprime un fait postérieur ? À quels temps sont-ils ?**

3. **Relisez le texte en mettant le premier verbe au présent et en faisant les modifications nécessaires. Quels changements constatez-vous alors dans l'emploi des temps suivants ?**

Leçon

1. Les temps dans les narrations au passé

1. Les faits de premier plan

- Le **passé simple** traduit les **faits de premier plan** (ch. 16), ceux qui font avancer l'action. Il exprime des événements qui se sont produits à un **moment précis** du passé et insiste sur leur **succession**.

  Le garçon leva timidement la tête, fit signe que oui, et s'assit.

  Souvent les faits au passé simple se produisent tout à coup, au moment où une situation est en cours.

  *Tandis que les deux partenaires jouaient, on **entendit** des clochettes.*

  Le passé simple est utilisé, comme temps dominant, dans les récits traditionnels, écrits dans une **langue soutenue**. Les faits évoqués paraissent lointains et totalement détachés de la situation d'énonciation.

- Le **passé composé** est, lui aussi, le temps des **faits de premier plan**. Il s'emploie à l'oral et, à l'écrit, dans les dialogues intégrés aux récits. Mais on le trouve également dans des textes narratifs.

  Le garçon a levé timidement la tête, a fait signe que oui, et s'est assis.

  Dans ce type de récit, les faits évoqués au passé composé sont passés mais paraissent reliés à la situation d'énonciation. Ils semblent donc plus proches du narrateur, mais aussi du lecteur.

2. Les faits de second plan

- L'**imparfait** est utilisé pour les **faits de second plan** (ch. 16) dans les narrations et les descriptions dans le passé.

- Il est le temps
  – du **décor**, de la toile de fond sur laquelle se produisent les faits de premier plan au passé simple ou au passé composé ; il permet ainsi de rendre l'atmosphère d'une scène :

  *Il **neigeait** et le vent **soufflait** en rafales.*

  – des faits **en train de se dérouler** au moment où surviennent des faits au passé simple :

  *Tandis que les deux partenaires **jouaient**, on entendit des clochettes.*

  – des faits **habituels** :

  *Le soir, les deux hommes **jouaient** aux échecs.*

3. Les faits antérieurs

Pour exprimer des **faits antérieurs** à d'autres faits au passé simple, au passé composé ou à l'imparfait, on emploie des temps composés comme
– le **plus-que-parfait** :

*Le maréchal des logis, qui n'**avait** pas **vidé** son verre, ralluma sa pipe.*

– le **passé antérieur**, dans des propositions subordonnées compléments circonstanciels de temps, pour des faits antérieurs à des faits au passé simple :

*Quand ils **eurent fini** la partie, le garçon leva enfin la tête.*

4. Les faits postérieurs

- Pour exprimer des faits postérieurs à d'autres faits passés, on emploie le **futur du passé** (conditionnel présent).

*Il était persuadé que Mirko ne **saurait** pas jouer aux échecs.*

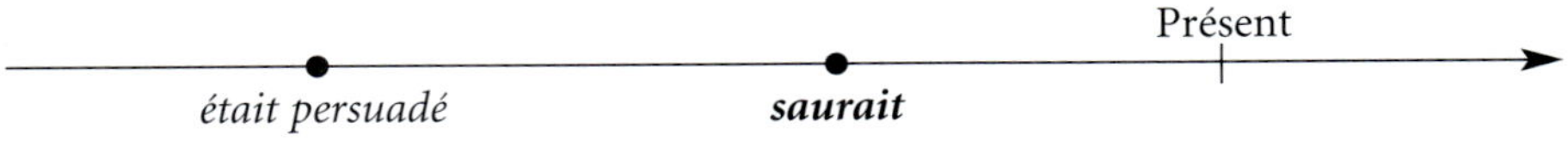

- Si le **fait postérieur** est lui-même **antérieur** à un autre fait, on emploie le **futur antérieur du passé** (conditionnel passé).

*Il ne devinait pas que Mirko **aurait gagné** la partie quand il partirait.*

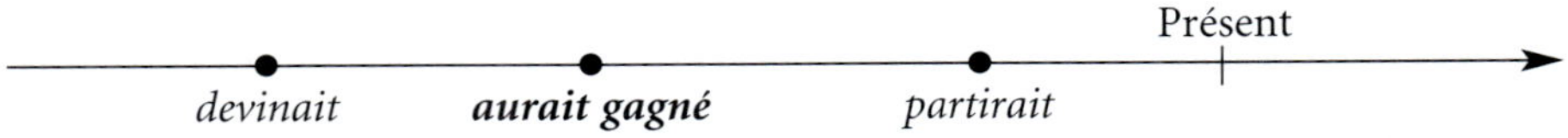

2. Les temps dans les narrations au présent

- Il arrive qu'une narration soit faite au présent, alors que les faits rapportés se situent dans le passé.

Un soir d'hiver, tandis que les deux partenaires sont plongés dans leur jeu, on entend tinter les clochettes d'un traîneau qui glisse à fond de train.

Au présent, les événements semblent se produire au moment où on les raconte. Le lecteur a l'impression de vivre l'histoire « en direct ».

- Dans ce type de narration, le présent exprime aussi bien les faits de **premier plan** que les faits de **second plan**.

*Il **s'aperçoit** tout à coup que le regard de Mirko **reste** fixé sur la partie.*

- Les faits **antérieurs** sont au passé composé.

*Il ignore que le garçon **a appris** les règles du jeu.*

Les faits **postérieurs** sont au futur et au futur antérieur.

*Il ne devine pas que Mirko **aura gagné** la partie quand il **partira**.*

- Le présent de narration, ou présent historique, peut être associé au passé simple, pour donner plus de vie au récit.

*Ils étaient plongés dans leur jeu. Tout à coup des clochettes **retentissent**.*

FAISONS LE POINT

	narrations au passé	narrations au présent
➤ **Faits de premier plan**	**passé simple** *Un soir un traîneau arriva.* **passé composé** *Un soir un traîneau est arrivé.*	**présent** *Un soir un traîneau arrive.*
➤ **Faits de second plan, faits habituels, description**	**imparfait** *Ils jouaient aux échecs.*	**présent** *Ils jouent aux échecs.*
➤ **Faits antérieurs au moment de l'histoire**	**plus-que-parfait** *Ils n'avaient pas fini la partie.* **passé antérieur** *Quand ils eurent fini la partie…*	**passé composé** *Ils n'ont pas fini la partie.*
➤ **Faits postérieurs au moment de l'histoire**	**futur du passé et futur antérieur du passé** *Il ignorait qu'il aurait gagné la partie quand il partirait.*	**futur et futur antérieur** *Il ignore qu'il aura gagné la partie quand il partira.*

Exercices

Appliquer la leçon

1 Complétez ces phrases en mettant les verbes entre parenthèses au temps qui convient.

1. Narration au passé simple : Anne n'en (*finir*) pas de disposer sur la table de la terrasse les gâteaux et les boissons qu'elle (*préparer*) pour ses amis. Elle (*espérer*) qu'elle (*terminer*) ses préparatifs avant leur arrivée. Mais un coup de sonnette la (*faire*) sursauter.

2. Narration au passé composé : Un incident que personne ne (*prévoir*) (*se produire*) pendant le déroulement du festival. La présence d'esprit des organisateurs (*permettre*) d'éviter le pire et le public ne (*s'apercevoir*) de rien.

3. Narration au présent : Ce jour-là, Manon (*devoir*) faire un exposé devant ses camarades. Bien sûr, elle (*répéter*) le texte chez elle plusieurs fois, elle (*classer*) soigneusement les documents qu'elle (*présenter*) à ses camarades, malgré tout, elle (*se sentir*) nerveuse. La suite lui (*démontrer*) qu'elle (*avoir*) tort de douter d'elle.

4. Narration au passé simple : La séance de cinéma (*se dérouler*) dans une atmosphère de fête. La salle (*hurler*) de rire à chaque réplique des acteurs. Seul un spectateur (*regarder*) l'écran avec consternation. Excédé, il (*finir*) par se lever et (*quitter*) la salle en soupirant. Quand il (*sortir*), il (*faire*) le serment qu'il ne (*revoir*) plus jamais de film de ce réalisateur.

2 Écrivez trois fois ce texte en prenant comme temps dominant : a. le présent (temps du texte d'origine), b. le passé simple, c. le passé composé. Il y a parfois deux possibilités. Attention à l'accord du participe passé.

(1792. Julie et sa mère, deux aristocrates, tentent d'échapper aux révolutionnaires.)

Enfin, elles (*franchir*) la porte de Privas derrière une charrette de foin. C'(*être*) le jour de marché et elles (*se mêler*) à la foule qui (*déambuler*) dans les rues étroites. La joie leur (*rosir*) les pommettes. Elles (*être*) enfin chez elles, dans leur Vivarais.

Julie (*être*) impatiente de revoir sa grand-mère. Elle (*acheter*) deux places dans la voiture qui (*circuler*) une fois par semaine entre le chef-lieu et les villages de montagne. Sa mère et elle (*s'asseoir*) parmi les paysans en s'efforçant de ne pas attirer l'attention. Un homme les (*dévisager*). Julie (*baisser*) les yeux, sa mère (*tourner*) résolument la tête vers la portière. L'homme n'en (*continuer*) pas moins à les fixer.

Anne-Marie Desplat-Duc, *Les Exilés de l'An II*,
© Hachette, 1996.

Comprendre les textes

3 Lisez ce texte.

(Après un tremblement de terre, Simm participe aux travaux de dégagement pour sauver Jeph, un jeune homme prisonnier des décombres.)

La veille, Jeph, à plusieurs reprises, avait manifesté de l'impatience, de la lassitude, et même de l'hostilité. Simm, l'imagina, collé contre la paroi, replié comme un fœtus. Cette pensée le dévora jusqu'à l'os, le sentiment de son impuissance l'accabla. Toutes ces heures lui paraissaient à présent inutiles, chaque morceau du paysage était criblé de mort. Les jambes, les bras de Simm s'ankylosaient, il se sentit incapable de retrouver la parole, de porter le moindre secours.

Le vieil homme crispa tous ses muscles, déploya un effort considérable pour s'arracher et se remettre debout.

Enfin debout, il pensa à la mer.

Simm chausse en vitesse ses bottines qu'il a ôtées pour dormir. Il laisse sur le sol sa veste, roulée en boule, qui lui a servi d'oreiller, et se met en marche, quittant le terre-plein.

D'un pas décidé, il se dirige vers le sentier qui pique vers le rivage. En moins d'une heure, il débouchera sur une petite anse, presque toujours déserte, qu'il connaît bien.

Andrée Chédid, *L'Autre*, © Flammarion, 1969.

a. Quel temps dominant est utilisé dans les trois premiers paragraphes ? Quels sont les autres temps utilisés ? Pourquoi ?

b. Quel est le temps dominant dans les deux derniers paragraphes ? Expliquez ce changement de temps. Quels sont les deux autres temps utilisés ? Comment situent-ils les faits par rapport à ce temps dominant ?

4 Lisez ce texte.

Sachez d'abord que – il y a une soixantaine d'années – ma grand-mère se rendait fréquemment à Paris où elle faisait fureur. Le bon peuple se pressait pour voir la *Vénus moscovite*. Richelieu soupirait après elle et grand-mère prétend que devant ses cruautés il a failli se brûler la cervelle.

En ce temps-là, les dames pratiquaient le pharaon[1]. Un jour, à la Cour, jouant contre le duc d'Orléans, elle perdit sur parole une somme énorme. Rentrée à la maison, grand-mère, tout en décollant ses mouches[2] et en dégrafant ses paniers[3], annonça la chose à grand-père et lui intima l'ordre de payer.

Autant que je m'en souvienne, feu mon grand-père était auprès d'elle une manière d'intendant. Elle lui inspirait une peur bleue. Mais devant l'énormité de l'affaire, il sortit de ses gonds, apporta ses livres, lui rappela qu'ils avaient dépensé un demi-million en six mois, qu'ils ne disposaient pas, aux environs de Paris, de domaines comme à Moscou ou à Saratov et refusa tout net de payer. Grand-mère le gratifia d'un soufflet et se mit au lit seule en signe de disgrâce.

Le lendemain, elle le convoqua, espérant que ce châtiment conjugal **aurait produit** son effet, mais son mari se montra inflexible.

Pouchkine, *La Dame de pique*, traduit par Dimitri Sesemann, © Librairie Générale Française, 1989.

1. **Pharaon :** jeu de cartes très en vogue au XVIIIe siècle. - 2. **Mouches :** petits morceaux de taffetas que les femmes plaçaient sur leur peau pour faire ressortir la blancheur de leur teint. - 3. **Paniers :** jupons en partie rigides que les femmes portaient pour faire gonfler leur jupe.

a. Dans le premier paragraphe, relevez les indices qui rattachent celui-ci à un énoncé ancré dans la situation d'énonciation. Quels sont donc les temps utilisés ?

b. Quel connecteur vous permet de comprendre que l'on passe à un énoncé coupé de la situation d'énonciation ? Relevez d'autres connecteurs de temps propres au récit dans le passé ?

c. Quel est désormais le temps dominant ? À quel temps est le verbe en gras ? Comment se justifie-t-il ?

5 Lisez ce texte.

(Les habitants de la Digue sont intrigués par l'arrivée d'inconnus au comportement étrange.)

C'est un peu plus tard qu'on a compris, quand on a su que c'étaient des messieurs et des étudiants du gouvernement qui venaient pour tout transporter, la ville et les gens, dans un autre endroit. Le gouvernement avait décidé que la Digue ne devait plus exister, parce que c'était trop près de la route et de la piste des avions, ou peut-être parce qu'ils avaient besoin des terrains pour construire des immeubles et des bureaux. On l'a su parce qu'ils ont distribué des papiers à toutes les familles pour dire que tout le monde devait s'en aller, et que la ville devait être rasée par les machines et les camions. Les étudiants du gouvernement ont alors montré aux hommes des dessins qui représentaient la nouvelle ville qu'on allait construire, en haut de la rivière. C'étaient des dessins bien bizarres aussi, avec des maisons qui ne ressemblaient à rien de ce qu'on connaissait, de grandes maisons plates avec des fenêtres toutes pareilles comme des trous de brique. […]

Quand le gouvernement a décidé qu'on détruirait la Digue, et que personne ne pourrait rester, il fallait l'accord du responsable. Mais il n'y avait pas de responsable à la Digue ; les gens avaient toujours vécu comme cela, sans responsable, parce que personne n'en avait eu besoin jusqu'alors.

J.M.G. Le Clézio, « Hazaran », in *Mondo et autres histoires* © Gallimard, 1978.

a. **Quel est le temps le plus utilisé dans ce récit ?**

b. **Quels sont les différents temps utilisés dans le dernier paragraphe ? Comment se justifie leur emploi ?**

c. **Le récit est fait selon le point de vue d'une fillette. En quoi l'emploi du temps dominant est-il en harmonie avec le choix de ce point de vue ? Relevez d'autres indices qui confirment que le récit est fait selon le point de vue d'un enfant.**

6 **Lisez ce texte.**

(En Kabylie, avril 1871. Deux hommes sont partis chasser des autruches. L'un d'eux poursuit un animal qui tombe épuisé.)

L'oiseau cligne frénétiquement des yeux, tentant de se débarrasser de la mort comme d'un moustique importun.

L'enthousiasme du chasseur est retombé. Cette créature qui essaie désespérément de ne pas sombrer dans le néant devient bien trop humaine pour lui. Les halètements de la boule de plumes ressemblent à des gémissements de bébé trop épuisé pour vagir. L'homme a honte de sa lâcheté, il sait qu'il ne pressera pas sur la détente. […]

Il éperonne son cheval qui résiste, surpris : le pur-sang, pourtant mangeur d'herbe, a pris goût à la traque ; il ne comprend pas qu'elle s'achève sans mise à mort. Le cavalier tire méchamment sur le mors et lance sa monture sur le chemin du retour. Quand il atteint la crête, il aperçoit le nuage soulevé par le cheval de Hassan. Il va falloir subir ses railleries : c'est lui qui a repéré les autruches et il ne cachera pas sa fureur de voir son cousin revenir les mains vides !

Anouar Benmalek, *L'Enfant du peuple ancien*, © Fayard, 2000.

a. **Les faits racontés se déroulent-ils au moment même de l'énonciation ?**

b. **À quel temps dominant est fait ce récit ?**

c. **Quels sont les deux autres temps de l'indicatif utilisés ? Comment les actions qu'ils expriment se situent-elles dans le temps par rapport aux autres faits ?**

S'exprimer à l'écrit et à l'oral

7 **Racontez au présent un épisode de votre petite enfance. Puis récrivez-le à la troisième personne et au passé simple.**

8 **Imaginez une suite au texte de l'exercice 5 en respectant le temps dominant.**

9 **Racontez dans quelles circonstances se sont rencontrés deux amis qui ne s'étaient pas vus depuis longtemps. Utilisez le passé simple, comme temps dominant, pour cette partie. Un dialogue s'engage et l'un des deux amis fait à l'autre le récit de sa vie. Il emploie alors le passé composé.**

10 **Oral.** **Vous cherchez un fait divers dans un journal. Vous racontez ce qui s'est passé à vos camarades, en utilisant le présent, comme temps dominant. Quand vous avez fini, un autre prend votre place pour faire le même récit au passé simple. Enfin un troisième vient raconter la même histoire au passé composé.**

11 **Observez cette image.**

Bâtissez un récit autour de la scène représentée par cette image. Vous imaginerez un début et une fin. Utilisez le passé simple comme temps dominant. Employez aussi à bon escient d'autres temps du passé.

Francisco de Goya (1746-1828), *Jeunes garçons grimpant à l'arbre*. Musée du Prado, Madrid.

15. Les valeurs du présent

Liberté vaut mieux que bonne chère

(Un jour, un cheval demanda à un homme de l'aider à attraper un cerf.)

Illustration de la fable par GRANDVILLE (1803-1847).

L'homme lui mit un frein, lui sauta sur le dos,
Ne lui donna point de repos
Que le cerf ne fût pris, et n'y laissât la vie ;
Et cela fait, le cheval remercie
L'homme son bienfaiteur, disant : « Je suis à vous,
Adieu : je m'en retourne en mon séjour sauvage.
– Non pas cela, dit l'homme ; il fait meilleur chez nous,
Je vois trop quel est votre usage.
Demeurez donc ; vous serez bien traité,
Et jusqu'au ventre en la litière. »

Hélas ! que sert la bonne chère
Quand on n'a pas la liberté ?

LA FONTAINE, *Le Cheval s'étant voulu venger du Cerf*, *Fables*, livre IV, 13 (extrait), 1668-1693.

1. Relevez un présent qui se trouve dans un passage narratif au passé.

2. Quels verbes au présent expriment des faits qui se passent au moment où ils sont exprimés ? Lesquels expriment des faits valables de tout temps ?

Leçon

1. Les valeurs temporelles du présent

1. Le présent d'actualité ou présent d'énonciation

- Le présent d'actualité ou présent d'énonciation permet à un énonciateur de présenter des faits qui se déroulent ou sont valables **au moment même où il les exprime**.

En ce moment nous lisons une fable de La Fontaine.

- On rencontre ce présent
– dans les dialogues : *Le cheval dit : « Adieu, je **m'en retourne**. »*
– dans les textes autobiographiques, pour exprimer ce que fait ou ce que pense l'auteur-narrateur au moment où il écrit, par opposition aux souvenirs évoqués à des temps du passé :

*Je **désire** raconter maintenant un événement qui changea ma vie.*

2. Le futur ou le passé proche

Le présent peut exprimer, dans les dialogues
– un **futur proche** : *Êtes-vous bientôt en vacances ?*
– un **passé proche** : *Il sort à l'instant.*

2. Les valeurs d'aspect du présent

1. Les faits de premier plan

- Le présent peut exprimer des actions **ponctuelles** : il est donc le temps des faits de premier plan dans les **dialogues** et dans les **narrations au présent**.
Il est l'équivalent du **passé simple** dans les narrations au passé.

*Un jour, un cheval **demande** de l'aide à un homme.*

Quand un texte narratif est au présent, les faits rapportés semblent se produire au moment où on les raconte. On a l'impression de **participer à l'histoire**.

- Des faits au présent peuvent intervenir au milieu d'une narration au passé. Ils prennent ainsi plus de relief. C'est ce qu'on appelle le **présent de narration** ou **présent historique**.

*L'homme lui mit un frein, lui sauta sur le dos... Le cheval le **remercie**.*

2. Les faits de second plan

- Le présent est également le temps des faits de second plan, par son aspect
– **répétitif** : *Quand le cheval **voit** son maître il **hennit**.*
– **duratif** : *Il **élève** des chevaux.*

- Ces emplois en font donc le temps de la **description**.

*Le cheval **a** une longue crinière brune.*

Lorsqu'il exprime des faits de second plan, le présent correspond alors à l'**imparfait** dans les textes au passé.

3. Le présent de vérité générale

Le présent peut exprimer des faits **valables de tout temps**. C'est le présent de vérité générale.

*Le cheval **est** un mammifère de la famille des équidés.*

Pour cette raison, le présent est le temps des **textes scientifiques**, des **proverbes**.

3. Les valeurs modales du présent

- Le présent peut exprimer une **hypothèse**. On le rencontre dans des subordonnées de condition introduites par ***si***.

*Si le cheval **accepte** l'offre de l'homme, il deviendra son esclave.*

Cet emploi figure fréquemment dans les **arguments**.

*Si tu **viens** avec moi, tu seras bien traité.*

- Le présent peut également exprimer un **ordre**.

*Tu **apprends** cette fable par cœur.*

Exercices

1 Dans ces phrases, relevez chaque verbe au présent et expliquez pourquoi ce temps a été utilisé.

1. Les souvenirs qui prennent forme sous ma plume concernent des événements qui marquèrent ma petite enfance. - **2.** Si notre équipe remporte ce tournoi, nous serons champions de France. - **3.** Cours pour le rattraper, il sort à l'instant. - **4.** Mon stage se termine vendredi. - **5.** J'ai beau écarquiller les yeux, je ne vois pas ce que tu me montres. - **6.** Si vous achetez cette voiture maintenant, nous vous ferons une remise. - **7.** Tu finis ton travail avant ce soir ! - **8.** J'y pense depuis hier.

2 Quelle est la valeur du présent dans chacune de ces phrases ?

1. En Laponie, l'hiver, le soleil ne se lève pas. - **2.** Elle téléphone tous les jours à ses amies. - **3.** Le 26 décembre 1999, une tempête ravage les forêts françaises. - **4.** L'allée est bordée de platanes qui diffusent la lumière du soleil. - **5.** Le granit est une roche dure qui est formée de cristaux variés. - **6.** Pendant ses trajets matinaux en bus, il lit le journal. - **7.** La brume estompe les détails du paysage qui prend un aspect irréel. - **8.** Ils s'enfoncèrent prudemment dans la forêt et marchèrent en silence. Un terrible craquement les fait soudain sursauter.

3 Lisez ce texte.

(Enfant, l'auteur a été victime d'une injustice.)

Je sens en écrivant ceci que mon pouls s'élève encore ; ces moments me seront toujours présents, quand je vivrais cent mille ans. Ce premier sentiment de la violence et de l'injustice est resté si profondément gravé dans mon âme, que toutes les idées qui s'y rapportent me rendent ma première émotion ; et ce sentiment, relatif à moi dans son origine, a pris une telle consistance en lui-même, et s'est tellement détaché de tout intérêt personnel, que mon cœur s'enflamme au spectacle ou au récit de toute action injuste, quel qu'en soit l'objet et en quelque lieu qu'elle se commette, comme si l'effet en retombait sur moi.

Jean-Jacques ROUSSEAU, *Confessions*, 1767-1770.

a. **Relevez les verbes au présent et classez-les selon qu'ils ont un aspect répétitif ou qu'ils sont des présents d'énonciation. Dans ce dernier cas, relevez l'indice d'énonciation qui met sur la voie.**

b. **À quel genre littéraire ce texte appartient-il ? Quel emploi du présent relevé ci-dessus vous le prouve ?**

4 Lisez ce texte.

Une petite troupe monte au Fort Suter conduite par un vieux Mexicain. Trois jeunes gens et une jeune fille à cheval escortent une litière portée par deux mulets.

Ce voyage a épuisé Anna Suter. Son tremblement ne s'arrête pas. Elle grelotte de froid.

L'œil est vitreux.

– Oui, madame, le maître est à son Ermitage. C'est un beau domaine qu'il a sur la rivière Plume, un beau domaine. Il est dans ses vignobles. Vous prendrez par les traverses, je vais vous donner un guide sûr qui vous y mènera par les sentiers de la montagne et vous éviterez tous ces gueux qui sont maintenant chez nous. Ma femme vous conduira, c'est une Indienne, elle connaît tout le pays.

Blaise CENDRARS, *L'Or*, © Denoël, 1960.

a. **Quels sont les deux types d'énoncés représentés dans ce passage ? À quoi correspond l'emploi du présent dans le premier type d'énoncé utilisé ? Qu'apporte aux événements racontés l'emploi de ce temps ?**

b. **Dans la réplique du Mexicain, quels verbes sont au présent d'énonciation ? Lesquels ont une valeur plus générale ?**

5 Lisez ce texte.

De quoi parlions-nous ? De choses qui n'ont plus aujourd'hui la moindre importance. J'essaye de revivre ce moment mais je n'entends plus que ce que me dit Magdebourg. Je n'entends plus ma propre voix. La silhouette distinguée de Beauchamp, qui était revenu hanter notre conversation s'estompe sous la pluie. [...]

Pendant que je parlais à Magdebourg, je devais quand même jeter un regard distrait à droite, vers la petite. Mais c'était comme si je ne la voyais pas. Et puis, en vingt ans, cette image s'est imposée à moi et brouille maintenant par son éclat tout ce qui l'entourait. Je suis seul, assis à l'avant de ce car, la nuit, avenue Junot. Je me retourne. La petite est allongée sur la banquette de droite et dort avec sa corbeille de fruits confits. Je la vois si bien, ses cheveux châtain clair contre le cuir rouge...

Patrick MODIANO, *Vestiaire de l'enfance*, © Gallimard, 1989.

a. **Relevez les indices qui prouvent que ce texte est écrit comme un récit autobiographique. Quel emploi du présent est associé à ce genre de texte ? Relevez les verbes concernés.**

b. **À partir d'où le narrateur évoque-t-il un souvenir précis du passé ? Quel temps utilise-t-il ? Pourquoi, selon vous, le choisit-il ?**

6 **Lisez ce texte.**

Chaque matin, Lalla traverse la Cité. Elle va chercher les seaux d'eau à la fontaine. Tandis qu'elle marche, elle écoute la musique de tous les postes de radio qui se continue d'une maison à l'autre, toujours la même interminable chanson égyptienne qui va et vient à travers les ruelles de la Cité. Lalla aime bien entendre cette musique, qui geint et racle en cadence, mêlée au bruit des pas des filles, et au bruit de l'eau de la fontaine, elle attend son tour, en balançant son seau de zinc à bout de bras. Elle regarde les filles ; certaines sont noires comme des négresses, comme Ikirk, d'autres sont très blanches, avec des yeux verts, comme Mariem. Il y a des vieilles femmes voilées qui viennent chercher l'eau dans une marmite noire, et qui partent vite, en silence.

La fontaine, c'est un robinet en laiton en haut d'un long tuyau de plomb, qui vibre et gronde chaque fois qu'on l'ouvre et qu'on le ferme.

J. M. G. Le Clézio, *Désert*, © Gallimard, 1980.

a. **Si ce texte était écrit au passé, quel serait le temps le plus utilisé ? Pourquoi ?**

b. **Quels verbes pourraient éventuellement rester au présent ? Pourquoi ?**

c. **Quel est l'autre emploi du présent ? Citez le texte.**

7 **Lisez ce texte.**

Une histoire entre toutes me frappa. Je me rappelle encore son titre : « Du vent dans les arbres ». Un soir d'été, une malade, seule au premier étage d'une maison de campagne, se tourne et se retourne dans son lit ; par la fenêtre ouverte, un marronnier pousse ses branches dans la chambre. Au rez-de-chaussée plusieurs personnes sont réunies, elles causent et regardent la nuit tomber sur le jardin. Tout à coup quelqu'un montre le marronnier : « Tiens, tiens ! Mais il y a donc du vent ? » On s'étonne, on sort sur le perron : pas un souffle ; pourtant le feuillage s'agite. À cet instant, un cri ! le mari de la malade se jette dans l'escalier et trouve sa jeune épouse dressée sur le lit, qui désigne l'arbre du doigt et tombe morte ; le marronnier a retrouvé sa stupeur coutumière.

Jean-Paul Sartre, *Les Mots*, © Gallimard, 1964.

a. **À quels temps sont les deux premiers verbes du texte ? Pourquoi ? Des deux premières phrases et de leurs temps, déduisez quel est le genre littéraire de ce texte.**

b. **À quel type de texte la suite de cet extrait appartient-elle ? Quel est le temps utilisé ? Pourquoi le narrateur a-t-il fait ce choix ?**

c. **Relevez une réplique de dialogue. Quel est le temps de son verbe ? Quelle est la valeur de ce temps ?**

8 **Lisez ce texte.**

C'est le savant Démocrite, au temps de la Grèce antique, qui inventa le mot atome pour nommer la plus petite particule qui compose les corps naturels. Vingt-trois siècles plus tard, le physicien viennois Loschmidt décrit la taille très faible de l'atome en imaginant qu'il faudrait en empiler un million les uns sur les autres pour atteindre l'épaisseur d'un fil d'araignée. Ampère, à la même époque, lui donne raison en calculant qu'un gramme d'hydrogène contient quelques 600 000 milliards de milliards d'atomes. C'est dire à quel point les atomes sont minuscules.

Ressemblant à des systèmes solaires miniaturisés, les atomes sont constitués d'un noyau qui contient des protons et des neutrons (à l'exception de l'hydrogène qui ne possède qu'un seul proton et aucun neutron). Autour de ce noyau tournent des électrons, à la manière des planètes gravitant autour du Soleil.

Alain Grée, *Le Nucléaire*, © EDF, 1999, Direction de la Communication.

a. **Quel est l'objectif de chacun de ces deux paragraphes ? Quel est donc le type de texte de chacun d'eux ?**

b. **Quelles sont les différentes valeurs du présent dans ce texte ? Montrez que les emplois de ce temps sont en relation avec les objectifs recherchés.**

9 **Vous décidez d'écrire vos mémoires. Commencez ce récit autobiographique, en utilisant des présents d'énonciation, mêlés à des verbes au passé qui traduisent l'évocation de souvenirs. Puis, racontez avec précision un épisode qui vous a marqué. Vous commencez le récit au passé et vous le continuez au présent de narration pour donner du relief à certains événements.**

16. Les valeurs de l'imparfait et du passé simple

– Veuillez passer au salon, fit le domestique en réapparaissant devant moi et en ramassant son assiette[1].

Je rectifiai rapidement ma tenue et passai au « salon ».

J'étais dans une petite pièce pas très propre, meublée pauvrement et à la hâte. Une femme, âgée d'une cinquantaine d'années, nu-tête, se tenait assise dans un fauteuil aux bras cassés, près de la fenêtre. Elle portait une vieille robe de couleur verte et un fichu bariolé, en poil de chameau, autour du cou. Elle me dévorait littéralement de ses petits yeux noirs.

Je m'approchai d'elle et la saluai.

Yvan Tourgueniev, *Premier Amour*, 1860,
traduit du russe par Michel Rotislav Hofmann,
© Édito-Service, Genève, 1969.

1. Auparavant, le domestique avait déposé une assiette par terre.

Ivan Petrovich Volski (1817-1868),
Salon russe. Coll. particulière.

1. **Relevez tous les verbes conjugués à l'imparfait et au passé simple.**

2. **Dans quelles phrases, les verbes indiquent-ils des actions qui se succèdent dans le passé ? À quel temps sont-ils ?**

3. **Quels verbes sont utilisés pour l'évocation du décor ou pour la description d'un personnage ? À quel temps sont-ils ?**

Leçon

1. L'imparfait

1. Valeur temporelle

L'imparfait a généralement une **valeur temporelle**, il situe les faits dans le passé.

À cette époque, le héros de l'histoire ***avait*** *seize ans.*

2. Valeur d'aspect

À l'emploi temporel s'ajoute une **valeur d'aspect**. L'imparfait exprime des faits **non accomplis**, c'est-à-dire présentés **en cours d'accomplissement**, sans qu'on se préoccupe de leur commencement ni de leur fin.

Elle me ***dévorait*** *littéralement de ses petits yeux noirs.*

Cette valeur en fait le temps

– des **faits de second plan** (ch. 14) qui servent de toile de fond à l'action :

*J'****étais*** *dans une petite pièce pas très propre, meublée pauvrement.*

– des **faits répétés** ou **habituels** dans le passé :

*En présence d'un inconnu, je **me sentais** toujours intimidé.*

– de la **description** dans le passé :

*Elle **portait** une vieille robe de couleur verte et un fichu bariolé.*

3. Valeur modale

L'imparfait peut avoir aussi une **valeur modale.** Il ne situe plus les faits dans le passé, mais exprime un fait **soumis à une condition.**
Dans certaines propositions indépendantes ou principales, il est l'équivalent d'un conditionnel.

Un mot de plus, et il rentrait chez lui. (= il serait rentré)

Dans les subordonnées introduites par ***si***, cette condition peut être
– réalisable dans l'avenir :

*Si elle ne me **recevait** pas, je reviendrais demain.*

– non réalisée dans le présent :

*Si je le **pouvais**, je m'en irais tout de suite.*

2. Le passé simple

Comme l'imparfait, le passé simple situe les actions dans le passé. Mais les faits sont **délimités dans le temps**, ce qui suppose un début et une fin, sans qu'on se préoccupe de leur durée, qui peut être longue ou brève.

J'attendis fort longtemps. Je rectifiai rapidement ma tenue.

Puisque le passé simple présente des actions nettement délimitées dans le temps, il est souvent accompagné de **connecteurs** ou de **compléments circonstanciels** de temps.

***Au bout d'une heure**, on me fit **enfin** entrer.*

Le passé simple est donc le temps du **récit** par excellence. Il exprime les **faits de premier plan** (ch. 14), ceux qui font avancer l'action.

*Je **passai** au salon. Je **m'approchai** d'elle et la **saluai**.*

3. L'emploi de l'imparfait et du passé simple dans un même texte

Dans un récit au passé, les **faits au passé simple interrompent** souvent des **faits à l'imparfait**
– qui constituent la toile de fond de l'histoire, un **second plan** :

*La pièce où je **me trouvais** était vétuste. Enfin on m'**appela**.*

– qui étaient **en train de se dérouler** au moment où sont intervenus des faits de premier plan au passé simple :

*La maîtresse de maison **lisait** son courrier au moment où j'**entrai**.*

Exercices

1 Mettez les verbes entre parenthèses à l'imparfait ou au passé simple, en fonction du contexte.

1. Sonia (*rêver*) en regardant les nuages et (*se sentir*) mélancolique. Mais un vol de cygnes sauvages (*attirer*) son attention et lui (*faire*) oublier ses soucis. - **2.** Il (*devenir*) amnésique et on le (*trouver*), errant dans les rues. Il ne (*savoir*) plus d'où il (*venir*) et (*ignorer*) jusqu'à son nom. On (*faire*) des recherches et on (*retrouver*) enfin sa famille. - **3.** Les passants ne (*s'arrêter*) guère devant la vitrine de la boutique qui (*être*) modeste et un peu terne. Un jour, le propriétaire (*décider*) de changer radicalement la décoration de son magasin qui (*devenir*) alors un lieu à la mode, très fréquenté. - **4.** Ce jour-là, ils (*rester*) une partie de la nuit à bavarder et à évoquer des souvenirs, puis ils (*se décider*) à rentrer chez eux.

2 Relevez les verbes à l'imparfait et justifiez l'emploi de ce temps dans chaque cas.

1. Les jours précédant Noël, la maison se transformait toujours en une véritable ruche. - **2.** La couverture du livre était défraîchie, des pages manquaient, mais il émanait de cet ouvrage le parfum d'une époque révolue. - **3.** Nous finissions de dîner, quand soudain le chien émit un hurlement prolongé. - **4.** Si nous finissions à temps nous pourrions aller à la plage. - **5.** Si j'avais moins de travail je pourrais venir avec vous, mais c'est impossible.

3 Relevez les verbes au passé simple et à l'imparfait et justifiez le temps de chaque verbe.

1. Les voyageurs attendaient depuis longtemps sur le quai, lorsqu'un haut-parleur annonça que le train aurait cinquante minutes de retard. - **2.** Pendant son stage, elle s'initia à l'informatique. - **3.** Pendant son stage, elle s'initiait à l'informatique. - **4.** Tu m'aurais téléphoné, j'arrivais aussitôt. - **5.** Le lundi soir, il s'exerçait à jouer de la clarinette ; le mardi, il s'occupait de sa collection de timbres ; le mercredi, il ne faisait rien. - **6.** Quand je fis sa connaissance, elle était timide, portait de longs cheveux châtain et rougissait pour un rien. Un an plus tard, elle éclatait sans cesse de rire et elle avait des cheveux courts d'un roux flamboyant.

4 Mettez les verbes entre parenthèses à l'imparfait ou au passé simple, en fonction du contexte.

(Suite de la page 110. *La fille de la maîtresse de maison a demandé au narrateur de la suivre.)*

L'ameublement de la pièce où nous étions entrés (*être*) un peu mieux assorti et disposé avec plus de goût qu'au « salon ».

Mais pour être tout à fait franc, c'est à peine si je (*s'en apercevoir*) : je (*marcher*) comme un somnambule et (*ressentir*) dans tout mon être une sorte de transport joyeux frisant la sottise.

La jeune princesse (*prendre*) une chaise, (*chercher*) un écheveau de laine rouge, le (*dénouer*) soigneusement, m'(*indiquer*) un siège en face d'elle, et me (*mettre*) la laine sur les mains tendues.

Il y (*avoir*) dans tous ses gestes une lenteur amusante ; le même sourire, clair et espiègle, (*errer*) au coin de ses lèvres entrouvertes. Elle (*commencer*) à enrouler la laine sur un carton plié en deux et m'(*illuminer*) tout soudain d'un regard si rapide et rayonnant que je (*baisser*) les yeux malgré moi. Lorsque ses yeux, généralement à moitié clos, (*s'ouvrir*) de toute leur immensité, son visage (*se transfigurer*) instantanément, inondé d'un rai de soleil.

D'après Yvan Tourgueniev, *Premier Amour*, 1860.
© Édito-Service, Genève, 1969.

5 Récrivez ce texte au passé, en utilisant le passé simple et l'imparfait. Il est parfois possible d'employer les deux temps. Dans ce cas, signalez-le et indiquez quelle différence vous constatez dans la phrase selon l'emploi de l'un ou l'autre temps.

Elle met la main sur la poignée de la porte. Nick regarde la main avec impatience, et il aboie un peu, en gémissant. Liana se retourne, elle cherche la laisse des yeux, mais elle ne la voit pas. Elle est peut-être tombée derrière un meuble. Liana est lasse, elle n'a pas envie de chercher. [...] Tant pis. Elle ouvre la porte, et Nick se glisse au-dehors. Il file vite au milieu de la plaine blanche, pareil à un loup. Liana sait qu'il va aller chasser du côté du fleuve sec, qu'il va tuer des poules, des lapins dans les fermes voisines, mais ça lui est égal. C'est comme un accord entre lui et elle.

J. M. G. Le Clézio, « Moloch »,
in *La Ronde et autres faits divers*, © Gallimard, 1982.

6 Lisez ce texte.

(Carthage. Troisième siècle avant notre ère. Mâtho, le chef des rebelles, a volé dans le temple de Tanit le voile sacré, le zaïmph.)

Il courut jusqu'à la grande porte fermée. Elle était très haute, tout en cœur de chêne, avec des clous de fer et doublée d'airain. Mâtho se jeta contre. Le peuple trépignait de joie, voyant l'impuissance de sa fureur ; alors il prit sa sandale, cracha dessus et en souffleta les panneaux immobiles. La ville entière hurla. On oubliait le voile maintenant, et ils allaient l'écraser. Mâtho promena sur la foule de grands yeux vagues. [Ses tempes battaient à l'étourdir ; il se sentait envahi par l'engourdissement des gens ivres. Tout à coup il aperçut la longue chaîne que l'on tirait pour manœuvrer la bascule de la porte. D'un bond il s'y cramponna, en roidissant ses bras, en s'arc-boutant des pieds ; et, à la fin, les battants énormes s'entrouvrirent.

Quand il fut dehors, il retira de son cou le grand zaïmph et l'éleva sur sa tête le plus haut possible. L'étoffe, soutenue par le vent de la mer, resplendissait au soleil avec ses couleurs, ses pierreries et la figure de ses dieux.]

Gustave FLAUBERT, *Salammbô*, 1862.

a. **Quels sont les temps utilisés dans les deux premières phrases ? Justifiez leur emploi.**

b. **Quels connecteurs et compléments circonstanciels de temps accompagnent des passés simples ?**

c. **Justifiez l'emploi des temps dans le passage entre crochets.**

7 **Lisez ce texte.**

(Le narrateur a été pris pour un espion et mis en prison. Un jour, il demande une cigarette à son geôlier et lui sourit.)

L'homme s'étira d'abord, passa lentement la main sur son front, leva les yeux dans la direction, non plus de ma cravate, mais de mon visage et, à ma grande stupéfaction, ébaucha, lui aussi, un sourire. Ce fut comme le lever du jour.

Ce miracle ne dénoua pas le drame, il l'effaça, tout simplement, comme la lumière, l'ombre. Aucun drame n'avait plus eu lieu. Ce miracle ne modifia rien qui fût visible. La mauvaise lampe à pétrole, une table aux papiers épars, les hommes adossés au mur, la couleur des objets, l'odeur, tout persista. Mais toute chose fut transformée dans sa substance même. Ce sourire me délivrait. C'était un signe aussi définitif, aussi évident dans ses conséquences prochaines, aussi irréversible que l'apparition du soleil. Il ouvrait une ère neuve. Rien n'avait changé, tout était changé. La table aux papiers épars devenait vivante. La lampe à pétrole devenait vivante. Les murs étaient vivants. L'ennui suinté par les objets morts de cette cave s'allégeaient par enchantement.

Antoine de SAINT-EXUPÉRY, *Lettre à un otage*, © Gallimard, 1943.

a. **Dans le premier paragraphe, relevez les verbes qui marquent les différentes étapes du « miracle ». À quel temps sont-ils ? Restituent-ils ou non l'ordre chronologique des événements ?**

b. **À partir d'où le narrateur passe-t-il du passé simple à l'imparfait ? Pourquoi, selon vous ? Pour répondre, vous réfléchirez à la façon dont sont dès lors présentés les faits et au sens de certains verbes.**

8 **Dictée préparée.**

Lisez attentivement ce texte. Identifiez les imparfaits et les passés simples. Justifiez l'emploi de chaque temps.

Réapparition du soleil
sur les Terres arctiques

L'hiver finissait ; la lune avait regardé trois mois, du haut des airs, les flots fixes et muets qui ne réfléchissaient point son image. Une pâle aurore se glissa dans les régions du midi, et s'évanouit : elle revint, s'agrandit et se colora. Un Esquimau, envoyé à la découverte, nous apprit, un matin, que le soleil allait paraître ; nous sortîmes en foule du souterrain pour saluer le père de la vie. L'astre se montra un moment à l'horizon, mais il se replongea soudain dans la nuit, comme un juste qui, élevant sa tête rayonnante du séjour des morts, se recoucherait dans son tombeau à la vue de la désolation de la terre ; nous poussâmes un cri de joie et de deuil.

Le soleil parcourut peu à peu un plus long chemin, dans le ciel, la surface solide se détacha des rivages, on entendit pour premier bruit le cri d'un oiseau ; ensuite quelques ruisseaux murmurèrent ; les vents retrouvèrent la voix. Enfin les nuages amassés dans les airs crevèrent de toutes parts.

CHATEAUBRIAND, *Les Natchez*, 1826.

9 **Imaginez la suite du texte de l'exercice 6. Soulignez en bleu les passés simples et en noir les imparfaits. Soyez attentif à l'emploi de chacun d'eux.**

10 **Vous évoquez un souvenir de vacances. Dans un premier paragraphe vous présentez les lieux, l'atmosphère, vos occupations habituelles en utilisant principalement l'imparfait.**

Dans un deuxième paragraphe, vous racontez un événement particulier, en commençant par *Un jour…* Vous utilisez alors le passé simple comme temps dominant.

11 **Vous avez un jour éprouvé un sentiment de fierté ou de satisfaction. Racontez, en utilisant à bon escient le passé simple et l'imparfait.**

La conjugaison du passé simple

1. La conjugaison du passé simple

1er groupe	2e groupe	3e groupe		
*je mange**ai*** *tu mange**as*** *il mange**a*** *nous mange**âmes*** *vous mange**âtes*** *ils mang**èrent***	*je réuss**is*** *tu réuss**is*** *il réuss**it*** *nous réuss**îmes*** *vous réuss**îtes*** *ils réuss**irent***	*je sort**is*** *tu sort**is*** *il sort**it*** *nous sort**îmes*** *vous sort**îtes*** *ils sort**irent***	*je b**us*** *tu b**us*** *il b**ut*** *nous b**ûmes*** *vous b**ûtes*** *ils b**urent***	*je v**ins*** *tu v**ins*** *il v**int*** *nous v**înmes*** *vous v**întes*** *ils v**inrent***

2. Quelques verbes difficiles du troisième groupe

acquérir : j'acquis - **atteindre** : j'atteignis - **conduire** : je conduisis - **devoir** : je dus - **dire** : je dis - **écrire** : j'écrivis - **faire** : je fis - **fuir** : je fuis - **joindre** : je joignis - **naître** : je naquis - **plaire** : je plus - **pouvoir** : je pus - **rire** : je ris - **savoir** : je sus - **vaincre** : je vainquis - **valoir** : je valus - **vivre** : je vécus

Exercices

1 Mettez ces verbes au passé simple.

Je lis • tu soulèves • il appartient • nous rougissons • vous conduisez • ils naissent • j'apparais • tu vaincs • il moud • nous apprécions • vous dites • ils plaisent • je plains • tu soumets • il réussit • nous pouvons • vous appartenez • ils fuient • je nais • tu écris • il conclut • nous apercevons • ils savent.

2 Mettez ces verbes au passé simple.

Je (croire) • tu (éteindre) • il (rire) • nous (saisir) • vous (être) • ils (boire) • je (coudre) • tu (conduire) • il (émouvoir) • nous (parvenir) • vous (avoir) • ils (devoir) • je (nager) • tu (croître) • il (rompre) • nous (surprendre) • vous (vivre) • ils (détenir).

3 Dites si ces verbes sont au présent ou au passé simple. Donnez leur infinitif. Il y a parfois deux réponses.

Je lis • je conclus • je souris • je haïs • je vis • je poursuis • je fuis • je tins • je teins • je rougis.

4 Employez chacun de ces verbes dans une phrase au passé simple, à la personne de votre choix.

Exclure • conquérir • rejoindre • prévenir • s'évanouir • revivre • pressentir • s'introduire • plaire • se taire • prévaloir • émouvoir.

5 Retrouvez le texte d'origine en mettant les verbes entre parenthèses au passé simple.

(Le narrateur n'a pas mangé depuis plusieurs jours.)

Ma gorge (*se serrer*) de rage, mes poings (*se fermer*), ma vue (*s'obscurcir*) et je (*tomber*) de tout mon long sur le trottoir. Je (*devoir*) rester là un bon moment, car, lorsque j'(*ouvrir*) les yeux, il y avait autour de moi tout un attroupement. J'étais bien habillé, je portais même des gants, et il ne (*venir*) heureusement à l'esprit de personne de soupçonner la raison de ma défaillance.

D'après Romain Gary, *La Promesse de l'aube*,
© Gallimard, 1960.

L'accord de l'adjectif

1. Cas général

- L'adjectif qualificatif, quelle que soit sa fonction, **s'accorde en genre et en nombre** avec le nom ou le pronom auquel il se rapporte.

  Ils sont satisfaits de cette heureuse nouvelle.

- L'adjectif est au **pluriel** s'il se rapporte à deux noms singuliers. Si ces deux noms sont d'un genre différent, il se met au **masculin pluriel**.

  Une émission et un livre intéressants.

2. Cas particuliers

- Certains **adjectifs de couleur** sont **invariables**
  – lorsqu'ils proviennent d'un **nom** commun : *turquoise, orange, kaki, crème, ivoire, marron,* etc. (exceptions : *fauve, mauve, rose, pourpre, vermeil*) ;
  – lorsqu'ils comportent deux mots : *des murs bleu clair, des fleurs rose mauve.*

- Les adjectifs ***demi***, ***mi*** et ***nu*** restent **invariables** lorsqu'ils **précèdent** le nom : *marcher nu-tête, une demi-heure.* Mais, lorsqu'ils **suivent** le nom,
  – *nu* s'accorde en genre et en nombre avec lui : *les jambes nues* ;
  – *demi* s'accorde seulement en genre : *deux mesures et demie.*

Exercices

1 Accordez correctement les adjectifs.

1. Les abricots et les pêches sont (mûr). - **2.** Très (excité), les enfants refusaient d'aller se coucher. - **3.** Pour voyager, il recherche une veste et un pantalon (confortable). - **4.** J'ai bu de la limonade et un chocolat (chaud). - **5.** Nous trouvions (étonnant) l'habileté manuelle et le savoir-faire de cet artisan. - **6.** Elle portait une robe et une écharpe (neuf). - **7.** Les langues (italien) et (espagnol) sont des langues (roman). - **8.** Les avenues de la ville (planté) de marronniers encouragent la flânerie. - **9.** Ils l'ont trouvée (compétent) et (dévoué). - **10.** Les deux représentations (privé) seront suivies de trois (public).

2 Accordez les adjectifs avec les noms qu'ils qualifient.

1. Une armoire en noyer (ancien). - **2.** Tout un étage de la maison (plongé) dans l'obscurité. - **3.** Une pyramide de confiseries (délicieux). - **4.** Le secret d'une fête (réussi). - **5.** Un nid d'oisillons (affamé). - **6.** Un espoir de paix (déçu). - **7.** Un mur de pierres (disjoint). - **8.** Un mur de pierres (infranchissable). - **9.** Je cherche un livre, mais il y en a peu d'(intéressant).

3 Accordez, s'il le faut, les adjectifs.

1. Les vêtements (rouge) et (orange) sont très toniques. - **2.** Pour décorer ce panneau, vous ne devez utiliser que les couleurs (bleu), (jaune) et (blanc). - **3.** Des tissus (vert d'eau) sont tendus sur les murs. - **4.** Ils exploraient les profondeurs (émeraude) de la grotte sous-marine. - **5.** Plutôt que ces fauteuils (beige), je préférerais des sièges (marron). - **6.** La couverture du livre est ornée de motifs (noir) et (or). - **7.** Ses yeux (bleu-vert) sont troublants. - **8.** Depuis deux jours et (demi), elle marchait tête (nu) sous un soleil accablant. - **9.** Arrosez la dinde toutes les (demi)-heures et retournez-la à (mi)-cuisson.

Les formes verbales en *-ai* et *-ais*, *-rai* et *-rais*

1. Les formes en *-ai* et *-ais*

- ***-ai*** [e] : 1re personne du singulier du **passé simple** de l'indicatif des verbes du premier groupe. *Je marchai.*
- ***-ais*** [ɛ] : 1re et 2e personnes du singulier de l'**imparfait** de l'indicatif des verbes du premier groupe. *Je marchais, tu marchais.*
Pour les différencier, on met le verbe à la 3e personne du singulier.

Je ***marchai*** → *il* ***marcha*** [a] *Je* ***marchais*** → *il* ***marchait*** [ɛ]

On doit aussi examiner si le verbe traduit un fait de premier plan isolé dans le passé (passé simple) ou un fait passé de deuxième plan, considéré dans sa durée ou son déroulement (imparfait), voir ch. 16.

2. Les formes en *-rai* et *-rais*

- ***-rai*** [Re] : 1re personne du singulier du **futur de l'indicatif.** *Je partirai.*
- ***-rais*** [Rɛ] : 1re et 2e personnes du singulier du **présent du conditionnel** (ou du **futur du passé**). *Je partirais, tu partirais.*

Pour les différencier, on met le verbe à la 3e personne du singulier.

Je crois que je ***partirai.*** → *Je crois qu'il* ***partira.***
Je croyais que je ***partirais.*** → *Je croyais qu'il* ***partirait.***

Exercices

1 Mettez ces verbes à l'imparfait ou au passé simple.

1. Je (*rêver*) béatement aux vacances, lorsque je (*se rappeler*) que j'avais un contrôle le lendemain. - **2.** Très excité, je (*monter*) rapidement les étages, (*pousser*) la porte de l'appartement où j'(*habiter*) et (*s'engouffrer*) à l'intérieur. - **3.** Tous les soirs je (*regarder*) une émission que je (*trouver*) amusante, jusqu'au jour où je (*réaliser*) qu'elle n'avait aucun intérêt. - **4.** Un soir je (*décider*) de devenir un écrivain célèbre et je (*commencer*) mon premier roman. - **5.** Je (*flâner*) sans penser à rien, lorsque je (*rencontrer*) Julie.

2 Mettez les verbes au futur ou au conditionnel présent en tenant compte du contexte.

1. (*Pouvoir*)-je vous emprunter votre stylo ? - **2.** Je me demande si je (*venir*) un jour à bout de ce travail. - **3.** J'espérais que je (*participer*) à la finale du tournoi de tennis. - **4.** Je (*reprendre*) bien un peu de glace. - **5.** Que (*faire*)-je si je rate l'avion ? Je ne (*savoir*) où aller.

3 Écrivez correctement la terminaison des verbes.

1. J'endur... toujours ses reproches avec beaucoup de patience, mais ce jour-là je ne support... pas son ton méprisant et je lui dis que je ne l'écouter... plus. - **2.** Pendant tes vacances je viendr... arroser tes plantes tous les jours, je promèner... ton chien, je nourrir... ton chat, mais même si tu me suppli..., jamais je ne pourr... m'occuper d'Édouard, ton serpent. - **3.** J'ir... volontiers voir cette pièce de théâtre, mais on m'a dit que je ser... déçue. - **4.** Que lui dir...-je quand je le verr... ?

Participe présent et adjectif verbal

1. Le participe présent

Le participe présent est un **mode impersonnel**. Il peut être suivi de compléments ou être le noyau d'une subordonnée participiale. Il est **invariable.**

*Elle admire la glycine **grimpant** le long du mur.*

*La nuit **tombant**, on fit un feu.*
subordonnée participiale

2. L'adjectif verbal

L'adjectif verbal est un **adjectif qualificatif** formé à partir d'un participe présent. Il a donc tous les emplois de l'adjectif et il **s'accorde** en genre et en nombre avec le nom ou le pronom auquel il se rapporte.

*La glycine est une plante **grimpante**.*

Il peut avoir une **orthographe différente** de celle du participe présent.

participes	adjectifs	participes	adjectifs
convainquant	*convaincant*	*fatiguant*	*fatigant*
provoquant	*provocant*	*influant*	*influent*
convergeant	*convergent*	*négligeant*	*négligent*
différant	*différent*	*précédant*	*précédent*
équivalant	*équivalent*	*suffoquant*	*suffocant*

Exercices

1 Accordez correctement les mots entre parenthèses, lorsqu'il s'agit d'adjectifs verbaux.

1. Mon grand-père raconte des histoires (*captivant*) de sa jeunesse. - **2.** (*Subjuguant*) une fois de plus son public, la cantatrice était au sommet de son art. - **3.** J'aperçois les deux garnements (*agaçant*) ce pauvre chat. - **4.** Ce sont des prétentieux (*ignorant*) et (*parlant*) de ce qu'ils ne connaissent pas. - **5.** Les articles exposés (*décevant*) les clients, il fut décidé qu'ils seraient changés. - **6.** Nous cherchons des jeux (*distrayant*) les enfants sans aucun danger. - **7.** Ce sont des projets (*séduisant*) qu'ils nous ont présentés. - **8.** Les trapézistes exécutèrent des numéros (*étonnant*). - **9.** (*Tremblant*) de trac et d'émotion, la candidate s'avança vers le jury. - **10.** La chienne (*reconnaissant*) son maître se précipita vers lui en aboyant puis, (*obéissant*), se coucha à ses pieds.

2 Choisissez entre le participe présent et l'adjectif verbal. Accordez ce dernier quand il le faut.

1. (*Négligeant/négligent*) le danger, ils s'avancèrent au bord du gouffre. - **2.** Les pompiers évacuèrent les spectateurs (*suffoquant/suffocant*). - **3.** Il était temps que les enfants (*somnolant/somnolent*) regagnent leur chambre. - **4.** Leurs avis (*divergeant/divergent*), ils ne réussirent pas à prendre une décision. - **5.** Où trouver des artisans (*fabriquant/fabricant*) ces pièces compliquées ? - **6.** Elle se méfie des gens (*extravaguant/ extravagant*), (*adhérant/adhérent*) à toutes les nouveautés.

3 Employez chaque mot dans une phrase. Dites s'il s'agit d'un participe présent ou d'un adjectif verbal.

Équivalant • convergent • excédent • précédant • précédent.

Les indicateurs de temps et de lieu

L'étudiant remonta chez lui. Vautrin sortit. Quelques instants après, madame Couture et Victorine montèrent dans un fiacre que Sylvie alla leur chercher. Poiret offrit son bras à mademoiselle Michonneau, et tous deux allèrent se promener au Jardin des Plantes, pendant les deux belles heures de la journée.

Honoré de BALZAC, *Le Père Goriot*, 1834-1835.

1. **Relevez les indicateurs de temps. Lequel situe un fait ? Par rapport à quoi le situe-t-il ? Lequel indique une durée ?**

2. **Relevez les indicateurs de lieu. Indiquez leur classe grammaticale et leur fonction.**

Leçon

1. Qu'appelle-t-on indicateurs de temps et de lieu ?

Ce sont des mots ou des groupes de mots qui **informent** sur le **moment** et le **lieu** où se situent les faits dont il est question. Ce sont
– des adverbes ou des locutions adverbiales de temps ou de lieu :

__Puis__ il alla __dehors__.

– des GN compléments circonstanciels ou essentiels de lieu ; des GN, des subordonnées ou des gérondifs compléments circonstanciels de temps :

__En sortant de chez eux__, ils se promenaient __au Jardin des Plantes__.

2. Quel est leur rôle ?

- Ils servent à situer les faits
– dans le temps et dans l'espace :

L'action du roman se passe __en 1819, à Paris__.

– les uns par rapport aux autres :

__Quelques instants après__, elle s'arrêta __un peu plus loin__.

– par rapport à l'énonciateur et à son destinataire :

__Maintenant__, venez __près de moi__.

- Certains indicateurs **ne varient pas**, que le texte soit ou non en relation avec la situation d'énonciation (ch. 10). Ils expriment
– la **fréquence** ou la **répétition** : *chaque jour, de temps en temps, souvent, parfois, quelquefois, le soir, en juin, le jeudi (tous les jeudis)…* ;
– la **chronologie** ou la **succession** : *d'abord, ensuite, enfin, soudain…* ;
– la **durée** : *toute la nuit, pendant deux heures, interminablement, rapidement…* ;
– la **localisation dans le temps** ou **l'espace** : *en juin, … dans un fiacre, à Paris…*

Certains indicateurs **varient** selon que le texte est ou non en relation avec la **situation d'énonciation**. (Voir le tableau ci-dessous)

	Textes dépendant de la situation d'énonciation	**Textes ne dépendant pas de la situation d'énonciation**
simultanéité	*aujourd'hui (je sors)* *maintenant*	*ce jour-là (il sortit)* *alors*
antériorité	*hier (il est revenu)* *la semaine dernière* *il y a un mois*	*la veille (il revint)* *la semaine précédente* *un mois plus tôt*
postériorité	*demain (je partirai)* *l'année prochaine*	*le lendemain (il partit)* *l'année suivante*
situation	*ici (je me repose)* *chez toi*	*là (il se reposait)* *chez lui*

Exercices

1 **Dites si ces mots ou groupes de mots indiquent le temps ou le lieu, quelle est leur classe grammaticale et ce qu'ils expriment (fréquence, chronologie, etc.).**

Un mois auparavant • là-bas • toutes les fois qu'on sonne à la porte • en tout premier lieu • au-delà de la rivière • en attendant le bus • à chaque retour de l'hiver • durant l'année scolaire • souvent • de chaque côté.

2 **Retrouvez les adverbes ou les locutions adverbiales de temps correspondant à ces GN.**
Par exemple : *en ce moment → maintenant*.

Dans quelques instants • à l'instant même • en premier lieu • à certains moments • à intervalles réguliers • de façon répétée • à partir de ce jour • à une époque ancienne • le jour d'avant • dans deux jours.

3 **Récrivez ces phrases au passé simple et à la troisième personne du singulier.**

1. Demain, nous retournerons chez nous. - **2.** Avant-hier aussi je t'ai rencontré ici. - **3.** L'année prochaine, je commencerai de nouvelles études. - **4.** Aujourd'hui, je ne bouge pas de ma chambre. - **5.** Il y a une semaine je suis allée au théâtre avec ma sœur.

4 **Pour chacun des indicateurs suivants, a. dites s'il dépend ou non de la situation d'énonciation ; b. précisez s'il exprime la simultanéité, l'antériorité ou la postériorité. Employez chaque indicateur dans une phrase.**

Le lendemain • voilà un mois • à l'heure actuelle • ce matin • dans deux heures • l'année suivante.

5 **Lisez ce texte.**

J'avais toujours aimé la vue qui s'offrait de ce pont. À droite, le Trocadéro et les immeubles étagés de Passy derrière lesquels j'imaginais les parcs en pente et les chalets d'autrefois. Et de l'autre côté, les lumières de la Concorde. Et la Seine aux reflets rouges et argentés. Il faisait moins chaud ici et l'air était plus léger à respirer. L'un des réverbères du parapet de bronze verdi éclairait le visage de Carpentieri, debout à côté de moi. Ce visage, sous la lumière jaune, me paraissait plus lourd et plus fripé que tout à l'heure. Les lèvres se serraient dans une expression boudeuse et les sourcils se fronçaient comme s'il allait pleurer.

Patrick MODIANO, *Quartier perdu*,
© Gallimard, 1984.

a. **Parmi les indicateurs de lieu, lesquels situent les lieux par rapport, à la fois, au narrateur et au pont sur lequel il se trouve ? Lequel exprime une situation par rapport au narrateur seul ?**
b. **Relevez deux indicateurs de lieu et un de temps qui sont en relation avec la situation d'énonciation.**
c. **Dans la première moitié du texte, que regarde le narrateur ? Montrez qu'ensuite son regard se déplace. Quels indicateurs de lieu et de temps utilise-t-il alors ?**

6 **Vous êtes invité pour la première fois dans une maison inconnue. Racontez et décrivez en utilisant de nombreux indicateurs de temps et de lieu.**

Le vocabulaire des sensations

Faouhm leva les bras vers le soleil, avec un long **hurlement** :

« Que feront les Oulhamr sans le **Feu** ? **cria**-t-il. Comment vivront-ils sur la savane et la forêt ? Qui les défendra contre les **ténèbres** et le **vent d'hiver** ? Ils devront manger la chair crue et la plante **amère** : ils ne **réchaufferont** plus leurs membres : la pointe de l'épieu demeurera **molle**. Le lion, la bête-aux-dents-déchirantes, l'ours, le tigre, la grande hyène les dévoreront vivants dans la nuit. Qui ressaisira le Feu ?

J.-H. Rosny aîné, *La Guerre du feu*, 1911, © Robert Borel-Rosny, 1977.

1. **À quels sens (ouïe, vue, toucher, etc.) peut-on associer les mots en gras ?**

2. **Quelle est l'impression d'ensemble qui se dégage de ce texte ?**

Leçon

1. La vue

- **La couleur** : *teint, nuance, harmonie, tonalité ; pâle, passée, terne, éclatante, soutenue, dégradée, bariolée, chatoyante, multicolore, bigarrée, moirée, irisée…*
- **La lumière** et son absence : *lueur, luminosité, éclat, clarté, rayonnement, reflet, éclair, étincelle, flamboiement, miroitement, obscurité, pénombre, clair-obscur ; tamisée, diffuse, voilée, laiteuse, argentée* ; ainsi que les verbes formés sur la plupart de ces noms et adjectifs : *luire, rayonner, flamboyer…*
- **La forme** : *rectiligne, courbe, oblique, arrondie, circulaire, bombée, ovale, trapue, épaisse, compacte, massive, élancée, frêle, grêle, filiforme, mince, efflanquée…*

2. L'ouïe

- **Verbes** : *percevoir, ouïr, distinguer, discerner, résonner, retentir, bruire, éclater,* ainsi que les verbes correspondant à plusieurs des noms suivants.
- **Noms** : *sonnerie, tintement, bruissement, bourdonnement, vrombissement, cliquetis, crépitement, crissement, murmure, tonnerre, brouhaha, vacarme, rumeur, tintamarre, fracas, charivari, cacophonie, clameur, hurlement, éclat…*
- **Adjectifs** : *harmonieux, modulé, mélodieux, atténué, voilé, assourdi, feutré, étouffé, plaintif, éclatant, sec, sourd, cristallin, rauque, strident, perçant, vibrant…*

3. Le goût

- **Verbes** : *savourer, déguster, siroter, se régaler, se pourlécher…*
- **Adjectifs** : *sucré, douceâtre, salé, acide, acidulé, aigre, aigre-doux, amer, fade, insipide, corsé, relevé, épicé, délicieux, délectable…*

4. Le toucher

- **Verbes** : *palper, effleurer, tâter, tâtonner, caresser, lisser...*
- **Adjectifs** : *poli, rugueux, rêche, satiné, soyeux, duveteux, velouté, souple, moelleux, ferme, rocailleux, visqueux, gluant, moite, humide, sec, brûlant, frais, glacé...*

5. L'odorat

- **Noms** : *parfum, arôme, senteur, effluves, fumet, bouquet, fragrance, exhalaison, émanation, relent...*
- **Verbes** : *respirer, humer, flairer, renifler, embaumer, fleurer, exhaler, parfumer, empester...*
- **Adjectifs** : *suave, subtil, délicat, frais, entêtant, capiteux, tenace, enivrant, grisant, aromatique, balsamique, iodé, odoriférant, acidulé, poivré, nauséabond, fétide...*

Exercices

1 **Choisissez, dans le vocabulaire de la leçon, dix mots dont vous n'êtes pas sûr de connaître le sens. Retrouvez leur signification dans le dictionnaire et employez chacun d'eux dans une phrase.**

2 **Associez chacun des adjectifs suivants à un ou plusieurs noms ou expressions qu'il peut qualifier. Aidez-vous, au besoin, du dictionnaire.**

Moiré • granuleux • flamboyant • onctueux • visqueux • courbe • doré • corsé • rêche.

3 **Trouvez ce qui peut produire un son :**

Assourdi • assourdissant • aigrelet • caverneux • tonitruant • strident • vibrant • fracassant • argentin • fluet.

4 **Employez chacun de ces mots dans deux phrases où il s'appliquera à deux sens différents (par exemple la vue et l'ouïe).**

Glacé • velouté • délicat • dur • brûlant • atténué • acide.

5 **Réunissez des mots appartenant au champ lexical de l'eau, puis décrivez une promenade au bord d'une rivière ou en mer.**

6 **Imaginez que vous vous trouvez dans un lieu animé, en plein air. Mais le soir tombe, le temps se gâte, le lieu se dépeuple. Rédigez deux paragraphes pour raconter chaque épisode. Mettez particulièrement en évidence les sensations éprouvées de manière à faire ressortir le contraste entre les deux atmosphères.**

7 **Vous participez à un repas de fête. Racontez en décrivant vos sensations et vos impressions.**

8 **a. Relevez les champs lexicaux de la vue, de l'ouïe, de l'odorat et du toucher. b. Par quelles sensations successives les deux personnages découvrent-ils la mer ? c. Quel sentiment est associé à ces sensations ?**

Ils passèrent à travers les terre-pleins couverts de tonneaux, parmi les senteurs de vin et de poisson, ils prirent la direction de la jetée. Peu avant d'y arriver, l'odeur de l'iode et des algues leur annonça la mer. Puis, ils l'entendirent.

Elle sifflait doucement au pied des grands blocs de la jetée et, comme ils les gravissaient, elle leur apparut, épaisse comme du velours, souple et lisse comme une bête. Ils s'installèrent sur les rochers tournés vers le large. Les eaux se gonflaient et redescendaient lentement. Cette respiration calme de la mer faisait naître et disparaître des reflets huileux à la surface des eaux. Devant eux, la nuit était sans limites. Rieux qui sentait sous ses doigts le visage grêlé des rochers, était plein d'un étrange bonheur. [...]

Ils se déshabillèrent. Rieux plongea le premier. Froides d'abord, les eaux lui parurent tièdes quand il remonta. Au bout de quelques brasses, il savait que la mer, ce soir-là, était tiède, de la tiédeur des mers d'automne qui reprennent à la terre la chaleur emmagasinée pendant de longs mois.

Albert Camus, *La Peste*, © Gallimard, 1947.

Utiliser des descriptions et des portraits dans un récit

Désirée Clary, jeune fille, 1804, gravure d'après une miniature de Jean-Urbain GUÉRIN (1760-1836). Musée Bernadotte, Pau.

J'ai repris le chemin de Loisy ; tout le monde était réveillé. Sylvie avait une toilette de demoiselle, presque dans le goût de la ville. Elle me fit monter à sa chambre avec toute l'ingénuité d'autrefois. Son œil étincelait toujours dans un sourire plein de charme, mais l'arc prononcé de ses sourcils lui donnait par instants un air sérieux. La chambre était décorée avec simplicité, pourtant les meubles étaient modernes, une glace à bordure dorée avait remplacé l'antique trumeau[1], où se voyait un berger d'idylle offrant un nid à une bergère bleue et rose. Le lit à colonnes chastement drapé de vieille perse à ramage était remplacé par une couchette de noyer garnie du rideau à flèche ; à la fenêtre, dans la cage où jadis étaient les fauvettes, il y avait des canaris. J'étais pressé de sortir de cette chambre où je ne retrouvais rien du passé.

Gérard de NERVAL, *Sylvie*, 1853.

1. **Trumeau**, n. m. : glace garnie d'un panneau peint, placée au-dessus d'une cheminée.

1. Relevez tous les passages descriptifs de ce récit et indiquez leurs caractéristiques grammaticales : temps verbaux et expansions des noms.

2. Montrez que la description des lieux explique la dernière phrase.

Leçon

1. Pourquoi intégrer des descriptions et des portraits ?

Les descriptions permettent au lecteur de « **voir** » les scènes qui lui sont présentées. Le récit paraît plus réaliste, plus vraisemblable.

1. Le rôle du décor

La description des lieux où se déroule une scène constitue une pause dans la narration. Elle permet de suggérer l'**atmosphère** qui y règne.

La chambre était décorée simplement, mais les meubles étaient modernes.

Les précisions données sur le décor permettent aussi d'**expliquer l'état d'esprit** des personnages, et donc leurs réactions.

J'étais pressé de sortir de cette chambre où je ne retrouvais rien du passé.

2. Le rôle des portraits

Il est important de décrire les personnages dont on parle. Les portraits permettent souvent de comprendre leur caractère et donc leurs actes.
La description de la jeune fille fait apparaître un caractère contrasté : *un sourire plein de charme, un air sérieux.* On comprend qu'elle cherche à sortir de sa condition : *Sylvie avait une toilette de demoiselle, presque dans le goût de la ville.*

2. Comment insérer un passage descriptif ?

1. Choisir le moment favorable à l'intérieur d'un récit

Une description intervient lorsqu'elle est **nécessaire** :
– au début d'un récit pour présenter le décor et les personnages principaux, ou lors de changements de lieux ou de personnages ;
– au cours du récit, par petites touches, pour retarder la venue des événements ou pour donner vie aux personnages déjà décrits : *Son œil étincelait.*

2. Utiliser les outils du discours descriptif

On fait appel aux **outils grammaticaux** et **lexicaux** de la description :
– les champs lexicaux des formes, des couleurs, des parties du corps… ;
– les connecteurs et les compléments circonstanciels de lieu ;
– les temps de la description : imparfait ou présent ;
– les expansions du nom : épithètes, relatives, compléments du nom… ;
– les figures de style : métaphores, comparaisons, personnifications (ch. 34).

La jolie Sylvie ressemblait maintenant à une demoiselle de la ville.

Exercices

1 Vous visitez une maison à vendre. Intrigué par une porte fermée, vous l'ouvrez et vous y découvrez quelqu'un dont vous n'aviez pas soupçonné l'existence. Racontez cet épisode, en y intégrant des descriptions des lieux et du personnage.
Ces passages descriptifs devront traduire l'atmosphère et vos sentiments.

2 Relisez le texte de la page 122 et imaginez que le narrateur se souvient de la première fois où Sylvie, encore fillette, lui a montré sa maison et sa chambre. Détaillez le portrait de Sylvie et la description du décor. Insistez sur les sentiments nés de cette évocation.

3 Vous écrivez un roman policier. À un moment particulièrement palpitant, vous décidez de faire un peu languir le lecteur et, pour accroître le suspense, vous vous livrez à une description détaillée. Rédigez tout l'épisode.

4 C'est votre anniversaire. On vous a remis un paquet que vous vous empressez de défaire. Vous découvrez un objet inattendu. Racontez en commençant votre récit avant la remise du cadeau. Insistez sur la description de l'objet et sur vos sentiments.

5 Composez une courte nouvelle dont l'héroïne aura les traits de la jeune fille du tableau de la page 122. Insérez habilement son portrait dans le récit.

6 Il fait beau et vous vous engagez sur une petite route de forêt. Le paysage est gai et fait naître des pensées agréables. Puis le chemin se resserre, la forêt devient plus dense et le lieu vous paraît maintenant hostile. Racontez en mêlant descriptions et évocation de vos impressions.

7 Vous êtes invité(e) à une fête chez un(e) ami(e). Faites-en le récit tout en décrivant les lieux et quelques personnes qui ont attiré votre attention.

Raconter et décrire en exprimant des émotions ou des sentiments

(Le narrateur a voulu créer un être parfait qui se révèle être un monstre.)

Ce fut une nuit terrible. Par moments, mon pouls battait si vite, si violemment, que je sentais battre mon cœur dans chacune de mes artères. Parfois je chancelais, tant était profond mon découragement et extrême ma faiblesse. Mêlée à cette horreur, l'amertume du plus profond découragement me submergeait. Les rêves dont je m'étais nourri, et dans lesquels je m'étais si longtemps complu, s'étaient transformés en un véritable enfer. La transformation s'était si rapidement opérée que mon désenchantement ne connaissait pas de bornes !

Mary W. SHELLEY, *Frankenstein*, 1818, traduit de l'anglais par Joe Curvorst, © 1978, Marabout.

1. **Relevez le vocabulaire qui traduit des émotions ou des sentiments.**

2. **Quelles manifestations physiques sont provoquées par l'état d'esprit du narrateur ?**

Leçon

1. Les émotions et les sentiments dans les textes

- L'**émotion** est un trouble, une agitation de l'esprit et du corps en réaction à un événement, une idée, un spectacle, etc. (rire, tremblement, rougeur…).
Le **sentiment** est ce que l'on éprouve, ce que l'on ressent face aux situations de la vie et face à autrui (par exemple : joie, peine).
Émotions, sentiments et sensations (voir page 120) sont souvent liés.
- Quand on évoque ce que l'on ressent en racontant ou en décrivant, on produit des descriptions et des récits **subjectifs**. C'est généralement ce que vous devez faire dans vos narrations.
Quand on ne fait aucune allusion aux émotions ou aux sentiments éprouvés, on produit des descriptions et des récits **neutres**.

2. Comment exprimer ses émotions et ses sentiments ?

1. Les procédés lexicaux

- Certains mots permettent d'exprimer **ce qui est visible**. Les sentiments et, plus encore, les émotions « se lisent » souvent sur celui qui les éprouve, parce qu'ils provoquent des **troubles physiques** : pâleur, rougeur, tremblements, etc. Le comportement en est parfois modifié.

Parfois je chancelais, tant était profond mon découragement.

- D'autres mots permettent d'exprimer **ce qui n'est pas visible**. Le vocabulaire **abstrait** qui touche à la sensibilité est très riche : verbes (*ressentir, souffrir, craindre, exulter, jubiler...*) ; noms (*émotion, choc, trouble, tourment, allégresse, extase, aversion, félicité, désillusion, affliction, confiance, méfiance, envie, compassion...*) ; adjectifs (*troublé, désolé, ému, euphorique...*).
- Certaines **images**, métaphores et comparaisons, sont propres à évoquer les sentiments, l'état d'esprit et les comportements.

  Parfois je chancelais, comme si j'avais été frappé.

2. Les procédés grammaticaux

L'émotion peut s'exprimer

– par des **propositions brèves** et **juxtaposées** :

Ce fut une nuit terrible. Par moments, j'étouffais. Parfois je chancelais.

– par des **phrases interrogatives** et **exclamatives** :

Comment pourrais-je dire l'émotion que j'éprouvais ?

Exercices

1 **Après avoir relu le texte de la page 124, imaginez que le narrateur découvre qu'il a créé un être merveilleux. Il le décrit et exprime son bonheur et son enthousiasme.**

2 **Faites brièvement le portrait d'un timide et racontez une de ses aventures en insistant sur ses sentiments et son attitude.**

3 **Vous avez reçu une excellente nouvelle. Racontez en privilégiant l'expression de vos sentiments. Évitez la banalité.**

4 **Lisez ce texte qui met en scène un jeune page et Napoléon.**

a. Relevez tous les mots et les passages traduisant un sentiment ou une émotion.

b. Employez-en une partie dans le récit d'une expérience personnelle, complétée avec des expressions de votre choix, adaptées à la situation.

Quelquefois, il m'appelait brusquement et, me voyant entrer pâle et balbutiant, il s'amusait à me faire parler longtemps pour voir mes étonnements et troubler mes idées. (*Parfois l'empereur lui pose une question pour tester ses connaissances.*) Il me semblait alors que la foudre tombait sur ma tête. Je savais mille fois ce qu'il me demandait ; j'en savais plus qu'il ne le croyait, j'en savais même souvent plus que lui ; mais son œil me paralysait. Lorsqu'il était hors de la chambre, je pouvais respirer, le sang commençait à circuler dans mes veines, la mémoire me revenait et avec elle une honte inexprimable ; la rage me prenait, j'écrivais ce que j'aurais dû lui répondre ; puis je me roulais sur le tapis, je pleurais, j'avais envie de me tuer.

Alfred de Vigny, *Servitude et Grandeur militaires*, 1835.

5 **Lisez ce texte. a. Relevez le vocabulaire de l'émotion, des sentiments et de leur manifestation physique.**

b. Poursuivez la description de l'état d'esprit du narrateur. Puis faites-lui retrouver l'inspiration. Vous insisterez alors sur les changements survenus en lui.

(*Un journaliste ne parvient pas à écrire son article.*)

Et son impatience l'enfiévrant, il se leva de nouveau, les mains humides de sueur et le sang battant aux tempes.

Et ses yeux étant tombés sur la note de sa blanchisseuse, montée, le soir même par sa concierge, il fut saisi brusquement par un désespoir éperdu. Toute sa joie disparut en une seconde avec sa confiance en lui et sa foi dans l'avenir. C'était fini ; tout était fini, il ne ferait rien ; il ne serait rien ; il se sentait vide, incapable, inutile, condamné.

Guy de Maupassant, *Bel-Ami*, 1885.

Écrire un début ou une suite de récit

Bartolomé Esteban MURILLO (1618-1682), *Le Jeune Mendiant*. Musée du Louvre, Paris.

Je[1] pris le morceau de pain et, ayant bien remercié la cuisinière, je m'en fus devant moi sans savoir où j'allais.

Vers le soir, je commençai à penser où je me retirerais pour la nuit. En face de moi, sur le coteau voisin, un village était campé, dont les vitres brillaient au soleil couchant avec des reflets d'incendie. Mais d'aller y demander l'abri, c'était comme pour le manger, ça me faisait crème[2]. J'avais pourtant la veille couché dans une grange, comme un mendiant, mais je m'étais laissé conduire par la vieille, ne sachant où j'en étais. Il faisait beau temps, et chaud, de manière que je ne me tracassai pas trop de ça et je continuai mon chemin. La nuit m'attrapa du côté de la Pinsonnie, lorsque, avisant dans une vigne perdue une de ces cabanes rondes au toit de pierre pointu, j'y allai droit. Il y avait, dans la logette, de la brande[3] et des fougères sèches qui marquaient qu'on y venait au guet : je m'arrangeai sur cette litière et je m'endormis.

Eugène LE ROY, *Jacquou le croquant*, 1899.

1. C'est un jeune garçon qui parle. - 2. Cela me contrariait. - 3. Végétation de sous-bois.

1. Dans quelle situation le narrateur se trouve-t-il ? Cherchez les raisons qui auraient pu l'amener à cette situation.

2. Cherchez dans le texte les éléments que vous devrez conserver pour en écrire la suite.

Leçon

Ce genre d'exercice exige que vous vous appropriiez le style, les faits, les personnages, afin qu'il n'y ait pas de rupture entre le texte de l'auteur et le vôtre.

1. Lire et relever les indices

On doit relever les indices et les éléments qui serviront pour écrire un début ou une suite en harmonie avec l'extrait proposé. En voici les principaux.

- **Le genre du texte** : autobiographie, nouvelle, roman, article de journal, etc.
  Le texte ci-dessus est un extrait de roman, écrit en 1899.
- **Le moment et le cadre** : relever les repères de temps et de lieu.
  Dans ce texte, l'action se situe dans une région rurale, près d'un village. À la fin de l'extrait, le personnage dort dans une cabane, dans une vigne perdue.
- **La personne et le temps du récit** : récit à la 1re ou à la 3e personne, au présent ou au passé (simple ou composé).
  Le récit ci-dessus est à la première personne, au passé simple.

- **Les personnages et le point de vue de la narration** : repérer les personnages principaux et les personnages secondaires, identifier le point de vue narratif (narrateur externe, interne ou omniscient).

  Le narrateur est seul. Au début du texte, il a été question d'une cuisinière qui lui a donné du pain, puis d'une vieille femme. Le récit est fait selon le point de vue du jeune garçon qui dit « je ».

- **Les éléments narratifs à conserver** pour le début ou la suite à écrire : les faits, les événements qui devront être développés ou éclaircis.

  L'enfant est seul, il a faim, il ne sait où dormir. Il est trop fier ou trop timide pour demander un abri et de la nourriture. Il faut tenir compte aussi de l'époque (le XIXe siècle) et de ce qu'était alors la vie de certains paysans.

- **Le style** : le registre de langue (correct, assez soutenu, familier), l'expression de sentiments, la présence des descriptions, l'emploi de discours direct, etc.

  Le style du passage est correct, mais on voit que c'est un enfant de la campagne qui parle.

2. Inventer un début ou une suite

- Il faut **inventer des péripéties** qui s'enchaînent logiquement avec ce qu'on vient de lire, en tenant compte des indices relevés.

  Par exemple, si on écrit le **début** du récit de la page 126, on fera commencer le texte au moment où le garçon est contraint de partir de chez lui et entreprend son errance. On le terminera au moment où une cuisinière lui offre du pain. La dernière phrase du devoir sera la première phrase de l'extrait étudié.

  Si on écrit la **suite**, on a le choix entre faire intervenir un événement pendant le sommeil du garçon, ou bien lui faire reprendre la route et rencontrer des aventures. Il est conseillé de recopier la dernière phrase du texte et d'enchaîner avec le sien.

- Il vaut mieux **construire et raconter**, en détail, **un** seul **épisode** clair et cohérent, qu'accumuler sans précision une multitude d'événements.

Exercices

1 **Lisez ce texte.**

Les trois jours que durèrent son absence nous parurent à tous bien longs et souvent la petite Cathy demandait quand son père rentrerait. Mrs Earnshaw l'attendait pour le souper, le troisième soir, et elle retarda le repas d'heure en heure ; mais il n'arrivait toujours pas et à la longue les enfants se fatiguèrent de courir à la porte d'entrée pour regarder. La nuit vint ; leur mère aurait voulu les coucher, mais ils l'attendrirent par leurs supplications pour rester. À onze heures, le loquet de la porte se souleva doucement et le maître entra. Il se jeta sur une chaise, moitié riant, moitié grognant, et leur enjoignit à tous de ne pas approcher, car il était quasi mort… on lui offrirait les trois royaumes qu'il ne recommencerait pas une pareille course.

– Et avec cela, être chargé à en périr ! dit-il, en ouvrant son manteau, qu'il tenait roulé dans ses bras. Vois, ma femme ! je n'ai jamais été si exténué de ma vie ; mais il te faut accepter mon fardeau comme un présent de Dieu, bien qu'il soit presque aussi noir que s'il sortait de chez le diable.

Nous fîmes cercle et, par-dessus la tête de Miss Cathy, j'aperçus un enfant malpropre, déguenillé, aux cheveux noirs, assez grand pour marcher et parler.

Emily BRONTË, *Les Hauts de Hurlevent*, traduit de l'anglais par Frédéric Delebecque, © Éditions de Fallois, 1982.

a. À quelle personne le récit est-il fait ? Le narrateur est-il un membre de la famille ?

b. Qui sont les différentes personnes dont il est question dans le texte ? Dans quel état d'esprit se trouve chacune d'elles ?

c. Quel est, dans ce récit, l'événement perturbateur ?

d. Traitez un des deux sujets suivants :
– Écrivez la suite de ce texte.
– Le père fait le récit des événements qui l'ont amené à se charger de l'enfant.

2 Lisez ce texte.

Qui était cet homme ? Sans doute un de ces nouveaux pauvres dont on parlait depuis quelque temps et qui avait dû renoncer, touché par la honte, gêné, à se rendre dans un asile de nuit au milieu des clodos. Car l'homme, Viaume s'en était parfaitement rendu compte en passant près de lui, n'était pas un clochard. Le peu qu'il avait pu en voir lui avait indiqué que le type était plutôt bien mis, enfin décemment, des vêtements corrects et de bonnes chaussures, presque neuves. Un homme d'environ cinquante ans qui, lorsqu'il l'avait frôlé, lui avait juste jeté un regard bref, vaguement honteux, pour abaisser aussitôt les paupières. Ayant le sentiment de déranger l'individu – oui, il avait lu en cet homme de la gêne, une pudeur blessée d'être ainsi reluqué –, Viaume s'était éloigné, renonçant à lui parler.

Ce matin, il n'y tenait plus.

Il enfonça sa toque d'astrakan sur son crâne, prit ses clés.

L'écrivain[1] marchait dans le tapis de neige compacte du quai. De loin, il regarda le type. Une immobilité absolue. Dormait-il ? Quand il fut tout près de lui, il craignit de le retrouver mort. Le visage du dormeur dépassait du fouillis de vieux journaux. La face était d'un rosâtre inquiétant, bleutée, et ses oreilles mal protégées par le chapeau tyrolien étaient violettes. Il se baissa, hésitant, puis secoua l'homme.

Pierre SIGNAC, *L'Affreux Joujou*, © Éd. Baleine-Le Seuil, 1997.

1. Viaume est écrivain.

a. Sur le modèle qui vous est proposé dans la leçon, relevez les indices et les éléments caractéristiques de ce texte.

b. Écrivez un paragraphe qui pourrait introduire le récit. Puis imaginez la suite de cet extrait.

3 Lisez ce texte.

Ricardo a commencé à raconter avec assez de détails son enfance musicale. Son père était machiniste à l'Opéra de Rimini. Il avait vu passer, petit, toutes les vedettes de la scène lyrique. Il les écoutait, les imitait en cachette et connaissait de longs morceaux du répertoire.

– Dans le bateau qui nous a amenés ici[1] en 1935, je chantais à voix basse. Nous étions nombreux, tassés les uns contre les autres. Mes voisins m'ont demandé de chanter plus fort. Puis tout l'entrepont a voulu m'entendre. Finalement, l'équipage m'a fait grimper sur une passerelle et je chantais chaque après-midi, à la tombée de la nuit. Je hurlais pour que les ponts supérieurs et les coursives m'entendent.

Jean-Christophe RUFIN, *Asmara et les causes perdues*, © Gallimard, 1999.

1. À Asmara, en Éthiopie.

a. Sur le modèle de la leçon, relevez les indices et les éléments caractéristiques du texte.

b. Écrivez la suite de ce passage.

4 Lisez ce début de roman.

Une douzaine d'années avait passé depuis que l'on ne m'appelait plus « la Petite Bijou » et je me trouvais à la station de métro Châtelet à l'heure de pointe. J'étais dans la foule qui suivait le couloir sans fin, sur le tapis roulant. Une femme portait un manteau jaune. La couleur du manteau avait attiré mon attention et je la voyais de dos, sur le tapis roulant. Puis elle marchait le long du couloir où il était indiqué « Direction Château-de-Vincennes ». Nous étions maintenant immobiles, serrés les uns contre les autres au milieu de l'escalier, en attendant que le portillon s'ouvre. Elle se tenait à côté de moi. Alors j'ai vu son visage. La ressemblance de ce visage avec celui de ma mère était si frappante que j'ai pensé que c'était elle.

Une photo m'était revenue en mémoire, l'une des quelques photos que j'ai gardées de ma mère.

Patrick MODIANO, *La Petite Bijou*, © Gallimard, 2001.

a. Sur le modèle qui vous est proposé dans la leçon, relevez tous les indices de ce texte.

b. Traitez un des deux sujets suivants :
– Écrivez un texte qui pourrait précéder le passage proposé et l'éclairerait.
– Écrivez la suite de ce texte.

5 Après avoir analysé les indices du texte d'observation (p. 126), écrivez-en le début et la suite.

Raconter à l'oral

1. Utiliser les techniques du récit

Thomas Cooper GOTCH (1854-1931), *The Story of the Money Pig*. South Africain National Gallery, Le Cap, Afrique du Sud.

- On doit **construire** rigoureusement son récit. Le plus simple est de suivre l'ordre chronologique, mais on peut ménager des retours en arrière, à condition de les signaler clairement.
On peut insister sur les étapes du récit, en utilisant de nombreux connecteurs, sans crainte de surcharge.
- Il faut également **désigner** clairement les personnages, définir leur rôle dans l'histoire, leur situation les uns par rapport aux autres. Il faut les **caractériser**, marquer nettement leurs traits physiques et psychologiques.
- Les temps qui conviennent le mieux à un récit oral sont le **passé composé** et le **présent**, qui donnent l'impression que les faits sont plus proches.

2. Utiliser les ressources de l'oral

- Il faut donner à son récit la vivacité et le naturel de l'oral, pour maintenir l'intérêt de l'auditoire. Pour cela, on peut
– utiliser des mises en relief (voir expression orale, page 73) ;
– établir un contact répété avec les auditeurs : emploi de pronoms de la 1re et de la 2e personne, interjections, emploi de l'impératif, de questions, vraies ou fausses ;
– recourir aux effets de surprise, aux ralentissements volontaires pour créer une attente, mais aussi pour laisser à l'auditoire le temps de se représenter ce qu'on lui raconte.

Exercices

1 Entraînez-vous à raconter à l'oral, en lisant de façon extrêmement expressive un récit écrit. Puis racontez-en l'histoire en utilisant les conseils donnés ci-dessus.

2 Imaginez un fait divers banal. Racontez-le, en l'enrichissant de détails, et en vous efforçant de rendre l'histoire aussi intéressante que possible.

3 Racontez un film qui vous a particulièrement intéressé. Votre récit doit être clair et construit.

4 Un élève commence un récit, puis un autre le continue, etc.
L'intérêt et l'attention de l'auditoire ne doivent pas se relâcher.

> PREMIÈRE PARTIE : QUESTIONS-RÉÉCRITURE-DICTÉE (25 points)

Gastounette

(En 1925, le président de la République, Gaston Doumergue, qui a accepté d'être le parrain de Gastounette, douzième enfant de paysans limousins, vient de prendre sa retraite. Le père de la fillette a une idée.)

Il attendit trois mois encore, afin de lui permettre de bien s'installer dans ses pantoufles, et fit rédiger par Toune en personne une ultime carte, expédiée sous enveloppe recommandée : *Votre filleule Gastounette Peyrissaguet vous souhaite une longue et heureuse retraite.*

Or, par prodige, cette carte reçut une réponse rapide, sous la forme d'un portrait de M. Doumergue, photographié sous son jour le plus favorable. Avec sa moustache grise, soulevée par un sourire, la poitrine éclairée par l'étoile à cinq branches de la Légion d'honneur. Au fond, une citation dudit[1] : *Notre pays compte encore trop de pauvres.* Au verso, une dédicace manuscrite : *À Mlle Peyrissaguet, amicalement. Gaston Doumergue.* De trop petit format pour être encadrée, la carte fut reléguée dans le tiroir aux reliques.

Le nom du glorieux parrain resurgissait de loin en loin dans la vie de Tounette. Mme Forot[2] s'en servait pour l'inciter à faire des efforts, comme on montre de loin une carotte à un âne :

– Toi qui es la filleule d'un président de la République, tu as le devoir de prendre place aux premières tables !

Chaque début de mois, en effet, après les compositions mensuelles, amenait un chambardement : celles qui avaient obtenu le meilleur classement s'asseyaient aux places de devant. Par ce système, Gastounette se trouva plusieurs fois aux honneurs. Mais à partir de la fin mai, elle cessa d'aller à l'école de la Dame[2] pour fréquenter celle des sauterelles et des bergeronnettes, en compagnie des moutons dont elle se faisait l'institutrice. Elle connaissait chacun par son nom, ses habitudes, son caractère. Elle essayait de leur enseigner tout ce qu'elle avait appris à Saint-Hilaire ; leur récitait les conjugaisons, *La cigale et la fourmi*, la table d'addition. Elle leur parlait ainsi des heures, doucement, n'élevant la voix que pour interpeller ceux qui s'écartaient. Grâce à cette répétition, elle repassait dans sa mémoire les enseignements de Mme Forot qui risquaient de s'évaporer le long de ses vacances interminables.

Souvent, elle emmenait le chien Carlo II. Il aurait dû l'aider dans sa tâche de bergère ; mais c'était une dame de compagnie plutôt qu'un rabatteur.

Jean ANGLADE, *Un parrain de cendre*,
© Presses de la Cité, 1991.

1. **Dudit :** de la personne dont il est question (ici, G. Doumergue).
2. L'institutrice.

Questions sur le texte (15 points)

I. Un glorieux parrain (6 points)

1. À quoi reconnaît-on que les deux premiers paragraphes sont narratifs ? *(1 point)*

2. a. Dans le premier paragraphe, relevez un indicateur de temps. Quelles sont sa classe grammaticale et sa fonction ? *(1 point)*

b. Indique-t-il ou non un repère chronologique ? Quelle est son utilité dans le rythme du récit ? *(1 point)*

3. La carte de Gastounette : À quels indices reconnaissez-vous qu'il s'agit d'un énoncé ancré dans la situation d'énonciation ? *(1 point)*

4. Par quel mot le deuxième paragraphe est-il introduit ? Quel est son rôle dans la construction du récit ? *(1 point)*

5. Ce récit contient un portrait. Qu'apporte-t-il au récit ? Relevez les connecteurs qui assurent la construction de ce portrait. *(1 point)*

II. À l'école de Mme Forot (4 points)

1. Expliquez la phrase (ligne 13) : « *Mme Forot s'en servait... à un âne* ». *(0,5 point)*

2. (lignes 12 à 20)

a. Relevez les mots et expressions qui marquent que ce passage présente des événements habituels ou répétés. *(0,5 point)*

b. À quel temps sont présentés ces événements ? Pourquoi ? *(0,5 point)*

3. Quels mots du texte, *en (s'en servait*, ligne 13*)*, *ce système* (ligne 19) remplacent-ils ? Que permettent-ils ainsi d'éviter ? *(1 point)*

4. a. « *Toi qui es...* » (ligne 15) : Justifiez la personne du verbe. Quel est son sujet ? *(1 point)*

b. « *Tu as le devoir...* » (ligne 15) : Par quel verbe pourrait-on remplacer cette périphrase verbale ? Pourquoi Mme Forot préfère-t-elle employer celle-ci ? *(0,5 point)*

III. À l'école des moutons (5 points)

1. « *Mais à partir de la fin mai* » (ligne 20). Cette expression contient deux connecteurs. Lesquels ? Qu'apporte chacun d'eux à la construction du récit ? *(1 point)*

2. a. Que remplace *celle* (ligne 21) dans l'expression : « *celle des sauterelles et des bergeronnettes* » ? Quelle est la classe grammaticale de ce mot ? *(1 point)*

b. Qu'a d'insolite et d'amusant cette expression ? *(0,5 point)*

3. Selon quelle progression thématique s'enchaînent la plupart des phrases de ce passage ? Sur qui le narrateur cherche-t-il à mettre ainsi l'accent ? *(1 point)*

4. Que signifie la dernière phrase du texte ? *(0,5 point)*

5. (lignes 22 à 28). À quoi reconnaît-on que la fillette est à la fois une bonne élève et une bonne bergère ? *(1 point)*

Réécriture (5 points)

Récrivez le passage (lignes 25 à 28) « *Elle leur parlait ainsi des heures ... ses vacances interminables.* », en remplaçant *Elle* par *Je*. Faites toutes les transformations qui s'imposent.

Les fautes de copie seront pénalisées.

Dictée (5 points)

Lucie était sortie dans le jardin, sans raison, juste pour guetter les premiers signes du printemps et tromper sa solitude. Or, comme elle parcourait le grand terre-plein d'herbe rase, le long du bassin, voici qu'elle aperçut, toute frêle et perdue, l'anémone rouge dont elle avait oublié l'existence.

Absurde petite anémone, si obstinée... Elle avait poussé là spontanément et revenait chaque année, avec sa fleur bien ouverte, toujours seule mais toujours vivace.

Devant ce petit salut mystérieux d'une nature fidèle, Lucie réprima une exclamation – un simple « oh » de surprise et de reconnaissance.

Jacqueline de ROMILLY, *Laisse flotter les rubans*,
© Éditions de Fallois, 1999.

> SECONDE PARTIE : RÉDACTION (15 points)

Sujet

Devenue adulte, Gastounette se souvient du temps passé à garder ses moutons. Elle l'évoque avec émotion, mais en même temps regrette de ne pas avoir suivi une scolarité complète.

Consigne

Votre texte sera une évocation de souvenirs à la première personne, dans laquelle la narratrice exprimera ses sentiments. Vous y inclurez une anecdote précise et, au moins, une description.

Lire un texte narratif

Lors de la lecture d'un texte narratif, on aura soin d'étudier :

- **Le point de vue narratif :** Qui voit ? qui raconte ?
- **Les connecteurs :** Comment structurent-ils le texte ?
- **La désignation des personnages :** Qui est désigné par les différents substituts ? Qu'apportent l'emploi des GN substituts ?
- **Les compléments circonstanciels :** Quelles sont les circonstances des événements précisées (moment, lieu, cause, conséquence, but, etc.) ?
- **L'emploi des temps :** Ils permettent de distinguer les faits de premier plan et les faits de second plan, les temps du récit et les temps de la description.
- **Le choix du vocabulaire, des tournures de phrases, du registre de langue, les interventions du narrateur :** C'est cela qui caractérise le « style » d'un auteur.

**Lisez ce texte en appliquant les conseils donnés ci-dessus.
Puis précisez en quoi il est caractéristique d'un texte narratif.**

(Nader est un marchand ambulant qui va de village en village avec sa mule.)

Pendant que les acheteurs se pressaient autour de lui, ce jour-là, Nader fit signe à Tanios de l'attendre ; et il tapota sur le ventre de sa mule pour lui signifier qu'un cadeau lui était destiné.

Le jeune homme était intrigué. Il dut néanmoins patienter jusqu'à ce que le muletier eût vendu le dernier foulard en pas-de-lion[1] et la dernière pincée de tombac[2] avant de s'approcher. Nader sortit alors un superbe coffret en bois poli, contenant de toute évidence un objet précieux.

– Mais ce n'est pas ici que tu dois l'ouvrir. Suis-moi !

Ils traversèrent la place du village, se dirigèrent vers la falaise qui surplombait la vallée. Vers un rocher à l'allure de siège majestueux. Je suppose qu'il devait avoir un nom, à l'époque, mais plus personne ne se le rappelle depuis qu'on l'associe au souvenir de Tanios.

Le garçon l'escalada, suivi de Nader qui portait le coffret sous son bras. Il ne l'ouvrit que lorsqu'ils furent tous deux assis et adossés. C'était une longue-vue. Étirée, elle avait la taille d'un bras tendu, et au bout la grosseur d'un poing d'enfant.

De ce « trône » incliné tout au bord de la falaise, quand on se tourne vers l'ouest, là où la montagne rejoint le vert sombre de la vallée, on aperçoit la mer.

– Regarde, c'est un signe. On dirait qu'il passe seulement pour tes yeux !

Pointant sa longue-vue, Tanios put distinguer sur l'eau un trois-mâts aux voiles déployées.

Amin Maalouf, *Le Rocher de Tanios*, © Grasset et Fasquelle, 1993.

1. **En pas-de-lion :** allusion aux motifs imprimés sur les foulards. - 2. **Tombac :** plante très proche du tabac.

3. Grammaire de l'argumentation

Roger de La Fresnaye (1885-1925), *La Conquête de l'air*, 1913. Musée d'Art moderne, Troyes.

17. De l'explication à l'argumentation

Notre environnement est-il menacé ?

Texte 1

C'est **à cause de la prolifération de composés toxiques introduits par l'homme** que la pollution est devenue une menace pour la planète. Cette pollution a **cependant** des origines diverses. Dans la plupart des cas, il s'agit de rejets industriels, **mais** il peut aussi s'agir de matériaux solides non recyclables, tels les emballages plastiques. L'explosion démographique et la société de consommation contribuent **donc** largement à cette agression de l'environnement.

D'après *L'Encyclo*, © Bordas.

Texte 2

S'il est un domaine où l'éducation et les médias ont une responsabilité particulière, c'est bien l'environnement. **Là encore**, cette responsabilité est moins une question de bien ou de mal qu'une question de survie. Le monde naturel est notre maison. Il n'est pas nécessairement saint ou sacré, **mais** c'est l'endroit où **nous** vivons. Il est **donc** dans **notre intérêt** de prendre soin de lui – **le bon sens l'exige. Or** depuis peu, le nombre de ses habitants et le progrès scientifique et technologique ont pris une **telle** ampleur **que la nature s'en ressent**. [...]

Nous devons **en particulier** trouver des moyens qui permettent de réduire l'emploi que nous faisons des ressources naturelles limitées. Je ne suis pas expert en la matière, et ne saurais donc dire comment on peut y parvenir. **Je sais seulement** que la chose est possible pourvu qu'on y soit décidé. **Je me souviens ainsi** d'avoir entendu il y a quelques années, au cours d'une visite à Stockholm, que pour la première fois depuis longtemps, des poissons revenaient dans le fleuve qui traverse la ville.

DALAÏ-LAMA (Prix Nobel de la paix, 1989), *Sagesse ancienne, Sagesse moderne*, © Librairie Arthème Fayard, 1999 pour la traduction française.

Pêcheur à Stockholm.

1. Dans les passages en gras des deux textes, relevez les connecteurs logiques, les procédés exprimant la cause ou la conséquence, ainsi que les pronoms personnels et les expressions d'une opinion personnelle.
2. Comment, selon l'énonciateur du texte 2, doit-on préserver l'environnement ? Relevez l'exemple qu'il cite pour illustrer son idée.
3. Bien qu'ils traitent du même sujet, les énonciateurs des deux textes n'ont pas le même but : lequel exprime son opinion, lequel donne une explication ?

Leçon

1. L'explication et l'argumentation

1. Qu'est-ce qu'une explication ?

- Dans une explication, l'énonciateur **expose ses connaissances** sur un sujet et cherche à les faire **comprendre** au destinataire. Il n'exprime donc **aucun jugement** ni **aucune opinion**.
- Une explication peut être un **mode d'emploi**, un **cours**, un **article d'encyclopédie**, un **texte documentaire** ou **informatif**, une **définition**.

2. Qu'est-ce qu'une argumentation ?

- Dans une argumentation, l'énonciateur **soutient une opinion** sur un sujet, cherche à en **convaincre** le destinataire. L'énonciateur prend donc parti.
- Une argumentation peut figurer dans un **article de presse** (éditorial) ou dans un **essai**. Elle peut aussi prendre la forme d'une **lettre**, d'une **fable**, d'un **poème**, d'un **dialogue**, d'une **préface**, d'une **publicité**, etc.

2. Les outils grammaticaux et lexicaux

1. Les outils communs à l'explication et à l'argumentation

- Pour souligner la **logique** de son raisonnement, l'énonciateur utilise
  – des **connecteurs logiques** : *ainsi, donc, d'abord, mais, par ailleurs…*
  – des **compléments circonstanciels** de cause, de conséquence, de but, d'opposition, de comparaison et de condition :

  > *Nous devons protéger l'environnement **parce que notre qualité de vie en dépend**. Il est **donc** dans notre intérêt de prendre soin de lui.*

- Pour donner un **caractère général** à son raisonnement, qu'il soit explicatif ou argumentatif, l'énonciateur peut employer
  – le **présent de vérité générale** : *Des espèces animales **sont menacées**.*
  – des **pronoms** et des **déterminants indéfinis** : *on, chacun, tout, la plupart…*
  – des **adverbes** ou des **locutions adverbiales** : *en général, toujours…*

  > ***Dans la plupart des cas**, il **s'agit** de rejets industriels.*

2. Les outils propres à l'argumentation

- Si l'énonciateur souhaite manifester une **opinion personnelle**, il peut employer
  – des **pronoms personnels** ou des **déterminants possessifs de la première personne** : ***Nous** devons protéger **nos** ressources naturelles.*
  – des **expressions** qui signalent un **point de vue personnel** (*personnellement, en ce qui me concerne, pour ma part, quant à moi, selon moi…*) : ***Quant à moi**, je sais seulement que la chose est possible.*
  – du **vocabulaire mélioratif** ou **péjoratif** selon que son opinion est **favorable** ou **défavorable** : *La situation est **grave** et souvent **inquiétante**, mais les chercheurs sont **compétents** et nous pouvons **avoir confiance** en l'avenir.*

- Pour rendre son discours **convaincant** ou **persuasif** et **agir sur le destinataire**, l'énonciateur peut utiliser

– des marques de la **deuxième personne** afin d'associer le destinataire à son opinion :

*Je **vous** assure que chacun d'entre **vous** peut participer à ce combat.*

– des **types de phrases** variés, en particulier des phrases **injonctives** à l'**impératif** et des phrases **interrogatives** pour lesquelles il n'attend aucune réponse :

*Si vous aimez la nature, **protégez**-la !*
Devons-nous nous résigner à voir disparaître des forêts ?

– des **figures de style** (comparaisons, métaphores…) pour mettre en valeur une idée :

*Jusqu'ici notre **terre mère tolérait** nos mauvaises habitudes.*

3. L'organisation de l'argumentation

1. De quoi une argumentation se compose-t-elle ?

- L'opinion que l'énonciateur soutient dans une argumentation s'appelle la **thèse**.
Dans le texte 2 de la leçon, le Dalaï-Lama commence par énoncer sa thèse :

S'il est un domaine où l'éducation et les médias ont une responsabilité particulière, c'est bien l'environnement.

- Pour soutenir une opinion, l'énonciateur utilise des **arguments**. Ce sont des faits ou des idées qui prouvent qu'il a raison.

*Il est dans notre intérêt de prendre soin du monde naturel **parce qu'il est notre maison.** De plus **notre planète n'est plus en mesure d'accepter nos mauvaises habitudes sans réagir**.*

- Pour illustrer ou éclairer ses arguments, l'énonciateur emploie parfois des **exemples** personnels, historiques, etc. Ils permettent de rendre l'argumentation plus concrète.

***Ainsi, à Stockholm**, pour la première fois depuis longtemps, des poissons revenaient dans le fleuve qui traverse la ville.*

Un exemple bien choisi peut tenir lieu d'argument.

2. Quels arguments l'énonciateur peut-il employer ?

Selon le destinataire et selon ses objectifs, il peut utiliser

– des arguments qui **découlent logiquement** du raisonnement qui est tenu :

*Si nous avons le pouvoir de détruire la Terre, nous avons également celui de la protéger. **Nous devons donc trouver des méthodes de fabrication qui ne ravagent pas la nature.***

– des propos énoncés par un personnage célèbre dont l'**autorité** est **reconnue,** et qui servent d'arguments :

Au XVIe siècle déjà, Ronsard déplorait la disparition de forêts :
Écoute, bûcheron, arrête un peu le bras !

– des arguments provenant de l'**expérience** et de l'**observation** de la réalité :

Autrefois, les pentes étaient toutes densément boisées, aujourd'hui, paraît-il, elles sont rasées comme le crâne d'un moine. (Dalaï-Lama)

– des **exemples servant d'arguments.** C'est le cas du récit qui, dans les fables, sert à la fois de preuve et d'illustration à la morale du narrateur.

FAISONS LE POINT

- Dans une **explication**, le but de l'énonciateur est d'**apporter une connaissance** au destinataire sans donner son avis. Dans une **argumentation**, son but est d'**exprimer une opinion** et de **convaincre le destinataire** qu'elle est la plus juste.
- Dans l'explication et l'argumentation, on emploie des outils grammaticaux qui soulignent la **logique** du discours. Dans une argumentation, on peut utiliser, en plus, des outils pour manifester une **opinion personnelle** et rendre son discours **convaincant** et **persuasif**.
- Une argumentation se compose d'une **thèse** et de plusieurs **arguments** illustrés par des **exemples.** L'énonciateur peut utiliser plusieurs sortes d'arguments.

Exercices

Appliquer la leçon

1 Pour chacune des phrases suivantes, dites si elle pourrait figurer dans une explication ou dans une argumentation. Justifiez votre réponse.

1. De nombreuses régions sont menacées par des tremblements de terre parce que le continent africain se rapproche de l'Europe. - **2.** Plutôt que de répondre par la violence physique à une attaque verbale, il est toujours préférable d'essayer d'établir un dialogue. - **3.** À trente ans, Beethoven dut renoncer à une carrière de pianiste, car il était atteint de surdité, ce qui le fit souffrir d'une grande solitude morale. Il se consacra donc totalement à la composition. - **4.** Comment peux-tu affirmer que les fantômes existent puisque tu n'en as jamais vu ? Il me semble que tu devrais faire preuve d'un peu plus de réalisme. - **5.** Rien n'est plus gratifiant, selon moi, que l'aboutissement d'un travail qui vous a demandé beaucoup de peine et d'efforts.

2 Dans chacun de ces passages écrits par Jean-Jacques Rousseau, relevez

a. les procédés communs à l'explication et à l'argumentation,

b. les procédés propres à l'argumentation.

1. J'appelle donc République tout État régi par des lois, sous quelque forme d'administration que ce puisse être.

2. Peuples libres, souvenez-vous de cette maxime : On peut acquérir la liberté, mais on ne la recouvre jamais.

3. Toute méchanceté vient de faiblesse ; l'enfant n'est méchant que parce qu'il est faible ; rendez-le fort, il sera bon.

4. Resserrez donc le plus qu'il est possible le vocabulaire de l'enfant. C'est un très grand inconvénient qu'il ait plus de mots que d'idées, et qu'il sache dire plus de choses qu'il n'en peut penser.

5. Je crois qu'une des raisons pourquoi les paysans ont généralement l'esprit plus juste que les gens de la ville, est que leur dictionnaire est moins étendu.

3 **Recopiez les phrases suivantes. Soulignez les thèses en bleu, les arguments en noir et les exemples en vert. Tout n'est pas nécessairement représenté.**

1. On doit lutter contre la tendance au pessimisme et au découragement devant les difficultés de la vie : une telle attitude n'est pas propice à l'action. De surcroît, on n'est plus en mesure de maîtriser les événements et ce sont eux qui nous dirigent. Ainsi une contrariété minime peut devenir une source d'angoisse intolérable. - **2.** Il est primordial pour les jeunes d'apprendre plusieurs langues vivantes. Elles permettent l'accès à des cultures différentes et facilitent l'entrée dans le monde du travail. - **3.** La solitude est un fléau du monde moderne : souvent on ne connaît même pas son voisin de palier et certaines personnes âgées vivent totalement isolées.

4 **Pour chacune des phrases suivantes, extraite d'une argumentation, précisez s'il s'agit d'une thèse, d'un argument ou d'un exemple.**

1. Dans la poursuite des études, le goût de l'effort et la volonté sont souvent plus utiles que l'intelligence brillante d'un paresseux. - **2.** Ainsi, on a vu disparaître totalement certaines maladies infantiles. - **3.** Premièrement, cela entraînerait une augmentation du chômage. - **4.** C'est le cas de certaines populations qui préfèrent quitter leurs champs et vivre une vie misérable en ville. - **5.** La déforestation a des conséquences non négligeables sur le climat. - **6.** En effet, sans tolérance, la vie en société est impossible.

5 **Recopiez les phrases suivantes, soulignez la thèse en noir et les arguments en bleu. Séparez les différents arguments par un trait transversal.**

1. La recherche des biens matériels n'est pas une garantie de bonheur puisqu'elle est source de soucis et qu'elle ne favorise pas les relations humaines. - **2.** On ne doit ni négliger ni mépriser l'imagination qui est à l'origine de bien des créations artistiques, mais aussi de découvertes scientifiques, et qui, enfin, embellit la vie.

Comprendre les textes

6 **Lisez ce texte écrit au XVIIIe siècle.**

Je trouve les caprices de la mode, chez les Français, étonnants. Ils ont oublié comment ils étaient habillés cet été, ils ignorent encore plus comment ils le seront cet hiver ; mais surtout on ne saurait croire combien il en coûte à un mari pour mettre sa femme à la mode. Que me servirait de te faire une description exacte de leur habillement et de leur parure ? Une mode nouvelle viendrait détruire tout mon ouvrage, comme celui de leurs ouvriers, et, avant que tu n'eusses reçu ma lettre, tout serait changé.

Une femme qui quitte Paris pour aller passer six mois à la campagne, en revient aussi antique que si elle s'y était oubliée trente ans. Le fils méconnaît[1] le portrait de sa mère, tant l'habit avec lequel elle est peinte lui paraît étranger.

MONTESQUIEU, *Lettres persanes*, 1721.

1. **Méconnaît :** ne reconnaît pas.

a. **Quelle est la thèse de l'énonciateur ? Dans la première phrase, relevez les trois mots-clés de cette thèse.**

b. **La thèse développée est-elle ou non l'expression d'une opinion personnelle ? Justifiez votre réponse.**

c. **Quels connecteurs annoncent un argument important, selon l'énonciateur ?**

d. **Quel autre argument retrouve-t-on dans presque tout le texte ?**

e. **Dans quelle partie du texte se trouvent les exemples qui illustrent la thèse ? Combien y en a-t-il ? Citez-les.**

7 **Lisez ces deux textes.**

Texte 1

Est-ce un hasard si, comme on le constate lors des éclipses, le diamètre de la Lune est le même, vu de la Terre, que celui du Soleil ? Guillermo Gonzalez, astronome à l'université de Washington, croit que ce n'est pas une coïncidence. Il remarque tout d'abord que la Lune est le satellite qui fait les plus parfaites éclipses de notre système solaire. Il considère que la Lune, qui s'est peu à peu éloignée de la Terre, occupe depuis 150 millions d'années une position qui stabilise les conditions de vie sur Terre et permet le développement de formes de vie évoluées. Or une telle position produit de parfaites éclipses. Pour trouver une vie sur Terre, il faudrait alors chercher l'éclipse parfaite… Le raisonnement n'est pas convaincant, mais il permet de donner une bonne leçon : il faut se méfier du hasard, certaines coïncidences cachent des causes essentielles.

Hervé POIRIER, « Hasard ou pas hasard ? L'éclipse parfaite », *Science et Vie* n° 1003, avril 2001.

Texte 2

Une éclipse a lieu lorsqu'un astre en cache un autre. Éclairée par le Soleil, une planète projette derrière elle un cône d'ombre. Pour un observateur situé dans ce cône, le Soleil est entièrement occulté : l'éclipse est totale. Lorsque le cône d'ombre est entouré d'un cône de pénombre où pénètre une fraction de la lumière solaire, l'observateur situé dans ce cône voit une éclipse solaire partielle.

L'Encyclo, © Bordas.

a. Quel est le sujet commun à ces deux textes ? Lequel est un texte explicatif ? À quoi le reconnaissez-vous ?

b. Lequel est argumentatif ? Reformulez la thèse.

c. Dans le texte argumentatif, l'opinion rapportée est-elle celle de l'énonciateur ? Justifiez votre réponse.

d. Relevez dans ce même texte les outils grammaticaux et lexicaux communs à l'explication et à l'argumentation, et les outils propres à l'argumentation.

e. L'auteur du texte argumentatif conclut sur une idée qui élargit le débat : quelle est cette idée ?

S'exprimer à l'écrit et à l'oral

8 **Voici une thèse, des arguments et des exemples en désordre. Retrouvez l'ordre logique de ces différents éléments et utilisez-les pour rédiger un paragraphe de type argumentatif (voir page 191), sans négliger les connecteurs logiques.**

a. On est plus disponible pour les autres. - **b.** Le repos est très souvent bénéfique. - **c.** Il permet de faire le point, de se retrouver avec soi-même. - **d.** C'est toujours en période de repos que j'ai les meilleures idées pour des projets que je réaliserai pendant mes périodes d'activité. - **e.** Un état de détente apporte un équilibre physique et psychologique. - **f.** Je me rends compte aussi que je suis plus détendu(e), plus aimable et que j'ai de meilleures relations avec mes proches.

9 **Dans ce texte de type argumentatif, le narrateur ne prend pas ouvertement une position personnelle.**

a. Récrivez ce texte en lui donnant une tournure plus personnelle, c'est-à-dire en utilisant les outils propres à l'expression d'une opinion personnelle. Utilisez également des connecteurs logiques.

b. Comparez les deux textes. Quel est le mérite du texte d'origine ?

On a dit que l'auto avait réveillé les routes. Elle ne les a réveillées que pour mieux les détruire. Sa multiplication cancéreuse a rongé les bordures d'arbres. Les vieux ormes sont partis les premiers. On abat maintenant les platanes, et les chemins de France, dont chacun avait son aspect familier et irremplaçable, se confondront bientôt en une piste uniforme.

François MAURIAC, *Nouveaux Mémoires intérieurs*, © Flammarion, 1965.

10 **Oral.**

Un élève pose à un camarade une question à laquelle celui-ci doit répondre d'abord par une explication logique, puis en formulant une opinion personnelle. Dans les deux cas, il doit faire une phrase complète.

Par exemple :
Pourquoi n'es-tu pas venu à la fête samedi ?
Réponse de type explicatif :
Je n'ai pas pu m'y rendre parce que j'avais une rencontre sportive ce jour-là.
Réponse de type argumentatif :
Je n'apprécie pas du tout l'ambiance de ce genre de fête et je m'ennuie toujours au milieu de gens qui se croient obligés de faire semblant de s'amuser.

On renouvelle plusieurs fois l'expérience.

11 **Observez cette image.**

Rédigez un texte en deux paragraphes :

a. un paragraphe explicatif dans lequel vous expliquez pourquoi la Croix Rouge a diffusé cette affiche entre 1940 et 1944.

b. un paragraphe argumentatif où vous présentez les idées que ce document vous inspire.

Vous respecterez les caractéristiques des discours explicatif et argumentatif.

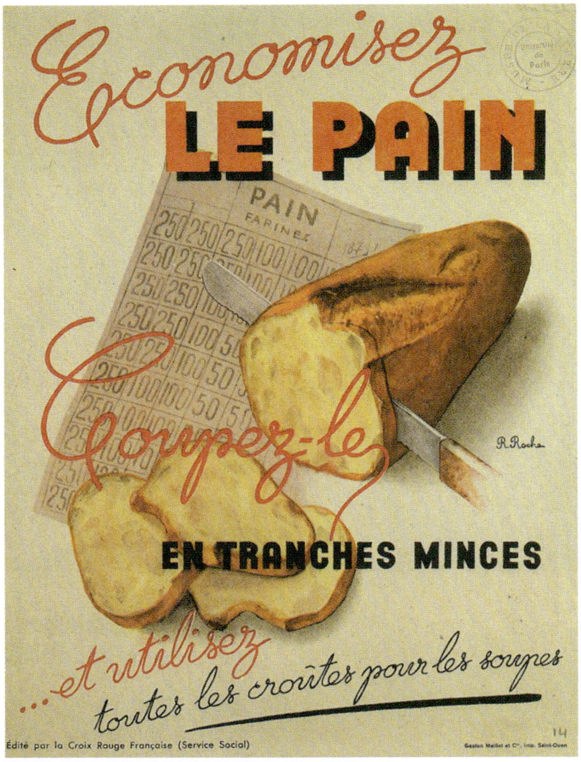

R. ROCHE, *Affiche de la Croix Rouge française*, 1940-1944.
Musée des Deux Guerres mondiales,
BDIC (Université de Paris).

18. Exprimer la cause, la conséquence et le but

La science, une école d'objectivité

En classe, on peut aménager un temps, quotidien ou hebdomadaire, pour régler les problèmes, les conflits entre les enfants ou entre les adultes et les enfants. On peut délibérer sur des décisions à prendre : le choix d'une sortie ou d'un abonnement, un projet commun… **Les enfants apprennent ainsi à confronter leurs points de vue et à trouver des accords.**

On peut aussi apprendre l'art de discuter sans se disputer en pratiquant les sciences, en apportant des arguments pour soutenir une hypothèse ou en réfuter une autre, en se mettant d'accord sur une expérimentation, en coordonnant différentes manières de bricoler des appareils. La discussion bénéficie de l'absence d'émotions fortes, puisqu'ici on n'a pas le cœur soulevé par les injustices. Les enfants apprennent à communiquer avec précision, à expliquer leur pensée aux autres, à parler en fonction de l'écoute de l'autre, à tenir compte de ses critiques pour atteindre une position plus exacte.

La Main à la pâte,
présenté par Georges CHARPAK,
publié avec le parrainage
de l'Académie des sciences,
© Flammarion, 1996.

Stuart FRANKLIN,
Enfants étudiant l'ethnobotanique
dans un centre éducatif, 1998,
Cordoue, Espagne.

1. Dans le deuxième paragraphe, quelle subordonnée explique pourquoi la discussion bénéficie de l'absence d'émotions fortes ?

2. La phrase en gras exprime-t-elle une cause ou une conséquence par rapport à la phrase qui la précède ?

3. Relevez trois groupes infinitifs qui expriment un but.

4. Quelle thèse ce texte développe-t-il ? À quel type appartient-il donc ?

Leçon

1. Les notions de cause, de conséquence et de but

- La **cause** est ce qui **provoque** un fait, une action, un jugement ou un sentiment : *On discute calmement* ***puisqu'on n'a pas le cœur soulevé par des injustices.***

- La **conséquence** est ce qui **résulte** d'un fait, d'une action, d'un jugement... : *On n'a pas le cœur soulevé par des injustices,* ***si bien qu'on discute calmement.***

  La cause et la conséquence sont deux notions **complémentaires**, mais on peut choisir de mettre en évidence l'une plutôt que l'autre.

  Ils écoutent ***car*** *ils sont intéressés. Ils sont intéressés,* ***donc*** *ils écoutent.*

  conséquence — **cause** — cause — **conséquence**

- Le **but** est ce que l'on cherche à **atteindre** ou, au contraire, à **éviter**.

  On peut aménager un temps ***pour régler les problèmes.***
  On apprend à discuter ***de peur que des conflits ne s'installent.***

2. La cause, la conséquence et le but dans la phrase simple

- La **cause** peut être exprimée par

  – un **nom**, un **GN** ou un **pronom** complément circonstanciel de cause introduit par une préposition ou une locution prépositive telles que *par, pour, à cause de, en raison de, du fait de, grâce à* :

  Grâce à la pratique des sciences, *les enfants apprennent à discuter.*

  – un **infinitif** ou un **groupe infinitif** complément circonstanciel introduit par *pour, sous prétexte de, à force de* :

  Les élèves ont réussi l'expérience ***pour l'avoir bien préparée.***

  – un **gérondif** ou un **groupe gérondif** complément circonstanciel :

  En étant très minutieux, *ils ont enfin réussi l'expérience.*

  – un **nom**, un **adjectif** ou un **participe** apposé :

  Concentrés, *ils ont réussi leur expérience.*

- La **conséquence** peut être exprimée par

  – un **nom** ou un **GN** complément circonstanciel de conséquence introduit par *à, pour* :

  Ils ont fait des progrès, ***à la grande satisfaction de leurs parents.***

  – un **infinitif** ou un **groupe infinitif** complément circonstanciel introduit par *de manière à, de façon à, au point de, assez... pour, trop... pour, jusqu'à* :

  Ils sont ***trop*** *passionnés* ***pour aller jouer.***

- Le **but** peut être exprimé par

  – un **nom**, un **GN** ou un **pronom** complément circonstanciel de but introduit par *pour, en vue de, de peur de, de crainte de* :

  Certains militent ***en vue de la pratique des sciences à l'école primaire.***

– un **infinitif** ou un **groupe infinitif** complément circonstanciel introduit par *pour, afin de, en vue de, de peur de, de crainte de, dans l'intention de* :

On apporte des arguments ***pour soutenir ou réfuter une hypothèse****.*

3. La cause, la conséquence et le but dans la phrase complexe

1. Exprimer la cause et la conséquence par deux propositions indépendantes

- Ces propositions peuvent être **juxtaposées**. Elles sont alors reliées par un signe de ponctuation (deux points, point-virgule, virgule).

  Il aime les sciences : il sera chercheur.
  cause — conséquence

- Ces propositions peuvent être **coordonnées**. Elles sont alors reliées par un **connecteur** qui peut être une conjonction de coordination, un adverbe ou une locution adverbiale de liaison qui met en évidence soit la cause (*car, en effet*) soit la conséquence (*alors, aussi, d'où, c'est pourquoi, en conséquence, par conséquent*).

  Les enfants s'intéressent aux sciences ***car*** *ils sont curieux*. (cause)

  Les enfants sont curieux, ***donc*** *ils s'intéressent aux sciences*. (conséquence)

2. Exprimer la cause, la conséquence et le but par une subordonnée

	CAUSE	CONSÉQUENCE	BUT
	à l'indicatif	**à l'indicatif**	**au subjonctif**
Subordonnée conjonctive complément circonstanciel	*Ils sont intéressés,* ***parce qu'ils aiment manipuler****.* *(comme, puisque, parce que, vu que, étant donné que, du fait que, sous prétexte que, non que)*	*Ce travail leur plaît* ***tant qu'ils ne veulent plus partir****.* *(de façon que, tel… que, de sorte que, si… que, tellement… que, tant… que, trop… pour que, si bien que, au point que, à tel point que)*	*On leur enseigne les sciences* ***pour qu'ils s'ouvrent au réel****.* *(pour que, de crainte que…ne, afin que* ou *que* après un verbe à l'impératif : *viens,* ***que*** *je te parle).*
Subordonnée participiale complément circonstanciel	***La nature étant mieux comprise****, nous pouvons la maîtriser.*		
Subordonnée relative	*L'enfant,* ***qui sait observer****, comprend mieux.*	*Il a réfléchi à ce phénomène,* ***qui a fini par s'éclaircir****.*	*Je cherche un livre* ***qui m'explique tout cela****.*

4. La cause et la conséquence dans deux phrases distinctes

On peut aussi exprimer la relation **cause/conséquence** dans deux phrases distinctes qui se suivent, reliées ou non par un connecteur logique.

On réfléchit ensemble. (cause) *On apprend **ainsi** à trouver des accords.* (conséquence)

On réfléchit ensemble. (cause) *On apprend à trouver des accords.* (conséquence)

5. La cause, la conséquence et le but dans les textes

- Les notions de cause, de conséquence et de but jouent un rôle important dans les **textes explicatifs** et **argumentatifs.** Elles permettent de mettre en évidence l'**enchaînement logique** des explications ou des arguments. Elles expriment les raisons qui vont convaincre ou persuader et contribuent ainsi à justifier un **point de vue.** Enfin, elles révèlent les intentions de l'auteur.

  *Nous devons initier les jeunes enfants aux sciences, **parce qu'ils ont des facultés d'observation et d'émerveillement*** (argument 1 : cause).

  *Nous devons aussi le faire **pour qu'ils apprennent à exprimer leurs idées** et **qu'ils respectent celles d'autrui*** (arguments 2 et 3 : buts).

- Dans les **textes narratifs**, elles mettent en évidence l'**enchaînement logique** des actions qui se succèdent. Elles permettent aussi d'énoncer les **raisons** qui poussent les personnages à agir de telle ou telle façon, les **buts** qu'ils poursuivent ainsi que la conséquence de leurs actions.

  *Un soir, Newton s'était allongé sous un pommier **pour se reposer et rêver**. Tout à coup une pomme tomba, **si bien qu'il interrompit sa rêverie** et se demanda pourquoi la lune ne tombait pas **puisque la pomme tombait** ! Et c'est **grâce à cette pomme** qu'il entrevit la vérité.*

FAISONS LE POINT

- La **cause** exprime la **raison** qui entraîne une action, un fait, un jugement ou un sentiment ; la **conséquence** exprime le **résultat** d'une action, d'un jugement ou d'un sentiment. Ces deux notions sont liées, mais on peut mettre en évidence l'une plutôt que l'autre :

  *Il s'intéresse aux sciences **car il est curieux**.*

  *Il est curieux, **donc il s'intéresse aux sciences**.*

  Le **but** exprime l'**objectif** que vise une action : *On argumente **pour défendre une idée**.*

- L'expression de la cause, de la conséquence et du but joue un rôle essentiel dans les textes **argumentatifs** et **explicatifs** mais aussi dans les textes **narratifs**, en faisant apparaître l'enchaînement logique des idées, des faits ou des actions.

Exercices

Appliquer la leçon

1 Dites, pour chaque groupe de mots en gras, s'il exprime une cause, une conséquence ou un but. Précisez le procédé grammatical utilisé.

1. Nous allons en Bretagne **pour faire un stage de voile.** - **2.** Je me passionne pour les abeilles, **aussi ai-je décidé d'avoir des ruches**. - **3.** Ses phrases sont **si** embarrassées **qu'on n'y comprend rien**. - **4. Son président ayant démissionné**, le club est désorganisé. - **5.** Nous avons choisi une date **qui permette à chacun d'être là**. - **6.** Elle ne s'intéresse plus à ce livre : **elle n'a pas pu s'empêcher d'en lire la fin**. - **7.** Nous rentrons les jardinières **de peur qu'elles ne soient abîmées par le gel**. - **8. En l'encourageant sans cesse**, je lui ai redonné confiance en lui.

2 Complétez les pointillés par une conjonction ou une locution conjonctive de subordination et précisez si elle introduit une cause, une conséquence ou un but. Observez le mode des verbes.

1. L'été a été caniculaire ... on a dû faire des restrictions d'eau. - **2.** Elle prétend qu'elle ne peut pas nous aider ... elle doit garder le chien de sa sœur. - **3.** La neige est ... lumineuse ... on en est ébloui. - **4.** Il se flatte sans cesse ... on ne reconnaisse pas ses mérites. - **5.** Je ne suis pas partie avec eux, ... je redoute leur compagnie, mais ... j'avais un travail urgent à finir. - **6.** J'ai ... aimé le livre ... je crains d'être déçu par le film. - **7.** Approchez, ... je vous voie mieux.

3 Faites deux colonnes : dans l'une, recopiez le groupe de mots qui exprime la cause et dans l'autre celui qui exprime la conséquence. Pour chacune des phrases, dites si c'est la cause ou la conséquence qui est mise en valeur et précisez le procédé employé.

1. Les acteurs ayant remarquablement bien joué, la salle leur fit une ovation. - **2.** Cet architecte, qui a conçu le projet le plus convaincant, réalisera le nouvel hôtel de ville. - **3.** Elle manque trop de confiance en elle pour obtenir ce poste. - **4.** Désireux d'en savoir plus, j'ai consulté Internet. - **5.** Par crainte du regard des autres, on se dispense souvent d'agir.

4 Dans les phrases suivantes, on a mis la cause en évidence. Récrivez-les de manière à mettre la conséquence en évidence.

1. Puisque nous avons la même façon de vivre, nous avons décidé de prendre nos vacances ensemble. - **2.** Nous n'avons pas pu skier car la neige est trop molle. - **3.** Le climat étant tropical, la végétation y est luxuriante. - **4.** Par goût du risque, elle a fait un rallye à moto particulièrement difficile. - **5.** Comme je dois participer à un tournoi de tennis, je m'entraîne chaque jour.

5 Remplacez les GN compléments circonstanciels de but par des subordonnées conjonctives ou par des groupes infinitifs de même sens.

1. Des dispositions particulières ont été prises de peur d'une augmentation des accidents de la route. - **2.** De nouvelles techniques sont expérimentées pour une amélioration des performances. - **3.** L'artiste travaille beaucoup en vue d'une exposition qui soit un succès. - **4.** Le chat s'est caché sous l'armoire de peur d'une réprimande.

Comprendre les textes

6 Lisez ce texte.

La métallurgie et l'agriculture furent les deux arts[1] dont l'invention produisit cette grande révolution[2]. Pour le poète, c'est l'or et l'argent ; mais pour le philosophe, ce sont le fer et le blé qui ont civilisé les hommes et perdu le genre humain...

Dès qu'il fallut des hommes pour fondre et forger le fer, il fallut d'autres hommes pour nourrir ceux-là. Plus le nombre des ouvriers vint à se multiplier, moins il y eut de mains employées à fournir la subsistance commune, sans qu'il y eut moins de bouches pour la consommer ; et, comme il fallut aux uns des denrées en échange de leur fer, les autres trouvèrent enfin le secret d'employer le fer à la multiplication des denrées. De là naquirent d'un côté le labourage et l'agriculture, et de l'autre l'art de travailler les métaux et d'en multiplier les usages.

Jean-Jacques Rousseau,
Discours sur l'origine de l'inégalité parmi les hommes, 1755.

1. **Art** : technique. - 2. **Cette grande révolution** : l'esclavage et la misère.

a. Quelle est la thèse exprimée par Rousseau dans le premier paragraphe ?

b. Dans le paragraphe suivant, quels groupes de mots expriment les buts recherchés, à l'origine de la métallurgie et de l'agriculture ? Donnez leur classe grammaticale et leur fonction.

c. Quelle situation a causé la découverte de la fabrication d'outils métalliques pour la culture ? Quelle pro-

position l'exprime ? Donnez sa classe grammaticale et sa fonction.

d. Citez la phrase exprimant les deux conséquences qui découlent de cette découverte. Quel connecteur met en évidence cette conséquence ?

7 Lisez ce texte.

(Jean Valjean va-t-il, en se dénonçant pour éviter le bagne à un inconnu innocent, renoncer à tout ce qu'il a entrepris ?)

C'est Dieu qui le veut. Je n'ai rien à faire contre la volonté de Dieu. Et pourquoi Dieu le veut-il ? Pour que je continue ce que j'ai commencé, pour que je fasse le bien, pour que je sois un jour un grand et encourageant exemple, pour qu'il ne soit pas dit qu'il y a eu enfin un peu de bonheur attaché à cette pénitence que j'ai subie et à cette vertu où je suis revenu !

Victor HUGO, *Les Misérables*, 1862.

a. Quel est l'argument présenté par le narrateur pour ne pas se dénoncer ?

b. Combien d'arguments expose-t-il pour justifier le premier ? Quel procédé grammatical utilise-t-il ?

c. Quelle est la particularité de la phrase qui contient ces justifications ? Quel effet cela produit-il ?

8 Lisez ce texte.

(Enfant, Sartre eut une institutrice à domicile.)

Elle interrompait parfois les dictées pour soulager son cœur de gros soupirs : elle me disait qu'elle était lasse à mourir, qu'elle vivait dans une solitude affreuse, qu'elle eût tout donné pour avoir un mari, n'importe lequel. Elle finit, elle aussi, par disparaître. […] **Il était temps : Mlle Marie-Louise me démoralisait.** Je croyais les salaires proportionnés au mérite et on me disait qu'elle était méritante : pourquoi donc la payait-on si mal ? Quand on avait un métier, on était digne et fier, heureux de travailler : puisqu'elle avait la chance de travailler huit heures par jour, pourquoi parlait-elle de sa vie comme d'un mal incurable ? Quand je rapportais ses doléances, mon grand-père se mettait à rire : elle était bien trop laide pour qu'un homme voulût d'elle. Je ne riais pas : on pouvait naître condamné ? En ce cas on m'avait menti : l'ordre du monde cachait d'intolérables désordres. Mon malaise se dissipa dès qu'on l'eût écartée. Charles Schweitzer me trouva des professeurs plus décents. Si décents que je les ai tous oubliés.

Jean-Paul SARTRE, *Les Mots*, © Gallimard, 1964.

a. Dans la première phrase, quelle est la classe grammaticale des groupes de mots soulignés et quelle est leur fonction ?

b. Dans la phrase en gras, remplacez les deux points par une locution conjonctive. Qu'exprime alors la subordonnée ?

c. Relevez une subordonnée conjonctive de cause. Cette subordonnée permet-elle de donner une explication aux interrogations de l'enfant ? Pourquoi ?

d. Relevez une subordonnée conjonctive de conséquence qui exprime l'opinion du grand-père.

e. Quelle est la particularité syntaxique de la dernière phrase : de quoi est-elle constituée ? Pourquoi le narrateur a-t-il voulu lui donner autant d'importance ?

S'exprimer à l'écrit et à l'oral

9 Voici des groupes de deux mots.

Utilisez-les dans des phrases, que vous développerez, pour exprimer :

a. un rapport cause-conséquence en privilégiant la cause : effort / réussite • argumenter / convaincre.

b. un rapport cause-conséquence en privilégiant la conséquence : renfrogné / seul • incendie / chômage.

c. un but : économie / voyage • travail / examen.

10 À partir des arguments suivants, rédigez une argumentation en faveur de la bonne humeur dans la vie de tous les jours.
Employez divers procédés pour mettre en évidence la relation cause / conséquence et l'expression du but.

La bonne humeur
– attire la sympathie ;
– rend plus tolérant et facilite ainsi les relations avec les autres ;
– permet de surmonter les petits soucis de la vie quotidienne en les dédramatisant ;
– aide à envisager l'avenir avec optimisme ;
– est une porte ouverte vers le bonheur.

11 **Oral.**

Chacun propose trois phrases sur ce modèle.

Adrien adore la mer : il a décidé d'acheter un bateau.
Adrien a décidé d'acheter un bateau parce qu'il adore la mer.
Adrien adore la mer si bien qu'il a décidé d'acheter un bateau.

On doit varier le plus possible les connecteurs logiques.

19. Exprimer l'opposition et la concession

Le roi de France

J'ai étudié son caractère, et j'y ai trouvé des contradictions qu'il m'est impossible de résoudre. Par exemple : il a un ministre qui n'a que dix-huit ans, et une maîtresse qui en a quatre-vingts ; il aime sa religion, et il ne peut souffrir ceux qui disent qu'il la faut observer à la rigueur[1] ; quoiqu'il fuie le tumulte des villes, et qu'il se communique peu, il n'est occupé du matin jusques au soir, qu'à faire parler de lui ; il aime les trophées et les victoires, mais il craint autant de voir un bon général à la tête de ses troupes, qu'il aurait sujet de le craindre à la tête d'une armée ennemie. Il n'est, je crois, jamais arrivé qu'à lui d'être, en même temps, comblé de plus de richesses qu'un prince n'en saurait espérer, et accablé d'une pauvreté qu'un particulier ne pourrait soutenir.

Il aime à gratifier ceux qui le servent ; mais il paye aussi libéralement les assiduités ou plutôt l'oisiveté de ses courtisans, que les campagnes laborieuses de ses capitaines. Souvent il préfère un homme qui le déshabille ou qui lui donne la serviette lorsqu'il se met à table, à un autre qui lui prend des villes ou lui gagne des batailles.

MONTESQUIEU, *Lettres persanes*, XXXVII, 1721.

1. **À la rigueur** : rigoureusement.

Le roi Louis XV tenant son lit de justice en son Parlement, le 12 septembre 1715. Bibliothèque nationale de France, Paris.

1. Combien d'exemples le narrateur donne-t-il des contradictions particulières au caractère du roi ?
2. Pour chacun de ces exemples, relevez le mot qui marque la contradiction ou l'opposition entre les deux faits.
3. Quelles locutions conjonctives, dans une même phrase, introduisent des subordonnées coordonnées entre elles et marquant une opposition ?

Leçon

1. Les notions d'opposition et de concession

- On parle d'**opposition** quand deux faits opposés coexistent sans être contradictoires.

  Louis XIV vivait à Versailles, ***alors que Louis XIII habitait le Louvre***.
  A B

  Les faits exprimés par les propositions A et B sont opposés, mais le fait exprimé dans la proposition B n'empêche pas l'existence du fait exprimé dans la proposition A. Ici, le choix de Louis XIV ne contredit pas celui de Louis XIII.

- On parle de **concession** quand on met en relation deux faits **contradictoires** et logiquement incompatibles.

  Bien qu'il soit comblé de richesses, *il se sent pauvre*.
  A B

  Le fait exprimé par la proposition B est opposé à celui exprimé par la proposition A, et devrait l'empêcher d'exister. Si le roi possède de grandes richesses, il ne devrait pas être pauvre. Or, d'une certaine manière, il l'est.

  Dans une **argumentation**, on appelle aussi **concession** le fait d'admettre que son adversaire a raison sur un point. Une concession est alors souvent suivie d'une **objection** : *Je* ***vous accorde*** *que…,* ***cependant****…*

- La différence entre opposition et concession étant parfois subtile, on peut employer le terme d'**opposition pour tous les cas**.

2. L'opposition dans la phrase simple

- Dans la phrase simple, l'opposition peut être exprimée par différentes formes de **compléments circonstanciels**.
  Ces compléments peuvent être

  – un **nom** ou un **GN** précédé des prépositions ou locutions prépositives *à défaut de, à part, au lieu de, avec, en dépit de, excepté, malgré, pour, sauf…* :

  Malgré ses nombreux courtisans*, le roi est un homme seul.*

  – un **infinitif** ou un **groupe infinitif** précédé des prépositions ou locutions prépositives *au lieu de, loin de, pour, sans…* :

  Loin de faire confiance à ses ministres*, il s'en méfie.*

  – un **gérondif** ou un **groupe gérondif** renforcé parfois par *tout* ou *même* :

  Tout en aimant les victoires*, il craint de voir un bon général à la tête de ses troupes.*

- L'opposition peut également être exprimée par un **nom**, un **adjectif** ou un **participe mis en apposition** parfois introduit par *même* ou *quoique*.

  (Même) Puissant*, le roi est vulnérable.*
  Quoique roi*, Louis XIV continue à fuir le tumulte des villes.*

3. L'opposition dans la phrase complexe

L'opposition peut être exprimée par une **subordonnée conjonctive complément circonstanciel d'opposition** introduite

– **à l'indicatif**, par les conjonctions ou locutions conjonctives *alors que, cependant que, même si, si ce n'est que, tandis que, tout… que…* :

Le roi s'entoure de courtisans ***alors qu'il préférerait être seul.***

– **au conditionnel**, par *alors même que, quand, quand bien même…* :

Quand bien même je serais roi, *je vivrais sans luxe.*

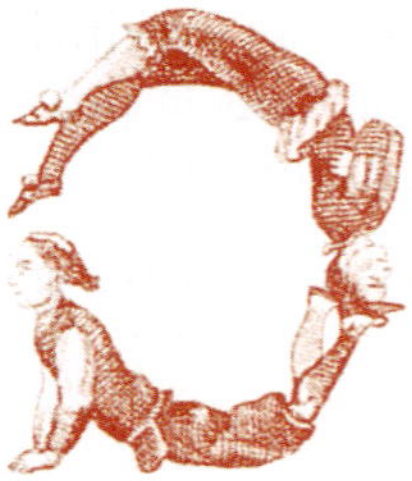

– **au subjonctif**, par *bien que, au lieu que, loin que, quoique, sans que, quel que soit, si… que, tout… que, pour… que, quelque… que, qui que, quoi que, où que* :

Quelle que fût la saison, *Versailles était en fête.*
Si grands que soient les rois, *ils sont ce que nous sommes.* (Corneille)

Une **subordonnée participiale** complément circonstanciel peut exprimer une opposition, soulignée parfois dans la principale par un adverbe.

Le ballet terminé, *les courtisans ne se résignaient cependant pas à partir.*

Une **subordonnée relative détachée** peut exprimer une idée d'opposition.

Le roi, ***qui aime sa religion,*** *en refuse les rigueurs.*

L'opposition peut être exprimée par **deux propositions indépendantes**

– **juxtaposées**, dont l'une peut comporter la locution verbale *avoir beau* ou le verbe *pouvoir* ou un verbe à l'impératif ou au conditionnel :

Molière ***avait beau*** *être l'ami du roi, il fut victime d'une cabale.*
*On m'****offrirait*** *de vivre à la cour, je refuserais.*

– **coordonnées** par un connecteur : adverbe (*cependant, du moins, en revanche, néanmoins, pourtant, quand même, toutefois*), ou conjonction de coordination (*mais, et, or*) :

Il fuit le tumulte des villes ***mais*** *il n'est occupé qu'à faire parler de lui.*

4. L'opposition dans les textes

Dans un texte **argumentatif** ou **explicatif,** l'expression de l'opposition permet

– de préciser une idée en mettant en évidence une différence :

Les courtisans menaient une vie oisive et inutile à la société, ***alors que*** *dans les campagnes les gens devaient travailler très dur.*

– de montrer que deux idées qui, en apparence, ne sont pas compatibles le sont en réalité, et inversement :

Bien que *la construction du palais de Versailles ait occasionné d'énormes dépenses, il est maintenant une source de revenus considérables, grâce au tourisme.*

– de mettre en évidence les contradictions du raisonnement d'un adversaire :
Certains affirment que Louis XIV était un despote, ***alors qu'****en réalité son pouvoir était limité.*

Dans un texte **narratif** ou **descriptif**, l'expression de l'opposition permet d'apporter des précisions ou d'opposer des personnages ou des situations.

Bien qu'il fût roi, Louis XIV adorait les ballets et la comédie.
*Molière était comédien et auteur, **alors que** Lulli était musicien.*

FAISONS LE POINT

- On parle d'**opposition** quand deux faits opposés coexistent sans être contradictoires ; on parle de **concession** quand on met en relation deux faits **contradictoires**.
  *Louis XIV vivait à Versailles, **alors que Louis XIII habitait le Louvre.*** (opposition)
  ***Bien qu'il soit comblé de richesses,** il se sent pauvre.* (concession)
- Dans les textes **argumentatifs** ou **explicatifs**, l'expression de l'opposition permet d'introduire des nuances ou des contradictions entre des faits ou des idées.
  Dans un texte **narratif** ou **descriptif**, elle permet surtout d'opposer des personnages ou des situations et d'apporter des précisions.

Exercices

Appliquer la leçon

1 Relevez le groupe de mots ou la proposition qui exprime une opposition et précisez sa classe grammaticale.

1. Alice, qui ne supporte pas le bruit, a offert une batterie à son fils. - **2.** Elle se lance dans une carrière de mannequin en dépit des mises en garde de ses amis. - **3.** Personne ne croyait au talent de Vincent et pourtant il est devenu un peintre célèbre. - **4.** Sans être vraiment pessimiste, je n'envisage pas l'avenir avec sérénité. - **5.** La musique s'étant arrêtée, des couples évoluaient encore sur la piste de danse. - **6.** Tout en ayant de l'ambition, il ne veut guère faire d'effort pour réussir. - **7.** Quoique nous ayons été charmés par ce pays accueillant, nous avons dû nous résigner à partir. - **8.** Qu'il pleuve ou qu'il neige, je ferai cette randonnée.

2 Relevez le procédé qui exprime l'opposition dans chacune des phrases suivantes.

1. Malgré la sévérité des critiques, le public a fait un triomphe à ce film. - **2.** Quoi qu'il fasse, ses amis l'admirent. - **3.** La vitesse attire les jeunes gens, or elle est responsable de milliers de morts. - **4.** Tu peux toujours me supplier, je ne céderai pas. - **5.** Au lieu de gémir sans cesse, tu ferais mieux de réagir. - **6.** Tout en étant d'apparence timide, Benoît a une volonté de fer. - **7.** On offrirait une fortune à mes grands-parents pour leur maison, ils ne la vendraient pas. - **8.** Élève brillant, il a complètement raté son contrôle.

3 Complétez les pointillés par la conjonction ou la locution conjonctive de subordination qui convient. Attention au mode des verbes.

1. Mon père lit beaucoup la presse quotidienne ... ma mère préfère lire des romans. - **2.** ... on lui promettrait une situation intéressante, il ne partirait pas à l'étranger. - **3.** ... soient les efforts ... je fasse, je ne serai jamais une pianiste virtuose. - **4.** ... il dise, on a toujours l'impression qu'il plaisante. - **5.** ... célèbre ... il soit, ce chanteur n'a guère de respect pour son public.

4 Complétez ces phrases par une subordonnée complément circonstanciel d'opposition.

1. La situation n'est pas si grave que cela ... - **2.** Elle espère toujours recevoir des nouvelles ... - **3.** Le spectacle aura lieu ... - **4.** On continue à lui faire confiance ... - **5.** J'écrirai mes mémoires ... - **6.** Elle préfère rentrer ...

5 **Remplacez les subordonnées conjonctives compléments d'opposition par un GN, un groupe infinitif ou encore un adjectif ou un nom mis en apposition.**

1. Bien qu'il soit tout petit, le rat a sauvé le lion. - **2.** Thomas regarde le match de foot à la télévision, alors qu'il a du travail. - **3.** Si attentif qu'on soit, on n'est jamais à l'abri d'une erreur. - **4.** Il a quitté l'école, sans qu'on le remarque. - **5.** Quoique Alice fût émue, sa voix ne trembla pas.

Comprendre les textes

6 **Lisez ce texte.**

(L'auteur imagine que des chercheurs ont découvert en Nouvelle-Guinée des êtres étranges qui pourraient être le chaînon manquant entre le singe et l'homme.)

Nous avons découvert une vraie nécropole[1]; grossière et primitive certes, mais dont le caractère funéraire est certain. Pourtant ce sont des singes. Je n'y connais pas grand-chose, assurément, mais il suffit de les regarder. Ils ont des bras démesurés, et bien qu'ils se tiennent généralement droits, il leur arrive, au plus fort d'une course, de s'appuyer encore sur le dos des doigts, à la façon des chimpanzés. Leur corps est couvert de poils, mais je dois dire que l'aspect en est troublant, surtout celui des femelles. Elles sont plus fines que les mâles, ont les bras moins longs, de vraies hanches et une poitrine très féminine. Le poil est court et velouté, un peu comme celui des taupes. Tout cela leur confère une apparence gracieuse et délicate – attendrissante – presque sensuelle; mais le visage est terrible.

Car il est nu, comme celui des humains. Mais presque aussi écrasé que celui des singes.

VERCORS, *Les Animaux dénaturés*, © Albin Michel, 1952.

1. **Nécropole :** lieu destiné aux sépultures chez les peuples de l'Antiquité.

a. **Relevez une subordonnée conjonctive d'opposition. Quelle contradiction fait-elle ressortir à propos du comportement des êtres vivants observés ?**

b. **Quels connecteurs sont utilisés pour établir des oppositions ? Lequel est le plus utilisé ?**

c. **Partagez votre feuille en deux colonnes. Dans la première relevez tout ce qui rattache les êtres étudiés à des singes et dans la deuxième tout ce qui les rapproche des hommes. Relevez et soulignez les connecteurs qui marquent cette opposition.**

7 **Lisez ce texte.**

(De la cellule où il est emprisonné, Fabrice observe Clélia, la fille du gouverneur de la citadelle.)

Il remarqua qu'elle ne levait pas les yeux sur lui, mais ses mouvements avaient l'air gêné, comme ceux de quelqu'un qui se sent regardé. Quand elle l'aurait voulu, la pauvre fille n'aurait pas pu oublier le sourire si fin qu'elle avait vu errer sur les lèvres du prisonnier, la veille, au moment où les gendarmes l'emmenaient du corps de garde.

Quoique, suivant toute apparence, elle veillât sur ses actions avec le plus grand soin, au moment où elle s'approcha de la fenêtre de la volière, elle rougit fort sensiblement. [...]

Mais, en revenant du fond de la chambre que Fabrice, grâce à sa position plus élevée, apercevait fort bien, Clélia ne put s'empêcher de le regarder du haut de l'œil, tout en marchant, et c'en fut assez pour que Fabrice se crût autorisé à la saluer. « Ne sommes-nous pas seuls au monde ici ? » se dit-il pour s'en donner le courage. Sur ce salut, la jeune fille resta immobile et baissa les yeux : puis Fabrice les lui vit relever fort lentement ; et, évidemment, en faisant effort sur elle-même, elle salua le prisonnier avec le mouvement le plus grave et le plus distant, mais elle ne put imposer silence à ses yeux ; sans qu'elle le sût probablement, ils exprimèrent un instant la pitié la plus vive.

STENDHAL, *La Chartreuse de Parme*, 1839.

a. **Dans le premier paragraphe, relevez une subordonnée conjonctive d'opposition. À quel mode est son verbe ? Par quelle locution conjonctive, suivie de l'indicatif, pourrait-on remplacer son subordonnant ?**

b. **Dans le deuxième paragraphe, relevez une subordonnée conjonctive d'opposition. À quel mode et à quel temps est son verbe ? Entre quels faits le narrateur établit-il une opposition ?**

c. **Dans le troisième paragraphe, relevez les connecteurs marquant une opposition.**

d. **Dans la dernière phrase, relevez une subordonnée conjonctive d'opposition.**

e. **En quoi ces différentes expressions d'opposition expriment-elles le trouble de la jeune fille ?**

8 **Lisez ce texte.**

(Cléonte croit que sa fiancée ne l'aime plus. Pour se détacher d'elle, il demande à son valet, Covielle, de lui en faire une peinture qui « la rende méprisable ».)

COVIELLE. – [...] Premièrement elle a les yeux petits.
CLÉONTE. – Cela est vrai, elle a les yeux petits ; mais elle les a pleins de feux, les plus brillants, les plus perçants du monde, les plus touchants qu'on puisse voir.
COVIELLE. – Elle a la bouche grande.
CLÉONTE. – Oui, mais on y voit des grâces qu'on ne voit point aux autres bouches ; et cette bouche, en la voyant, inspire des désirs, est la plus attrayante, la plus amoureuse du monde.
COVIELLE. – Pour sa taille, elle n'est pas grande.
CLÉONTE. – Non ; mais elle est aisée et bien prise.
COVIELLE. – Elle affecte une nonchalance dans son parler, et dans ses actions.
CLÉONTE. – Il est vrai ; mais elle a grâce à tout cela, et ses manières sont engageantes, ont je ne sais quel charme à s'insinuer dans les cœurs.

MOLIÈRE, *Le Bourgeois gentilhomme*,
acte III, scène 9, 1670.

a. **Combien d'arguments Covielle présente-t-il à Cléonte pour le détacher de sa fiancée ?**

b. **Montrez, en précisant votre réponse, que Cléonte réagit en deux temps à chacun de ces arguments. Dans lequel de ces deux temps semble-t-il donner raison à Covielle ?**

c. **Quel connecteur marque l'opposition entre ces deux réactions ?**

d. **Covielle a-t-il réussi dans sa tâche ? Justifiez votre réponse en vous appuyant sur la construction des phrases prononcées par Cléonte.**

S'exprimer à l'écrit et à l'oral

9 **Faites une phrase avec chacune des conjonctions ou locutions conjonctives suivantes.**

Quoique • quoi que • si ce n'est que • quelque ... que • quand bien même • au lieu que.

10 **Rédigez un plaidoyer sur le modèle du texte de l'exercice 8. Établissez un dialogue entre deux amis qui confrontent leur point de vue sur une troisième personne.**

11 **Vous plaidez la cause d'un de vos camarades que les autres ne veulent pas emmener en stage de V.T.T. ou de voile, parce qu'ils ne le trouvent pas suffisamment responsable.**
Vous ferez valoir l'écart entre l'impression que donne ce camarade et sa véritable personnalité. Pour cela vous utiliserez des procédés d'expression de l'opposition.

12 **Rédigez une argumentation sur ce sujet :** ***Que pensez-vous d'un enseignement uniquement prodigué par des ordinateurs ?*** **Mettez en évidence les oppositions qui existent entre les arguments des deux parties.**

a. Ils peuvent répondre à toutes les questions.
L'élève va à son rythme.
Les ordinateurs sont neutres et ne portent pas de jugement.
Il ne peut pas y avoir d'incompatibilité d'humeur entre un ordinateur et son utilisateur.
Il y a un échange permanent avec l'ordinateur.

b. Ils ne sont pas « intelligents » et ne peuvent pas s'adapter à toutes les interrogations de l'élève.
Ils ne stimulent pas les efforts de ceux qui sont lents.
Ils n'encouragent pas l'élève qui doute ou qui progresse.
Leur caractère de robot ne peut pas remplacer la personnalité d'un humain et finit par lasser.
On est seul avec un appareil sans âme.

13 **Oral.** **Un élève affirme un fait ou une idée à son voisin. Celui-ci émet une objection en exprimant une opposition.**
Par exemple : ***L'équitation est un sport très agréable. – L'équitation est un sport très agréable mais il ne peut pas être pratiqué par tous.***
On renouvelle l'exercice aussi souvent que possible.

14 **Observez cet objet.**

Rédigez les phrases qu'il vous inspire. Celles-ci devront toutes contenir une expression d'opposition.

Marcel MARIËN (1920-1993),
lunette pour cyclope.

20. Exprimer la condition

À quoi tient le succès commercial d'un livre ?

(Pendant de nombreuses années, Bernard Pivot a animé une émission littéraire télévisée.)

Avais-je inventé le canon qui propulsait immanquablement le livre au succès ? Évidemment, non. **Propriétaire de cette arme**, je serais devenu l'artificier[1] miraculeux de la librairie et ma puissance eût été telle qu'elle serait devenue insupportable. Grâce à Dieu, l'influence d' Apostrophes[2] restait imprévisible, aléatoire[3], fluctuante. [...] Cette incertitude dans ses effets commerciaux était, à mes yeux, un des ressorts[4] de l'émission, mais je conçois très bien que pour les directeurs des ventes des maisons d'édition les risques n'étaient pas négligeables.

Car s'ils tiraient trop, ils perdaient de l'argent dans les coûteux retours ; mais s'ils ne tiraient pas assez, si la mise en place dans les librairies et supermarchés avait été trop prudente, ils pouvaient, dans la seule journée du samedi[5], rater la vente de plusieurs milliers d'exemplaires – qui ne retrouvaient pas tous leurs clients, les semaines suivantes, après que l'éditeur avait procédé à une réimpression et à une nouvelle distribution.

Bernard Pivot,
Le Métier de lire, Réponses à Pierre Nora,
© Gallimard, 1990.

1. **Artificier :** personne responsable de feux d'artifice.
2. **Apostrophes :** nom de l'émission.
3. **Aléatoire :** incertaine.
4. **Ressort :** force agissante.
5. L'émission avait lieu le vendredi.

Sempé, dessin paru dans *Quelques artistes et gens de lettres*, © Denoël, 1984.

1. **Quelles sont la classe grammaticale et la fonction du groupe de mots en gras ? Remplacez-le par une proposition subordonnée. Par quel mot est-elle introduite ?**

2. **À quel temps et à quel mode serait le verbe de cette subordonnée ? À quel temps et à quel mode sont les verbes des propositions qui la suivent ?**

3. **Dans le deuxième paragraphe, relevez trois subordonnées de condition. Que se passerait-il dans chaque cas si chacune de ces conditions se réalisait ?**

Leçon

1. La notion de condition

Pour qu'une action ou un fait existe, il faut parfois qu'une **condition** soit remplie : ***Si les éditeurs tiraient trop de livres***, *ils perdaient de l'argent.*
Si la condition *tirer trop de livres* était remplie, le fait de *perdre de l'argent* se réalisait.
Envisager de tirer trop de livres, c'est formuler une **hypothèse**.

2. La condition dans la phrase complexe

– Dans la phrase complexe, la condition peut être exprimée par une **subordonnée hypothétique à l'indicatif, introduite par *si*.**

	Condition	Subordonnée	Principale	Exemple
La condition porte sur le présent ou sur l'avenir proche	réalisable	présent	indicatif présent impératif	*Si j'arrive, je te préviens.* *Si tu arrives, préviens-moi.*
	non réalisable : **irréel du présent**	imparfait	conditionnel présent	*Si je pouvais, je le ferais. (mais je ne peux pas)*
La condition porte sur l'avenir	réalisable : **éventuel**	présent	indicatif futur	*Si tu essaies, tu réussiras.*
	incertaine : **potentiel**	imparfait	conditionnel présent	*Si tu essayais, tu réussirais.*
La condition porte sur le passé	réalisable	tous les temps du passé	indicatif à tous les temps du passé	*Si on l'aidait, il réussissait.*
	non réalisée : **irréel du passé**	plus-que-parfait	conditionnel passé 1re forme	*S'il avait voulu, il aurait réussi.*
		subjonctif plus-que-parfait	conditionnel passé 2e forme	*S'il eût voulu, il eût réussi.*

– La **condition** peut être également exprimée dans une **subordonnée hypothétique** introduite

– à l'**indicatif**, par les locutions conjonctives *selon que, suivant que, sauf si* :

Selon que vous aimerez ou non ce livre, *je le lirai ou non.*
J'achèterai ce livre, ***sauf si je le trouve à la bibliothèque***.

– au **conditionnel**, par les locutions conjonctives *au cas où, dans l'hypothèse où* :

Dans l'hypothèse où un film serait tiré de ce roman, *j'irais le voir.*

– au **subjonctif**, par les locutions conjonctives *à condition que, à moins que, pour peu que, pourvu que, soit que… soit que* :

Pour peu que je lise un livre, *elle veut le lire aussitôt.*

- Une **subordonnée participiale** peut être complément circonstanciel de condition.

  Ce livre paru plus tôt*, les libraires en auraient vendu davantage.*

- Une **subordonnée relative substantivée au conditionnel** peut exprimer la condition.

  Qui aurait prévu ce succès *serait passé pour un fou !*

- Deux **propositions indépendantes, soit juxtaposées soit coordonnées par *et*,** peuvent également exprimer la condition. Elles peuvent être
  – à l'indicatif :

  Je n'ai rien à lire, je m'ennuie. (juxtaposées)
  Je trouve un livre et me voilà satisfait. (coordonnées)

  – au conditionnel : *Tu lirais moins vite, tu comprendrais mieux.*
  – à l'impératif : *Demandez-lui ce qu'il a lu, il ne saura pas vous citer un titre.*
  – au subjonctif : *Qu'on m'offre des livres et je suis contente.*

- On peut également exprimer une condition, à l'aide de **deux propositions indépendantes juxtaposées** dont l'**une** est **au conditionnel** et commence par ***autrement*** ou ***sinon***.

  Je ne sais rien, ***sinon*** *(= si je savais quelque chose) je t'aurais averti.*
  Je ne sais rien, ***autrement*** *(= si je savais quelque chose) je t'aurais averti.*

3. La condition dans la phrase simple

- Une phrase simple au conditionnel peut exprimer une **éventualité** dépendant d'une subordonnée de condition sous-entendue.

  Moi, je n'aurais pas acheté ce livre. (s.-e. : *Si j'avais été à ta place)*

- Dans la phrase simple, la condition peut être exprimée par des compléments circonstanciels qui peuvent être

  – un **nom** ou un **GN**, un **pronom** ou un **groupe pronominal** précédé d'une préposition ou d'une locution prépositive telles que *à, avec, en, en cas de, sans, sous réserve de, à moins de* :

  Sans une bonne gestion publicitaire*, les ventes seraient décevantes.*

  – un **infinitif** ou un **groupe infinitif** précédé d'une préposition ou d'une locution prépositive telles que *à, à condition de, à moins de* :

  À moins d'être un auteur connu*, il est difficile de se faire éditer.*
  (= Si on n'est pas un auteur connu, il est difficile…)

  – un **gérondif** ou un **groupe gérondif** :

  En écoutant parler cet écrivain*, tu aurais eu envie de lire son roman.*

- La condition peut être exprimée par un **nom**, un **GN**, un **adjectif** ou un **participe mis en apposition.**

  Propriétaire de cette arme*, ma puissance serait devenue insupportable.*
  (= Si j'avais été propriétaire de cette arme…)

4. La condition dans les textes

- L'expression de la condition joue un rôle essentiel dans les **textes argumentatifs** et dans les **textes explicatifs**.
- Elle permet d'introduire
  – des **thèses** que l'on pourra ensuite soutenir ou réfuter :

  ***Si les gens regardaient moins la télévision**, ils liraient davantage.*
  ***À supposer que l'on regarde moins la télévision**, il n'est pas certain qu'on lirait davantage.*

  – des **arguments** : ***Si on regarde une émission littéraire**, on a souvent envie de lire les livres présentés.*

  – des **exemples** : ***Si, par exemple, on ne dispose pas d'un téléviseur en vacances**, on retrouve souvent le plaisir de lire.*
- Elle permet de bâtir des raisonnements à partir d'hypothèses.

FAISONS LE POINT

- La réalisation d'une action peut dépendre d'une **condition** :
  ***Si vous aimez les romans de science-fiction**, celui-ci vous plaira.*
- Dans la **phrase complexe**, on peut exprimer la condition à l'aide
  – d'une subordonnée hypothétique introduite par *si* ou par une autre conjonction ou locution conjonctive de subordination : ***Si ce livre te tente**, achète-le.*
  – d'une subordonnée participiale ou relative : ***Qui l'aurait dit** serait passé pour un fou !*
  – de deux propositions indépendantes juxtaposées ou coordonnées par *et* :
  *Donne-moi un livre à lire **et** je serai comblé.*
  – d'une indépendante introduite par *autrement* ou *sinon* : *Je ne sais rien, **sinon je le dirais.***
- L'expression de la condition permet d'énoncer des **thèses**, des **arguments** ou des **exemples**. Elle joue donc un rôle essentiel dans les textes **argumentatifs** et **explicatifs**.

Exercices

Appliquer la leçon

1 Relevez les subordonnées circonstancielles hypothétiques et dites si elles expriment un fait réalisable, réalisable mais incertain, non réalisable dans le présent ou non réalisé dans le passé.

1. Si nous les avions écoutés, nous n'aurions jamais entrepris cette expédition dans le désert. - **2.** Si tu allais voir Romain à la clinique, tu lui ferais plaisir. - **3.** Si je finissais à temps ces exercices de physique, je pourrais rejoindre mes amis, mais je n'y comprends rien. - **4.** Si j'obtiens mon permis de conduire, j'irai travailler en voiture. - **5.** Si tu avais été plus attentif, tu aurais entendu où elle disait avoir rangé la clé. - **6.** Si Alice était ici, elle vous raconterait comment elle a échappé aux griffes d'un ours. - **7.** Si tu avais fait un voyage en Égypte, tu mesurerais mieux l'importance de la civilisation des anciens Égyptiens.

2 **Complétez chaque phrase avec un subordonnant, de manière à exprimer une hypothèse. Vous ne devrez pas utiliser deux fois le même.**

1. Vous aurez un travail intéressant … vous acceptiez de partir à l'étranger. - **2.** Nous vous préviendrons immédiatement … votre projet serait retenu. - **3.** … ce film remporte un grand succès, nous n'en serions pas étonnés. - **4.** Cécile est heureuse … ses amis pensent à elle. - **5.** Le départ de l'expédition était sans cesse retardé, … les conditions météorologiques fussent défavorables, … un incident imprévu se déclarât.

3 **Relevez les hypothèses formulées dans ces phrases et dites par quels procédés elles sont exprimées.**

1. Sans la présence d'esprit d'un promeneur, l'enfant se serait noyé. - **2.** On ne peut entreprendre cette ascension, à moins d'être un montagnard averti. - **3.** Plus prévoyante, la cigale n'aurait pas été surprise par l'hiver. - **4.** Sans eau la vie est impossible. - **5.** Ce travail est difficile mais il lui plaît, sinon elle y renoncerait. - **6.** Qui se lancerait dans cette entreprise n'aurait pas le sens des réalités. - **7.** Que les conflits cessent et la vie reprendra comme avant. - **8.** Le mauvais temps persistant, les vendanges seraient compromises.

4 **Reformulez l'hypothèse contenue dans chaque phrase en utilisant des propositions indépendantes juxtaposées ou coordonnées. Vous devrez utiliser l'indicatif, le subjonctif et l'impératif.**

1. Si on lui sourit, elle rougit. - **2.** Si je vais en apprentissage, j'entrerai plus rapidement dans la vie active. - **3.** Si le bateau avait pu éviter l'écueil, il n'aurait pas coulé. - **4.** Si tu m'aides, je te serai reconnaissant toute ma vie. - **5.** Si les villes étaient moins surpeuplées, il y aurait peut-être moins de violence.

Comprendre les textes

5 **Lisez ce texte.**

(Un personnage sans scrupules cherche à entraîner un jeune homme dans son univers peu recommandable.)

« – Eh bien, vous m'auriez fait de la peine de parler autrement, reprit le tentateur. Vous êtes un beau jeune homme, délicat, fier comme une jeune fille. Vous seriez une belle proie pour le diable. J'aime cette qualité de jeunes gens. Encore deux ou trois réflexions de haute politique, et vous verrez le monde comme il est. En y jouant quelques petites scènes de vertu, l'homme supérieur y satisfait toutes ses fantaisies aux grands applaudissements des niais du parterre[1]. Avant peu de jours vous serez à nous. Ah ! si vous vouliez devenir mon élève, je vous ferais arriver à tout. Vous ne formeriez pas un désir qu'il ne fût à l'instant comblé, quoi que vous puissiez souhaiter : honneurs, fortune, femmes. On vous réduirait toute la civilisation en ambroisie[2]. Vous seriez notre enfant gâté, […], nous nous exterminerions tous pour vous avec plaisir. Tout ce qui vous ferait obstacle serait aplati. Si vous conservez des scrupules, vous me prenez donc pour un scélérat. »

Honoré de BALZAC, *Le Père Goriot*, 1834-1835.

1. **Le parterre :** le rez-de-chaussée d'un théâtre où sont, debout, les gens modestes. - 2. **Ambroisie :** nourriture des dieux de l'Olympe.

a. Reformulez la première phrase, de manière qu'elle contienne une subordonnée hypothétique. Dites si la condition porte sur le passé, le présent, le futur, si elle est réalisée, réalisable, non réalisée.

b. Quelle est la deuxième subordonnée hypothétique du texte ? À quel temps et à quel mode sont les verbes de la phrase ?

c. Quelles autres propositions ou phrases dépendent, pour le sens, de cette subordonnée hypothétique ?

d. Quel objectif poursuit le narrateur avec les différentes propositions que vous avez relevées en répondant aux questions b. et c. ?

e. Relevez la troisième subordonnée hypothétique. Exprime-t-elle donc un fait réalisable, un potentiel, un irréel du présent ou du passé ? Pourquoi le narrateur a-t-il fait ce choix ?

6 **Lisez ce texte.**

(Un jeune détective a mené avec succès une enquête policière sur une tentative d'assassinat dont a été victime une jeune femme. Il expose les étapes de son raisonnement.)

Toutes les traces du passage de l'assassin avaient été naturellement laissées pendant la première phase : l'os de mouton, les pas noirs, le béret, le mouchoir, le sang sur le mur, sur la porte et par terre… De toute évidence, si ces traces étaient encore là, c'est que Mlle Stangerson, qui désirait qu'on ne sût rien et qui agissait pour qu'on ne sût rien de cette affaire, n'avait pas encore eu le temps de les faire disparaître. Ce qui me conduisait à chercher la première phase de l'affaire dans un temps très rapproché de la seconde. Si, après la première phase, c'est-à-dire après que l'assassin se fut échappé, après qu'elle-même eut en hâte regagné le laboratoire où son père la retrouvait, travaillant, – si elle avait pu pénétrer un instant dans la chambre, elle aurait au moins fait disparaître, tout de suite, l'os de mouton, le béret et le mouchoir, qui traînaient par terre.

Gaston LEROUX, *Le Mystère de la chambre jaune*, 1907, © Gaston Leroux (DR).

a. Relevez la première subordonnée hypothétique. De quoi constitue-t-elle une preuve ?

b. La dernière phrase contient deux fois la conjonction *si*. Cependant comporte-t-elle une ou deux subordonnées hypothétiques ? Justifiez votre réponse après avoir observé la phrase. Pourquoi *si* est-il répété ?

c. Quels sont les temps et les modes utilisés dans la (ou les) subordonnée(s) hypothétique(s) et la principale ? La condition porte-t-elle sur le présent ou sur le passé ? Est-elle réalisée ou non ?

d. Quelle hypothèse est ainsi rejetée ?

e. À quel genre d'ouvrage appartient cet extrait ? Pourquoi est-il logique d'y trouver des conditions ?

S'exprimer à l'écrit et à l'oral

7 **a.** Imaginez des phrases contenant ces locutions conjonctives : *selon que, à condition que, à moins que, pour peu que, soit que … soit que, pourvu que.*

b. Reformulez ces phrases en utilisant la conjonction *si.*

8 À partir des idées contenues dans ces couples de mots, construisez des phrases complexes et un peu développées, contenant une subordonnée hypothétique introduite par *si*.

1. Efforts / passage en seconde (fait réalisable) - 2. Être médecin / soigner des enfants en Afrique (irréel du présent) - 3. Visiter un pays / tomber sous son charme (potentiel) - 4. Connaître la langue / communiquer facilement (irréel du passé).

9 Imaginez ce que serait la société idéale. Pour cela, formulez toutes les conditions qui devraient être réalisées pour y parvenir. Variez les procédés d'expression de la condition.

10 **Oral.** Il s'agit de continuer ce texte pour composer un petit poème original et personnel. Chaque élève propose un vers.

Si je pouvais remonter le temps, je serais troubadour.
Si mon chat savait parler…

11 Écrivez un texte commençant par : *« Si j'étais actuellement un(e) adulte, je … »*. Présentez ainsi un projet ou une situation qui vous fait rêver ou qui vous tient à cœur.

12 Imaginez que vous hésitez entre continuer vos études dans un établissement scolaire banal mais proche de votre domicile, où vous retrouveriez tous vos camarades, et un établissement original mais éloigné de chez vous, où vous pourriez pratiquer toutes les activités qui vous plaisent.

Avant de prendre une décision, vous envisagez tous les aspects du problème en formulant le plus possible d'hypothèses avec les conséquences qui en découlent.

Pour chaque hypothèse, rédigez le raisonnement tenu, sous la forme d'un court paragraphe.

13 **Observez ces images et le texte.**

a. Relevez les subordonnées de condition.

b. En utilisant ces subordonnées, quelle hypothèse le garçon émet-il ? Quels arguments la fillette formule-t-elle ?

Charles M. SCHULZ (1922-2000), *La vie est un rêve, Charlie Brown*, © 2000, United Feature Syndicate, Inc.

21. Les marques de jugement : la modalisation

La civilisation des loisirs

« [...] Dès maintenant on peut prévoir que la journée de travail sera de sept heures, six heures, cinq heures ; que les trois semaines de congé payé deviendront trois mois. Cependant le monde occidental ne manquera de rien. Le problème de la production sera résolu par la science qui construira des machines de plus en plus autonomes. Les usines marcheront toutes seules ; les ordinateurs remplaceront les cadres. Le travail perdra son importance. Le vrai problème, ce sera l'organisation des loisirs. Qu'en pensez-vous ?

– Je ne crois pas, dis-je, qu'une civilisation toute de loisirs soit souhaitable. Sans doute, il est excellent que les hommes ne travaillent plus comme dans ma jeunesse, dix ou douze heures par jour. Six heures ? Soit ce sera peu, mais encore supportable, car il faut ajouter aux heures de présence les heures de transport. Chacun de nous aurait alors trois ou quatre heures par jour pour lire, cultiver son jardin, s'occuper de ses enfants, faire des sports, aller au spectacle, voir ses amis. Fort bien. Jusqu'ici j'approuve... Allons plus loin. Imaginez la durée de travail réduite à deux ou trois heures par jour. Alors je crains que les hommes ne se sentent tristes et désœuvrés. »

André Maurois,
Lettre ouverte à un jeune homme sur la conduite de la vie,

Fernand Léger (1881-1955), *Les Loisirs, hommage à Louis David*, 1948-1949. Musée national d'art moderne, C.G.P., Paris.

1. **Montrez que les deux paragraphes sont argumentatifs en précisant quelle est l'opinion défendue dans chacun d'eux.**
2. **Sur quel type d'arguments s'appuie l'énonciateur du premier paragraphe ?**
3. **Relevez les verbes de jugement, ainsi que les pronoms et déterminants de la première personne. Dans quelle partie sont-ils concentrés ?**
4. **Des deux énonciateurs, lequel donne donc une forme plus personnelle à son argumentation ?**

Leçon

1. La place de la subjectivité dans l'argumentation

Toute argumentation (voir ch. 17) présente la thèse et les arguments d'un énonciateur, qui expose ses **propres idées.** Cependant deux méthodes s'offrent à lui.

1. Une argumentation fondée sur la raison

- Il peut choisir de donner à son argumentation une portée générale et un **aspect objectif**. Dans ce cas, il utilise des arguments logiques ou techniques pour **convaincre** le destinataire en s'adressant à sa **raison**. Il évite alors d'émettre des jugements et d'intervenir d'une manière personnelle.

  Le problème de la production sera résolu par la science qui construira des machines de plus en plus autonomes.

- Cependant, seules les démonstrations mathématiques et purement scientifiques peuvent être considérées comme des argumentations objectives. En effet, même les textes fondés sur des arguments **apparemment objectifs** contiennent des **marques de jugement et d'opinion**.

  ***Le vrai problème**, ce sera l'organisation des loisirs.*

2. Une argumentation subjective qui fait appel aux sentiments

- L'énonciateur peut choisir de développer une argumentation volontairement **subjective**. Il émet alors clairement des jugements personnels pour influencer le destinataire. Il s'agit en effet de le **persuader** en faisant appel à ses **sentiments**.

  *Jusqu'ici **j'approuve**. Mais **je crains** que, libérés de leur travail, les hommes ne se sentent **tristes** et **désœuvrés**.*

2. Les marques de jugement : la modalisation

1. L'expression d'une opinion

Outre la présentation de convictions personnelles, l'énonciateur peut aussi donner son avis sur la **possibilité** ou la **nécessité** des faits. Pour cela il a recours à

– des **adverbes** ou locutions adverbiales d'opinion *(sans doute, bien sûr, évidemment…)* :

> ***Sans doute**, il est excellent que les hommes ne travaillent plus autant.*
> ***Peut-être** serons-nous aussi esclaves des loisirs.*

– des **verbes** d'opinion qui expriment un doute ou une certitude *(supposer, affirmer, croire, penser…)* :

> ***Il semble** que nous allons vers une diminution du temps de travail.*
> ***Je ne crois pas** qu'une civilisation toute de loisirs soit souhaitable.*

– des **auxiliaires** de modalité tels que *devoir*, *pouvoir*, *falloir*, qui expriment la possibilité ou la nécessité d'un fait :

> *On **peut** prévoir que la journée de travail sera réduite.*
> *Il **faut** envisager tous les aspects du problème.*

– le **mode conditionnel** qui exprime une probabilité ou un doute sur l'exactitude du fait :

*Le travail **perdrait** de son importance.* (mais ce n'est pas sûr)

2. L'expression de sentiments

L'énonciateur peut prendre position en exprimant un **sentiment personnel favorable ou défavorable**.

Le **vocabulaire** exprime des points de vue et des sentiments par l'emploi

– des adverbes ou des locutions adverbiales de **sentiment** *(hélas, heureusement...)* ou d'**intensité** *(très, trop, suffisamment...)* :

*Si nous profitons de la vie, **fort bien ! Malheureusement**, si nous avons **trop** de loisirs, nous nous ennuierons.*

– des verbes de **sentiment** *(aimer, regretter, détester, craindre...)* :

*Je **crains** que les hommes ne se sentent tristes et désœuvrés.*

– des noms et des adjectifs **péjoratifs** ou **mélioratifs** (voir page 289) :

*Les loisirs : un **désœuvrement ennuyeux** ou un **repos agréable et mérité**.*

– des expressions qui signalent un **point de vue** personnel *(quant à moi, selon moi...)* :

***Selon moi**, c'est le travail qui donne son agrément au repos.*

Les **comparaisons** et les **métaphores** traduisent la façon de voir.

*Vous travaillez **comme des esclaves**, mais l'avenir **verra le règne de l'informatique**.*

Les **types de phrases** (exclamatif, injonctif, interrogatif) traduisent également les sentiments.

Je ne comprends absolument pas votre type de vie ! (indignation)
Organisons nos loisirs. (détermination)

3. Le rôle des marques de jugement dans l'argumentation

Les marques de jugement permettent
– de **nuancer** ou au contraire de **renforcer** une idée ou une opinion,
– de **signaler clairement** si l'on a un avis favorable ou défavorable sur une idée,
– d'**influencer le destinataire**. Elles font donc partie des moyens de persuasion.

Bien employées, elles peuvent être un **avantage** : le destinataire est plus facilement persuadé par un énonciateur qui s'engage vraiment et prend clairement position.
Employées avec excès, elles peuvent devenir un **inconvénient** : le destinataire peut être méfiant face à une argumentation qui ne semble ni logique ni objective.

FAISONS LE POINT

➤ Lorsqu'un énonciateur choisit de donner une forme **subjective** à son argumentation, il utilise des marques de jugement pour prendre position. Une argumentation qui veut se présenter comme **objective** s'efforce d'éviter les marques de jugement.

➤ Les marques de jugement permettent à l'énonciateur de **donner son avis** sur l'**exactitude de l'énoncé** ou d'**exprimer clairement un sentiment** ou **une opinion**.

➤ Exprimer ou non des marques de jugement constitue, selon la situation d'énonciation, **un moyen, souvent efficace, de persuader** le destinataire.

Exercices

Appliquer la leçon

1 a. Relevez toutes les marques de jugement contenues dans les phrases suivantes. b. Dites si elles concernent la possibilité ou la nécessité des faits ou si elles expriment un sentiment sur les faits eux-mêmes.

1. Cette découverte va probablement révolutionner le monde scientifique. - **2.** Hélas, on ne peut faire revivre le passé ! - **3.** Un remaniement ministériel interviendrait dans les prochaines semaines. - **4.** Évidemment, je ne peux qu'approuver cette décision. - **5.** On ne doit jamais rire des faiblesses d'autrui. - **6.** La pratique scandaleuse du clonage risque fort, je le crains, d'être un jour appliquée à l'homme.

2 Ces phrases sont neutres. Faites en sorte qu'elles expriment une opinion, en remplaçant les mots en gras par un synonyme mélioratif ou péjoratif. Vous pouvez ajouter des adjectifs valorisants ou dévalorisants.

1. Je ne monterai pas dans cette **voiture**. - **2.** Alice **peint** le mur de sa chambre d'une couleur **vive**. - **3.** Marc m'**a emmené** voir un **film**. - **4.** Je **regarde** les **œuvres** exposées. - **5.** Quelle est cette **musique** ? - **6.** Ils ont acheté une **maison ancienne**. - **7.** Le maire a félicité cet **homme**.

3 Parmi ces phrases lesquelles sont clairement subjectives et lesquelles se veulent objectives ? Relevez les expressions d'un jugement personnel.

1. Malheureusement la séance de cinéma a été perturbée par des individus bruyants et sans gêne. - **2.** Le candidat a répondu avec assurance aux questions de l'examinateur. - **3.** Dans ce domaine, c'est la prévention qui est primordiale. - **4.** Il ne faut pas accorder de crédit à ces misérables calomnies. - **5.** Les accidents de la route ont, paraît-il, diminué ces trois derniers mois. - **6.** Bien sûr, il a encore marmonné des excuses inaudibles ! - **7.** On constatera bientôt un essor économique. - **8.** Comment voulez-vous que j'adhère à une théorie aussi révoltante ?

4 a. Relevez et classez toutes les marques de jugement contenues dans ce texte. b. De quel événement s'agit-il ? Quelle est la position de Flaubert ?

Croisset, mercredi soir... 1870

Moi, je suis écœuré, navré par la bêtise de mes compatriotes. L'irrémédiable barbarie de l'humanité m'emplit d'une tristesse noire. Cet enthousiasme, qui n'a pour mobile aucune idée, me donne envie de crever pour ne plus la voir.

Le bon Français veut se battre : 1er parce qu'il se croit provoqué par la Prusse ; 2e parce que la guerre contient en soi un élément mystique[1] qui transporte les foules.

En sommes-nous revenus aux guerres de races ? J'en ai peur. L'effroyable boucherie qui se prépare n'a pas même un prétexte. C'est l'envie de se battre pour se battre.

Je pleure les ponts coupés, les tunnels défoncés, tout ce travail humain perdu, enfin une négation si radicale.

Lettre de Gustave Flaubert à George Sand, extrait.

1. **Élément mystique :** dimension mystérieuse proche de la foi religieuse. Allusion peut-être aux croisades ou aux guerres de religion.

5 **Voici des phrases où l'énonciateur adopte un ton objectif. a. Récrivez-les en ajoutant des marques de jugement. b. Précisez les procédés que vous avez employés pour les transformer.**

1. Une affaire a éclaté dans les milieux boursiers. - **2.** Les députés ont rejeté ce projet de loi. - **3.** Les relations entre les deux pays continuent à se dégrader. - **4.** Il n'y a pas de progrès des sciences sans une réflexion sur leurs effets. - **5.** Les adolescents sont influencés par ce qu'ils voient à la télévision. - **6.** L'obésité devient fréquente dans de nombreuses nations, alors que la famine règne dans d'autres.

Comprendre les textes

6 **Lisez ce texte.**

(Discussion sur la médecine et les médecins au XVIIe siècle.)

BÉRALDE. – Ce que j'en dis n'est qu'entre nous, et j'aurais souhaité de pouvoir un peu vous tirer de l'erreur où vous êtes, et, pour vous divertir, vous mener voir, sur ce chapitre, quelqu'une des comédies de Molière.

ARGAN. – C'est un bon impertinent que votre Molière avec ses comédies, et je le trouve bien plaisant d'aller jouer[1] d'honnêtes gens comme les médecins.

BÉRALDE. – Ce ne sont point les médecins qu'il joue, mais le ridicule de la médecine.

ARGAN. – C'est bien à lui de se mêler de contrôler la médecine; voilà un bon nigaud, un bon impertinent, de se moquer des consultations et des ordonnances, de s'attaquer au corps des médecins, et d'aller mettre sur son théâtre des personnes vénérables comme ces messieurs-là.

BÉRALDE. – Que voulez-vous qu'il y mette que[2] les diverses professions des hommes? On y met bien tous les jours les princes et les rois, qui sont d'aussi bonne maison que les médecins.

ARGAN. – Par la mort non de diable[3]! si j'étais que[4] des médecins, je me vengerais de son impertinence ; et quand il sera malade, je le laisserais mourir sans secours.

MOLIÈRE, *Le Malade imaginaire*, acte III, scène 3, 1673.

1. Tourner en ridicule. - 2. Sinon. - 3. Juron : par la mort Dieu. - 4. Si j'étais que : si j'étais à la place.

a. Résumez en une phrase l'ensemble des arguments de chaque interlocuteur. Lequel des deux adopte une argumentation très subjective?

b. Relevez le vocabulaire péjoratif. Qui l'emploie?

c. Qu'expriment la phrase interrogative et la phrase exclamative?

d. À travers quel personnage Molière défend-il ses propres idées? Pourquoi l'a-t-il choisi plutôt que l'autre?

7 **Lisez ce texte.**

(Extrait d'un entretien avec Claude Allard, psychanalyste et spécialiste des enfants en difficulté, sur les relations entre la télévision et la violence des jeunes.)

Estimez-vous que les parents ne jouent pas assez leur rôle d'intermédiaire entre l'enfant et la télévision ?

Je constate que la télévision est de moins en moins regardée en famille. Dans certains foyers, on trouve des postes de télévision dans toutes les pièces. De la part des parents, il n'y a plus de possibilité de contrôle. Une minorité le fait, dans les milieux socioculturels favorisés. C'est pourtant important, pour un enfant, de pouvoir exprimer ses angoisses. Quand il n'y a pas d'explications, l'enfant est laissé sous influence. C'est d'autant plus inquiétant que dans certains foyers le livre n'a pas de place et les écrans sont allumés quasiment en permanence.

En outre, certains parents regardent la télévision sans se soucier de la présence de leurs bébés ou de leurs jeunes enfants. Ils pensent qu'ils ne comprennent pas ce qu'ils voient ou ce qu'ils entendent. Certes. Mais les petits vont vivre les émotions véhiculées par les sons et les images, et vont construire quelque chose à partir de cela, éventuellement imiter ce qu'ils ont vu ou entendu. Croire que cela n'a aucun effet est faux. S'il s'agissait de lancer un nouveau yaourt ou une savonnette, on trouverait normal que mille précautions soient prises pour être sûr que ces produits sont sans danger. Là, parce qu'il s'agit d'un produit imaginaire, on pense que tout est bon !

« Entretien avec Claude Allard, psychanalyste », S. Kerviel, *Le Monde*, samedi 15 juin 2002.

a. Quelle est la thèse développée par Claude Allard?

b. Relevez les marques de jugement qui renforcent son opinion et précisez pour chacune d'elles quel est le procédé employé.

c. Dans ce texte, est-ce l'objectivité ou la subjectivité qui l'emporte, selon vous? Justifiez votre réponse.

S'exprimer à l'écrit et à l'oral

8 **À partir des arguments suivants, qui sont exposés d'une manière objective, rédigez une argumentation subjective sur les agréments et les inconvénients de l'importance des images publicitaires dans la vie quotidienne.**

- Les images publicitaires égaient la vie quotidienne en apportant de la couleur et souvent de l'humour à la ville ou aux magazines.
- Certaines sont particulièrement réussies dans leur conception et leur graphisme.
- Elles donnent une image souvent idéalisée de la réalité et font donc rêver.
- Elles font connaître de nouveaux produits.
- Elles défigurent les paysages naturels.
- Leur répétition est lassante.
- Elles infantilisent le consommateur.
- Elles incitent à des dépenses inutiles.
- Elles font naître des frustrations en créant toujours de nouveaux besoins.
- En donnant de la vie une image trop idéalisée, elles coupent de la réalité.

9 **Relisez le texte de la page 160, puis rédigez un texte argumentatif sur le sujet suivant :**
En vacances doit-on privilégier les loisirs actifs et organisés ou est-il préférable de se consacrer au repos, en prenant les occasions de se distraire comme elles se présentent ?
Vous rédigerez trois paragraphes. Dans les deux premiers vous envisagerez avec objectivité les avantages de chacune de ces attitudes. Dans le troisième, vous exprimerez votre opinion personnelle en variant les marques de jugement.

10 **Deux camarades ne sont pas d'accord sur l'intérêt des films fantastiques (ou des films de science-fiction).**
L'un développe une argumentation subjective, l'autre une argumentation objective. Faites-les dialoguer.

11 **Lisez ce texte, puis relevez toutes les marques de jugement qu'il contient. Sur ce modèle, construisez un dialogue où l'un des personnages fait l'éloge de la région ou de la ville où vient d'arriver son interlocuteur.**

– Maintenant, mon cher Vidal, me dit le capitaine Haralan, vous connaissez notre ville en partie. Voici qu'elle se déroule tout entière à nos pieds…

– Et ce que j'en ai vu, répondis-je, m'a paru très intéressant, même après Budapest, après Presbourg…

– Je suis heureux de vous l'entendre dire, et, quand vous serez familiarisé avec ses mœurs, ses coutumes, ses originalités, je ne doute pas que vous en conserviez un excellent souvenir. C'est que nous aimons nos cités, nous autres Magyars, et d'un amour filial ! Ici, d'ailleurs, les rapports sont d'une parfaite entente entre les diverses classes. La population possède au plus haut degré le goût de l'indépendance et les instincts du plus ardent patriotisme.

Jules Verne, *Le Secret de Wilhelm Storitz*, (œuvre posthume), © Société Jules Verne, 1985.

12 **Oral. Activité de groupe.**
On choisit un sujet de débat ou bien on continue une réflexion à partir du thème traité par Claude Allard dans le texte de l'exercice 7. On enregistre le débat au magnétophone, puis on l'écoute et on note si les arguments de chacun sont présentés de façon objective ou subjective.

13 **Observez cette image.**
Ce tableau de Picasso vous plaît-il ? Pourquoi ? Rédigez un texte argumentatif dans lequel vous répondrez à cette question en exprimant clairement votre opinion personnelle.

Pablo Picasso (1881-1973), *Portrait de Dora Maar*, 1937. Musée Picasso, Paris.

22. L'argumentation par l'image

Plage espagnole après le naufrage du pétrolier *Prestige*, novembre 2002.

1. Que représente cette photo ? À la suite de quel événement a-t-elle été prise ?
2. Observez la composition de l'image. Quelles sont l'importance et la valeur symbolique de chaque plan ? Cette composition est-elle simple ou complexe ? Pourquoi le photographe a-t-il fait ce choix ?
3. Quelle est la couleur dominante de cette photo ? Quel est l'effet produit ?
4. La cause ou les responsables du désastre écologique figurent-ils sur la photo ? Que représentent donc les deux êtres photographiés ? Pourquoi le photographe a-t-il choisi d'y faire figurer un enfant plutôt qu'un adulte ?
5. Que traduisent la posture et l'expression de l'enfant ?
6. Que dénonce l'auteur de cette photo ? Quel message nous délivre-t-il par son intermédiaire ?

Leçon

1. Qu'est-ce qu'une image argumentative ?

- De même qu'un texte, une image peut être **argumentative**. On peut **soutenir** ou **dénoncer** une opinion par une image qui l'illustre ou la suggère. Elle peut être à la fois la **thèse**, l'**argument** et l'illustration. (Voir ch. 17.)

La photo de la page 166 dénonce le scandale des marées noires (thèse et illustration). Elle suggère que les premières victimes de ce désastre sont des oiseaux, parce que ce sont des êtres sans défense (argument). La présence de la mer, qui occupe tout l'arrière-plan, rappelle que sa pollution met en danger l'équilibre naturel et que l'avenir de la planète, symbolisé par l'enfant, en est gravement compromis (argument).

- Une image argumentative peut être **fixe** (affiche publicitaire, tableau, photographie, caricature...) ou **animée** (dessin animé, film, image vidéo, spot publicitaire). Elle peut être **plus percutante** qu'un long texte. Elle persuade grâce à des **moyens visuels** qui **frappent** l'œil du destinataire et suscitent en lui une **réaction immédiate** : révolte, envie, pitié, rire...

Andres Rabago GARCIA (né en 1947), *Dioxido*, 1987. Collection de l'artiste.

Ce tableau du peintre Andres Rabago Garcia met en évidence les dangers d'une industrialisation à outrance et de la pollution qu'elle entraîne. Il surprend et inquiète le destinataire, tout en le faisant réfléchir à ce grave problème de notre civilisation.

2. Comment lire une image argumentative ?

- La nature des **traits** et les **couleurs** permettent de suggérer une idée. Selon ce qu'il veut exprimer, l'auteur (peintre, dessinateur, photographe...) utilise des traits **appuyés** ou **à peine dessinés**, des lignes **courbes** ou **droites**, des couleurs **chaudes** ou **froides**, ou uniquement le **noir** et **blanc**. Il peut aussi créer des **contrastes** ou des **harmonies**, provoquer des **ruptures** ou ne pas rompre la **continuité** des traits, choisir la **figuration** ou l'**abstraction**.

Andres Rabago Garcia a utilisé une composition à la fois simple et forte pour frapper l'imagination du récepteur. L'énorme cheminée rouge et son panache de fumée de dioxyde de carbone (gaz dangereux à effet de serre) occupent le centre du tableau. Les deux hommes qui grimpent le long de cette cheminée symbolisent l'escalade dans l'industrialisation. Celui qui est le plus proche de la bouche de la cheminée a une position qui évoque la chute ou la mort. La couleur jaune de leur corps a une connotation inquiétante. Le ciel plombé et tourmenté qui sert de fond renforce ce sentiment d'inquiétude.

Les couleurs violentes (rouge, blanc, bleu, jaune) et les lignes verticales suggèrent une dynamique qui se révèle mortelle.

Le **cadrage** et la **composition** de l'image contribuent à la rendre persuasive. Ils expriment l'**angle de vue** adopté par l'artiste et mettent en évidence les éléments importants. Le **décor** et l'**expression** des personnages peuvent être des éléments de persuasion.

ABBAS, scènes de guerre dessinées par les enfants sur un mur au Tadjikistan, photographie, 1993.

Cette photo a pour thème l'enfant et la guerre. Au premier plan, complètement décalé sur un côté et en partie dissimulé par un pan de mur, un enfant, qui cache le bas de son visage avec sa main, regarde l'objectif avec des yeux démesurés. L'enfant, étant à contre-jour, sa silhouette est sombre. La majeure partie du document, ainsi que les couleurs claires, sont consacrées à l'arrière-plan. Or celui-ci représente des dessins de guerre faits par des enfants dont celle-ci est le quotidien. Le cadrage du document et l'emploi de la lumière sont déroutants et largement symboliques. Ils dénoncent le traumatisme de la guerre dont sont victimes les enfants.

Certaines images sont accompagnées d'un **titre** ou d'une **légende** qui permettent souvent d'éclairer les intentions du peintre, du photographe ou du dessinateur.

Cette photo, qui sert aussi d'affiche, a été prise pour dénoncer un fait d'actualité : la déforestation de l'Amazonie et l'hécatombe dont a été victime la population indienne. Elle est accompagnée d'une légende dont le cynisme est volontaire. Le verbe « replanter » employé pour l'homme comme pour l'arbre est destiné à choquer et à faire comprendre que le désastre entraîné par la déforestation n'est pas seulement écologique, mais avant tout humain.

Campagne de communication pour Survival France.

Ce dessin de Mix et Remix dénonce les ravages de la marée noire provoqués par le naufrage du pétrolier « Prestige » et en particulier l'extermination des oiseaux marins. Le texte qui accompagne le dessin joue sur les mots « arrose » et « Prestige » qui pourraient convenir à un grand vin. L'auteur représente les oiseaux buvant de ce pétrole comme l'on déguste un grand cru. C'est ce qu'on appelle de l'humour noir !

MIX et REMIX, *Cuvée « Prestige »*, dessin de presse, novembre 2002.

Exercices

1 **a.** Dans quel état d'esprit semble être le père représenté à gauche du dessin ? À quoi le voyez-vous ? Pourquoi pensez-vous qu'il veuille parler à son fils ?

b. À quelle tranche d'âge le fils appartient-il ? Comment se tient-il ? Quelle est son expression ? Que tient-il dans une main ? Où est son autre main ?

c. Quel rôle la mère joue-t-elle ?

d. Que sous-entend la réplique du fils ?

e. Que cherche à dénoncer le dessinateur ? Sur quel ton le fait-il ? Est-ce efficace ?

BARRIGUE, « Ton père est au salon », dessin de presse paru dans *Le Matin*, Lausanne.

Campagne de communication de France Télécom.

2 **a.** Quel est le paysage représenté sur ce document publicitaire ? Quelles impressions suggère-t-il ? À quel moment de l'année ce type de paysage est-il généralement associé ?

b. Relevez le slogan publicitaire. Quelle place occupe-t-il dans le document ? En quoi sa formulation est-elle insolite ? Que signifie-t-il exactement ?

c. En quoi les mots demain et aujourd'hui sont-ils en relation avec l'époque de l'année suggérée par le paysage ?

d. Quel est le produit dont cette publicité fait la promotion ? Apparaît-il sur le document ? Quel aspect de ce produit le slogan met-il en avant ?

3 **a.** Dans quel but cette affiche a-t-elle été éditée ?

b. Comment est-elle composée ? Quels en sont les trois éléments principaux ? Que symbolisent-ils ? Quelle position occupent-ils les uns par rapport aux autres ? Pourquoi ?

c. Montrez que l'image représentée par cette affiche est en relation avec le nom de l'exposition.

Campagne de communication du Musée des arts et métiers pour son exposition « Les 3 révolutions du livre », octobre 2002-janvier 2003.

Edvard MUNCH (1863-1944), *Le Cri*, 1893.
Munch Museet, Munch Ellingsen Group.

VLAHOVIC, *11 septembre 2001*,
dessin de presse.

4 L'image de gauche est un tableau célèbre du peintre norvégien E. Munch, intitulé « Le Cri » et réalisé en 1893. L'image de droite est un dessin du Serbe Vlahovic, effectué après l'attentat du 11 septembre 2001 à New York.

a. Observez l'image de gauche et étudiez sa composition : les lignes, leur direction, leur forme. Que représente le paysage ? Quelle est la couleur dominante ? Avec quelle autre couleur contraste-t-elle ? Comment les personnages sont-ils placés ?

b. Qu'exprime le visage du personnage central ? Sa tragédie paraît-elle due à l'environnement qui figure sur le tableau ou est-elle le reflet d'un drame personnel ?

c. Observez l'image de droite. Notez tout ce qui la rapproche de la précédente.

d. Quel élément nouveau, en relation avec l'actualité, le dessinateur a-t-il intégré dans l'image ?

e. Quelle signification nouvelle l'expression du personnage central prend-elle désormais ?

5 **a.** Dans quel contexte cette photo a-t-elle été prise ?

b. Quel est le cadrage choisi ? Qu'est-ce que le photographe veut mettre ainsi en valeur ?

c. Que lisez-vous sur le visage de l'enfant ? Comment tient-il sa mitraillette ? Quelle signification a-t-elle donc pour lui ?

d. Que cherche à dénoncer l'auteur de ce document ?

e. L'effet aurait-il été le même avec une photographie en couleur ?

Larry TOWELL, entraînement d'un enfant enrôlé dans la milice de défense civile au Nicaragua, photographie, 1984.

Campagne de communication de l'association Attac, réalisée par Sans Blanc, octobre 1999.

Campagne de publicté de la banque Société générale « La bourse à tout petit prix ».

6 **a.** Quel est le thème commun aux deux images ?

b. Première image. Où se trouve le personnage ? Que fait-il ? Pourquoi est-il là ? Pour quelles raisons l'auteur de l'affiche a-t-il choisi précisément ce lieu ?

c. Observez la légende. De quels taux s'agit-il ? Grâce à quoi le comprend-on ? Sur quel jeu de mots cette légende est-elle construite ?

d. Deuxième image. Le graphisme est-il simple ou compliqué ? Par ce choix, quel aspect de l'utilisation de la Bourse le publiciste cherche-t-il à rendre ?

e. Comment l'image parvient-elle à illustrer l'expression « à tout petit prix » ?

f. Le dessin représente de façon très stylisée le bâtiment de la Bourse à Paris. Comment les colonnes sont-elles représentées ? Expliquez ce choix.

g. Bien que ces deux images aient un thème commun, poursuivent-elles le même but ? Précisez l'objectif de chacune d'elles.

7 **Avril 1992 : liberté de la presse**

« J'ai réalisé ce dessin lors de la journée internationale pour la liberté de la presse organisée par *Reporters sans frontières*. L'association avait rappelé que, en un an, 72 journalistes avaient été tués. J'apprendrai plus tard que ce dessin a été réutilisé pour demander la libération d'un cartooniste sri-lankais à Colombo. »

a. Observez ce dessin de Plantu et lisez le texte qui l'accompagne, présenté ci-dessus.

b. Ensuite, en un paragraphe bien construit, vous expliquerez pourquoi le dessinateur a choisi de réaliser ce dessin dans les circonstances qu'il expose. Vous décrirez l'image et vous vous attacherez à expliquer
- le choix de l'animal,
- l'identité, en général, de celui qui tient le stylo,
- la signification du geste.

PLANTU, crocodile pour *Reporters sans frontières*, dessin de presse, mars-avril 1992.

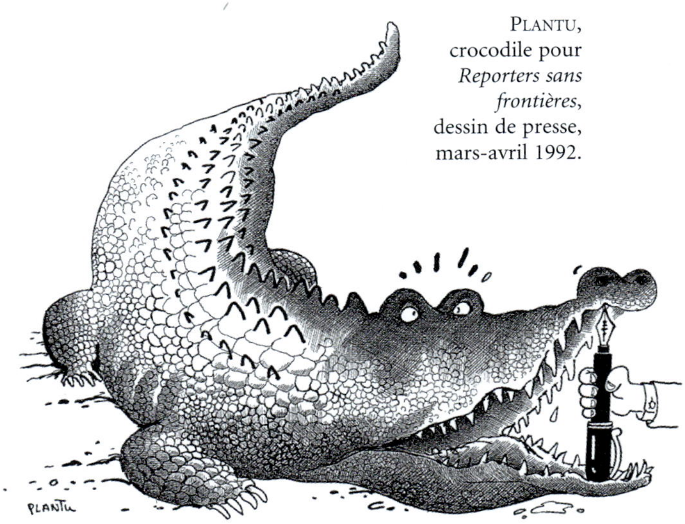

LUNDI 9 DÉCEMBRE 2002

Libération

Alors que l'Espagne se mobilise contre la catastrophe du « Prestige », le fioul menace le littoral français. Page 2

L'alerte noire

L'Irak liste ses armes

Conformément à la résolution 1441, Bagdad a remis hier le rapport sur son armement aux inspecteurs de l'ONU. Washington ne masque pas son scepticisme sur la sincérité des documents. Pages 8 et 9

Législative: l'UDF Blanc loin devant

Christian Blanc, candidat soutenu par Bayrou, est arrivé en tête lors de l'élection partielle dans la 3e circonscription des Yvelines avec 46,36 % des voix, devant l'UMP Philippe Brillault (30,74 %). Page 15

Manif de l'école: demi-succès

Entre 25000 et 45000 manifestants ont défilé hier à Paris contre la suppression de 5600 postes de surveillants et le budget 2003 de l'Education nationale. Page 16

Avedon dévisage

Le Metropolitan Museum de New York expose 180 portraits de stars et d'anonymes, intimistes et sensationnels, en noir et blanc, signature de l'immense photographe américain. Pages 30 et 31

Emploi Hôtesses à haut stress

Corvéables et mal payées malgré des horaires très astreignants: le quotidien des hôtesses est moins beau que le sourire pour lequel on les recrute. Cahier central

www.liberation.fr

M 00135 - 1209 - F: 1,20 €

IMPRIMÉ EN FRANCE/PRINTED IN FRANCE

DEUXIÈME ÉDITION NUMÉRO 6709

« Une » du journal *Libération*, 9 décembre 2002.

8 **a.** À quoi reconnaît-on qu'il s'agit de la « une » d'un journal ? Quel en est le thème ?

b. Où s'est placé le photographe par rapport à la scène qu'il veut fixer ? Pourquoi ?

c. Quel cadrage a-t-il choisi ? Quels sont les effets produits par ce cadrage ?

d. Comment les volontaires sont-ils vêtus ? Pourquoi ? Avec quoi contraste la couleur de leur vêtement ? Quelles impressions se dégagent du travail fourni par ces gens ?

e. Pourquoi le quotidien a-t-il choisi ce document pour illustrer sa « une » ?

BURKI, Arche de Noé contaminée, dessin de presse paru dans *24 heures*, Lausanne.

Vache folle : fièvre aphteuse : alimentation en danger ?

9 **a.** À quel épisode de la Bible ce dessin de Burki fait-il allusion ? Rappelez rapidement de quoi il s'agit.

b. Décrivez l'image. Qu'est-ce qui, sur le dessin, explique la situation ?

c. À notre époque, quelle signification donnerait-on à ce qui est écrit sur le panneau accroché à l'arche ?

d. Que dénonce donc ce dessin ? Sur quel ton l'artiste a-t-il choisi de défendre son opinion ? Est-ce efficace ou non ? Pourquoi ?

Deux hommes pêchent dans un lac situé à côté de la fonderie de cuivre Karabache, en Russie, photographie, 1er août 1999.

10 **a.** Que font les deux hommes ? Qu'évoquent leur attitude et leur activité ? Sont-elles propres à notre époque ou au contraire intemporelles ?

b. Que voit-on à l'arrière-plan ? Qu'est-ce que cela évoque ? Quels éléments du tout premier plan sont déjà inquiétants ?

c. En quoi l'image offerte par l'attitude de ces hommes contraste-t-elle violemment avec le décor ?

d. Cette image est-elle réaliste ou non ? Qu'a-t-elle de tragique ?

11 **Exercice d'écriture.**

Observez l'image ci-dessus. Racontez une scène où les mêmes personnages se trouveront dans un décor en harmonie avec leur activité et leur état d'esprit. Décrivez avec soin le paysage et faites ressortir la paix qui se dégage de l'ensemble.

23. Formes et valeurs du subjonctif

(Le narrateur a accompli un exploit militaire et espère obtenir une récompense. Or on lui accorde seulement la permission d'acheter le commandement d'un régiment.)

Photo extraite du film *Barry Lyndon*, de Stanley KUBRICK, 1975.

« *Moi ! que je donne de l'argent pour avoir repoussé les Anglais ? que je paye le droit de me faire tuer pour vous,* pendant que vous donnez ici vos audiences tranquillement ? Je crois que vous voulez rire. Je veux une compagnie de cavalerie pour rien ; je veux *que le roi fasse sortir mademoiselle de Saint Yves du couvent,* et *qu'il me la donne par mariage* ; je veux parler au roi en faveur de cinquante mille familles que je prétends lui rendre. En un mot, je veux être utile : *qu'on m'emploie et qu'on m'avance.* »

VOLTAIRE, *L'Ingénu*, 1767.

1. **Quel est le mode commun aux propositions en italique ?**

2. **Parmi ces propositions, lesquelles sont des indépendantes ou des principales ? Qu'expriment-elles : ordre, souhait, indignation, condition… ?**

3. **Lesquelles sont des subordonnées ? Donnez leur classe grammaticale complète et leur fonction. Qu'exprime le verbe qu'elles complètent ?**

Leçon

1. Les formes du subjonctif

Le subjonctif a quatre formes.

Présent	Imparfait	Passé	Plus-que-parfait
qu'il ait *qu'il soit* *qu'il joue* *qu'il vienne*	*qu'il eût* *qu'il fût* *qu'il jouât* *qu'il vînt*	*qu'il ait eu* *qu'il ait été* *qu'il ait joué* *qu'il soit venu*	*qu'il eût eu* *qu'il eût été* *qu'il eût joué* *qu'il fût venu*

Les subjonctifs imparfait et plus-que-parfait font partie de la langue littéraire et soutenue.

2. Les emplois du subjonctif

Le **subjonctif** est un mode qui indique que l'on envisage les idées, les faits ou les actions **par la pensée** et en fonction des **sentiments** qui les accompagnent (volonté, jugement, souhait…). Les faits évoqués sont **éventuels** et peuvent donc **se réaliser ou non**.

1. Le subjonctif dans les propositions indépendantes ou principales

Le verbe est souvent précédé de *que*. On emploie le subjonctif pour exprimer
– l'**ordre** ou l'**interdiction** :

*Qu'on m'**emploie** et qu'on m'**avance** ! Qu'on ne me **renvoie** pas chez moi !*

– le **souhait** (parfois précédé de *pourvu que*) :

*Pourvu qu'on **reconnaisse** ses mérites !*

– la **condition** : *Qu'on me **refuse** ce que je demande, et j'écris au roi !*

– l'**indignation** ou la **surprise** : *Moi ! que je **donne** de l'argent pour avoir repoussé les Anglais ! que je **paye** le droit de me faire tuer pour vous !*

2. Le subjonctif dans les propositions subordonnées conjonctives

L'emploi du subjonctif est **obligatoire** dans la subordonnée conjonctive lorsqu'elle est

– **sujet :** ***Qu'il accepte*** *nous étonne. Il est honteux* ***qu'on ne le récompense pas.***

– **attribut du sujet :** *Son principal objectif est* ***qu'on accepte de l'écouter.***

– **complément d'objet** ou **d'adjectif**, précédée d'un verbe ou d'un adjectif exprimant un **sentiment**, une **volonté**, une **crainte** ou un **doute** :

Je veux ***que le roi me donne mademoiselle de Saint Yves en mariage.***
Je suis mécontent ***qu'on me reçoive si mal.***

– **complément circonstanciel** de **but** (*afin que, pour que*), d'**opposition** (*bien que, quoique, sans que*), de **temps** (introduit par *avant que, jusqu'à ce que*, etc.) et de **condition** (introduit par *à condition que, à moins que, soit que… soit que…*, etc.) :

Il fait beaucoup de bruit ***pour qu'on l'écoute enfin.*** (but)
Il ne partira pas ***avant qu'on lui ait donné satisfaction.*** (temps)
On se moque de lui, ***bien qu'il soit un héros.*** (opposition)
Il ne partira pas, ***à moins qu'on ne lui donne satisfaction.*** (condition)

Son emploi est **possible** dans la subordonnée conjonctive **complément d'objet** précédée d'un verbe de **déclaration** ou d'**opinion** à la forme **négative** ou **interrogative**. On l'utilise pour signaler le caractère fortement incertain du fait exprimé dans la subordonnée, par rapport à l'indicatif qui exprime un fait moins incertain.

Je ne crois pas ***qu'il réussisse.*** *Pensez-vous* ***qu'il réussisse*** *?* (subjonctif)
Je ne crois pas ***qu'il réussira.*** *Pensez-vous* ***qu'il réussira*** *?* (indicatif)

3. Le subjonctif dans les propositions subordonnées relatives

Le subjonctif peut exprimer une **nuance** de **but** ou de **conséquence**.

Il voudrait trouver quelqu'un ***qui entretienne son jardin.***
(= pour qu'il entretienne son jardin)
On ne lui a proposé aucune solution ***qui lui convienne.***
(= telle qu'elle lui convienne)

Le subjonctif complète un **superlatif**.

C'est le plus grand tort ***qu'on puisse lui faire.***

Exercices

1 a. Relevez chaque proposition contenant un verbe au subjonctif et dites si c'est une indépendante ou une subordonnée. b. Justifiez les emplois du subjonctif.

1. Je doute qu'il revienne sur sa décision. - **2.** Il est souhaitable que chacun fasse preuve d'un peu de bonne volonté. - **3.** C'est le lieu le plus idyllique que je connaisse. - **4.** Que le vent faiblisse et nous prendrons la mer. - **5.** Qu'il ne soit pas responsable de ses actes est une évidence. - **6.** Elle voudrait que tout le monde l'admire, mais je crains qu'elle ne soit déçue. - **7.** L'escroc s'est sauvé avant qu'on n'ait découvert la supercherie. - **8.** Quoique ce champignon soit très beau, sa consommation peut être mortelle. - **9.** Nous espérons trouver un hôtel ouvert qui nous loge cette nuit. - **10.** Pensez-vous que le climat de la Côte d'Azur soit plus agréable en juin ? - **11.** L'essentiel est que vous soyez sain et sauf. - **12.** Qu'on me donne à boire.

2 Relevez les verbes au subjonctif dans les phrases suivantes et indiquez ce que ce mode exprime : une circonstance (à préciser), un conseil, un souhait, etc.

1. Pourvu qu'Alice m'invite à son anniversaire. - **2.** Que je serre la main à cet individu malhonnête ! - **3.** Que Florent n'attache pas d'importance à ce que je lui ai dit sous le coup de la colère. - **4.** Qu'il disparaisse de ma vue ! - **5.** Lui, si timide, qu'il ait provoqué cette grande brute ! - **6.** Que Cécile réussisse tous ses tests et elle pourra intégrer notre club sportif. - **7.** Qu'on ne touche sous aucun prétexte à mon journal intime ! - **8.** Que tous ces cailloux se transforment en gâteaux ! - **9.** Que le vent souffle un peu fort, tout l'édifice s'effondre.

3 Complétez ces phrases soit par une subordonnée dont vous préciserez la fonction, soit par une principale au subjonctif.

1. Toute la famille souhaite que ... - **2.** Nous sommes heureux que... - **3.** L'important est que... - **4.** Julien a pris la défense de son camarade pour que... - **5.** Que Sébastien ..., dès qu'il sera fixé sur son sort. - **6.** Je cherche un livre qui... - **7.** Agnès a attendu jusqu'à ce que... - **8.** Elle a encore adopté un chat, bien que... .

4 Mettez les verbes entre parenthèses au présent de l'indicatif ou du subjonctif. Lorsque les deux modes sont possibles, indiquez-le et expliquez la différence.

1. J'espère que mon gâteau (être) plus réussi que le précédent. - **2.** Elle souhaite que tous ses amis (être) au rendez-vous. - **3.** On craint que le naufrage d'un cargo en mer du Nord ne (constituer) un désastre écologique qui (mettre) en danger la faune marine. - **4.** Elle serait déçue qu'on ne lui (souhaiter) pas son anniversaire. - **5.** Bien que je (réfléchir) depuis longtemps à la situation, de nombreux éléments (échapper) encore à mon analyse. - **6.** Je crois qu'il (vouloir) sincèrement m'aider, mais je ne pense pas qu'il s'y (prendre) adroitement. - **7.** C'est la seule idée que j' (avoir), mais je ne suis pas sûre qu'elle (être) bonne. - **8.** Il est important que vous nous (donner) votre impression sur les modèles que vous (essayer).

5 Lisez ce texte.

(Un matin, Gregor s'est réveillé métamorphosé en un monstrueux insecte. Il est coupé de sa famille qui le tient enfermé dans sa chambre.)

[...] Il suffisait qu'il entende des voix pour qu'aussitôt il coure jusqu'à la porte correspondante et s'y colle de tout son corps. Les premiers temps surtout, il n'y eut pas une seule conversation qui ne portât sur lui, **fût-ce à mots couverts.** Deux jours durant, tous les repas donnèrent lieu à des conciliabules sur la façon dont il convenait désormais de se comporter ; mais même entre les repas on parlait du même sujet, car il y avait toujours deux membres de la famille à la maison, étant donné sans doute que personne ne voulait y rester seul, mais qu'en aucun cas on ne voulait qu'il n'y eût personne. En outre, dès le premier jour, la bonne – sans qu'on sût clairement si elle avait eu vent de l'événement et jusqu'à quel point – avait supplié la mère de Gregor de lui donner immédiatement son congé, et quand elle fit ses adieux un quart d'heure plus tard, c'est en pleurant qu'elle se confondit en remerciements, comme si ce congé avait été la plus grande bonté qu'on avait eue pour elle dans cette maison ; et, sans qu'on lui eût rien demandé, elle jura ses grands dieux qu'elle ne dirait rien à personne, rien de rien.

Franz KAFKA, *La Métamorphose*, 1912,
traduit par Bernard Lortholary, © Flammarion, 1999.

a. Relevez les verbes au subjonctif et donnez leur temps.

b. Relevez les subordonnées conjonctives au subjonctif et donnez leur fonction.

c. Quelle est la classe grammaticale et la fonction de la subordonnée soulignée ? Quelle nuance circonstancielle apporte le subjonctif ?

d. Remplacez la proposition en gras par une subordonnée. Quelle serait sa fonction ? Justifiez ainsi l'emploi du subjonctif.

24. Formes et valeurs du conditionnel

Une idée providentielle

(Le frère Gaucher a une idée pour sauver son couvent de la ruine : fabriquer une liqueur à base de plantes sauvages, d'après une vieille recette.)

« [Je] pourrais – en cherchant bien – retrouver la composition de ce mystérieux élixir. Nous n'aurions plus alors qu'à le mettre en bouteilles, et à le vendre un peu cher, ce qui permettrait à la communauté de s'enrichir doucettement, comme ont fait nos frères de la Trappe et de la Grande[1]… »

Il n'eut pas le temps de finir. Le prieur s'était levé pour lui sauter au cou. Les chanoines lui prenaient les mains. […] Puis chacun revint à sa chaire pour délibérer ; et, séance tenante, le chapitre[2] décida qu'on **confierait** les vaches au frère Thrasybule, pour que le frère Gaucher pût se donner tout entier à la confection de son élixir.

Alphonse Daudet, *Les Lettres de mon moulin*, 1866.

1. Monastères où l'on fabrique de célèbres liqueurs. - 2. **Chapitre** : assemblée de religieux.

Initiale avec un moine buvant du vin, enluminure du XIIIe siècle.

1. **Les verbes soulignés expriment-ils une action réalisée ou réalisable ?**
2. **À quelles conditions les actions de ces verbes pourraient-elles se produire ?**
3. **Dans la dernière phrase, mettez le verbe *décida* au présent. À quel temps et à quel mode faut-il alors mettre le verbe suivant ?**

Leçon

1. Les formes du conditionnel

Le conditionnel a trois formes.

Présent	Passé 1re forme	Passé 2e forme
je chanterais *nous chanterions* *je partirais* *nous partirions*	*j'aurais chanté* *nous aurions chanté* *je serais parti* *nous serions partis*	*j'eusse chanté* *nous eussions chanté* *je fusse parti* *nous fussions partis*

Le passé 2e forme se conjugue comme le subjonctif plus-que-parfait et appartient au registre soutenu.

2. Les emplois du conditionnel

1. Le conditionnel mode

Le conditionnel est employé avec la valeur d'un mode quand il exprime la **possibilité d'un fait** ou l'**incertitude de l'énonciateur** sur ce qu'il dit ou écrit.

- Dans une phrase comportant une subordonnée de condition ou hypothétique, le conditionnel exprime une **action éventuelle, soumise à une condition.** Cette condition est énoncée dans la **subordonnée hypothétique** à l'indicatif introduite par ***si*** (voir ch. 20). Le **conditionnel** est employé dans la **principale.**

  *Si je retrouvais la composition de l'élixir, nous **serions** riches.*

- Dans une phrase ne comportant pas de subordonnée hypothétique, le conditionnel permet d'exprimer, selon le contexte

  – l'**incertitude**, le **doute** ou l'**indignation** :

  *Je **pourrais** peut-être retrouver la recette.* (affirmation incertaine)
  *Moi, je vous **mentirais** !* (indignation)

  – l'**atténuation** (demande, conseil, reproche, ordre poli...) :

  *Nous **pourrions** fabriquer de la liqueur.* (conseil suggéré)
  ***Auriez**-vous l'obligeance de me donner votre avis ?* (demande)
  *Vous **devriez** vous mettre au travail tout de suite.* (ordre poli)

  – le **souhait**, le **rêve**, le **regret** :

  *Nous **serions** riches et célèbres !* (rêve)
  *J'**aurais dû** travailler davantage.* (regret)

  – une **éventualité** dépendant d'une subordonnée de condition sous-entendue :

  *Nous n'**aurions** plus qu'à mettre l'élixir en bouteilles.* (sous-entendu : *si je retrouvais sa composition*)

- Dans les subordonnées **relatives** ou **conjonctives**, le conditionnel est parfois employé à la place de l'indicatif pour exprimer le caractère possible ou improbable de l'action.

  *Il cherche une idée qui les **sauverait** de la misère.* (possible)
  *On dit qu'il **abandonnerait** tout.* (improbable)

2. Le conditionnel temps

Le conditionnel a la valeur d'un **temps de l'indicatif** quand il est employé, selon la concordance des temps, dans une **subordonnée dépendant d'une principale au passé** (voir ch. 29).
On distingue le **futur du passé** et le **futur antérieur du passé.**

- Le **futur du passé** se conjugue comme le conditionnel présent.
  Il situe une **action passée** (exprimée dans une subordonnée) comme **future** par rapport à une autre action passée (exprimée dans la principale).

  *On décida qu'on **confierait** les vaches au frère Thrasybule.*

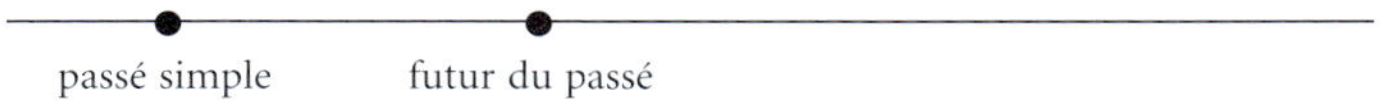

Le **futur antérieur du passé** se conjugue comme le conditionnel passé 1re forme. Il situe une action (exprimée dans une subordonnée) qui est **future** par rapport à une **action passée** (exprimée dans la principale) et **antérieure** à une action au futur du passé.

*Il disait que, quand il **aurait retrouvé** la recette, il la **réaliserait**.*

imparfait — futur antérieur du passé — futur du passé

Exercices

1 Relevez les verbes au conditionnel et dites si celui-ci a la valeur d'un mode ou d'un temps.

1. Pourriez-vous nous accueillir pour la nuit ? - **2.** Si nous vivions plus près de la nature, nous prendrions peut-être la vie avec plus de sérénité. - **3.** Personne n'imaginait qu'elle deviendrait spationaute. - **4.** Ce serait avec plaisir que j'accepterais votre invitation, mais je serai en voyage. - **5.** Vous devriez conduire moins vite. - **6.** Ils affirment qu'ils auraient découvert des gravures rupestres. - **7.** Tous les jours il se répétait que, plus tard, il serait célèbre. - **8.** J'étais sûre que tout finirait par s'arranger.

2 Dans chacune des phrases suivantes, dites si le conditionnel exprime : une incertitude ; une indignation ; une demande, un conseil, un ordre ou un reproche atténués ; un souhait ; un rêve ; un regret.

1. Vous devriez prendre un peu de repos. - **2.** Pourriez-vous vous taire ! - **3.** Je posséderais une baguette magique qui ferait mes devoirs à ma place ! - **4.** Dans deux ans, un nouveau TGV serait en service sur cette ligne. - **5.** Moi, j'aurais trahi mon meilleur ami ! - **6.** M'accompagneriez-vous à la gare ? - **7.** Au lieu de rester toute seule à la maison, j'aurais préféré sortir avec mes amies. - **8.** Vous n'auriez pas dû parler si durement à Lucie. - **9.** Pour Noël, mon cadeau préféré serait un chaton.

3 a. Récrivez les phrases suivantes en mettant le verbe principal à un temps du passé.

b. Les verbes des subordonnées sont-ils à un conditionnel temps ou à un conditionnel mode ? Précisez quel est exactement leur temps.

1. On me certifie que j'obtiendrai mon passeport avant deux semaines. - **2.** Elle est persuadée qu'elle me battra au tennis. - **3.** Je vous garantis que cet ordinateur portable correspondra exactement à vos besoins. - **4.** Nous espérons qu'on nous livrera notre nouvel appartement quand nous serons revenus de vacances. - **5.** Je ne pense pas qu'une orientation scientifique te conviendra. - **6.** On m'assure que, dès que ma température aura baissé, je pourrai recommencer à sortir.

4 Complétez les phrases par une principale au conditionnel. Après vous être reporté au chapitre 20, précisez si l'action appartient au potentiel, à l'irréel du présent ou à l'irréel du passé.

1. Si elle était majeure… - **2.** Si j'avais écouté tes conseils… - **3.** Si je devenais un chanteur célèbre… - **4.** Si Charlotte était ici… - **5.** Si j'avais été un animal… - **6.** Si je découvrais un trésor…

5 Qu'est ce qui, au niveau du mode des verbes et au niveau du sens, différencie ces phrases qui se ressemblent deux à deux ?

1. On murmure qu'il a fait fortune en Inde. On murmure qu'il aurait fait fortune en Inde. - **2.** Cette société recherche une secrétaire qui soit capable de parler le chinois. Cette société recherche une secrétaire qui serait capable de parler le chinois. - **3.** Je pense qu'une tenue plus sobre te conviendra mieux. Je pense qu'une tenue plus sobre te conviendrait mieux. - **4.** Y a-t-il un passager qui sait piloter un avion ? Y a-t-il un passager qui saurait piloter un avion ?

6 Lisez ce texte.

(Mme de Rênal s'adresse au jeune homme qui est le précepteur de ses enfants.)

– […] Mes fils font des progrès… si étonnants… que je voudrais vous prier d'accepter un petit présent comme marque de ma reconnaissance. Il ne s'agit que de quelques louis pour faire du linge. Mais… ajouta-t-elle en rougissant encore plus, et elle cessa de parler.

– Quoi, Madame, dit Julien ?

– Il serait inutile, continua-t-elle en baissant la tête, de parler de ceci à mon mari.

– Je suis petit, Madame, mais je ne suis pas bas, reprit Julien en s'arrêtant les yeux brillants de colère, et se relevant de toute sa hauteur, c'est à quoi vous n'avez pas assez réfléchi. Je serais moins qu'un valet si je me mettais dans le cas de cacher à M. de Rênal quoi que ce soit de relatif à mon argent.

STENDHAL, *Le Rouge et le Noir*, 1830.

a. Relevez les conditionnels dans les répliques de Mme de Rênal. Comparez les propositions qui les contiennent avec ces mêmes propositions si elles étaient à l'indicatif. Quelles différences de sens percevez-vous ?

b. Relevez le verbe au conditionnel contenu dans la réponse du jeune homme. Dans quel type de proposition se trouve-t-il ? Qu'exprime-t-il ?

c. En quoi l'emploi de ces différentes propositions au conditionnel nous éclaire-t-il sur le caractère des deux personnages ?

7 Lisez cette lettre écrite par Voltaire, âgé de 76 ans, à Madame Necker, le 21 mai 1770.

M. Pigalle doit, dit-on, venir modeler mon visage : mais, Madame, il faudrait que j'eusse un visage ; on en devinerait à peine la place. Mes yeux sont enfoncés de trois pouces, mes joues sont du vieux parchemin mal collé sur des os qui ne tiennent à rien. Le peu de dents que j'avais est parti. Ce que je vous dis là n'est point coquetterie ; c'est la pure vérité. On n'a jamais sculpté un pauvre homme dans cet état ; M. Pigalle croirait qu'on s'est moqué de lui ; et, pour moi, j'ai tant d'amour-propre que je n'oserais jamais paraître en sa présence. Je lui conseillerais, s'il veut mettre fin à cette étrange aventure, de prendre à peu près son modèle sur la petite figure en porcelaine de Sèvres.

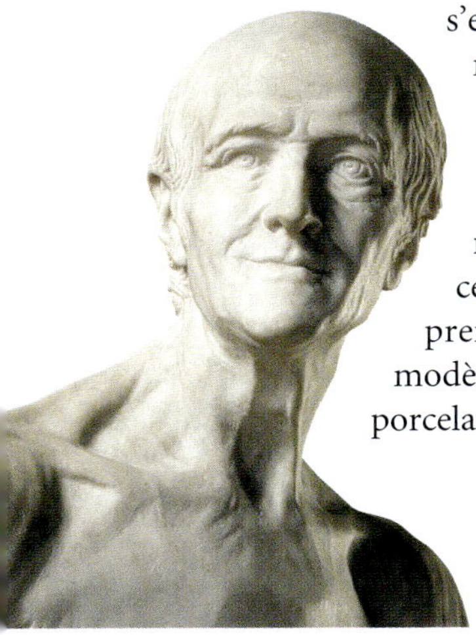

Jean-Baptiste PIGALLE (1714-1785), statue de Voltaire (détail). Musée du Louvre, Paris.

a. Quelle est la situation d'énonciation de ce texte (énonciateur, destinataire, lieu, moment, objectif poursuivi) ?

b. Relevez les verbes au conditionnel et dites, pour chacun d'eux, dans quel type de proposition il se trouve.

c. Quelle nuance exprime le conditionnel dans ces phrases ?

d. Pourquoi Voltaire a-t-il choisi d'utiliser le conditionnel et non l'indicatif, dans cette lettre ?

8 Lisez ce texte.

(Enfant, Marcel Proust aimait Le Capitaine Fracasse *et par-dessus tout deux ou trois phrases.)*

Je n'imaginais pas qu'un autre auteur en eût jamais écrit de comparables. Mais j'avais le sentiment que leur beauté correspondait à une réalité dont Théophile Gautier ne nous laissait entrevoir, une ou deux fois par volume, qu'un petit coin. Et comme je pensais qu'il la connaissait assurément tout entière, j'aurais voulu lire d'autres livres de lui où toutes les phrases seraient aussi belles que celles-là et auraient pour objet les choses sur lesquelles j'aurais désiré avoir son avis.

Marcel PROUST, *Sur la lecture*, 1906.

a. Relevez deux verbes au conditionnel présent. S'agit-il d'un conditionnel temps ou d'un conditionnel mode ?

b. Relevez deux verbes au conditionnel passé. Expriment-ils un potentiel, un irréel du présent ou un irréel du passé ?

c. À quel genre littéraire appartient cet extrait ? Pourquoi cet emploi du conditionnel passé convient-il à ce genre de texte ?

9 a. Récrivez ces phrases de manière à en atténuer les paroles, au moyen d'un auxiliaire au conditionnel (*falloir, devoir, pouvoir*). Quel est désormais le type de chacune d'elles ?

b. Pour chaque phrase obtenue, indiquez s'il s'agit d'une demande, d'un conseil, d'un reproche ou d'un ordre atténués.

1. Indiquez-moi la direction de la poste. - **2.** Ne laissez pas le chien se sauver. - **3.** Rends-moi le livre que je t'ai prêté. - **4.** Sois plus prudent sur ton scooter. - **5.** Taisez-vous. - **6.** Expliquez-moi comment fonctionne cet appareil. - **7.** Tiens ta raquette plus fermement.

10 Vous avez certainement un projet qui vous tient à cœur, même s'il ne paraît pas très réalisable. Racontez ce que vous feriez pour le concrétiser, en utilisant des conditionnels exprimant le souhait ou le rêve.

11 Imaginez une situation d'énonciation dans laquelle une personne cherche à obtenir un service d'une autre personne. Écrivez un monologue ou un dialogue dans lequel vous utiliserez des conditionnels de souhait, d'atténuation et, si possible, au moins une relative au conditionnel.

La conjugaison du subjonctif

1. La conjugaison du subjonctif

- **Présent : radical du présent de l'indicatif** + terminaisons en : ***-e, -es, -e, -ions, -iez, -ent***.
  Que je mette, qu'il parte, que nous prenions, qu'ils insistent.

- **Imparfait : radical du passé simple** + terminaisons en : ***-sse, -sses, -ât / -ît / -ût / -înt, -ssions, -ssiez, -ssent***.
  Que je misse, qu'il partît, que nous prissions, qu'ils insistassent.

- **Passé : *être*** ou ***avoir*** au **subjonctif présent** + **participe passé** du verbe.
  Que j'aie mis, qu'il soit parti, que nous ayons pris, qu'ils aient insisté.

- **Plus-que-parfait : *être*** ou ***avoir*** au **subjonctif imparfait** + **participe passé** du verbe.
  Que j'eusse mis, qu'il fût parti, que nous eussions pris, qu'ils eussent insisté.

2. Les verbes irréguliers

- Certains verbes ont un **radical irrégulier** au **présent** du subjonctif.
  aller : *que j'aille –* ***faire :*** *que je fasse –* ***falloir :*** *qu'il faille –* ***pouvoir :*** *que je puisse –* ***savoir :*** *que je sache –* ***vouloir :*** *que je veuille…*

- ***Être*** et ***avoir*** ont des terminaisons irrégulières au **présent** du subjonctif.
  que je sois, que tu sois, qu'il soit, que nous soyons, que vous soyez, qu'ils soient.
  que j'aie, que tu aies, qu'il ait, que nous ayons, que vous ayez, qu'ils aient.

3. Distinguer l'indicatif et le subjonctif

- À la troisième personne du singulier, le **passé simple de l'indicatif** et l'**imparfait du subjonctif**, ainsi que le **futur antérieur de l'indicatif** et le **plus-que-parfait du subjonctif**, ont des formes proches à l'oral, mais qu'il convient de distinguer à l'écrit. Pour identifier chacun de ces temps, on remplace la 3e personne du singulier par la **3e personne du pluriel**.

  Il revint au printemps. / Ils revinrent au printemps. (= **passé simple**)

  Quand il fut revenu, il se reposa. / Quand ils furent revenus, ils se reposèrent. (= **passé antérieur de l'indicatif**)

  J'aurais voulu qu'elle vînt me voir. / J'aurais voulu qu'elles vinssent me voir. (= **imparfait du subjonctif**)

  J'aurais aimé qu'elle eût compris. / J'aurais aimé qu'elles eussent compris. (= **plus-que-parfait du subjonctif**)

Exercices

(Se reporter aux tableaux de conjugaisons, pages 310 à 319)

1 Conjuguez au temps du subjonctif demandé les verbes suivants.

1. au présent : courir, faire, savoir. - **2.** à l'imparfait : lire, retenir, changer. - **3.** au passé : conduire, devenir, atteindre. - **4.** au plus-que-parfait : croire, devoir, naître.

2 Indiquez à quel temps du subjonctif sont les verbes suivants. Donnez leur infinitif.

Que j'aie su • qu'elle eût acquis • que vous fuyiez • qu'elles avertissent (deux solutions) • que tu fisses • que je veuille • qu'ils fussent revenus • que nous ayons lu • que vous haïssiez (deux solutions) • qu'il revînt.

3 Mettez chacun des verbes entre parenthèses à tous les temps du subjonctif.

Que je (rire) • que tu (lire) • qu'il (venir) • que nous (croire) • que vous (partir) • qu'ils (vaincre).

4 Mettez les verbes entre parenthèses au temps du subjonctif indiqué.

1. Elle veut que nous (*participer* ; présent) tous à sa fête. - **2.** Quoi qu'il (*dire* ; imparfait), personne ne le croyait plus. - **3.** Il lui raconte des histoires drôles pour qu'elle (*rire* et *oublier* ; présent) ses soucis. - **4.** Bien que vous (*relire* ; passé) plusieurs fois votre devoir, il reste encore des fautes. - **5.** Ils souhaitaient que personne ne (*découvrir* ; plus-que-parfait) la surprise qu'ils préparaient. - **6.** Ce chat est l'animal le plus agressif que je (*voir* ; passé) jamais. - **7.** On craignait que la sécheresse ne (*gagner* ; imparfait) tout le pays. - **8.** Il faut que tu (*résoudre* ; présent) tous tes problèmes avant de partir en vacances.

5 Donnez le temps et le mode des verbes en gras.

1. Tout inexpérimenté que **fût** ce jeune homme, il **réussit** mieux que bien d'autres. - **2.** L'arbuste **crût** et **devint** un arbre gigantesque. - **3.** Après que l'eau **se fut retirée**, on **évalua** les dégâts. - **4.** Quoi qu'elle **pensât**, elle **se tut**. - **5.** Que nous **eussions** raison, personne n'en doutait. - **6.** Pourvu que les secours **soient arrivés** à temps. - **7.** Les clients étaient satisfaits, à condition qu'on **apportât** des réponses précises à leurs besoins. - **8.** Elle regarda le bateau jusqu'à ce que la voile blanche **eût disparu** et quand elle **eut compris** que son mari ne reviendrait pas avant plusieurs mois, elle s'en alla.

6 Mettez les verbes entre parenthèses au passé simple de l'indicatif ou à l'imparfait du subjonctif.

1. On (craindre) que la tempête ne (durer) toute la nuit. - **2.** Quand elle (comprendre) qu'elle ne serait jamais une star, elle (être) très déprimée. - **3.** Fabrice (refuser) d'aller chez le dentiste, à moins que quelqu'un ne l'(accompagner). - **4.** Que le film (être) un échec (devenir) une certitude. - **5.** Quoiqu'il (douter) des capacités de son collaborateur, il (souhaiter) qu'il (faire) ses preuves.

7 Choisissez entre le passé antérieur de l'indicatif et le plus-que-parfait du subjonctif.

1. Je souhaitais qu'elles (réussir), mais je doutais qu'elles y (parvenir). - **2.** Dès qu'il (apprendre) la nouvelle, il poussa des cris de joie. - **3.** Bien que le soir ne (tomber) complètement, les rues du village étaient désertes. - **4.** Après que le rideau (se baisser) définitivement, les spectateurs quittèrent la salle à regret. - **5.** Quoiqu'on le (mettre) en garde, il s'obstina.

8 Rétablissez les accents circonflexes qui ont disparu.

1. Quand il eut envisagé tous les aspects du problème, il résolut de mettre un terme à ses projets. - **2.** Ses parents l'envoyèrent à l'étranger afin qu'il y poursuivit ses études. - **3.** Dès que le chien aperçut le chat il fut pris de fureur. - **4.** Quoiqu'elle eut horreur des escargots, elle dut manger le contenu de son assiette. - **5.** On exigea qu'il fit des excuses, et c'est ce qu'il fit.

9 Dictée préparée.

(Le narrateur donnait des cours de musique à des jeunes filles de Chambéry, au XVIIIe siècle.)

C'est dommage que les Savoyards ne soient pas riches, ou peut-être serait-ce dommage qu'ils le fussent ; car tels qu'ils sont, c'est le meilleur et le plus sociable peuple que je connaisse. S'il est une petite ville au monde où l'on goûte la douceur de la vie dans un commerce agréable et sûr, c'est Chambéry. [...] Les femmes sont belles et pourraient se passer de l'être ; elles ont tout ce qui peut faire valoir la beauté, et même y suppléer. Il est singulier qu'appelé par mon état à voir beaucoup de jeunes filles, je ne me rappelle pas d'en avoir vu, à Chambéry, une seule qui ne fût pas charmante. On me dira que j'étais disposé à les trouver telles, et l'on peut avoir raison ; mais je n'avais pas besoin d'y mettre du mien pour cela.

Jean-Jacques ROUSSEAU, *Confessions*, 1764-1770.

a. **Relevez les verbes au subjonctif et donnez leur temps.**
b. **Relevez les subordonnées qui les contiennent et donnez leur fonction.**
c. **Justifiez l'accord des adjectifs et des participes passés.**

Quelque, quelque… que, quel que

1. Quelque ou quelques

S'il a le sens de ***un certain***, ***un quelconque*** ou ***du***, *quelque* reste au singulier. C'est un déterminant indéfini du nom qui exprime l'**indétermination.**
S'il a le sens de ***plusieurs***, *quelque* prend un ***s***.

J'ai trouvé un gant, ***quelque*** *promeneur l'aura égaré.*
Quelques *rouleaux de papier peint ont réussi à égayer la pièce.*

2. Quelque… que

Si *quelque… que* encadre un **nom**, *quelque* s'écrit en un seul mot et **s'accorde** en genre et en nombre avec ce nom. C'est un **déterminant indéfini.**

Quelques *conseils* ***que*** *nous lui donnions, il est encore hésitant.*

S'il encadre un **adjectif**, *quelque* reste **invariable**. C'est un **adverbe.**

Quelque *attentifs* ***que*** *nous soyons, nous pouvons commettre une erreur.*

Dans les deux cas, *quelque… que* introduit une subordonnée d'opposition (ch. 19) dont le verbe est au subjonctif.

3. Quel que, quels que, quelle que, quelles que

Quel que s'emploie uniquement avec le verbe *être* au subjonctif. *Quel* est un **déterminant indéfini.** Il **s'accorde** en genre et en nombre avec le sujet du verbe *être* dont il est l'attribut. Il exprime une **opposition.**

Quelles que *soient les difficultés, il les surmontera.*
Quel que *soit le résultat, nous nous en accommoderons.*

Exercices

1 **Justifiez l'orthographe de *quelque, quelques, quel(s) que*, ou *quelle(s) que*.**

1. Quelque compétents que vous soyez, vous avez encore beaucoup à apprendre. - **2.** Quelques jeunes gens intrépides ont tenté la traversée du glacier. - **3.** Quelle que soit l'issue du conflit, il y aura d'innocentes victimes. - **4.** C'est sans doute quelque cabane de berger qu'on aperçoit au loin. - **5.** Quels qu'aient été les résultats, nous attendons avec impatience de les connaître. - **6.** Voici un livre qui soulève quelques questions intéressantes. - **7.** Quelques événements imprévus viendront-ils apporter quelque intérêt à ma vie ?

2 **Complétez les pointillés par *quelque, quelques, quel(s) que, quelle(s) que*.**

1. Il a dû se glisser … erreur dans ce texte. - **2.** … efforts que je fasse, je ne battrai jamais le record du monde. -**3.** … soient la saison et la température, Olivier se baigne dans le lac. - **4.** Nous avons rencontré … spécimens rares de fleurs. - **5.** … indulgents que nous soyons, nous ne pouvons accepter tes résultats scolaires de ce trimestre. - **6.** … soit son espèce, un animal a souvent un instinct plus développé que celui de l'homme. - **7.** … brillantes que soient ses idées, elles n'ont rien de réaliste.

Quoique, quoi que

1. Quoique

Quoique **s'écrit en un mot** quand on peut le remplacer par *bien que* ou par *encore que*. C'est une **conjonction de subordination** suivie du **subjonctif** qui introduit une subordonnée d'**opposition** (voir ch. 19).

Quoiqu'*il fasse encore nuit, nous partons travailler.* (= ***Bien qu'****il fasse...*)

2. Quoi que

Quoi que **s'écrit en deux mots** quand on peut le remplacer par *quelle que soit la chose que*. C'est un **pronom relatif indéfini,** suivi du **subjonctif.**
Il exprime aussi l'idée d'opposition.

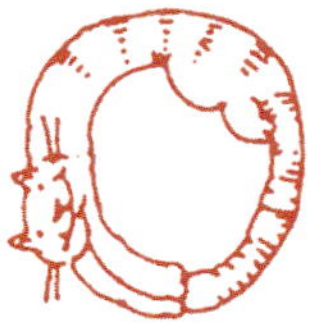

Quoi qu'*il dise, restez calmes.* = ***Quelle que soit la chose qu'****il dise...*

Exercices

1 a. Par quoi peut-on remplacer *quoique* et *quoi que* dans ces phrases tout en conservant l'idée d'opposition ? b. À quel mode sont les verbes soulignés ?

1. Quoique Julien maîtrise assez bien l'allemand, il n'ose pas s'exprimer dans cette langue. - **2.** Mon chien est très affectueux, quoiqu'il ait l'air féroce. - **3.** Quoi qu'elle mange, elle prend un air dégoûté. - **4.** Quoi qu'on fasse, le résultat est toujours le même. - **5.** Marie se force à sourire quoiqu'elle ait du chagrin.

2 Justifiez l'orthographe de *quoique* et de *quoi que* dans chacune de ces phrases.

1. Quoique les téléphones mobiles soient indéniablement utiles, ils sont parfois très gênants pour l'entourage. - **2.** Quoi qu'on m'objecte, j'irai jusqu'au bout de mon projet. - **3.** Quoique ce château soit magnifique, il s'en dégage une impression d'hostilité. - **4.** Fabrice est un charmant garçon, quoi qu'on dise. - **5.** Il est très déçu par son échec, quoiqu'il n'en fasse rien paraître.

3 Complétez les pointillés par *quoique* ou *quoi que*.

1. ... ce chêne soit centenaire, il est encore très vigoureux. - **2.** ... il en soit, ils ont décidé de quitter la région. - **3.** ... il dise, ses amis le trouvent spirituel. - **4.** ... son lieu de travail soit très proche de son domicile, elle prend toujours sa voiture pour s'y rendre. - **5.** ... tu apprennes de nouveau, viens nous le dire immédiatement. - **6.** ... il pensât, l'expression de son visage restait impénétrable.

4 Dans ces phrases, *quoique* et *quoi que* ont été parfois mal orthographiés. Corrigez les erreurs.

1. Quoiqu'il soit écrit par un auteur célèbre, ce livre est terriblement ennuyeux. - **2.** Quoi que les gens pensent de lui, Romain n'en fait qu'à sa tête. - **3.** Ce voyage en Scandinavie l'a comblée, quoi qu'elle préfère les pays du sud. - **4.** Quoique tu imagines, tu es très loin de la vérité. - **5.** Quoi qu'il fasse pour lui plaire, elle y est insensible.

5 Dans les phrases suivantes, remplacez les passages soulignés par des subordonnées d'opposition introduites par *quoique* ou *quoi que*. Faites toutes les transformations nécessaires.

1. Peu importe ce qu'on en pensera, je vais quitter mon travail ennuyeux pour devenir berger. - **2.** Quels que soient vos conseils, je ne renoncerai pas. - **3.** Malgré ses quinze ans, Thomas continue à jouer aux billes. - **4.** Tout en étant très performante, cette voiture est économique et sûre. - **5.** Tu as beau dire, je trouve Aurélie franche et sympathique. - **6.** Bien qu'il ait une excellente réputation dans sa commune, M. Martin n'a pas été élu maire.

Lexique de la cause, de la conséquence, du but, de l'opposition, de la condition

Sans imagination, il ne pourrait y avoir création. Elle est donc l'activité intellectuelle non seulement la plus féconde mais la plus noble.

Une fois qu'une connaissance est acquise, nous nous reposons sur elle comme un avare sur son tas d'or, savoir n'a rien d'exaltant : connaître avec précision la distance de la Terre à la Lune est un acquis rangé dans un coin d'une encyclopédie, il y a peu d'enthousiasme à en attendre.

En revanche, inventer les moyens astucieux qui nous *permettront* de mesurer cette distance *procure* la joie d'une bataille engagée et bientôt victorieuse. De même est profonde la joie du romancier qui imagine les aventures de ses héros, ces personnages dont il est le créateur.

Albert JACQUARD, *Petite Philosophie à l'usage des non-philosophes*, © Calmann-Lévy, 1997.

1. **Quel mot prouve que l'idée contenue dans la deuxième phrase est la conséquence de la première ? Quelle est sa classe grammaticale ?**

2. **Dans le troisième paragraphe, quelle locution exprime une opposition ? Quel rapport cause / conséquence les verbes en italique permettent-ils d'établir ?**

Leçon

Des **outils lexicaux** permettent d'exprimer ou d'introduire des rapports logiques.

	Verbes ou locutions verbales	Noms, adjectifs, ou participes	Mots de liaison
CAUSE	*cela est causé par, cela est dû à, cela vient de, cela provient de…*	*la cause, la raison, le motif, l'origine, causal, dû à, vu…*	*car, en effet, effectivement…*
CONSÉQUENCE	*cela provoque, cela entraîne, il en résulte, cela explique…*	*la conséquence, le résultat, l'effet, l'aboutissement, consécutif…*	*c'est pourquoi, donc, aussi, par conséquent, d'où, alors, ainsi…*
BUT	*cela vise à, avoir l'intention de…*	*l'objectif, la visée, le but, final…*	
OPPOSITION	*cela s'oppose à, cela contredit, il a beau…*	*l'opposition, le contraire, contradictoire, contraire à…*	*pourtant, certes, malgré tout, cependant, toutefois, mais, néanmoins, or, à l'inverse, en revanche…*
CONDITION	*supposons que… imaginons que… admettons que…*	*la condition, la supposition, l'hypothèse, l'éventualité, hypothétique, éventuel…*	

Exercices

1 **Dans les phrases suivantes, relevez les termes qui expriment ou introduisent une cause, une conséquence, un but, une opposition ou une condition. Précisez chaque fois la notion exprimée.**

1. À l'origine de ces conflits on trouve une rivalité concernant la possession d'un terrain convoité. - **2.** Dans l'hypothèse d'un réchauffement de la planète, quels en seraient les effets à court terme ? - **3.** Entreprendre une tâche difficile entraîne des efforts et des sacrifices, néanmoins les résultats sont généralement gratifiants. - **4.** En supposant qu'il y ait de la vie sur d'autres planètes que la nôtre, quelles formes auraient leurs habitants ? - **5.** Quel objectif poursuivez-vous en agissant ainsi ?

2 **Complétez les pointillés par les termes qui conviennent et précisez ce qu'ils expriment.**

1. La disparition des dinosaures est peut-être ... la chute d'une énorme météorite. - **2.** Les actes de Jeanne ... souvent ses paroles, ... on a tendance à douter de ce qu'elle affirme. - **3.** Ne vous méprenez pas, seule la timidité est ... de l'air bourru de ce vieil homme. - **4.** ... que vous ayez raison, quelles preuves pouvez-vous apporter ?

3 **Dans les phrases suivantes, la cause, la conséquence, le but, l'opposition et la condition sont exprimés par des propositions subordonnées. Récrivez-les en exprimant ces notions par des procédés lexicaux.**

Ex. : ***Des glissements de terrain se sont produits parce qu'il y a eu de fortes pluies.*** → ***Les fortes pluies <u>sont à l'origine</u> des glissements de terrain.***

1. Elle est contrariée parce que sa meilleure amie est partie pour un pays étranger. - **2.** On a entrepris des travaux pour que les anciens quartiers de la ville soient rénovés. - **3.** S'il y a du verglas, roulez prudemment. - **4.** Alice joue du violoncelle alors que Claire joue du piano. - **5.** L'été a été si chaud que la vente des crèmes glacées a battu des records. - **6.** Si tu rencontres Pierre, rappelle-lui qu'il a promis de m'apprendre à jouer au billard. - **7.** Agnès est en voyage au Pérou, parce qu'elle s'intéresse à la civilisation des Incas. - **8.** Antoine a fait un entraînement sportif très poussé, de sorte qu'il souffre maintenant d'une tendinite. - **9.** Une équipe de bénévoles est sur les lieux, afin que la sécurité du festival soit assurée. - **10.** Le surf attire beaucoup de jeunes bien que ce soit un sport difficile.

4 **Réfléchissez aux causes et aux effets de la violence urbaine et proposez des solutions qui seraient à la portée de chacun.**

Vous présenterez votre réflexion dans un devoir bien composé et argumenté. Vous exprimerez les notions de cause, de conséquence, de but, de condition et d'opposition par un vocabulaire approprié et varié que vous soulignerez.

5 **Lisez ce texte.**

Dès les premières civilisations sumériennes, nos lointains ancêtres, qui étaient plus patients que nous, observaient très minutieusement la course régulière des étoiles et leurs astronomes gravaient leurs observations dans la pierre **pour l'éducation des générations futures**. Nous savons **ainsi** qu'il y a quatre mille ans, les étoiles tournaient autour d'un point fixe différent de celui d'aujourd'hui, situé à mi-chemin entre la Petite et la Grande Ourse. Mille ans auparavant, c'est l'étoile alpha de la constellation du Dragon qui constituait ce point fixe.

En réalité, les étoiles sont fixes et c'est *au contraire* la Terre qui est animée d'un mouvement de rotation sur elle-même. Le déplacement du point autour duquel nous voyons les étoiles tourner *implique* que l'axe de rotation de la Terre ne conserve pas une direction fixe dans l'espace. Cette dérive *résulte* du fait que la Terre n'est pas parfaitement sphérique. *En effet*, elle a la forme d'un ellipsoïde[1] quelque peu déformé à cause de son activité tectonique[2]. À l'équateur, son diamètre est voisin de 12 750 kilomètres, alors que la distance entre les deux pôles est seulement de 12 710 kilomètres. Cette forme ellipsoïdale est due à la rotation de la Terre sur elle-même et à la force centrifuge[3] qui crée un bourrelet équatorial de matière terrestre.

Jean-Claude Duplessy et François Morel,
Gros Temps sur la Planète, © Odile Jacob, 1990.

1. **Ellipsoïde :** solide de forme ovale. - 2. **Activité tectonique :** activité de l'écorce terrestre. - 3. **Centrifuge :** qui tend à pousser loin du centre.

a. Quelles notions le groupe de mots et le mot en gras expriment-ils ? Lequel est un procédé grammatical et a donc une fonction dans la phrase ? Lequel est un procédé lexical ?

b. Les mots et expressions en italique expriment-ils une cause, une conséquence ou une opposition ? Donnez la classe grammaticale de chacun d'eux.

c. Dans la dernière phrase, quelle est la cause de la forme ellipsoïdale de la Terre ? Quels mots traduisent cette idée de cause ? Quelle est la conséquence de la forme centrifuge ? Quel verbe l'exprime ?

Le sujet de réflexion

Soit le sujet : Pourquoi nous mettons-nous parfois en colère ? Est-ce une réaction que l'on peut justifier ?
Vous exposerez vos réflexions dans un texte organisé, illustré d'exemples précis.

1. **Quel est le mot-clé du sujet ? Quel est le thème abordé ?**

2. **Quels sont les autres mots importants ?**

Leçon

Le sujet de réflexion, tel qu'il peut vous être proposé au brevet, vous invite à exprimer **votre opinion** sur un thème, sous la forme d'un **texte argumentatif**.

1. Élaborer le plan

1. Analyser le sujet

Pour éviter de faire des contresens ou de sortir du sujet, il importe de bien lire le sujet et de l'analyser. C'est pourquoi, il vous faut
– **entourer le mot-clé** qui donne le thème à traiter : *colère* ;
– **souligner** les autres **mots importants** du sujet qui permettent de comprendre quelle est exactement la question posée : *Pourquoi* ; *justifier* ;
– **reformuler la question** avec vos propres mots pour vérifier que vous avez bien compris ce que l'on vous demande : *On me demande de dire les raisons pour lesquelles il nous arrive de nous fâcher et s'il est légitime de réagir ainsi.*

2. Chercher des idées

Lors de cette étape qui se fait au brouillon, vous devez
– **écrire toutes les idées** qui vous viennent à l'esprit sous forme de phrases nominales ou de mots ;
– **éliminer** les idées qui n'ont pas de rapport avec le sujet ou que vous aurez du mal à expliquer ;
– **souligner** d'une couleur votre thèse et d'une autre vos arguments ;
– **écrire un exemple** en face de chaque argument.

3. Faire le plan

Le sujet de réflexion peut vous amener à
– examiner **un ou plusieurs aspects** de la question. Les questions du sujet vous suggèrent alors une ou plusieurs parties du plan.

1. *Pourquoi … colère ?* → 1re partie : Les raisons pour lesquelles on se met en colère.

2. *Est-ce une réaction… justifier ?* → 2e partie : Ce qui pourrait justifier la colère ou ce qui la condamne.

– donner **votre opinion**, exprimer une **thèse** à l'aide d'**arguments**.

Est-ce une réaction que l'on peut justifier ? → On attend de vous que vous disiez si, à votre avis, la colère est une attitude légitime ou condamnable (votre thèse), et que vous expliquiez pourquoi vous la jugez telle (arguments).

Il est préférable cependant d'exposer aussi certains arguments que vous pourriez **concéder** à un adversaire qui défendrait une opinion contraire à la vôtre. Cela permet de nuancer votre opinion et de proposer un plan en trois parties. Par exemple :

2e partie : Les justifications possibles de la colère.
3e partie : Condamnation de la colère.

Remarque : Vous devez toujours vous assurer que votre plan ne vous amènera pas à vous contredire.

- Pour élaborer votre plan, vous devez, au brouillon,
– **trier** vos idées en les regroupant selon la partie dans laquelle elles ont leur place ;
– les **numéroter** en fonction de l'ordre dans lequel il est logique ou préférable qu'elles apparaissent ;
– écrire à côté de chaque idée les **connecteurs** qui marquent les **étapes** ou la **logique** de la succession des idées (*tout d'abord, par ailleurs, donc…*).

2. Introduire et conclure

1. Introduire un sujet de réflexion

- L'introduction permet de **présenter le sujet** que l'on va traiter. Elle doit à la fois intéresser le lecteur et lui faire découvrir ce dont il sera question. Elle comprend en général **trois parties** reliées par des **connecteurs**.

- On **présente** d'abord le sujet, c'est-à-dire le **thème** de la réflexion.

Qui de nous ne s'est jamais mis en colère ? C'est pourtant une attitude que l'on a du mal à expliquer et davantage encore à justifier.

- On **reformule** ensuite la question posée en l'expliquant.

Nous pouvons donc nous demander quelles raisons nous poussent à nous fâcher et s'il est légitime de réagir ainsi.

- Enfin, on **annonce le plan** en indiquant ce que l'on va **démontrer** dans le développement du devoir.
On peut annoncer son plan par des interrogations directes ou indirectes ou par des formules de ce type : *dans un premier temps (en premier lieu, tout d'abord) nous expliquerons..., dans un deuxième temps (en second lieu, puis, ensuite), nous étudierons... ; nous commencerons par nous intéresser à..., nous terminerons en démontrant... ; nous montrerons qu'en apparence... puis nous verrons qu'en réalité...*

*Ainsi, **dans un premier temps, nous étudierons** les causes de ces accès de colère. **Nous verrons ensuite** que l'on peut trouver, dans certains cas,* *des justifications à un tel comportement. Mais nous terminerons* ***en démontrant que*** *généralement se mettre en colère est une attitude condamnable.*

Après l'introduction, on laisse deux ou trois lignes blanches avant de commencer le développement du devoir.

2. Conclure un sujet de réflexion

La conclusion permet de **répondre clairement** à la question posée par le sujet. Elle comprend en général deux parties.

- On doit **obligatoirement résumer** les idées essentielles du devoir. Il ne faut pas apporter de nouveaux arguments ou de nouveaux exemples dans la conclusion. Celle-ci doit n'être qu'un **bilan** clair et précis de ce qui a été démontré dans le devoir.
Vous pouvez utiliser les formules suivantes pour commencer votre conclusion : *en conclusion, nous retiendrons que... ; pour conclure rappelons que... ; concluons en rappelant que…*

  En conclusion, nous retiendrons que *la colère est une façon de réagir à ce que nous jugeons intolérable. Certains estiment que, plutôt que de garder en soi une rage rentrée, il est parfois préférable de l'extérioriser et que cela peut aussi être une façon de faire prendre conscience à autrui du caractère inadmissible de la situation. Mais, en général, en restant calmes, nous nous faisons davantage respecter et entendre et il n'est jamais bon d'agir sous le coup de la « mauvaise conseillère » qu'est la colère.*

- On peut **éventuellement élargir le débat** en abordant un thème lié à celui qui a été traité dans le devoir.

  Encore faut-il apprendre à ne pas céder à nos emportements et c'est un des rôles de l'éducation que de nous enseigner la maîtrise de soi afin de mieux vivre en société.

Exercices

1 Dans les énoncés suivants, repérez le thème puis recopiez les mots importants. Reformulez la question avec vos propres mots en commençant par « On me demande de dire… ».

1. Pourquoi, à notre époque, les jeux vidéos séduisent-ils un public de plus en plus large ? (Brevet 2002-Besançon)

2. Pourquoi une séparation parents-enfants est-elle difficile ? A-t-elle aussi des aspects positifs ? (Brevet 2001-Grenoble)

3. Que va-t-on chercher en classe ? À quoi sert ou doit servir, selon vous, l'école ?

2 Soit les sujets suivants :

1. La solitude représente parfois une souffrance. Mais ne peut-elle pas aussi être recherchée ? Pourquoi ?

2. Pourquoi, à votre avis, un enfant ou un adolescent éprouve-t-il souvent le besoin de s'isoler ?

3. Aimez-vous la solitude ? Pourquoi ?

a. Repérez le thème puis recopiez les mots importants.

b. Reformulez la question avec vos propres mots en commençant par « On me demande de dire… ».

c. Quel est le thème commun de ces sujets ? En quoi ces sujets sont-ils différents ?

3 **Soit le sujet :**
« Aimeriez-vous connaître une vie riche en aventures ? Pourquoi ? »

a. Parmi les idées suivantes, éliminez celles qui ne conviennent pas ou qui répètent une autre idée. b. Recopiez celles qui conviennent et numérotez-les en fonction de l'ordre dans lequel elles pourraient apparaître. c. En face de chaque idée, écrivez un exemple qui l'illustre.

J'aimerais connaître une vie riche en aventures parce que :
• l'aventure comporte des risques et se termine parfois mal.
• ce serait une vie riche aussi en imprévus qui me préserverait de l'ennui et de la monotonie.
• une vie aventureuse me permettrait de vivre intensément et de connaître des sensations fortes.
• je deviendrais alors riche et célèbre.
• je pourrais ainsi échapper à la routine de la vie quotidienne.
• en faisant face à l'inconnu, en relevant certains défis, j'apprendrais à mieux me connaître et à éprouver mes limites.
• j'apprécie beaucoup les films d'aventures.

4 **Faites l'exercice 3. Trouvez au moins deux contre-arguments par lesquels vous montrerez les inconvénients d'une vie aventureuse ou les avantages d'une vie tranquille. Ces arguments ne doivent pas contredire ceux que vous avez adoptés dans l'exercice 3.**

5 **Soit le sujet :**
« Parmi tous les spectacles (théâtre, mime, spectacle de rue...) proposés au public, pensez-vous que le cirque puisse encore séduire ? » (Brevet 2001, Bordeaux) Voici des arguments :

• Le cirque est un spectacle populaire qui s'adresse à tous, aussi bien aux adultes qu'aux enfants.
• C'est un spectacle avec sa magie propre, original et varié, dont les « acteurs » et les numéros ne ressemblent à nul autre.
• Au cirque, les artistes cherchent à établir une véritable communication avec les spectateurs, à les faire participer au spectacle.
• Le cirque est le lieu de l'émotion partagée, du rire, de la peur ou de l'admiration...

a. Dites quelle thèse est soutenue à l'aide de ces arguments.

b. Reliez ces arguments par des connecteurs pris dans cette liste : *c'est pourquoi, de plus, tout d'abord, par ailleurs.*

c. Trouvez un exemple qui illustre chacun des arguments.

6 **Soit le sujet :**
« Pourquoi certaines personnes éprouvent-elles le besoin d'avoir un animal domestique ? » (Brevet 2002, Amiens)

Voici des **idées** :
• Il faut être responsable et élever les animaux de façon à ce qu'ils ne gênent pas autrui.
• Il y a de plus en plus d'animaux domestiques.
• Il arrive que des gens achètent par snobisme ou par caprice un animal qui constitue pour eux un simple élément décoratif ou une manière de présenter une certaine image d'eux-mêmes.
• Posséder un animal permet de lutter contre la solitude ou de satisfaire des besoins affectifs.
• Nombreux sont ceux qui gardent ou retrouvent le contact avec la nature par le biais des animaux qui ont conservé leur instinct naturel.
• L'animal joue le rôle d'un ami.
• Certains utilisent des animaux pour se défendre contre le monde extérieur, voire pour agresser autrui.

Voici un **plan** :
1. Beaucoup de personnes sont attachées à leur animal parce qu'il joue un rôle important et positif dans leur vie.
2. Cependant, on peut posséder des animaux pour des raisons futiles, voire condamnables.

a. Éliminez les idées données ci-dessus qui en répètent d'autres ou qui ne conviennent pas.

b. Triez les idées en fonction de la partie du plan proposé dans laquelle elles s'intègrent.

c. Classez les arguments sélectionnés selon l'ordre dans lequel il serait logique ou préférable qu'ils apparaissent.

d. Écrivez en face de chaque idée un connecteur qui permette de la relier à celle qui la précède.

e. Trouvez un exemple qui illustre chaque argument.

7 **Proposez des plans détaillés pour ces sujets.**

1. Beaucoup d'hommes et de femmes n'hésitent pas à s'expatrier pour gagner leur vie. Seriez-vous prêt à accomplir une telle démarche ? Pourquoi et éventuellement à quelles conditions ?
2. On dit souvent que l'on vit au siècle de la vitesse. Pensez-vous que le rythme rapide de la vie moderne soit une bonne chose ou estimez-vous qu'il serait préférable de prendre davantage son temps ?

8 Soit le sujet :
« Les adultes et les adolescents ont souvent du mal à s'entendre. Quelles sont, à votre avis, les raisons de ces difficultés de communication ? Comment y remédier ? »

Soit l'introduction :

On évoque couramment l'existence d'un fossé entre les générations. Et il est vrai que les jeunes et les personnes plus âgées semblent parfois avoir du mal à s'entendre.

D'où viennent donc ces problèmes de communication entre adultes et adolescents et quelles solutions peut-on leur apporter ?

Nous verrons en premier lieu que les changements que provoque le passage à l'adolescence sont en partie à l'origine de ces difficultés. Nous montrerons ensuite que les adultes ne savent pas toujours adopter l'attitude qui convient pour faciliter leurs rapports avec les jeunes. Nous chercherons enfin comment améliorer la situation.

a. Distinguez les trois étapes de cette introduction. À quoi correspondent-elles ?

b. Relevez les connecteurs.

9 Par quels termes cette conclusion du sujet de l'exercice 8 est-elle introduite ? Distinguez les deux étapes. À quoi correspondent-elles ? Relevez les connecteurs.

Finalement, nous pouvons conclure en rappelant que la volonté d'émancipation et les difficultés relationnelles propres à l'adolescence provoquent parfois un rejet du monde des adultes. Cependant, soulignons aussi que ces derniers aggravent souvent la situation en ne prenant pas le temps de s'ouvrir aux préoccupations des plus jeunes. C'est pourquoi, comme nous l'avons vu, il serait bon que les parents cherchent à prendre en compte les sentiments nouveaux qui animent leurs enfants, mais que ces derniers, à leur tour, marquent leur différence sans se fermer à autrui et refuser la communication.

D'ailleurs, n'a-t-on pas trop tendance à envisager les rapports entre adultes et adolescents en termes de conflits ? Ainsi, le fait que les jeunes quittent de plus en plus tard le domicile de leurs parents semble bien indiquer que la coexistence entre eux n'est pas toujours si difficile.

10 Voici une introduction : déduisez-en
– le sujet auquel répond le devoir,
– le plan qui va être suivi par l'énonciateur.

Les enfants ont toujours été attirés par les êtres effrayants, monstres ou animaux fabuleux qui peuplent les contes. Plus récente est la faveur dont jouissent les livres et les films d'épouvante auprès des jeunes.

Pourquoi cet engouement ? Quelle peut être l'influence de ces œuvres sur les jeunes lecteurs ou spectateurs ?

Nous expliquerons tout d'abord les raisons du succès des films et des livres d'épouvante auprès du jeune public. Nous montrerons ensuite que ceux-ci peuvent avoir certains effets positifs sur les adolescents. Nous terminerons en montrant qu'il faut craindre cependant les conséquences néfastes de ce genre de lectures ou de spectacles.

11 Voici une conclusion : déduisez-en
– le thème abordé dans le sujet,
– la question à laquelle le devoir a répondu et le plan suivi.

En conclusion nous retiendrons que, certes, une éducation trop rigoriste peut nuire au développement de l'autonomie de l'enfant et à sa bonne entente avec ses parents. Cependant, il est indispensable de faire preuve d'autorité envers un enfant qu'on élève afin qu'il apprenne à connaître et à respecter les lois et les règles sociales et qu'il acquière une discipline personnelle.

En définitive, la question n'est pas de savoir si les parents doivent exercer leur autorité mais quelle est la meilleure façon possible pour eux de le faire.

12 Voici les plans de trois sujets. Formulez ces sujets. Rédigez des phrases pour annoncer chacun d'eux et écrivez la partie finale d'une introduction. Utilisez les formules données dans la leçon.

1. La vie en groupe comporte certaines contraintes/ Cependant la vie en groupe est une source d'enrichissement personnel.

2. La place de l'amitié dans ma vie / Ce que j'attends d'un ami.

3. Importance du rôle de l'image dans l'information / Les aspects négatifs de ce rôle de l'image.

13 Imaginez une introduction qui convienne au plan de l'exercice 6.

14 Faites le plan détaillé, l'introduction et la conclusion du sujet suivant.

Doit-on attacher de l'importance à la tenue vestimentaire, à l'apparence, que ce soient les nôtres ou celles des autres ?

Construire un paragraphe argumentatif

Amitié

Il y a de merveilleuses joies dans l'amitié. On le comprend sans peine si l'on remarque que la joie est contagieuse. Il suffit **en effet** que ma présence procure à mon ami un peu de vraie joie pour que le spectacle de cette joie me fasse éprouver à mon tour une joie ; ainsi la joie que chacun donne lui est rendue ; en même temps des trésors de joie sont mis en liberté, et tous deux se disent : j'avais en moi du bonheur dont je ne faisais rien.

Mais il faut dire aussi que l'homme content, s'il est seul, oublie bientôt qu'il est content ; toute sa joie est bientôt endormie ; il en arrive à une espèce de stupidité[1] et presque d'insensibilité. Le sentiment intérieur a besoin de mouvements extérieurs. Voici **par exemple** un paquet de branches sèches. Elles sont inertes en apparence comme la terre ; si vous les laissez là, elles deviendront terre. Pourtant elles enferment une ardeur[2] cachée qu'elles ont prise au soleil. Approchez d'elles la plus petite flamme et bientôt vous aurez un brasier crépitant.

D'après ALAIN, *Propos sur le bonheur*, 1907, © Gallimard.

1. **Stupidité :** inertie, engourdissement, abrutissement. - 2. **Ardeur :** chaleur vive.

1. **Distinguez dans les deux premières phrases des deux paragraphes la thèse ainsi que les deux arguments utilisés pour soutenir cette thèse.**

2. **Relevez les exemples qui illustrent les arguments. Quel est le rôle des expressions en gras ?**

3. **Comment les deux paragraphes argumentatifs sont-ils reliés l'un à l'autre ?**

Leçon

1. Construire un paragraphe argumentatif

- Un paragraphe argumentatif comprend en général un **argument** suivi d'**un** ou de **plusieurs exemples**. Il peut aussi contenir la **thèse**. C'est le plus souvent le cas quand il s'agit du premier paragraphe d'un texte argumentatif.
  Le premier paragraphe du texte ci-dessus contient la thèse (*Il y a de merveilleuses joies dans l'amitié*), un argument (*la joie est contagieuse*), et un exemple (*Il suffit en effet que ma présence…*). Le deuxième paragraphe contient un deuxième argument et un exemple.
- À chaque nouveau paragraphe, on va **à la ligne**. Un paragraphe argumentatif s'insère dans un texte : il doit donc être logiquement relié au paragraphe qui le **précède** par des **connecteurs logiques** (*Mais… aussi…*).

Dans le paragraphe, les **phrases** qui énoncent et expliquent l'argument peuvent être aussi **reliées entre elles** par des **connecteurs logiques**.

*Le spectacle de la joie de mon ami me fait éprouver à mon tour une joie ; **ainsi** la joie que chacun donne lui est rendue.*

2. Utiliser les exemples et les citations

Pour rattacher l'exemple à l'argument qu'il illustre, on emploie des formules ou des connecteurs logiques tels que : *ainsi, par exemple, en effet, c'est le cas de...*

*Voici **par exemple** un paquet de branches sèches.*

Un exemple doit être **précis** sans être trop particulier ni personnel. Un argument peut être aussi illustré par une **comparaison** ou une **métaphore**.
L'image du paquet de branches sèches permet d'éclairer l'argument.

Le sentiment intérieur a besoin de mouvements extérieurs comme l'ardeur cachée des branches sèches a besoin d'une flamme pour exister.

Le rapport entre l'exemple et l'argument qu'il illustre doit être clair. C'est pourquoi il est souvent nécessaire d'**exploiter** et de **commenter l'exemple** pour montrer qu'il éclaire bien l'argument.
Ainsi, dans le premier paragraphe du texte, Alain développe l'exemple afin de bien montrer qu'entre lui et son ami la joie est communicative.

On peut aussi **rapporter des propos** d'autrui (auteur, personnage historique, opinion commune...) :
– soit qu'ils forment l'**énoncé** du sujet que l'on doit traiter dans le devoir ;
– soit qu'ils permettent de **renforcer** ou d'**illustrer** un argument ;
– soit qu'on cite les propos d'un **adversaire** pour mieux les **contredire**.
Vous devez citer ces propos au discours direct, entre guillemets (voir page 72), ou les rapporter au discours indirect (voir ch. 27).

Exercices

1 Lisez ces deux paragraphes.

Le choc des images contre le poids des mots

L'information n'est pas la même en système écrit ou audiovisuel. Les cérémonies rituelles partagées par la collectivité lors de décès de personnalités politiques prennent une dimension autre quand elles sont télévisées. L'image amplifie le partage de l'émotion, autrement et avec plus de force que ne le fait un texte.

Les médias audiovisuels favorisent en outre des effets de simplification et d'uniformisation du discours. Quand le journaliste dispose d'une minute et demie pour un sujet de journal télévisé, il ne peut guère laisser son interlocuteur développer une pensée complexe, argumenter en plusieurs étapes, conclure sur un aveu d'incertitude peu télégénique[1]. La seule discussion possible entre souvent dans le registre de la polémique[2]. C'est ce que dénonce Pierre Bourdieu (1930-2002) lorsqu'il estime que la télévision n'autorise aucun espace de discussion et d'argumentation.

Marc LITS, *Sciences humaines* n° 129, juillet 2002.

1. **Télégénique** : agréable à regarder et à écouter à la télévision. - 2. **Polémique** : dispute, discussion sur un ton agressif.

a. **Parmi les phrases soulignées, distinguez la thèse de l'argument. Relevez l'argument dans le second paragraphe.**

b. **Dégagez les exemples et rattachez-les aux arguments par une expression de votre choix.**

c. **Relevez une phrase dans laquelle sont rapportés les propos d'un écrivain. Dites s'ils renforcent l'argument ou si ce sont les propos d'un adversaire.**

2 **Lisez ces deux paragraphes.**

Même en mettant le gain à part, la vie est plus douce à la ville. On y travaille généralement à couvert[1] ; cela seul, d'avoir un toit sur la tête, semble une grande amélioration. Sans parler de la chaleur, le froid dans nos climats est une souffrance, pour ceux-mêmes qui y semblent le plus habitués. J'ai passé pour ma part bien des hivers sans feu, sans être moins sensible au froid. [...]

Le paysan gagne encore en entrant dans la ville, sous le rapport de la nourriture ; elle est, sinon plus saine, au moins plus savoureuse. Il n'est pas rare, dans les premiers mois du séjour, de le voir engraisser.

Jules MICHELET, *Le Peuple*, 1846.

1. **À couvert** : dans un lieu où l'on est couvert, à l'abri.

a. **Dégagez dans ce texte la thèse, deux arguments et deux exemples. Relevez le connecteur logique qui relie les paragraphes.**

b. **Relevez dans le premier paragraphe une expression qui signale qu'il s'agit d'un exemple personnel. Introduisez l'exemple du second paragraphe par une expression de votre choix.**

c. **Reliez les phrases ou propositions soulignées par un connecteur logique approprié (*donc, car, en effet...*).**

3 **Rédigez un paragraphe comprenant la phrase suivante qui illustrera, à titre d'exemple, un argument de votre invention.**

Un des cas les plus aberrants et les plus spectaculaires de destruction absurde d'une richesse collective est le massacre des baleines ; toutes les espèces de ce mammifère se raréfient et risquent de disparaître. (Albert Jacquard)

4 **a.** **Dégagez dans ce texte la thèse et les arguments.**
b. **Relevez deux connecteurs et dites quel est leur rôle.**

c. **Complétez chacun des deux paragraphes par un exemple. Rattachez cet exemple à l'argument qui précède par une expression de votre choix.**

C'est presque une banalité de répéter que la seule manière adéquate de visiter certaines régions, c'est de les parcourir à pied. D'abord, parce que la marche en elle-même aiguise à la fois l'appétit et l'intellect autrement que les coussins d'une automobile, et place naturellement le voyageur dans un état de réceptivité[1] qui multiplie l'intérêt de tout ce qu'il rencontre.

Ensuite, parce que ce moyen-là est lent, exige un effort personnel, permet d'entrer en contact avec les choses et les gens d'une manière progressive et intime.

SAMIVEL, *L'Amateur d'abîmes*, © Stock, 1981.

1. **Réceptivité** : aptitude à recevoir des impressions.

5 **Ce texte défend la thèse selon laquelle il ne faut pas donner la priorité à l'étude des mathématiques.**

On a dit que les mathématiques servent à rectifier dans la jeunesse les erreurs de raisonnement. Mais on a répondu très ingénieusement et très solidement à la fois que pour classer des idées, il fallait premièrement en avoir ; que prétendre arranger l'entendement[1] d'un enfant, c'était vouloir arranger une chambre vide [...].

En outre, est-il bien vrai que l'étude des mathématiques soit si nécessaire dans la vie ?

CHATEAUBRIAND, *Le Génie du christianisme*, 1802.

1. **Arranger l'entendement** : mettre de l'ordre dans le raisonnement.

a. **Relevez les phrases dans lesquelles l'auteur rapporte les propos d'autrui. Parmi ces propos, dites lequel est rapporté pour être réfuté et lequel constitue l'argument qui correspond à la conviction de l'auteur.**

b. **Relevez une métaphore dans le premier paragraphe.**

c. **Complétez le second paragraphe en développant l'argument et en l'illustrant d'un exemple.**

d. **Rédigez un paragraphe de votre invention contenant un argument réfutant la thèse de ce texte. Vous commencerez le paragraphe en rapportant la pensée de Chateaubriand sur le sujet pour mieux la contredire.**

6 **Rédigez un texte formé de trois paragraphes argumentatifs pour soutenir la thèse suivante : *L'adolescence n'est pas l'âge de l'insouciance*. Vous développerez ces arguments et donnerez des exemples :**

- **L'adolescence est une période d'instabilité et de transformations parfois difficiles à vivre.**
- **L'adolescent a souvent des problèmes relationnels et affectifs.**
- **L'adolescence est marquée par le souci de l'avenir.**

expression écrite

Écrire une lettre argumentative

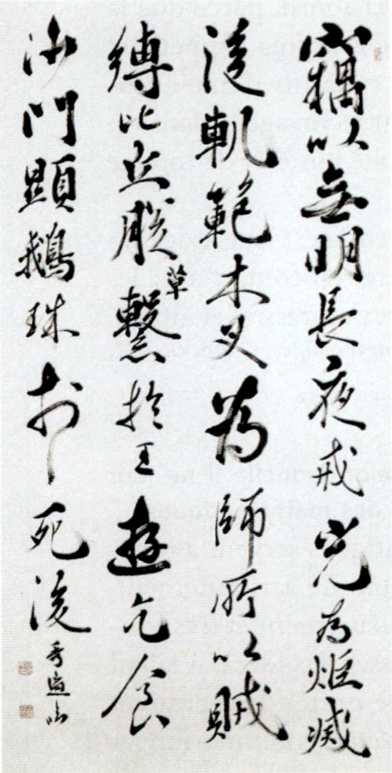

Révérend SUNAHARA, calligraphie pour la cérémonie du thé, Japon. Musée Guimet, Paris.

(Pendant la Seconde Guerre mondiale, un jeune Japonais, Ichiro, entretient une correspondance avec sa mère.)

le 10 mai (1944)

Maman, tu m'as permis de décider si j'irais avec vous à Suwa ou si je resterais seul à Tokyo. J'y ai réfléchi depuis l'autre jour et je préfère rester seul ici.

Je pense que tu serais plus contente si je partais avec vous tous, et c'est cela qui me faisait hésiter depuis l'autre jour, mais en fin de compte, j'ai pris la décision de rester.

La première raison est naturellement le collège. J'ai beau y réfléchir, je trouve que c'est dommage de m'en aller dans un lycée de province après avoir été reçu dans un des premiers lycées de Tokyo. [...]

Et puis, quand j'en parle aux camarades, ils disent tous qu'on ne va pas se réfugier à la campagne, que c'est bon pour les froussards. Quand on me dit ça, je me fais l'effet de fuir devant l'ennemi, et je n'ai pas envie de partir. D'un autre côté, ça ne me dit rien d'être séparé de toi. C'est ce qui me faisait hésiter, mais une fois ma résolution prise, tout cela me tracasse moins. [...]

Je sais bien que tu ne me diras pas non, mais ce qui me tracasse, c'est ta mine triste quand nous faisons quelque chose qui te déplaît. Je t'en prie, donne-moi *joyeusement* la permission de rester.

Isoko et Ichiro HATANO, *L'Enfant d'Hiroshima*, traduit du japonais par Seiichi Motono, © Éditions du Temps, 1959.

1. Quelle est la situation d'énonciation de cette lettre ? Relevez-en les indices.

2. Quelle décision Ichiro a-t-il prise ? Quels arguments avance-t-il pour la justifier ?

Leçon

1. Respecter les caractéristiques de la lettre

1. Établir un dialogue

Une lettre est une forme de **dialogue écrit**, puisqu'elle est une étape dans un **échange**. Lorsqu'une lettre est une réponse, on doit faire comprendre ce à quoi elle fait suite. La lettre d'Ichiro présente le sujet qui motive sa réponse.

Maman, tu m'as permis de décider si j'irais avec vous à Suwa ou si je resterais seul à Tokyo.

2. Définir la situation d'énonciation

Quel que soit l'objectif poursuivi, une lettre doit permettre d'identifier la **situation d'énonciation** (ch. 10). On doit donc comprendre aisément qui est l'auteur de la lettre, son destinataire, la date et, éventuellement, le lieu. Ainsi, Ichiro écrit à sa mère de Tokyo, le 10 mai 1944.

Les **relations** qui unissent l'**expéditeur** à son **destinataire** doivent apparaître clairement : le dernier paragraphe de la lettre d'Ichiro traduit la force des liens qui existent entre le jeune garçon et sa mère.
Ces relations déterminent le **registre de langue** : courant, familier ou soutenu.

3. Respecter les indices de l'énonciation

Une lettre a les caractéristiques des **énoncés ancrés dans la situation d'énonciation.** On y trouve

– l'emploi de pronoms et de déterminants de la 1re et de la 2e personne :

*Ce qui **me** tracasse, c'est **ta** mine triste.*

– l'emploi du présent d'énonciation, du passé composé pour les faits antérieurs à l'énonciation et du futur pour les faits postérieurs :

*Je **sais** bien que tu ne me **diras** pas non.*

– des indices de temps et de lieu facilement identifiables par le destinataire :

*J'y ai réfléchi depuis **l'autre jour** et je préfère rester seul **ici**.*

2. Respecter les caractéristiques du discours argumentatif

1. Organiser son argumentation

Comme tout discours argumentatif (voir ch. 17), une lettre argumentative contient

– une **thèse**, c'est-à-dire l'idée que l'on défend : *Je préfère rester seul ici.*

– des **arguments** : *La première raison est naturellement le collège. Et puis, quand j'en parle aux camarades, ils disent tous qu'on ne va pas se réfugier à la campagne, que c'est bon pour les froussards.*

– éventuellement des **exemples**, pour illustrer les arguments.

Les différentes parties de l'argumentation sont reliées entre elles par des **connecteurs logiques** : *d'abord, ensuite, non seulement, mais aussi*, etc.

2. Personnaliser ses énoncés

Une lettre argumentative comporte des indices de **modalisation**, c'est-à-dire des **marques du jugement de son auteur** (voir ch. 21), comme

– des mots annonçant ou exprimant une opinion : *estimer, penser, conviction, certitude, évidemment, bien sûr, selon moi*, etc.

– un vocabulaire péjoratif ou mélioratif : *C'est bon pour les **froussards.***

– des auxiliaires de modalité : *devoir, pouvoir, falloir.*

Pour que le destinataire se sente plus proche de l'expéditeur et adhère plus facilement à ses idées, le style emprunte parfois des procédés propres à la **langue orale**, tels que

– l'emploi de phrases injonctives, interrogatives, exclamatives :

Que penses-tu de ma décision ? Réponds-moi vite, je t'en prie !

– l'utilisation de mises en relief :

*Mais **ce qui** me tracasse, **c'est** ta mine triste.*

Exercices

1 **Lisez cette lettre.**

Grenoble, le 20 octobre 2002

Cher Adrien,

Comme toujours ta lettre m'a fait un grand plaisir. Et pourtant, pas autant que d'habitude… Tu m'apprends, comme si cela allait de soi, que tu allais abandonner tes cours de violon, sous prétexte que tu entrais en seconde ! Laisse-moi te dire que, là, je ne te comprends pas.

Est-ce parce que tu passes du collège au lycée que ta vie va radicalement changer ? Bien sûr que non ! C'est une étape de plus, comme ton passage du primaire en 6e. Tu avais très bien survécu, me semble-t-il, et tu n'avais renoncé à aucune de tes activités d'alors.

Bien que tu ne le dises pas, il se peut que l'apprentissage quotidien que nécessite la pratique d'un instrument commence à te rebuter. Soit, cela peut paraître assommant à la longue. Mais plus des efforts sont importants, plus les satisfactions que l'on en retire sont gratifiantes. Tu le sais aussi bien que moi, et tu as pu le vérifier dans d'autres domaines : l'école ou le sport, par exemple.

Crois-moi, tu le regretteras un jour, car même si plus tard tu veux te remettre à la musique, tu ne retrouveras jamais tout à fait le niveau qui est le tien. Et quand tu entendras jouer d'autres violonistes, tu te diras : « Moi aussi, si j'avais voulu… »

Allons, réfléchis à tout cela. Tu es libre de ta décision, mais tu ne l'es pas de la prendre à la légère.

Ton oncle qui t'aime.

a. **Quelle est la situation d'énonciation de cette lettre ?**

b. **Combien d'arguments son auteur présente-t-il ? Résumez-les.**

c. **En quoi le style est-il proche de la langue orale ?**

d. **Montrez que ce texte présente les caractéristiques d'une lettre adressée à un proche.**

2 **Lisez la lettre de l'exercice 1. Puis rédigez : soit la lettre d'Adrien à laquelle répond son oncle, soit celle qu'Adrien lui envoie en réponse à la sienne. Prêtez-lui des arguments et un style personnels.**

3 **a.** **À la fin de la classe de 3e, un(e) adolescent(e) écrit à un proche pour lui exprimer sa décision de mettre fin à des études générales et de commencer un apprentissage.**

b. **Imaginez les arguments de l'adolescent.**

c. **Imaginez les arguments de son destinataire qui lui répond pour le (la) persuader de poursuivre ses études.**

d. **Rédigez une des deux lettres.**

4 **Lisez cette lettre.**

(Le romancier Honoré de Balzac écrit à un ami libraire.)

Paris, 14 février 1831

Mon cher Canel,

Je vous ai écrit, vous ne m'avez pas répondu, cela n'est pas de vous, poli, et bien élevé.

J'ai compté sur votre parole de manière à m'être laissé arriver dans un grand dénuement et 500 F sont pour moi si nécessaires que pour les gagner, je vais être forcé d'abandonner et les *Scènes*[1] qui ont de la copie pour presqu'un volume et *La Peau de chagrin*[2], ce qui peut me fâcher avec Gosselin[3], il m'a donné de l'argent et j'ai une grande probité littéraire, vous le savez.

Répondez-moi sur la question *argent* – voilà plus de quinze jours que je vous ai laissé bien à l'aise – je comprends bien votre position – mais la mienne est tout aussi horrible – si c'était *un autre* il vous aurait déjà je ne sais quoi dit

tout à vous

de Balzac

1. et 2. : Les *Scènes de la vie privée* et *La Peau de chagrin* sont des romans de Balzac. - 3. L'éditeur du romancier.

a. **Dans quel but Balzac écrit-il cette lettre ?**

b. **Montrez que, dans chaque paragraphe, Balzac insinue un reproche.**

c. **Quels arguments présente-t-il, concernant sa propre situation, pour attendrir son destinataire ?**

d. **À quels indices devine-t-on que cette lettre a été écrite sous l'effet d'une grande émotion ?**

5 **Rédaction de type Brevet.**

Imaginez que, comme Balzac, vous adressiez une lettre à un proche pour le persuader de vous rendre un service que vous préciserez. Insistez sur les raisons que vous avez de lui réclamer son aide et sur celles qu'il pourrait avoir de vous la donner.

6 **Vous écrivez à un magazine de télévision pour lui faire part de votre satisfaction ou de votre mécontentement concernant un type d'émission. Composez soigneusement votre argumentation et n'oubliez pas de lui donner la forme d'une lettre.**

Reformuler une thèse ou un argument

Texte 1 De toutes les occupations qui peuvent fournir la subsistance à l'homme, celle qui le rapproche le plus de l'état de nature est le travail des mains : de toutes les conditions, la plus indépendante de la fortune et des hommes est celle de l'artisan. L'artisan ne dépend que de son travail : il est libre, aussi libre que le laboureur[1] est esclave : car celui-ci tient à son champ, dont la récolte est à la discrétion d'autrui. L'ennemi, le prince, un voisin puissant, un procès, lui peut enlever ce champ : par ce champ on peut le vexer[2] en mille manières : mais partout où l'on veut vexer l'artisan, son bagage est bientôt fait ; il emporte ses bras et s'en va.

Jean-Jacques ROUSSEAU, *Émile*, Livre III, 1762.

1. **Laboureur :** agriculteur. - 2. **Vexer :** tourmenter.

Texte 2 Le travail manuel est le plus propre à assurer sa nourriture à un homme et c'est l'activité la plus conforme à la nature, en outre un artisan est totalement libre par rapport aux hommes et aux événements. Le seul maître de l'artisan est son propre travail, à la différence de l'agriculteur qui est asservi à ses terres. En effet, celles-ci, source de toutes sortes de soucis, sont soumises à la convoitise d'autrui qui peut les lui ôter ; en revanche, si un artisan subit des tourments, il s'en échappe facilement en s'en allant avec son bien : ses mains.

1. **Relevez la thèse, puis l'argument énoncés dans le texte 1 puis comparez-les avec ceux énoncés dans le texte 2. Sont-ils fidèlement reformulés ?**

2. **Quels termes ont été repris d'un texte à l'autre ? Pourquoi était-il nécessaire de les reprendre ? Relevez les termes du texte 1 qui ont été remplacés par un synonyme dans le texte 2 ?**

3. **Quels éléments du texte 1 ont été éliminés dans le texte 2 ? Quels passage du texte servaient-ils à illustrer ? À quoi correspondent donc ces éléments ?**

Leçon

1. Dans quel but reformule-t-on une thèse ou un argument ?

Il arrive que l'on vous demande de reformuler une thèse ou un argument extraits d'un texte argumentatif. Le but de cet exercice est de vérifier
– que vous avez bien **compris** une idée ;
– que vous êtes capable d'en **récrire** le sens précis avec vos propres mots ;
– que vous êtes capable de **reformuler** l'idée d'un auteur, en toute neutralité, sans donner votre avis.

2. Comment s'y prendre ?

- On commence par repérer **l'idée que l'on doit reformuler** : elle peut être énoncée à plusieurs reprises dans le texte sous différentes formes. Si une idée ou un argument sont accompagnés d'un exemple, il faut éliminer celui-ci s'il est une simple illustration. Ainsi, dans le texte 2, on a supprimé les différents exemples d'ennemis du laboureur.
- Puis, on **récrit l'idée au brouillon** en changeant la **structure grammaticale** des phrases et en remplaçant les termes ou les expressions employés par l'auteur, par des **synonymes** ou des expressions de même sens appartenant au registre courant d'aujourd'hui. Certains termes clés ne peuvent être remplacés par des synonymes : il faut donc les conserver et modifier le reste. Dans l'exemple du texte 2, on n'a pas pu remplacer « artisan » et « travail » par des synonymes.
On peut introduire sa reformulation de la façon suivante : *La thèse* (ou *l'argument*) *de l'auteur est la suivante* (ou *le suivant*)...

- Ensuite, on s'assure que l'on a bien **rendu la logique de l'idée**. Pour cela, il faut être attentif aux connecteurs logiques utilisés par l'auteur et trouver des connecteurs synonymes ou des tournures équivalentes.
Dans l'exemple donné page 197, *car* a été remplacé par *en effet*.
- On termine en vérifiant que l'on n'a **rien ajouté** au texte initial.

Exercices

1 Recopiez les arguments contenus dans chacun de ces passages. Entourez les connecteurs logiques et remplacez-les par des termes ou expressions de même sens. Reformulez ensuite chacun de ces arguments.

1. On n'est jamais totalement libre de ses achats. En effet on acquiert les objets dont on a envie ou besoin, mais on subit dans ces choix de nombreuses influences. Ainsi on est largement conditionné par la publicité omniprésente qui met en avant des articles que l'on ne choisirait pas toujours sans elle. De plus, on est influencé par des tendances qui s'imposent autour de nous et, inconsciemment, on achète ce que les autres se procurent aussi. - **2.** Parce que les plaisirs simples sont ceux qui ne déçoivent jamais, parce que la présence autour de moi de gens que j'aime et que j'estime me comble, parce qu'enfin le refuge dans la lecture a toujours apaisé mes chagrins, j'ai la conviction que le bonheur n'a rien à voir avec la possession de biens matériels. - **3.** Certes l'adolescence est, dit-on, le temps de l'insouciance, mais c'est aussi celui où on ne se sent à l'aise ni dans un corps qui se transforme sans cesse, ni dans des pensées souvent pleines de contradictions. De plus, on a la contrainte d'études que l'on n'a pas toujours choisies et on est toujours soumis à des adultes. Voilà pourquoi j'ai hâte d'être moi-même un adulte.

2 Voici deux textes argumentatifs et leurs reformulations. Laquelle n'est pas satisfaisante ? Pourquoi ? Récrivez-la.

Texte 1. L'esprit de la conversation consiste bien moins à en montrer beaucoup qu'à en faire trouver aux autres : celui qui sort de votre entretien content de soi et de son esprit l'est de vous parfaitement. Les hommes n'aiment point à vous admirer, ils veulent plaire ; ils cherchent moins à être instruits, et même réjouis, qu'à être goûtés et applaudis : et le plaisir le plus délicat est de faire celui d'autrui.

LA BRUYÈRE, *Les Caractères*, 1688-1696.

Reformulation. La thèse de La Bruyère est la suivante : Au cours d'un entretien, faire preuve d'intelligence c'est mettre en valeur celle d'autrui plutôt que manifester la sienne.

Pour appuyer sa thèse il avance ces arguments : De cette manière, celui qui vient de converser avec vous s'en retourne aussi satisfait de lui-même et de son intelligence qu'il l'est de vous. Ce que les gens souhaitent, ce n'est pas à avoir une haute opinion de vous, c'est séduire, et leur principale préoccupation n'est pas d'être cultivés ou heureux, c'est d'être appréciés et félicités ; on trouve donc sa plus grande satisfaction dans celle des autres.

Texte 2. Dans cette civilisation du tohu-bohu permanent, l'omniprésence du téléphone portable n'est qu'un désagrément parmi tant d'autres. Cantonnée naguère aux ascenseurs, la musique d'ambiance s'immisce désormais dans les moindres recoins de la vie quotidienne. Elle se déverse à flots continus dans les grands magasins, les cantines plus ou moins branchées et la plupart des lieux publics ? On l'entend sans l'écouter. C'est du bourrage de crâne.

Henri HAGET, *L'Express*, n° 2673.

Reformulation. La thèse du journaliste est que le téléphone portable est un fléau moderne de la civilisation du bruit permanent.

Ses arguments sont que la musique est partout, même dans les ascenseurs, les grands magasins et les cantines. On est obligé de l'écouter même si on n'en a pas envie, ce qui est scandaleux.

3 Lisez ce texte.

Il y a plus de trente ans déjà, Jean Fourastié notait que le loisir pouvait détruire ou dégrader le loisir : « Tel l'enfant qui casse ses propres jouets, le vacancier excessif défigure les sites, pollue l'atmosphère, rompt le calme à la recherche desquels il était précisément parti. » Qu'écrirait-il aujourd'hui ! On peut faire sans peine la longue liste des effets négatifs de nombreux loisirs sur l'environnement. [...]

Certains loisirs ont un effet d'agression directe. Ainsi, la chasse, activité « naturelle », a une incidence directe sur la faune, si l'on excepte les chasses visant à réguler l'écosystème. Les chasseurs, amoureux de la nature, récusent l'idée d'en être des agresseurs. Ils s'en prétendent même souvent les meilleurs défenseurs. Il est pourtant objectivement impossible de les suivre dans cette opinion.

De nombreux sports sont de même directement « agressifs » pour l'environnement : sport automobile tout terrain, compétitions de motos (comme l'Enduro du Touquet), tauromachie, pêche au gros... D'autres, en apparence « doux » comme le ski ou le golf, nécessitent des infrastructures considérables et des paysages entièrement remodelés. Des activités de détente comme les rave-partys laissent derrière elles des paysages désolés.

Une caractéristique commune à ces loisirs est de se prévaloir paradoxalement de l'argument écologique, de l'amour de la nature, de la rupture avec la ville polluée et ses règlements : ils se pratiquent au contact direct de la nature ou relèvent de longues traditions régionales (combats de coqs, chasse à la palombe ou au gibier d'eau...), ou, comme dans les rave-partys, ils sont revendiqués au nom de la liberté sans entraves ni contraintes.

Nicolas HULOT et le comité de Veille écologique, *Combien de catastrophes avant d'agir ?*, © Le Seuil, 2002.

a. Quelle thèse contient le premier paragraphe ? Quel est l'exemple donné à l'appui de cette thèse ?

b. Quelle est l'idée principale dans le deuxième paragraphe ? Reformulez les arguments qui l'accompagnent.

c. Dans le troisième paragraphe, combien de types de loisirs sont évoqués ? Quels exemples accompagnent chacun d'eux ?

d. Dans le dernier paragraphe, les arguments correspondent-ils à l'opinion de l'auteur ? Reformulez-les.

4 Lisez cette fable.

Le Laboureur et ses Enfants

Travaillez, prenez de la peine :
C'est le fonds[1] qui manque[2] le moins.
Un riche laboureur[3], sentant sa mort prochaine,
Fit venir ses enfants, leur parla sans témoins.
« Gardez-vous, leur dit-il, de vendre l'héritage
Que nous ont laissé nos parents
Un trésor est caché dedans.
Je ne sais pas l'endroit ; mais un peu de courage
Vous le fera trouver : vous en viendrez à bout.
Remuez votre champ dès qu'on aura fait l'oût[4]
Creusez, fouillez, bêchez ; ne laissez nulle place
Où la main ne passe et repasse. »
Le père mort, les fils vous retournent le champ.
Deçà, delà, partout : si bien qu'au bout de l'an
Il en rapporta davantage.
D'argent, point de caché. Mais le père fut sage
De leur montrer, avant sa mort,
Que le travail est un trésor.

LA FONTAINE, *Fables*, V, 9.

1. **Le fonds** : le capital, c'est-à-dire, ici, le travail. - 2. **Manquer** : décevoir. - 3. **Laboureur** : agriculteur au XVIIe s. - 4. **L'oût** : la moisson.

a. Quels vers expriment l'opinion de La Fontaine ? Reformulez cette thèse.

b. Recopiez la thèse du laboureur, puis reformulez-la.

c. Recopiez l'argument principal. Reformulez-le.

Développer une argumentation orale

■ **Montrez que, sur un mode humoristique, l'auteur présente une argumentation orale : constatation d'un fait, arguments, problème posé sous forme d'interrogation.**

Claire BRETÉCHER,
Les États d'âme de Cellulite,
© éd. Dargaud et C. Bretécher, 1972.

Leçon

1. Préparer son intervention

1. Tenir compte de la situation de communication

À l'oral, la personne à convaincre est quelqu'un de précis à qui on doit **adapter son discours**, qu'il s'agisse des arguments, des exemples ou du ton des paroles. En effet, on ne s'adresse pas de la même manière à des camarades de classe, à des parents, à des inconnus, à des supérieurs, etc.

2. Avoir réfléchi à la question et s'être documenté

Il est bon de connaître tous les **aspects du sujet en question** ainsi que les différentes thèses qui s'affrontent. Il est en effet inutile de donner son avis sur un sujet que l'on connaît mal.

3. Établir nettement sa position

Ensuite, en toute connaissance de cause, on adopte un **point de vue personnel**.

4. Prendre des notes

L'idéal est de se préparer en prenant quelques notes pour fixer et organiser ses idées. Cependant on **évitera de les consulter**, sauf s'il s'agit de **documents** servant de preuves ou d'arguments, qui seront présentés aux destinataires.

2. S'exprimer

1. Organiser son argumentation

Vous devez avant tout adopter une démarche claire et présenter un exposé bien construit. Pour cela, vous veillerez à
– présenter le **sujet** dont vous allez parler (pour capter l'attention de l'auditoire, vous pouvez partir d'une anecdote ou de la constatation d'un fait) ;
– annoncer avec netteté votre **position** (thèse) ;
– présenter des **arguments** en évitant les banalités, les idées toutes faites ;
– choisir des **exemples** nombreux et frappants ;
– **réfuter** les positions adverses après les avoir examinées en toute objectivité ;
– **conclure** en réaffirmant clairement votre position.

2. Utiliser les techniques de l'oral

Pour ne pas lasser votre public et l'encourager à partager votre opinion, il vous est conseillé d'employer
– des **types de phrases variés** : interrogatif, injonctif, exclamatif,
– des pronoms et déterminants de la **2e personne** : *vous, vos, les vôtres,*
– l'**impératif** : *écoutez, réfléchissez, ne vous laissez pas entraîner,* etc.,
– des procédés de **modalisation** (ch. 21) : *certes, sans doute, je pense, j'estime, je suis persuadé, on doit, il faut,* etc.,
– des **figures de style** (ch. 34) : comparaisons, métaphores, antithèses, etc.

Exercices

1 Parmi ces sujets qui concernent le sport, choisissez-en un qui vous inspire particulièrement et exposez votre opinion à vos camarades.

- Faut-il toujours reculer les limites du sport ?
- La place du sport dans les médias par rapport aux autres informations.
- Le dopage.
- Le sport détente ou le sport dépassement de soi.

2 **a.** Prenez des notes sur un des sujets suivants concernant la condition féminine :

- La parité homme-femme en politique.
- Une femme président de la République.
- Le partage des tâches dans un foyer.
- Le père au foyer, la mère au travail, etc.

b. Documentez-vous sur l'historique du problème et sur sa situation actuelle dans d'autres pays du monde.

c. Présentez oralement votre opinion.

3 Réunissez quelques documents sur un problème de manipulation génétique, tel que le clonage, le choix du sexe de ses enfants, etc. Puis après avoir réfléchi au problème, exposez votre point de vue au cours d'une argumentation organisée et documentée.

4 Imaginez que vous souhaitez avoir une activité (que vous déterminerez) au sein d'une association ou de votre municipalité.
Après avoir réfléchi et pris quelques notes, vous vous mettez dans la situation d'un candidat et vous tenez un petit discours sur vos motivations en usant de tout votre talent de persuasion.

5 **a.** Choisissez un des sujets cités dans les exercices précédents ou un problème qui vous tient à cœur.

b. Rédigez un paragraphe argumentatif.

c. Reformulez-le à l'oral
– comme si vous vous adressiez à des camarades ;
– puis comme si vous donniez votre opinion devant un public d'adultes.
Vous devez faire nettement ressortir les différences qui existent entre une argumentation écrite et une argumentation orale.

> PREMIÈRE PARTIE : QUESTIONS-RÉÉCRITURE-DICTÉE (25 points)

À quels droits peuvent prétendre les êtres humains ?

Les droits fondamentaux sont, au départ, ceux qui assurent la survie biologique : nourriture et chaleur. À mesure que les sociétés disposent, grâce à leur travail et à leur savoir, de ressources supplémentaires, ils s'étendent aux droits non plus des individus mais des personnes : droit à l'éducation, à la justice, aux soins, à un logement décent… La liste ne sera jamais close, tant que nous serons capables de nous donner de nouvelles richesses et d'imaginer de nouvelles exigences.

Mais ne confondons pas inégalité et injustice. Les inégalités génétiques ne sont ni justes ni injustes : elles font partie de la diversité humaine. N'oublions pas que le contraire d'« égal » n'est pas « supérieur » ou « inférieur », mais « différent ». Il n'y a aucune injustice à ce que certains soient petits et d'autres grands. L'injustice apparaît lorsque nos sociétés accordent arbitrairement un statut meilleur à ceux-ci ou à ceux-là.

À cet égard, nous sommes encore loin du compte, ici en France, où tant de familles sont sans toit alors que des appartements sont vides ; au loin dans le tiers-monde où tant d'enfants meurent de faim alors que nos silos sont pleins.

Car la loi doit être faite pour tous et par tous, en mettant en place des procédures (votes, délégations de pouvoir…) pour donner la parole à chacun.

Albert Jacquard, *Petite Philosophie à l'usage des non-philosophes*,

Questions sur le texte (15 points)

I. Quels droits pour chacun ? (3 points)

1. a. Dans le premier paragraphe, relevez tous les mots qui traduisent la constante progression en nombre des droits de l'individu. *(0,5 point)*

b. Quels sont les droits qui, selon l'auteur, sont ceux des individus et ceux qui appartiennent aux personnes ? Quelle différence de sens existe-t-il, selon vous, entre *individus* et *personnes* (ligne 4) ? *(1 point)*

2. a. Quel rôle jouent, dans la démonstration, les mots qui suivent les deux-points ? *(0,5 point)*

b. Qui est désigné par *nous* à la ligne 6 ? *(0,5 point)*

c. Le paragraphe se termine par le mot *exigences.* Les exigences sont-elles des droits ? *(0,5 point)*

II. L'inégalité est-elle l'injustice ? (5 points)

1. a. Quel connecteur relie les deux premiers paragraphes ? Que fait-il ressortir ? *(1 point)*

b. Relevez, dans le deuxième paragraphe, tous les mots qui y figurent avec leur antonyme. Que veut prouver l'auteur en procédant ainsi ? *(1 point)*

c. Pourquoi, selon l'auteur, *« les inégalités génétiques ne sont ni justes ni injustes »* (ligne 8) ? Pour comprendre quelles inégalités sont injustes, vous remplacerez *génétiques* par un autre adjectif que vous trouverez en vous appuyant sur le contexte. *(1 point)*

2. a. Remplacez les deux-points de la ligne 9 par une conjonction ou une locution conjonctive de subordination, de manière à faire ressortir le rapport logique existant entre les deux propositions. *(0,5 point)*

b. Quel est le type de la phrase *« N'oublions pas que... mais "différent" »* (ligne 9) ? Que cherche à faire l'auteur en employant une phrase de ce type ? *(1 point)*

c. Quel mot de la dernière phrase du paragraphe est associé à la notion d'injustice ? Que signifie-t-il ? *(0,5 point)*

III. Les véritables injustices (7 points)

1. a. Par quel connecteur est introduit le troisième paragraphe ? Que représente le contenu de ce paragraphe par rapport aux arguments qui précèdent ? *(1 point)*

b. Lorsque l'auteur écrit *ici en France* (ligne 14), sur quoi insiste-t-il et quelle prise de conscience cherche-t-il à provoquer chez ses lecteurs ? *(1 point)*

c. Quelle locution conjonctive est répétée ? Quel type de subordonnée introduit-elle ? Sur quoi l'auteur veut-il mettre l'accent par cette répétition ? *(1,5 point)*

2. Quel connecteur introduit le dernier paragraphe ? Qu'exprime-t-il ? *(0,5 point)*
Relevez trois pronoms indéfinis. Sur quelle idée permettent-ils d'insister ? *(1 point)*

3. a. Quel est le temps le plus utilisé dans ce texte ? Quelle est sa valeur ? *(1 point)*

b. À quel type de texte appartient ce passage ? Justifiez-le en vous appuyant sur l'ensemble de vos réponses. *(1 point)*

Réécriture (5 points)

Récrivez ce passage en remplaçant *droits* par *prérogatives*[1] et en mettant les verbes à l'imparfait ou au passé composé, selon le cas.

Les droits fondamentaux sont, au départ, ceux qui assurent la survie biologique : nourriture et chaleur. À mesure que les sociétés disposent, grâce à leur travail et à leur savoir, de ressources supplémentaires, ils s'étendent aux droits non plus des individus mais des personnes.

1. **Prérogative**, nom féminin : avantage dû à une fonction ou à un état.

Les fautes de copie seront pénalisées.

Dictée (5 points)

Je n'ai jamais très bien su d'où elle venait. Elle avait caché ses traces, dès le début. Tout en elle était mystérieux. La première fois que je l'ai vue, c'était sur la petite place, là où les garçons se réunissaient en sortant de classe, pour jouer au ballon, ou pour boxer. Elle est passée sans regarder personne, elle a disparu dans les rues sombres. Je ne me rappelle plus très bien comment elle était habillée, parce que le souvenir que je garde d'elle, c'est cette photo qu'elle m'a donnée un jour, quand on a commencé à se voir. Une photo d'école, où elle est assise au premier rang. Sur cette photo, je la trouve très belle, très étrange. Il y a une étincelle en elle, dans son regard sombre, au fond de ses yeux.

J. M. G. Le Clézio, *Printemps et autres saisons*,
© Gallimard, 1989.

> SECONDE PARTIE : RÉDACTION (15 points)

Sujet

Imaginez et racontez cette situation.
Parce qu'il est différent, un de vos camarades est victime des moqueries des autres. Vous intervenez pour prendre sa défense et convaincre ses persécuteurs que leur attitude est odieuse et sans fondement.

Consignes

Votre texte sera un récit à visée argumentative. Il combinera donc discours narratif et discours argumentatif. Vous pourrez, si vous le désirez, y intégrer des dialogues.

Lire un texte argumentatif

Lors de la lecture d'un texte argumentatif, on aura soin d'étudier :

- **Les pronoms personnels :** Ils permettent d'identifier l'énonciateur et le destinataire ; ils signalent une opinion personnelle et donnent à l'argumentation une portée générale.
- **Les connecteurs logiques et les compléments circonstanciels :** Ils permettent de repérer la logique du raisonnement ainsi que les arguments et leur enchaînement.
- **Les marques de jugement :** Elles permettent de comprendre quelle est l'opinion de l'énonciateur ainsi que son intention.
- **Les types de phrases, les registres de langue, les types de discours, les images :** Ils permettent de repérer les procédés de persuasion employés par l'énonciateur.
- **Les phrases contenant la thèse, les arguments et les exemples :** Elles permettent de comprendre le raisonnement de l'énonciateur et sa logique.

Lisez ce texte en appliquant les conseils donnés ci-dessus.
Puis précisez en quoi il est caractéristique d'un texte argumentatif.

Sans doute, si nous étions si content[1] d'être en vacances, c'était parce que nous nous retrouvions dans notre famille. En aurait-il pu être autrement ? Mais une bonne partie de notre gaieté venait aussi d'avoir enfin trouvé un peu de solitude. Pourquoi donc, à la maison évitions-nous de rester longtemps seul avec nos parents ? Pourquoi craignions-nous de nous laisser aller à leur raconter des histoires de collège ? Était-ce parce que l'expérience d'anciens déboires nous avait instruit. On voit dans les journaux amusants des plaisanteries sur les enfants terribles : pourquoi n'y a-t-il jamais de plaisanteries sur les « parents terribles » ? C'est peut-être parce qu'ils sont trop terribles… Mais il y a autre chose : on renonce peu à peu, à se faire comprendre. La vie de collège nous a donné tant de souvenirs qui n'ont rien de commun avec ceux de nos parents : on dirait qu'ils ont tout oublié de leur enfance, eux… Et peu à peu, nous nous sommes aperçu que cette partie déjà ancienne de notre existence que nous avons vécue devant eux, près d'eux sur leurs genoux, leur a été presque aussi étrangère que notre vie de collège : ils en ont une version qui diffère de la nôtre. On dirait qu'ils ne nous ont pas connu.

Valéry LARBAUD, *Enfantines*, © Gallimard, 1918.

1. Ici le *nous* est équivalent à *je*. Les accords se font donc au singulier.

4. Grammaire du dialogue

August MACKE (1887-1914), *Trois Jeunes Femmes au chapeau de paille*. Haags Gemeentemuseum.

25. L'oral et l'écrit, les registres de langue

Tardi, illustration de *Voyage au bout de la nuit* de L.-F. Céline, © Gallimard, 1998.

(Deux anciens soldats de la Première Guerre mondiale viennent de se faire renvoyer par leur patron Puta.)

Une fois dans la rue, nous réfléchîmes qu'on irait pas très loin avec nos vingt francs chacun, mais Voireuse[1] **lui** avait une idée supplémentaire.

– Viens, qu'il me dit, chez la mère d'un copain qui est mort pendant qu'on était dans la Meuse, j'**y** vais **moi** tous les huit jours, chez ses parents, pour leur raconter comment qu'**il** est mort leur fieu[2]... C'est des gens riches... **Elle** me donne dans les cent francs à chaque fois, sa mère... Ça leur fait plaisir qu'ils disent... Alors, tu comprends...

– Qu'est-ce que j'irai **y** faire **moi**, chez eux ? Qu'est-ce que je dirai **moi** à la mère ?

– Eh bien tu lui diras que tu l'as vu, toi aussi... Elle te donnera cent francs à toi aussi... C'est des vrais gens riches ça ! Je te dis ! Et qui sont pas comme ce mufle de Puta... Y regardent pas **eux**...

– Je veux bien, mais elle va pas me demander des détails, t'es sûr !... Parce que je **l'**ai pas connu **moi**, son fils hein... Je nagerai[3] **moi** si elle en demandait...

– Non, non, ça fait rien, tu diras tout comme moi... Tu feras : Oui, oui... T'en fais pas ! [...] C'est pas durillon...

Je parvenais mal à me décider, mais j'avais bien envie des cent francs qui me paraissaient exceptionnellement faciles à obtenir et comme providentiels.

L.-F. Céline, *Voyage au bout de la nuit*, © Gallimard, 1932.

1. Surnom d'un des deux personnages. - 2. *Fils* en dialecte picard. - 3. Je serai très embarrassé.

1. Relevez dans les répliques de Voireuse les phrases négatives. Ont-elles une construction correcte ? À quel registre de langue appartiennent-elles ?

2. Les deux constructions soulignées sont-elles correctes ? Relevez quelques autres expressions du langage familier.

3. De nombreux GN et pronoms sont repris dans ce dialogue sous forme de pronoms, ici en gras. Quels sont-ils ? À quel registre de langue ces mises en relief appartiennent-elles ?

4. Le texte est encadré par deux phrases de récit. Ces deux phrases relèvent-elles de la langue écrite ou de la langue orale ?

Leçon

1. L'oral et l'écrit

1. L'oral

- À l'oral, l'énonciateur est présent. Les intonations et les gestes facilitent la compréhension de l'auditeur.
Les **phrases nominales** ou **inachevées** sont nombreuses.

Quelle bonne idée ! Alors, tu comprends…

L'**interrogation** peut être marquée simplement par l'**intonation**.

Tu me promets ?

- Pour **capter** et **retenir l'attention** de l'auditeur, l'énonciateur utilise
– des **répétitions**, des procédés de **mise en relief**, comme les **reprises** :

*J'y vais **moi** tous les jours, **chez ses parents**.* (reprises de *J'* par *moi* et de *y* par *chez ses parents*)

– des **expressions propres à la langue orale** : certains connecteurs (*bon, et alors, c'est pour ça que…*), des formules propres au dialogue (*eh bien, vois-tu, entends-tu,* etc.), des interjections qui permettent aussi d'exprimer des émotions (*hein…Oh !… Ah ! …*).

2. L'écrit

À l'écrit, l'énonciateur ne peut être ni vu ni entendu du destinataire. Le texte doit donc donner des informations **claires** et **précises**.
L'**usage correct de la langue** est en général **respecté** et les **phrases** sont souvent **plus complexes** qu'à l'oral.
Le **lexique**, enfin, donne un **registre soutenu particulier**.

Je parvenais mal à me décider…

2. Les registres de langue

À l'oral ou à l'écrit, pour transmettre une information, l'énonciateur dispose de trois registres de langue : courant, soutenu, familier.

1. Les registres courant et soutenu

- Le registre **courant** est **neutre**. Il correspond à l'usage le plus commun de la langue.

C'est des vrais gens riches ça. = ***Ce sont de vrais gens riches,*** en registre courant.

- Dans le registre **soutenu**, on utilise le **passé simple**, ainsi qu'un vocabulaire et des tournures grammaticales **recherchés**. On peut aussi utiliser le subjonctif imparfait et plus-que-parfait.

*Bien que **j'eusse préféré** ne pas accepter cette offre, j'avais bien envie des cent francs qui me paraissaient **exceptionnellement** faciles à obtenir…*

2. Le registre familier

- Le vocabulaire est **familier** ou **argotique** : *fieu, durillon, nagerai…*
- Les **mots** peuvent être **déformés**, **abrégés** ou **omis**.

  C'est pas ***durillon*** (= *difficile*, en registre courant)
  Y *regardent pas eux !* (= *Ils ne regardent pas.*)

- Les **ruptures de construction**, les **tournures incorrectes** sont fréquentes.

  Viens, ***qu'il me dit****…* (= *Viens, me dit-il…*)
  T'en fais pas (= *Ne t'inquiète pas*, en registre courant)

3. L'usage des registres dans les textes littéraires

Les **textes littéraires** respectent en général le **code écrit** et adoptent les **registres de langue courant** ou **soutenu**. Les écrivains, cependant, utilisent parfois des traits caractéristiques de la **langue orale** et du **registre familier**
– pour transcrire **à l'écrit des paroles**, comme dans les dialogues de l'extrait de *Voyage au bout de la nuit* étudié à la page 208,
– parce qu'ils considèrent que c'est un moyen de rendre leur langue **plus riche** ou **plus proche** de la **langue du public** auquel ils s'adressent ou, comme chez Céline, de celle de **leurs personnages**.

FAISONS LE POINT

➤ À l'oral, l'énonciateur utilise souvent des phrases **inachevées** ou **nominales**, des **répétitions**, des procédés de **mise en relief**, des **expressions propres à la langue orale** (*Eh bien, qu'est-ce que j'irai faire, moi, chez eux ?*).

➤ À l'écrit, les **écrivains** peuvent utiliser la **langue orale** et le **registre familier** pour **transcrire des dialogues** ou pour **enrichir** leur langue.

Exercices

Appliquer la leçon

1 a. Repérez dans le texte suivant les caractéristiques du langage oral familier (phrase nominale, répétition, mise en relief, connecteur, mots abrégés, interjection).

b. Récrivez le texte en respectant le code de la langue écrite.

– Mais voyons, sortir ce soir ! Mais t'y penses pas. À ton âge ! Et avec qui ?… Ouais, c'est sûr, t'es plus une gamine, mais les dangers, t'y as pensé ? Sans compter avec cette pluie qui arrête pas de tomber. Comment qu'tu f'ras pour r'venir ? Tu sais, les transports, y en a plus à cette heure-là ! Bon, écoute-moi, laisse tomber. Tu restes ici.

2 À quel registre les expressions soulignées dans les phrases suivantes appartiennent-elles ? Remplacez-les par des expressions du registre courant.

1. <u>À peine</u> <u>avons-nous</u> mis le pied à terre, <u>qu'</u> un froid terrifiant nous saisit. - **2.** Les enfants <u>étaient littéralement transis</u>. - **3.** <u>Qu'as-tu</u> voulu suggérer par ces mots ? - **4.** <u>Dussé-je</u> m'en repentir, je ne céderai pas.

3 **Chacun de ces mots a des sens différents selon le registre de langue choisi. Quels sont ces différents sens ? Utilisez ces mots dans des phrases où ils auront chacun de ces sens.**

Bahut • écoper • radis • sortir • rallonge • encaisser • pêche • valise.

Comprendre les textes

4 **Lisez ce texte.**

(Jeanne, la sœur de Gabriel, est venue passer deux jours à Paris avec sa fille Zazie. Arrivée à la gare, elle la confie à son frère qui a accepté de la garder.)

– Bon. Alors je vous retrouve ici après-demain pour le train de six heures soixante.

– Côté départ, dit Gabriel.

– Natürlich[1], dit Jeanne Lalochère qui avait été occupée. À propos, ta femme, ça va?

– Je te remercie. Tu viendras pas nous voir ?

– J'aurai pas le temps.

– C'est comme ça qu'elle est quand elle a un jules, dit Zazie, la famille ça compte plus pour elle.

– À rvoir, ma chérie. À rvoir, Gaby.

Elle se tire.

Zazie commente les événements:

– Elle est mordue.

Gabriel hausse les épaules. Il ne dit rien. Il saisit la valoche à Zazie.

Maintenant, il dit quelque chose.

– En route, qu'il dit.

Et il fonce, projetant à droite et à gauche tout ce qui se trouve sur sa trajectoire. Zazie galope derrière.

– Tonton, qu'elle crie, on prend le métro ?

– Non.

Raymond QUENEAU, *Zazie dans le métro*,
© Gallimard, 1959.

1. Naturellement, bien sûr (mot allemand).

a. **Relevez les mots et les tournures de phrases appartenant au registre familier et à la langue orale (termes familiers, mots abrégés ou omis, mises en relief, emprunts, tournures propres à l'oral ...).**

b. **À deux reprises, un personnage utilise un procédé d'insistance. De quel procédé s'agit-il ? Quel effet cela a-t-il sur les paroles rapportées ?**

c. **Comparez la langue du narrateur avec celle des personnages. Que constatez-vous ? Précisez.**

5 **Lisez ce texte.**

(L'auteur, dans cet essai autobiographique, revient sur les conditions de vie des immigrés italiens qu'il a vécues enfant, après la Deuxième Guerre mondiale, dans un quartier de la banlieue parisienne.)

Les Ritals[1], on est mal piffés[2]. C'est parce qu'il y en a tellement, par ici. Les mômes français ne risquent pas le bout de leurs pompes dans nos rues de Ritals, mais à l'école, là, ils se rattrapent. Se sentent costauds, les petites vipères. On voit bien que leurs parents ne se privent pas de débloquer sur nous autres, à la maison.

Tiens, rien que le genre de vacheries que ces merdeux nous balancent, ça pue la connerie de leurs vieux: « Les Ritals, vous êtes bons qu'à jouer de la mandoline! » De mandoline, j'en ai seulement jamais vu. L'idée de mon père jouant de la mandoline... « Dans votre pays de paumés, on crève de faim, alors vous êtes bien contents de venir bouffer la pain des Français! » Pardi. C'est normal, non? S'ils se laissaient mourir sur leur tas de cailloux, les Ritals, on les traiterait de feignants.

CAVANNA, *Les Ritals*,
© Albin Michel, 1978.

1. **Ritals** : terme méprisant désignant les émigrants italiens.
2. **Piffés** : sentis, supportés.

a. **Relevez tous les mots de registre familier, voire populaire. Quel but l'auteur recherche-t-il, en les utilisant, vis-à-vis de son lecteur?**

b. **L'auteur emploie ici le discours rapporté à deux reprises. Quel rôle ces paroles rapportées jouent-elles?**

c. **Que cherche à dénoncer l'auteur en faisant tenir de tels propos à ses personnages, dans une langue très oralisée? Expliquez.**

S'exprimer à l'écrit et à l'oral

6 **En vous appuyant sur les réponses de la consigne a. de l'exercice 4, récrivez le texte de Queneau dans un registre de langue courant, du point de vue du lexique et de la syntaxe.**

7 **Oral.**

En reprenant l'exercice 5, vous lirez votre interprétation devant la classe, en essayant d'adapter votre voix et vos gestes au ton caractérisant le texte.

26. Les actes de parole

L'enfant clandestin

(Au petit matin, dans un square, Maxime, un forain, découvre dans son manège un jeune garçon qui a perdu un bras, lors d'un attentat pendant la guerre du Liban. Il se met à l'interroger.)

– J'étais venu faire un tour de piste. Il n'y avait personne.

– Un tour de piste, en pleine nuit ?

– Chez nous, c'est toujours la nuit ! articula le gamin. [...]

Maxime rompit le silence.

– Je m'en fous de savoir d'où tu viens ! je sais que, fagoté comme tu l'es, sans chaussures aux pieds (il n'osa pas parler du bras manquant) je ne t'aurais jamais laissé monter sur mon manège !

– Mes souliers sont dans ton carrosse, riposta l'enfant. **Et il faudra me les rendre !**

– M'en débarrasser, tu veux dire. Et toi, avec ta vermine, au plus vite ! Tu vas voir ça !

– De la vermine, je n'en ai pas. Jamais eu ! Regarde. (Il secouait son abondante chevelure noire et bouclée.) Dis-moi si tu trouves un seul pou là-dedans ?

– Tire-toi ou j'appelle la police ! [...]

– Ne te fâche pas. Utilise-moi, tu ne le regretteras pas.

– T'utiliser ? Avec ton seul bras ? À quoi peux-tu me servir ?

Andrée CHEDID,
L'Enfant des manèges et autres nouvelles,
Étonnants Classiques,
© GF Flammarion, 2002.

Harry GRUYAERT,
Manège en Normandie.

1. **Que laisse entendre la phrase interrogative soulignée, de la part du propriétaire du manège, Maxime, à propos de l'explication du gamin ?**

2. **Par quelle phrase de type injonctif la phrase en gras peut-elle être remplacée ? Quel même but ces deux phrases visent-elles ?**

3. **Relevez dans les paroles du gamin les phrases qui expriment une protestation indignée. De quels types de phrases s'agit-il ?**

4. **Par quel type de phrase Maxime fait-il entendre au gamin qu'il refuse de l'employer ?**

Leçon

Quand l'énonciateur s'adresse au destinataire (pour l'informer, l'interroger, le conseiller...), il exerce une action par la parole. On dit qu'il accomplit un **acte de parole**.

1. Actes de parole et types de phrases

Selon le **but** recherché par l'énonciateur, les **types de phrases** (ch. 5) peuvent servir à accomplir différents actes de parole.

1. La phrase déclarative

La phrase déclarative permet non seulement d'**apporter une information**, mais elle peut aussi exprimer
– une **question** : *Je voudrais savoir d'où tu viens.*
– un **ordre** : *Je t'ordonne de sortir d'ici* ; – une **défense** : *Tu ne reviendras pas.*
– une **promesse** : *Je t'aiderai* ; – une **menace** : *Tu as intérêt à ne plus revenir.*

2. La phrase interrogative

La phrase interrogative sert à poser une question mais peut aussi exprimer
– un **ordre** : *Vas-tu sortir d'ici rapidement ?*
– un **reproche** : *Comment as-tu osé monter dans mon manège ?*
– un **refus** : *Penses-tu vraiment qu'avec ton seul bras je vais t'utiliser ?* etc.

3. La phrase injonctive

La phrase injonctive permet d'exprimer un **ordre**, un **conseil**, un **avertissement** ou encore une **défense** (avec une négation).

Cessez de protester. (ordre) *N'entrez pas.* (défense)
Embauchez-moi plutôt que de vous énerver. (conseil)

2. Les actes de parole implicites

Ce qui est dit par un énoncé est **explicite**. On appelle énoncé **implicite** ce qui n'est pas dit mais est destiné à être compris par le destinataire. Un acte de parole implicite est donc un acte de parole qui n'est pas véritablement formulé mais qui découle de ce qui est dit. Il y a deux types d'actes de parole implicites.

1. Les présupposés

Certains **termes de l'énoncé** peuvent comporter un acte de parole implicite.

*Maxime **a cessé** de crier.*

Par l'emploi du verbe *cesser*, cette phrase nous informe **implicitement** que Maxime a crié auparavant. On dit que ce verbe **présuppose** une action passée et révolue. Le **présupposé** est un acte de parole implicite qui se déduit **obligatoirement** de l'emploi de certains mots de la phrase (verbe, adverbe, adjectif...). *Maxime a même appelé la police* : l'adverbe *même* présuppose que Maxime a fait autre chose avant d'appeler la police.

2. Les sous-entendus

- Certains actes de parole implicites ne se déduisent pas obligatoirement de l'énoncé. L'énonciateur **sous-entend** ce qu'il veut faire comprendre. Il laisse le destinataire deviner ce qu'il ne dit pas. Le **sous-entendu** dépend donc de la situation d'énonciation.

- Imaginons que la phrase *Voilà un manège bien sympathique!* soit prononcée par un passant. Cette phrase peut être interprétée

  – comme une simple **information** ne comportant aucun sous-entendu si elle est adressée à un autre passant ;

  – comme une **demande** (sous-entendu : *J'aimerais bien l'essayer*) si elle est adressée à ses parents par un jeune passant;

  – comme un **compliment** (sous-entendu : *Bravo pour la décoration de votre manège!*) ou un **remerciement** (sous-entendu : *Merci pour votre manège.*) si elle est adressée au propriétaire du manège.

  Le sous-entendu dépend des intentions de l'énonciateur : il peut ne pas être **perçu** ou être **mal compris** par le destinataire.

FAISONS LE POINT

- Un **acte de parole** est un énoncé qu'un énonciateur adresse à un destinataire pour effectuer une action grâce à la parole. Selon le but recherché, l'énonciateur adopte le **type de phrase** qui convient : déclaratif, interrogatif ou injonctif.
- Est **implicite** ce qui n'est pas dit mais doit ou peut être compris par le destinataire.
- Un acte de parole implicite peut être **présupposé** par certains termes : ***Il me tarde** de travailler*. L'expression *il me tarde* présuppose qu'on ne travaille pas pour le moment.
- Il peut être **sous-entendu** et compris, dans ce cas, selon la situation d'énonciation.

Exercices

Appliquer la leçon

1 a. Indiquez pour chacun de ces énoncés le type de phrase utilisé. b. Précisez dans quelle intention l'énonciateur les a formulés (ordre, interrogation, menace).

1. Pourriez-vous fermer cette fenêtre ? - **2.** Je vous ordonne de fermer cette fenêtre. - **3.** Fermez donc cette fenêtre ! - **4.** Si vous ne rendez pas votre travail à temps, vous aurez des ennuis. - **5.** J'aimerais que tu m'écoutes quand je te parle. - **6.** Je voudrais savoir à qui tu parlais au téléphone. - **7.** Puis-je avoir de l'eau, s'il vous plaît ?

2 Parmi ces phrases de type interrogatif, lesquelles sont de véritables questions adressées à un destinataire ? Lesquelles correspondent à une autre intention que vous identifierez (reproche, défense, demande, refus) ?

1. Cela vous ennuierait-il de vous asseoir ? - **2.** Ne t'ai-je pas déjà dit de ne pas me couper la parole ? - **3.** À quelle heure arrive le train de Paris ? - **4.** Me crois-tu assez bête pour accepter ta proposition ?- **5.** Ne te rends-tu pas compte de la gravité de ton acte ? - **6.** Êtes-vous arrivés en retard ce matin au lycée ? - **7.** Est-ce que tu crois vraiment que ton petit jeu m'amuse ?

3 **Pour chacun des énoncés suivants, dites ce que présupposent les termes soulignés.**

1. Tu as enfin des bonnes notes. - **2.** Il s'imagine être le plus fort de l'équipe. - **3.** Même Jérôme est resté de marbre. - **4.** Le départ de son ami l'a beaucoup affectée. - **5.** Ma sœur continue à prendre des cours de danse. - **6.** Ici au moins on ne sentira pas la cuisine. - **7.** Le suspect prétend être arrivé en retard au café. - **8.** Sébastien n' est plus le premier de la classe. - **9.** Pierre sait que son frère est le meilleur en histoire.

4 **Chacun des slogans publicitaires suivants impose une vérité sous la forme de présupposé. Relevez dans chacun d'eux le terme qui implique ce présupposé et identifiez-le.**

1. La vie est trop courte pour s'habiller triste. (Vêtements Newman) - **2.** Vous vous changez, changez de Kelton. (Montres Kelton) - **3.** Les hommes aiment les femmes qui ont les mains douces. (Produit pour la vaisselle) - **4.** La Hollande, l'autre pays du fromage (Promotion des fromages hollandais) - **5.** Ne laissez pas la pulpe au fond de la bouteille. (Jus de fruits Orangina)

5 **Pour chacun de ces énoncés, imaginez une situation d'énonciation dans laquelle l'énoncé comporte un sous-entendu. Explicitez ce sous-entendu.**

1. Sans effort, comment voulez-vous réussir ? - **2.** Il fait froid chez toi ! - **3.** Pierre ! La table n'est pas mise. - **4.** Dis-moi, c'est ton seul pull-over ? - **5.** Tu sais, je trouve ta sœur vraiment sympathique. - **6.** J'ai beaucoup aimé cette sortie avec toi. - **7.** Ce canard à l'orange est délicieux. - **8.** Pour un débutant, ça n'est pas mal du tout.

Comprendre les textes

6 **Lisez ce texte.**

(Afin de mettre sa fiancée à l'épreuve, Dorante a décidé d'échanger son identité avec son valet Arlequin. Mais celui-ci, jouant le rôle du maître, va commettre des maladresses plutôt embarrassantes.)

ARLEQUIN. – Ah, te voilà, Bourguignon ; mon porte-manteau[1] et toi, avez-vous été bien reçus ici ?
DORANTE. – Il n'était pas possible qu'on nous reçût mal, Monsieur.
ARLEQUIN. – Un domestique là-bas m'a dit d'entrer ici, et qu'on allait avertir mon beau-père qui était avec ma femme.
SILVIA. – Vous voulez dire Monsieur Orgon et sa fille, sans doute, Monsieur ?
ARLEQUIN. – Eh oui, mon beau-père et ma femme, autant vaut[2], je viens pour épouser, et ils m'attendent pour être mariés ; cela est convenu, il ne manque plus que la cérémonie, qui est une bagatelle.
SILVIA. – C'est une bagatelle qui vaut bien la peine qu'on y pense.
ARLEQUIN. – Oui, mais quand on y a pensé on n'y pense plus.
SILVIA, *bas à Dorante.* – Bourguignon, on est homme de mérite à bon marché chez vous, ce me semble ?
ARLEQUIN. – Que dites-vous là à mon valet, la belle ?
SILVIA. – Rien, je lui dis seulement que je vais faire descendre Monsieur Orgon.
ARLEQUIN. – Et pourquoi ne pas dire mon beau-père, comme moi ?
SILVIA. – C'est qu'il ne l'est pas encore.
DORANTE. – Elle a raison, Monsieur, le mariage n'est pas fait.

MARIVAUX, *Le Jeu de l'amour et du hasard*,
acte I, scène 8, 1730.

1. **Porte-manteau :** malle-penderie. - 2. **Autant vaut :** c'est la même chose.

a. **Par quelles expressions Arlequin présuppose-t-il que son mariage est chose faite ?**

b. **Quelle phrase interrogative prononcée par Silvia ne contient pas une vraie question ? Quel acte de parole exprime-t-elle vraiment ?**

c. **Quel type de relation entre maître et valet l'expression soulignée sous-entend-elle ? Expliquez.**

d. **Arlequin manifeste son manque de délicatesse tout le long de cette scène. Relevez les passages qui le montrent. Quel mot résume ce comportement ?**

e. **Relevez les phrases, prononcées par Dorante et Silvia, qui expriment un reproche vis-à-vis d'Arlequin. Quel est leur registre de langue ? En quoi celui-ci se distingue-t-il de celui d'Arlequin ?**

7 **Lisez ce texte.**

(Quelque temps après la fin de la scène précédente, et Silvia partie…)

ARLEQUIN. – Eh bien, Monsieur, mon commencement va bien ; je plais déjà à la soubrette.
DORANTE. – Butor[1] que tu es !
ARLEQUIN. – Pourquoi donc, mon entrée a été si gentille !
DORANTE. – Tu m'avais tant promis de laisser là tes façons de parler sottes et triviales[2], je t'avais donné

de si bonnes instructions, je ne t'avais recommandé que d'être sérieux. Va, je vois bien que je suis un étourdi de m'en être fié à toi.
ARLEQUIN. – Je ferai encore mieux dans les suites, et puisque le sérieux n'est pas suffisant, je donnerai du mélancolique, je pleurerai, s'il le faut.
DORANTE. – Je ne sais plus où j'en suis ; cette aventure-ci m'étourdit : que faut-il que je fasse ?

MARIVAUX, *Le Jeu de l'amour et du hasard*, acte I, scène 9, 1730.

1. **Butor :** grossier personnage sans finesse ni délicatesse. - 2. **Triviales :** ordinaires, communes.

a. Que reproche au juste Dorante à son valet ? Par quel mot Dorante qualifie-t-il son comportement ?

b. Quels sont les actes de parole exprimés par les deuxième et troisième répliques ?

c. Arlequin comprend-il vraiment les paroles de son maître ? Citez la phrase d'Arlequin qui présuppose qu'il croit avoir bien parlé et qui montre qu'il ne comprend pas son maître.

d. À la fin de cet extrait, Dorante semble désespéré. Quel acte de parole Dorante exprime-t-il par son interrogation finale ?

8 Lisez le texte.

(Antigone, fille d'Œdipe, ancien roi de Thèbes, est en train d'enterrer, contre l'ordre royal de son oncle Créon, son frère Polynice, considéré comme un traître, et donc laissé sans sépulture. Elle vient d'être surprise par des gardes, près de la tombe…)

ANTIGONE. – Dis-leur de me lâcher, avec leurs sales mains. Ils me font mal.
LE GARDE. – Leurs sales mains ? Vous pourriez être polie, Mademoiselle… Moi, je suis poli.
ANTIGONE. – Dis-leur de me lâcher. Je suis la fille d'Œdipe, je suis Antigone. Je ne me sauverai pas.
LE GARDE. – La fille d'Œdipe, oui ! Les putains qu'on ramasse à la garde de nuit, elles disent aussi de se méfier, qu'elles sont la bonne amie du préfet de police !
Ils rigolent.
ANTIGONE. – Je veux bien mourir, mais pas qu'ils me touchent !
LE GARDE. – Et les cadavres, dis, et la terre, ça ne te fait pas peur à toucher ? Tu dis « leurs sales mains » ! Regarde un peu les tiennes.
Antigone regarde ses mains tenues par les menottes avec un petit sourire. Elles sont pleines de terre.
LE GARDE. – On te l'avait prise, ta pelle ? Il a fallu que tu refasses ça avec tes ongles, la deuxième fois ? Ah ! cette audace ! Je tourne le dos une seconde, je te demande une chique[1], et allez, le temps de me la caler dans la joue, le temps de dire merci, elle était là, à gratter comme une petite hyène. Et en plein jour !

Jean ANOUILH, *Antigone*, © La Table Ronde, 1946.

1. **Chique :** morceau de tabac que l'on mâche par habitude.

a. Quel acte de parole Antigone accomplit-elle en s'adressant par deux fois au chef des gardes ? Quel est le type de phrase utilisé ? Comment exprime-t-elle ensuite une promesse ?

b. Par quels types de phrases le chef des gardes exprime-t-il l'indignation ou le reproche, puis l'ordre ?

c. Que sous-entend la comparaison faite par le chef des gardes à propos d'Antigone qui se présente comme « fille d'Œdipe » ?

d. L'attitude du garde vis-à-vis d'Antigone change au cours de ce dialogue. Comment cela est-il perceptible dans cet extrait ?

9 Lisez ce texte.

(Octave s'est marié en l'absence de son père Argante et contre sa décision. Argante vient de l'apprendre à Géronte qui entreprend alors de lui faire la morale.)

GÉRONTE. – Ma foi ! seigneur Argante, voulez-vous que je vous dise ? l'éducation des enfants est une chose à quoi il faut s'attacher fortement.
ARGANTE. – Sans doute. À quel propos cela ?
GÉRONTE. – À propos de ce que les mauvais déportements des jeunes gens viennent le plus souvent de la mauvaise éducation que leurs pères leur donnent.
ARGANTE. – Cela arrive parfois. Mais que voulez-vous dire par là ?
GÉRONTE. – Ce que je veux dire par là ?
ARGANTE. – Oui.
GÉRONTE. – Que si vous aviez, en brave père, bien morigéné[1] votre fils, il ne vous aurait pas joué le tour qu'il vous a fait.
ARGANTE. – Fort bien. De sorte donc que vous avez bien mieux morigéné le vôtre ?
GÉRONTE. – Sans doute, et je serais bien fâché qu'il m'eût rien fait approchant de cela.
ARGANTE. – Et si ce fils que vous avez, en brave père, si bien morigéné, avait fait pis encore que le mien ? Eh ?
GÉRONTE. – Comment ?
ARGANTE. – Comment ?

Géronte. – Qu'est-ce que cela veut dire ?
Argante. – Cela veut dire, seigneur Géronte, qu'il ne faut pas être si prompt à condamner la conduite des autres ; et que ceux qui veulent gloser[2], doivent bien regarder chez eux s'il n'y a rien qui cloche.

Molière, *Les Fourberies de Scapin*, acte II, scène 1, 1671.

1. **Morigéner** : éduquer, former aux bonnes mœurs. - 2. **Gloser** : critiquer.

a. Quel est le type de phrase le plus employé dans cet extrait ? Quel est le personnage qui l'utilise ?

b. Différents actes de parole sont exprimés par ce même type de phrase. Citez-en deux exemples.

c. Que cherche à faire Géronte au début de la scène ? Y parvient-il ? Pourquoi ?

d. À partir de quelle réplique d'Argante la situation des deux protagonistes se renverse-t-elle ? Relevez le sous-entendu contenu dans cette réplique.

e. Quel type de phrase est utilisé deux fois dans la dernière réplique du texte ? Comment peut-on qualifier cette réplique d'Argante face au comportement de Géronte ?

S'exprimer à l'écrit et à l'oral

10 Écrit et Oral.

Au théâtre, un père de famille se querelle avec sa fille, car celle-ci refuse de se marier avec le fiancé choisi par son père.
Écrivez un dialogue entre ces deux personnages en utilisant le plus possible des actes de parole explicites et implicites.

11 À partir de trois livres choisis au CDI, vous essayerez de trouver les informations implicites contenues dans la 4e page de couverture. Vous écrirez ensuite ce que vous en déduisez sur l'histoire présentée dans chacun d'eux.

12 Écrit et Oral.

Un suspect est interrogé, dans un commissariat de police, à propos d'un vol de voiture.

Imaginez un dialogue entre le suspect et un inspecteur qui essaie de le piéger par l'emploi de présupposés accusateurs.

Ex. : *Quelle heure était-il quand vous avez fracturé la vitre de la voiture ?* → présupposé : *vous avez fracturé la vitre…*

Le dialogue, une fois écrit, pourra être joué par deux élèves face à la classe.

13 Observez ces vignettes.

a. Relevez tous les types de phrases présents dans ces bulles.

b. Par quel acte de parole débute cette BD ? Quel type de phrase l'exprime ?

c. Que sous-entend ce que se dit Calvin ?

d. Quel acte de parole implicite exprime Calvin en réponse à la surprise de sa mère ?

e. Que sous-entend la phrase exclamative « Mais regarde-toi ! » ?

f. Quelle est la bulle qui contient une fausse question ? Quel effet a-t-elle sur la mère ?

g. Comment comprenez-vous l'attitude de la mère dans la dernière vignette ? Trouvez la phrase qu'elle pourrait alors prononcer.

Vignettes extraites de *Calvin et Hobbes* par Bill Watterson, © Hachette, 1989.

27. Les discours rapportés

Première rencontre

(Coupeau, un ouvrier couvreur-zingueur, invite Gervaise, une blanchisseuse parisienne, à boire un verre dans un cabaret « L'Assommoir », afin de lier connaissance.)

La fumée des pipes, l'odeur forte de tous ces hommes, montaient dans l'air chargé d'alcool ; et elle étouffait, prise d'une petite toux.

« Oh ! c'est vilain de boire ! » dit-elle à demi-voix.

Et elle raconta qu'autrefois, avec sa mère, elle buvait de l'anisette, à Plassans. Mais elle avait failli en mourir un jour, et ça l'avait dégoûtée ; elle ne pouvait plus voir les liqueurs.

« Tenez, ajouta-t-elle en montrant son verre, j'ai mangé ma prune ; seulement, je laisserai la sauce[1], parce que ça me ferait du mal. »

Coupeau, lui aussi, ne comprenait pas qu'on pût avaler de pleins verres d'eau-de-vie. Une prune par-ci par-là, ça n'était pas mauvais. Quant au vitriol[2], à l'absinthe[2] et aux autres cochonneries, bonsoir ! il n'en fallait pas. Les camarades avaient beau le blaguer, il restait à la porte, lorsque ces cheulards[3]-là entraient à la mine à poivre[4]. […] Il conclut par cette phrase :

« Dans notre métier, il faut des jambes solides. »

Émile Zola, *L'Assommoir*, 1877.

1. **Sauce :** jus du fruit alcoolisé.
2. Boissons très alcoolisées.
3. **Cheulards :** soûlards, ivrognes.
4. **Mine à poivre :** cabaret.

Affiche de Théophile Alexandre Steinlen (1859-1923), *L'Assommoir*, 1877. Musée de l'Affiche, Paris.

1. **Relevez les paroles rapportées au discours direct. Par quels signes de ponctuation les remarque-t-on immédiatement ? Vous repérerez les verbes qui les signalent, et leur place par rapport aux paroles rapportées.**

2. **Quelle est la phrase qui contient des paroles de Gervaise rapportées au discours indirect ? Comment ce discours est-il introduit ?**

3. **Dans le passage souligné, comment comprend-on qu'il s'agit de paroles de Coupeau, rapportées par le narrateur ? Grâce à quelles marques d'expressivité de l'oral et à quelles autres caractéristiques du discours direct peut-on le comprendre ? N'y a-t-il pas aussi des caractéristiques du discours indirect ? Lesquelles ?**

Leçon

Dans un texte, pour rapporter des paroles, on a le choix entre le discours **direct**, le discours **indirect** et le discours **indirect libre**.

1. Le discours direct

1. Les caractéristiques du discours direct

Au discours direct, les paroles sont rapportées telles qu'elles sont censées avoir été prononcées, **sans être modifiées** par celui qui les rapporte.

- Les paroles citées peuvent être **précédées d'un verbe de parole** ou suivies d'une proposition **incise**, c'est-à-dire d'une proposition constituée d'un verbe de parole et de son sujet inversé. Les paroles citées sont **détachées** du reste de la phrase par deux points, un tiret ou des guillemets.

  « Oh ! c'est vilain de boire ! » ***dit-elle*** *à demi-voix.*
  (dit-elle : incise)

  Il ***conclut*** *par cette phrase : « Dans notre métier, il faut des jambes solides. »*

- Les phrases rapportées directement sont **grammaticalement indépendantes** du reste de la phrase. Elles peuvent appartenir à **n'importe quel type de phrase** :

  Il lui dit : « Viendrez-vous demain ? » (interrogative), *« Promettez-le-moi ! »* (injonctive, exclamative)

  Les **marques d'oral et d'expressivité** sont conservées (exclamations, interjections, énoncés inachevés, phrases nominales, registre familier...) : *« Oh ! »*, *« Tenez... »*.
  Les **indices d'énonciation d'origine** (indices de personne, de temps et de lieu) sont maintenus : *Il lui dit* : *« Je* (1re pers.) *vous* (2e pers.) *le promets* (présent). »

2. Les effets produits par le discours direct

Le discours direct donne l'impression que les paroles sont **prises sur le vif**. Il anime le récit. Il permet aussi de **caractériser** la personnalité et les pensées des **personnages** à travers leurs paroles.

« Oh ! ***c'est vilain*** (1) *de boire ! » dit-elle* ***à demi-voix*** (2) : Gervaise est caractérisée comme une personne culpabilisée (1) et intimidée (2).
« Dans notre métier, il faut des jambes solides. » : Coupeau est présenté comme un ouvrier sérieux, soucieux de son travail et de sa santé.

2. Le discours indirect

1. Les caractéristiques du discours indirect

Le discours indirect ne **reproduit** pas la forme exacte des paroles mais leur **sens**.

- Les paroles rapportées indirectement **dépendent grammaticalement** du reste de la phrase. Elles sont **complément d'objet d'un verbe de parole**.

Au discours indirect, ces paroles peuvent être exprimées dans
– une subordonnée conjonctive complétive : *Il lui annonça* ***qu'il partait****.*
– une subordonnée interrogative indirecte : *Elle lui demanda* ***s'il restait****.*
– un nom ou un groupe nominal : *Il lui confirma* ***son départ****.*
– un infinitif ou un groupe infinitif : *Il lui promit* ***de revenir****.*

- Les paroles rapportées indirectement, sous la forme de propositions subordonnées, subissent des **transpositions**.
Les phrases rapportées perdent leur **type interrogatif**, **injonctif** ou **exclamatif**. Les marques d'**expressivité** ou d'**oral** disparaissent.

> *« Songez-vous à vous marier ? » → Il lui demanda si* ***elle songeait à se marier****.*

Il est impossible d'écrire : *Elle raconta que* ***mais****…, elle dit que* ***oh*** *!*
Les **pronoms personnels** et les **déterminants possessifs** changent de personne selon qui rapporte les paroles et selon à qui elles sont rapportées (*je → il* ou *elle, mes → ses, nos → leurs*, etc.). Certains **adverbes de lieu et de temps** changent (*ici → là, hier → la veille, demain → le lendemain*).
Les verbes sont aux temps voulus par la **concordance des temps** (ch. 29).

> *«* ***Je*** *passer****ai vous*** *voir* ***demain****. » → Elle lui déclara qu'****elle*** *passer****ait le*** *voir* ***le lendemain****.*

2. Les effets produits par le discours indirect

Le discours indirect se fond mieux dans le récit que le discours direct. Il permet d'**intégrer les paroles dans un récit** sans en rompre la continuité. Grâce à lui, les paroles rapportées peuvent aussi être **résumées ou interprétées**.

> *Elle lui* <u>*parla* ***de son enfance***</u> *et* <u>*avoua* ***qu'elle n'en était pas fière***</u>*.*
> résumé — interprétation

Le verbe *avoua* indique que les paroles rapportées ont été prononcées par le personnage avec un sentiment de honte.

3. Le discours indirect libre

Le **discours indirect libre** a certaines caractéristiques du **discours indirect** et d'autres du **discours direct**.

1. Les caractéristiques du discours indirect libre

- Comme au discours indirect, les paroles sont rapportées au discours indirect libre **sans être détachées** par deux points, des guillemets ou des tirets. Les **indices de personne, de lieu et de temps sont transposés** et on applique la concordance des temps selon les règles du discours indirect.

> *Coupeau,* ***lui*** *aussi, ne* ***comprenait*** *pas qu'on* ***pût*** *avaler de l'eau-de-vie.*

- Au discours indirect libre, les paroles sont rapportées comme au discours direct, mais **sans être introduites par un mot subordonnant**. Elles appartiennent à **n'importe quel type de phrase** et conservent les **marques d'expressivité et d'oral**.

> *Quant au vitriol, à l'absinthe et aux autres* ***cochonneries, bonsoir !***

2. Les effets produits par le discours indirect libre

Grâce à la suppression des signes introductifs (ponctuation, mot subordonnant), le discours indirect libre permet d'**insérer** les paroles rapportées **dans un récit sans en rompre la continuité ni l'alourdir**. Il conserve aussi le caractère **vivant** et **expressif** des paroles ou, dans le cas du **monologue intérieur**, des pensées rapportées d'un personnage. Cependant, il est **difficilement repérable**. Il n'est signalé que par le contexte, notamment par la **proximité** d'un **verbe de parole** qui précède ou suit les propos rapportés au discours indirect libre.

Coupeau, lui aussi, ne comprenait pas,[...] il restait à la porte, lorsque ces cheulards-là entraient à la mine à poivre. [...]
*Il **conclut** par cette phrase...*

FAISONS LE POINT

	Signes de ponctuation	Subordination	Maintien du type de phrase	Marques de l'oral et d'expressivité	Transposition de personne, de lieu et de temps
Discours direct	Oui	Non	Oui	Oui	Non
	Hésitant, il lui demanda **:** *«* ***Dites****,* ***pourrais-je vous*** *revoir* ***?*** *»*				
Discours indirect	Non	Oui	Non	Non	Oui
	Il lui demanda ***s'il*** *pour**rait*** ***la*** *revoir.*				
Discours indirect libre	Non	Non	Oui	Oui	Oui
	Il osa l'interroger. ***Pourrait-il la*** *revoir ?*				

Exercices

Appliquer la leçon

1 Relevez dans ces phrases les paroles rapportées indirectement et transformez-les en discours direct sur ce modèle.

Ex. : ***Elle déclara avoir revu son ami.*** → ***avoir revu son ami*** → ***« J'ai revu mon ami. »***

1. Il lui souffla à l'oreille qu'il ne l'oublierait jamais. - **2.** L'homme leur demanda avec qui elles étaient allées au cinéma et si le film leur avait plu. - **3.** Il les supplia de venir le chercher tôt le matin trois jours plus tard. - **4.** Le témoin affirma que l'incendie s'était déclaré la veille au soir. - **5.** Il me répéta qu'il ne se rendrait pas le lendemain au conseil de classe qui devait avoir lieu après son cours de français. - **6.** Les secouristes avouèrent aux journalistes ne pas pouvoir extraire la victime sans la blesser.

2 Transposez au discours indirect les phrases ci-dessous écrites au discours direct, en suivant ce modèle.

Ex. : ***Il lui rappela : « Ton train quitte la gare à 15 heures. »*** → ***Il lui rappela que son train quittait la gare à 15 heures.***

1. « Et qu'est-ce que ça veut dire, *moderato cantabile* ? » demanda avec insistance la dame. - **2.** « Lisez, leur dit-il, et donnez-moi ensuite votre avis. » - **3.** « Si tu veux comprendre, relis ton texte » lui suggéra son père. - **4.** « Silence ! ordonna le professeur aux élèves, et prenez vos cahiers. » - **5.** « C'est l'heure de se coucher ! », annonçait chaque soir la vieille dame aux enfants. - **6.** Il nous promit : « Je passerai sans faute demain. »

3 **a. Transposez au discours indirect libre les phrases ci-dessous écrites au discours direct. b. Transposez-les ensuite au discours indirect, en faisant toutes les modifications nécessaires.**

Ex. : ***Il l'avertit : « Ta soirée, eh bien ! tu la passeras ici, dans ta chambre ! » a. Il l'avertit. Sa soirée, eh bien ! elle la passerait là, dans sa chambre. b. Il l'avertit qu'elle passerait sa soirée dans sa chambre.***

1. Il s'exclama : « Ouah ! Quel film magnifique ! J'aimerais bien le revoir ! » - **2.** « Oh ! là là ! se lamenta-t-elle, ma maison, elle est tout inondée ! » - **3.** Elle s'extasia : « Super ! J'ai gagné au loto ! » - **4.** Le professeur se mit à hurler : « Comment ! vous avez oublié votre manuel ! Vous serez puni. »

4 **Pour chacun des textes suivants, recherchez le type de discours rapporté dominant, en précisant les paroles rapportées.**

A. [M. de Clèves] conta tout haut son aventure, et ne pouvait se lasser de donner des louanges à cette personne qu'il avait vue, qu'il ne connaissait point. Madame[1] lui dit qu'il n'y avait point de personne comme celle qu'il dépeignait et que, s'il y en avait quelqu'une, elle serait connue de tout le monde. Mme de Dampierre, [...] lui dit tout bas que c'était sans doute Mlle de Chartres que M. de Clèves avait vue.

Madame de La Fayette, *La Princesse de Clèves*, 1678.

1. La Reine dauphine.

B. Tous désiraient connaître ses affaires ; et Mme Benoît s'y prit adroitement en s'informant de son oncle. Comment allait ce bon parent ? Il ne donnait plus de ses nouvelles. N'avait-il pas un arrière-cousin en Amérique ? La cuisinière annonça que le potage de Monsieur était servi. On se retira, par discrétion.

Gustave Flaubert, *Madame Bovary*, 1857.

C. Le docteur fit une piqûre d'huile camphrée et dit que tout s'arrangerait en quelques jours.

« Merci, docteur », dit l'homme d'une voix étouffée.

Rieux demanda à Grand s'il avait prévenu le commissaire et l'employé prit un air déconfit :

« Non, dit-il, oh ! non. J'ai pensé que le plus pressé...

– Bien sûr, coupa Rieux, je le ferai donc. »

Albert Camus, *La Peste*, © Gallimard, 1947.

Comprendre les textes

5 **Lisez ce texte.**

(M. Alphonse, le fils de M. de Peyrehorade, est mort la nuit de ses noces, victime d'une étrange agression.)

J'oubliais la déposition d'un domestique qui le dernier avait vu M. Alphonse vivant. C'était au moment qu'**il** allait monter chez sa femme, et, appelant **cet homme**, **il lui** demanda d'un air d'inquiétude s'**il** savait où j'étais. Le domestique répondit qu'**il** ne **m'**avait point vu. Alors M. Alphonse fit un soupir et resta plus d'une minute sans parler, puis il dit : « Allons ! le diable l'aura emporté aussi ! »

Je demandai à **cet homme** si M. Alphonse avait sa bague de diamants lorsqu'**il lui** parla. Le domestique hésita pour répondre ; enfin, il dit qu'**il** ne le croyait pas, qu'il n'y avait fait au reste aucune attention.

« S'**il** avait eu cette bague au doigt, ajouta-t-**il** en se reprenant, **je** l'aurais sans doute remarquée car je croyais qu'**il** l'avait donnée à Mme Alphonse. »

Mérimée, *La Vénus d'Ille*, 1837.

a. Classez dans un tableau à trois colonnes, en indiquant les lignes du texte, les pronoms et les groupes nominaux en gras, selon qu'ils renvoient : au narrateur ; au domestique ; à M. Alphonse.

b. Relevez les phrases ou membres de phrases qui correspondent à des paroles.

c. Précisez qui les prononce et comment elles sont rapportées.

d. Récrivez les discours indirects du texte en discours directs. Veillez à la transposition des temps verbaux et des pronoms personnels utilisés.

6 **Lisez ce texte.**

(L'ouvrier couvreur-zingueur Coupeau s'est cassé la jambe en tombant d'un toit. Il se retrouve immobilisé.)

Cependant, Coupeau, au bout de deux mois, put commencer à se lever. Il ne se promenait pas loin, du lit à la fenêtre, et encore soutenu par Gervaise. [...] Il avait passé ces deux mois dans le lit, à jurer, à faire enrager le monde. <u>Ce n'était pas une existence, vraiment, de vivre sur le dos, avec une quille[1] ficelée et raide comme un saucisson. Ah ! il connaîtrait le plafond, par exemple ; il y avait une fente, au coin de l'alcôve, qu'il aurait dessinée les yeux fermés</u>. Puis, quand il s'installa dans le fauteuil, ce fut une autre histoire. Est-ce qu'il resterait longtemps cloué là, pareil à une momie ? La rue n'était pas si drôle, il n'y passait personne, [...] Non, vrai, il se faisait trop vieux, il aurait donné dix ans de sa vie pour savoir seulement comment se portaient les fortifications. Et il revenait toujours à des accusations violentes contre le sort. Ça n'était pas juste, son accident ; ça n'aurait pas dû lui arriver, à lui, un bon ouvrier, pas fainéant, pas soûlard.

Émile ZOLA, *L'Assommoir*, 1877.

1. **Quille** : jambe.

a. Relevez les paroles de Coupeau. Précisez quel type de discours rapporté est utilisé.

b. Citez les mots ou expressions qui l'annoncent.

c. Transposez le passage souligné au discours direct.

d. Dites pourquoi le narrateur a utilisé uniquement ce type de discours.

7 Lisez ce texte.

(De sa fenêtre, Hondo, le héros de l'histoire, est témoin d'un meurtre. Malheureusement, l'assassin a eu le temps de l'apercevoir.)

Hondo resta pétrifié. L'homme le désignait du doigt.

– Viens ici, mon garçon !

Il lui faisait signe avec un faux sourire. Hondo se sauva du balcon et referma la fenêtre. Il vit l'homme se précipiter et sortir de la pièce. Hondo sentait son cœur s'affoler... Respire ! Respire fort ! Essaye de réfléchir... À la radio le speaker annonçait : « Au quatrième top, il sera exactement : vingt-deux heures zéro minute, zéro seconde... » Et son père qui ne rentrait pas ! « Chers auditeurs, veuillez écouter notre journal d'informations de ce vendredi 15 février 1960... » Hondo vit l'homme en blouse grise qui débouchait en bas de chez lui. Il traversa la rue et entra dans l'immeuble de Hondo... Barricade-toi ! Il ne pourra pas entrer. Il peut enfoncer la porte, il est fort. Va chez la voisine du sixième. Monte sur le toit. Tu sais ouvrir le vasistas. Hondo noua les lacets de ses baskets. Un triple nœud. Il sortit sur le palier. Le pas de l'homme résonnait dans l'escalier.

Daniel PICOULY, *Cauchemar pirate*, © Flammarion, 1998.

a. Relevez les paroles rapportées et indiquez pour chaque passage à quel type de discours rapporté elles appartiennent.

b. Transcrivez ces paroles en discours indirect, tout en variant leur forme grammaticale.

c. Quels passages rapportant directement les pensées de Hondo pourraient être mis entre guillemets ? En quoi ces pensées ont-elles la forme du discours rapporté direct ? Précisez.

S'exprimer à l'écrit et à l'oral

8 Imaginez une suite narrative au texte de l'exercice 5. Vous prendrez soin d'utiliser dans cette scène dialoguée les trois types de discours rapportés.

9 Choisissez dans la presse l'interview d'une de vos stars préférées, ou bien imaginez l'interview de cette star, que vous rapporterez oralement en utilisant les trois types de discours rapporté.

10 Observez cette image.

a. Imaginez le récit que ce policier pourrait faire à un collègue sur ce qu'il lui est arrivé.

b. Faites le même récit, mais à partir du point de vue soit de l'éléphant soit d'un troisième personnage imaginaire, témoin de la scène. Vous utiliserez les trois types de discours rapportés étudiés.

Photo, 17 septembre 1956, extraite de *Chronique de la rue parisienne* « les années 50 » par Jean-Louis Celati et Pierre Cavillon, © éd. Parigramme.

28. Dialogue et argumentation

Duo d'amoureux

(Une jeune fille, Hyacinte, vient d'apprendre que le père d'Octave, son fiancé, désire le marier à une autre. Octave essaye de la rassurer.)

Antoine WATTEAU (1684-1721), *Le Faux Pas*.
Musée du Louvre, Paris.

OCTAVE. – ...Mais que vois-je ? vous pleurez ! Pourquoi ces larmes ? Me soupçonnez-vous, dites-moi, de quelque infidélité, et n'êtes-vous pas assurée de l'amour que j'ai pour vous ?

HYACINTE. – Oui, Octave, je suis sûre que vous m'aimez ; mais je ne le suis pas que vous m'aimiez toujours.

OCTAVE. – Eh ! peut-on vous aimer qu'on ne vous aime[1] toute sa vie ?

HYACINTE. – J'ai ouï dire, Octave, que votre sexe aime moins longtemps que le nôtre, et que les ardeurs que les hommes font voir sont des feux qui s'éteignent aussi facilement qu'ils naissent.

OCTAVE. – Ah ! ma chère Hyacinte, mon cœur n'est donc pas fait comme celui des autres hommes, et je sens bien pour moi que je vous aimerai jusqu'au tombeau.

HYACINTE. – Je veux croire que vous sentez ce que vous dites, et je ne doute point que vos paroles ne soient sincères ; mais je crains un pouvoir qui combattra dans votre cœur les tendres sentiments que vous pouvez avoir pour moi. Vous dépendez d'un père, qui veut vous marier à une autre personne ; et je suis sûre que je mourrai, si ce malheur m'arrive.

MOLIÈRE, *Les Fourberies de Scapin*, acte I, scène 3, 1671.

1. **Qu'on ne vous aime...** : sans qu'on vous aime...

1. **De quoi Octave veut-il convaincre sa fiancée ? Quels sont les trois arguments qu'il utilise pour cela ? Citez deux fausses questions qu'il met en avant ? Quelle conclusion tire-t-il d'un argument de vérité générale proposé par Hyacinte ?**

2. **Relevez les phrases de Hyacinte qui réfutent les arguments d'Octave. Quel connecteur utilise-t-elle pour cela ? Chaque opposition est précédée par une concession. Relevez les mots qui signalent ces concessions.**

3. **Certains mots ou expressions utilisés par un personnage sont repris par son interlocuteur. Relevez quelques exemples de reprise.**

Leçon

Dans un dialogue, pour mieux convaincre, chacun cherche à **rendre l'autre attentif** à ce qu'il dit.
Mais il faut aussi écouter l'interlocuteur, prendre en compte ce qu'il dit et **s'adapter** à lui, comme le fait Octave.

1. Capter l'attention de l'interlocuteur

- Pour **établir** et **entretenir la communication** on peut

– utiliser des **formules de la langue orale** qui établissent un contact :

Dites-moi… Écoutez… Tenez…

– **interpeller** l'interlocuteur par des apostrophes, des impératifs, des phrases faussement interrogatives, qui portent en elles-mêmes la réponse :

Peut-on vous aimer qu'on ne vous aime toute sa vie ?

– varier l'**intonation** de manière expressive, en employant des phrases injonctives, interrogatives, exclamatives et des interjections :

Ah ! mais que vois-je ? vous pleurez !… Eh ! peut-on vous aimer… ?

– utiliser certains **gestes** (taper du poing sur la table pour insister, hausser les épaules pour marquer un désaccord, etc.).

- Pour **mettre en relief** certains arguments on peut

– **insister** sur certains mots importants en utilisant des répétitions, des présentatifs, des détachements de phrase :

***Je** sens bien pour **moi** que **je** vous aimerai jusqu'au tombeau.*

– utiliser des **figures de style** (métaphore, comparaison, métonymie, hyperbole, personnification...) qui donnent de la force et de la beauté aux arguments :

*Les **ardeurs** sont des feux qui s'éteignent vite.* (métaphore)

2. Convaincre l'interlocuteur

1. Le choix des mots

Pour convaincre, il est bon d'**adapter** son langage à celui de son interlocuteur.

- Le **lexique** et la **syntaxe** doivent ainsi être adaptés au **registre de langue** de l'interlocuteur.
Octave comme Hyacinte utilisent le même type de vocabulaire, celui de l'amour et des sentiments : « *vous pleurez… larmes... soupçonnez… infidélité* » ; « *aimer… ardeurs…* » ; « *je suis sûre* » ; « *je sens bien* ».

- Certains **termes** de l'interlocuteur peuvent être **repris**. Ainsi le dialogue entre Octave et Hyacinte s'enchaîne et rebondit, avec des reprises de certains mots jugés importants : « *assurée… sûre…* » ; « *…aimez… aimiez… aimer* » ; « *je vous aimerai… jusqu'au tombeau… je mourrai…* ».

2. Le choix des arguments

- Pour **mettre en confiance** l'interlocuteur et ne pas le heurter, l'énonciateur peut user de la **concession** (voir ch. 19). On semble d'abord **admettre** comme vrais les arguments de l'interlocuteur, pour ensuite s'y **opposer** en formulant une **objection** : ***Oui***, *je suis sûre que vous m'aimez, //* ***mais*** *je ne suis pas sûre que vous m'aimiez toujours.*
- Pour **convaincre** l'interlocuteur, il est bon de **généraliser** afin d'élever le débat, en usant d'arguments de portée générale, du pronom *on*, du présent de vérité générale : ***On*** *dit que* ***les*** *hommes* ***sont*** *moins fidèles que* ***les*** *femmes…*
- Pour **toucher** l'interlocuteur, le recours à des arguments plus **personnels** et adaptés à sa **situation** est préférable : ***Vous*** *dépendez d'un* ***père*** *qui veut* ***vous*** *marier…*

FAISONS LE POINT

Pour argumenter dans un dialogue, il faut
- **attirer** et **retenir l'attention** de l'interlocuteur grâce à des phrases injonctives, exclamatives, interrogatives, à des répétitions, des figures de style ;
- **s'adapter** à l'interlocuteur : adopter des arguments, un lexique, un registre de langue et une syntaxe appropriés ;
- **admettre** partiellement les arguments de l'interlocuteur pour s'y **opposer**, **personnaliser** ses propos pour le toucher.

Exercices

Appliquer la leçon

1 Relevez les procédés employés pour capter et retenir l'attention de l'interlocuteur.

1. – Dites, avez-vous l'intention de sortir avec moi cet après-midi pour faire des courses ?

– Sortir par un temps pareil ! Vous n'y pensez pas ! En moins de deux, nous serions trempées comme des serpillières ! Ah pour ça, non ! Il n'en est pas question. Je ne sortirai pas faire des courses.

2. – Salut ! Je viens de voir au ciné *Titanic*. J'ai bien aimé, tu sais.

– Quoi ! c'est cette nullité que tu es allé voir ! Et qu'est-ce qui t'a plu dans ce film ? Ne me dis pas que c'est le sacrifice du héros pour sa bien-aimée. Je ne te croirais pas. Franchement, comment peut-on croire en un tel amour, hein, à l'heure actuelle ?

3. – Eh ! dis-moi, tu pourrais me prêter ton manuel de grammaire pour que je puisse réviser le prochain contrôle ?

– Hé bien non, tu vois, je ne peux pas ! Figure-toi, c'est ce satané Albert, il me l'a perdu, mon manuel de grammaire, hier – tu m'écoutes ? – en ville pendant qu'on faisait les boutiques. D'ailleurs même si je l'avais, je crois que ce livre, franchement, j'aimerais mieux ne pas te le prêter !

2 Récrivez ces quatre textes en imaginant que, dans chaque cas, le deuxième interlocuteur reprenne la première phrase sous la forme d'une concession, et enchaîne avec la deuxième phrase pour formuler une objection. Vous utiliserez pour ce faire les formules suivantes : ***même si…, …aussi ; oui…, mais ; il est vrai que…, pourtant…***

1. – Je trouve que vivre à la campagne est ennuyeux.

– Pas du tout, pensez donc aux joies de la nature que procure la vie à la campagne.

2. – Aujourd'hui, le réseau Internet est devenu un outil indispensable dans la vie quotidienne.

– L'utilisation d'Internet nécessite un matériel qui n'est pas encore à la portée de tout le monde.

3. – Grâce à la robotisation, de nombreuses tâches pénibles et répétitives ont disparu.

– C'est à cause de la robotisation que le chômage a augmenté.

4. – Dans certains pays, il n'existe pas de limitation de vitesse sur les routes.

– Je suis contre la vitesse au volant car elle provoque de nombreux accidents.

Comprendre les textes

3 Lisez ce texte.

(Faisant route vers Bordeaux, après un long voyage, le vieux savant, Martin, et le jeune Candide discutent...)

« [...] – N'êtes-vous pas bien étonné, continua Candide, de l'amour que ces deux filles du pays des Oreillons avaient pour ces deux singes[1], et dont je vous ai conté l'aventure ? – Point du tout, dit Martin ; je ne vois pas ce que cette passion a d'étrange ; j'ai tant vu de choses extraordinaires qu'il n'y a plus rien d'extraordinaire. – Croyez-vous, dit Candide, que les hommes se soient toujours mutuellement massacrés comme ils le font aujourd'hui ? qu'ils aient toujours été menteurs, fourbes, perfides, ingrats, brigands, faibles, volages, lâches, envieux, gourmands, ivrognes, avares, ambitieux, sanguinaires, calomniateurs, débauchés, fanatiques, hypocrites et sots ? – Croyez-vous, dit Martin, que les éperviers aient toujours mangé des pigeons quand ils en ont trouvé ? – Oui, sans doute, dit Candide. – Eh bien, dit Martin, si les éperviers ont toujours eu le même caractère, pourquoi voulez-vous que les hommes aient changé le leur ? – Oh ! dit Candide, il y a bien de la différence car le libre arbitre[2]... »

VOLTAIRE, *Candide ou l'optimisme*, 1759.

1. Voltaire, par cet exemple d'amitiés chez les Indiens Oreillons, veut démontrer au lecteur la diversité des coutumes existant sur la terre. - 2. **Libre arbitre** : volonté libre que tout humain possède, à la différence des animaux.

a. Quels sont les deux types de phrases les plus représentés dans ce texte ? Quel est le personnage qui utilise le premier type, puis le second ? Quelle relation cela instaure-t-il entre ces deux personnages ?

b. Quelles sortes d'arguments Martin utilise-t-il pour convaincre son interlocuteur ? Sont-ils plutôt généralisants ou personnels ? Utilise-t-il une fausse interrogation ?

c. Comment Candide réagit-il face aux paroles de Martin ?

4 Lisez ce texte.

(Les parents Perrichon s'interrogent sur leur futur gendre à choisir entre deux jeunes hommes.)

MME PERRICHON. – Maintenant que nous voilà de retour, j'espère que tu vas prendre un parti... Nous ne pouvons tarder plus longtemps à rendre réponse à ces deux jeunes gens... deux prétendus dans la maison... c'est trop !

PERRICHON. – Moi, je n'ai pas changé d'avis... j'aime mieux Daniel !

MME PERRICHON. – Pourquoi ?

PERRICHON. – Je ne sais pas... je le trouve plus... enfin, il me plaît, ce jeune homme !

MME PERRICHON. – Mais l'autre... l'autre t'a sauvé[1] !

PERRICHON. – Il m'a sauvé ! Toujours le même refrain !

MME PERRICHON. – Qu'as-tu à lui reprocher ? Sa famille est honorable, sa position excellente...

PERRICHON. – Mon Dieu, je ne lui reproche rien... je ne lui en veux pas, à ce garçon !

MME PERRICHON. – Il ne manquerait plus que ça !

PERRICHON. – Mais je lui trouve un petit air pincé.

MME PERRICHON. – Lui ?

PERRICHON. – Oui, il a un ton protecteur... des manières... il semble toujours se prévaloir du petit service qu'il m'a rendu...

MME PERRICHON. – Il ne t'en parle jamais !

PERRICHON. – Je le sais bien ! mais c'est son air ! son air me dit : « Hein sans moi ?... » C'est agaçant à la longue : tandis que l'autre...

MME PERRICHON. – L'autre te répète sans cesse : « Hein ! sans vous... hein ! sans vous ?[2] » Cela flatte ta vanité... et voilà... et voilà pourquoi tu le préfères.

PERRICHON. – Moi, de la vanité ? J'aurais peut-être le droit d'en avoir !

MME PERRICHON. – Oh !

PERRICHON. – Oui, madame !... l'homme qui a risqué sa vie pour sauver son semblable peut être fier de lui-même... mais j'aime mieux me renfermer dans un silence modeste... signe caractéristique du vrai courage !

MME PERRICHON. – Mais tout cela n'empêche pas que monsieur Armand...

PERRICHON. – Henriette n'aime pas... ne peut pas aimer M. Armand !

Eugène LABICHE, *Le Voyage de Monsieur Perrichon*, scène 3, 1860.

1. Au cours d'une promenade dans les Alpes, Armand a sauvé la vie de M. Perrichon. - 2. Ce qui est le contraire pour Daniel que M. Perrichon a sauvé.

a. Quel est le thème de la discussion des deux époux ?

b. Quel est le préféré de M. Perrichon ? Relevez les arguments évoqués par celui-ci.

c. Quel est celui que préfère Mme Perrichon ? Quels sont ses arguments ?

d. Relevez les répliques commençant par « mais ». Quelle sorte d'arguments contiennent-elles ?

e. Mme Perrichon utilise des phrases de type interrogatif. Quels actes de parole expriment-elles ?

f. Que signifie l'hésitation, puis la négation (soulignée dans le texte) de M. Perrichon vis-à-vis de sa fille ? Quel acte de parole se cache-t-il sous cette négation ?

5 **Lisez ce texte.**

(Philinte est en désaccord avec son ami Alceste à propos de savoir s'il est préférable ou non d'être sincère en toutes circonstances.)

PHILINTE

Il est bien des endroits où la pleine franchise
Deviendrait ridicule et serait peu permise ;
Et parfois, n'en déplaise à votre austère honneur,
Il est bon de cacher ce qu'on a dans le cœur.
Serait-il à propos et de la bienséance
De dire à mille gens tout ce que d'eux on pense ?
Et quand on a quelqu'un qu'on hait ou qui déplaît,
Lui doit-on déclarer la chose comme elle est ?

ALCESTE

Oui.

PHILINTE

Quoi ? vous iriez dire à la vieille Émilie
Qu'à son âge il sied mal de faire la jolie,
Et que le blanc[1] qu'elle a scandalise chacun ?

ALCESTE

Sans doute.

PHILINTE

À Dorilas, qu'il est trop importun,
Et qu'il n'est, à la cour, oreille qu'il ne lasse
À conter sa bravoure et l'éclat de sa race ?

ALCESTE

Fort bien.

PHILINTE

Vous vous moquez.

ALCESTE

Je ne me moque point,
Et je vais n'épargner personne sur ce point.
Mes yeux sont trop blessés, et la cour et la ville
Ne m'offrent rien qu'objets à m'échauffer la bile :
J'entre en une humeur noire, et un chagrin profond,
Quand je vois vivre entre eux les hommes comme [ils font ;
Je ne trouve partout que lâche flatterie,
Qu'injustice, intérêt, trahison, fourberie ;
Je n'y puis plus tenir, j'enrage, et mon dessein
Est de rompre en visière[2] à tout le genre humain.

MOLIÈRE, *Le Misanthrope*, acte I, scène 1, 1666.

1. Blanc : fard. - 2. Rompre en visière : s'attaquer à.

a. Quelle opinion défend Alceste dans ce passage ? Quelle est l'opinion que Philinte lui oppose ?

b. Relevez les arguments et les exemples utilisés par chacun d'eux.

c. Qu'est-ce qu'un *misanthrope* ? Auquel des deux personnages ce qualificatif s'applique-t-il ?

S'exprimer à l'écrit et à l'oral

6 **En vous inspirant du sujet abordé dans le texte de l'exercice 5, vous écrirez, en prose et en langage courant, un dialogue argumenté dans lequel un interlocuteur prend parti pour Alceste et l'autre pour Philinte.**

7 **Oral. Observez ce dessin.**

En s'inspirant de ce que dénonce ce dessin, deux élèves développent devant la classe et de façon contradictoire un dialogue argumenté qui mettra au jour les deux thèses opposées.

Dessin extrait de FRAPAR, *Ze Comique Book*, © Éd. Marabout, 2002.

29. La concordance des temps

(Le personnage vient de terminer de confectionner quelques lettres anonymes qu'il s'apprête à aller poster.)

Peter Marlow, *Boîte aux lettres à Amiens, la nuit*, photographie.

L'homme colla sur le papier la dernière lettre de son message. C'était R, qui terminait le mot CÉSAR.

Puis il plia la feuille et l'introduisit dans une enveloppe qui portait déjà une adresse, également constituée de syllabes et de lettres collées. [...]

Arrivé à la poste, l'homme remit les gants de plastique qu'il **avait utilisés** pendant son travail. Il tira les enveloppes de sa poche et les introduisit aux trois quarts dans la fente de la boîte aux lettres. Il les retint pendant quelques secondes, pour ôter à son geste tout caractère automatique, machinal. Ce devait être un commencement bien voulu, net, précis. Il prit une grande inspiration et les poussa. Il les entendit tomber un mètre plus bas. Il savait qu'elles seraient distribuées le matin même. C'était fait, le mécanisme était enclenché...

René Barjavel, *La Peau de César*, © Mercure de France, 1985.

1. À quel temps est le verbe en gras ? Situez son action dans le temps par rapport à celle du verbe de la proposition principale. À quel temps peut-on mettre ce verbe si on remplace le passé simple *remit* par le présent *remet* ?

2. À quelle voix et à quel temps est le verbe souligné ? À quel temps de l'indicatif doit-on mettre ce verbe si on remplace l'imparfait *savait* par le présent *sait* ?

Leçon

L'emploi d'un temps dans une **subordonnée complétive** à l'indicatif ou au subjonctif dépend du temps de la principale et obéit à des règles qu'on appelle les règles de la **concordance des temps**.

1. Les subordonnées à l'indicatif

Temps de la principale	Temps et action de la subordonnée par rapport à l'action de la principale		
	antérieure	**simultanée**	**postérieure**
présent ou futur *Il **pense*** *Il **pensera***	passé composé, imparfait ou plus-que-parfait *qu'on l'**a attendu***	présent *qu'on l'**attend***	futur *qu'on l'**attendra***
passé* *Il **pensait***	plus-que-parfait *qu'on l'**avait attendu***	imparfait *qu'on l'**attendait***	futur du passé *(conditionnel présent)* *qu'on l'**attendrait***

* *imparfait, passé simple ou composé, plus-que-parfait.*

Dans les **subordonnées temporelles** et **relatives**, on observe aussi des phénomènes de concordance en relation avec le temps du verbe de la principale. Ainsi, pour une action antérieure à celle de la principale :

- Concordance **Présent / Passé composé.**

  Il respire quand il ***a terminé****.*

- Concordance **Futur / Futur antérieur.**

  Il respirera quand il ***aura terminé****.*

- Concordance **Futur du passé / Futur antérieur du passé.**

  Il savait qu'il respirerait quand il ***aurait terminé****.*

- Concordance **Imparfait / Plus-que-parfait.**

  Il respirait quand il ***avait terminé****.*

- Concordance **Passé simple / Passé antérieur.**

  Il respira quand il ***eut terminé****.*

2. Les subordonnées au subjonctif

Temps de la principale	Temps et action de la subordonnée par rapport à l'action de la principale		
	antérieure	**simultanée**	**postérieure**
présent ou futur *Il* ***souhaite*** *Il* ***souhaitera***	passé *qu'on l'****ait attendu***	présent *qu'on l'****attende***	présent *qu'on l'****attende*** *plus tard*
passé* *Il* ***souhaitait***	passé *(registre courant)* *qu'on l'****ait attendu*** plus-que-parfait *(registre soutenu)* *qu'on l'****eût attendu***	(1) présent *(registre courant)* *qu'on l'****attende*** (2) imparfait *(registre soutenu)* *qu'on l'****attendît***	*qu'on l'****attende*** *le lendemain* *qu'on l'****attendît*** *le lendemain*

* *imparfait, passé simple ou composé, plus-que-parfait.*

- Dans la **langue moderne**, et seulement dans un **registre soutenu** et à l'**écrit**, on n'utilise guère que la 3e personne du singulier à l'**imparfait** (cf. solution (2) du tableau) et au **plus-que-parfait** du subjonctif.
- Dans les autres cas, on préfère employer les subjonctifs **présent** (cf. solution (1) du tableau) et **passé**.
- Lorsque le verbe de la subordonnée exprime une **vérité générale**, donc valable de tout temps, on utilise le **présent** et cela quels que soient les temps et le mode de la principale.

  Il se doutait que la Terre ***tourne*** *autour du Soleil.*

Exercices

1 **Présisez le temps des verbes soulignés. Puis justifiez le changement des temps des formes verbales soulignées en b) par rapport à celles soulignées en a).**

1. a. Dès que la foule a reconnu la vedette, celle-ci s'engouffre dans une voiture qui l'a suivie jusque-là. **b.** Dès que la foule eut reconnu la vedette, celle-ci s'engouffra dans une voiture qui l'avait suivie jusque-là.
2. a. Il remarque que le collier a disparu sans que personne ne s'en rende compte. **b.** Il remarqua que le collier avait disparu sans que personne ne s'en rendît compte.
3. a. On annonce que le train aura trente minutes de retard après qu'il se sera arrêté en gare de Bordeaux. **b.** On annonça que le train aurait trente minutes de retard après qu'il se serait arrêté en gare de Bordeaux.

2 **Mettez les verbes entre parenthèses aux temps et aux modes qui conviennent.**

1. Mon frère craint que nous n'(arriver) pas à temps à l'aéroport. - **2.** Quand elle (se réveiller), elle se retrouve la tête posée sur l'épaule d'un homme qui (voyager) dans le même compartiment. - **3.** Quoiqu'il (avoir) tort, il refuse de partir. - **4.** Ils promettent de les inviter après qu'ils (emménager). - **5.** La concierge s'arrange toujours pour qu'on ne (venir) pas la déranger après 18 heures. - **6.** Ces marchands espèrent que leurs articles (être vendus) dans la matinée.

3 **Faites l'exercice précédent en mettant les verbes des propositions principales à l'imparfait ou au passé simple. Appliquez ensuite la concordance des temps en adoptant d'abord un registre courant, puis un registre soutenu, dans les subordonnées au subjonctif.**

4 **Lisez ce texte.**

(Plongé à moitié dans le sommeil, la nuit, le personnage de cette histoire se met à avoir des visions. Le voilà qui prend peur.)

Instantanément, je me sentis mieux [...]. Je résolus de boire un verre d'eau froide pour me remettre tout à fait et je descendis du lit.

En passant devant la fenêtre, je remarquai une chose : la lune était exactement pareille à celle de mon songe, bien que je ne l'eusse pas vue avant de me mettre au lit ; et, en allant, la bougie à la main examiner la serrure de la porte, je constatai qu'un tour de clef avait été donné en dedans, ce que je n'avais point fait avant mon sommeil.

À ces découvertes, je jetai un regard autour de moi. Je commençai à trouver que la chose était revêtue d'un caractère bien insolite.

VILLIERS DE L'ISLE-ADAM, *Contes cruels*, 1883.

a. Dites à quel mode et à quel temps sont les verbes soulignés. Quelle est la classe grammaticale des subordonnées qui les contiennent ?

b. D'après les règles de la concordance des temps, chacune de ces propositions exprime-t-elle une action antérieure ou simultanée par rapport à celle de la principale ?

5 **Lisez ce texte.**

(Un jeune Guinéen a appris à sa mère qu'il doit partir en France pour y poursuivre ses études.)

Je m'approchai d'elle, je la serrai contre moi.

– Éloigne-toi ! cria-t-elle. Tu n'es plus mon fils !

Mais elle ne me repoussait pas : elle pleurait et elle me serrait étroitement contre elle.

– Tu ne vas pas m'abandonner, n'est-ce pas ? Dis-moi que tu ne m'*abandonneras* pas ?

Mais à présent elle savait que je partirais et qu'elle ne pourrait pas empêcher mon départ, que rien ne pourrait l'empêcher ; sans doute l'avait-elle compris dès que nous étions venus à elle : oui, elle avait dû voir cet engrenage qui, de l'école de Kouroussa, **conduisait** à Conakry et **aboutissait** à la France. [...] Et elle dirigea sa colère – mais déjà ce n'étaient plus que des lambeaux de colère – contre ceux qui, dans son esprit, m'enlevaient à elle une fois de plus.

Camara LAYE, *L'Enfant noir*, © Plon, 1953.

a. Indiquez le mode et le temps des verbes soulignés. Quelle est la classe grammaticale de leur subordonnée ? Justifiez leur emploi en fonction des règles de la concordance des temps.

b. Dites à quel mode et à quel temps sont les verbes en gras. Quelle est la classe grammaticale de leur subordonnée ? Justifiez leur temps.

c. Dites pourquoi le verbe en italique est au futur contrairement aux trois verbes soulignés qui le suivent.

6 **Récrivez le dernier paragraphe du texte précédent en mettant le premier verbe au présent de l'indicatif. Vous prendrez bien soin de respecter les règles de la concordance des temps.**

30. L'impératif : formes et valeurs

Ph.-A. JEANRON (1809-1877), *Les Petits Patriotes*, 1830. Musée des Beaux Arts, Caen.

(Pendant la révolution de 1832, un jeune Parisien, Gavroche, rejoint les insurgés sur une barricade.)

Gavroche, complètement envolé et radieux, s'était chargé de la mise en train. Il allait, venait, montait, descendait, remontait, bruissait, étincelait. [...]

– Hardi ! encore des pavés ! encore des tonneaux ! encore des machins ! où y en a-t-il ? Une hottée de plâtras pour me boucher ce trou-là. C'est tout petit, votre barricade. Il faut que ça monte. **Mettez**-y tout, **flanquez**-y tout, **fichez**-y tout. **Cassez** la maison. Une barricade, c'est le thé de la mère Gibou. **Tenez**, voilà une porte vitrée. [...]

Victor HUGO, *Les Misérables*, 1862.

1. **À quelle personne et à quel mode sont conjugués les verbes en gras dans ce texte ? Expriment-ils un ordre, une défense, une prière ? À quel type de phrase appartiennent-ils ?**

2. **Modifiez les expressions soulignées de telle sorte qu'elles deviennent des phrases injonctives à l'impératif.**

Leçon

1. Les formes de l'impératif

- L'impératif est un **mode personnel** qui n'existe qu'à la 2e personne du singulier et du pluriel et à la 1re personne du pluriel. À la 2e personne du singulier, les verbes du **1er groupe**, ainsi que *avoir* et *aller*, ne prennent pas de *s* *(marche ; dépêche-toi ; aie ; va)*. Les verbes des **2e et 3e groupes** prennent un *s*, sauf *cueillir (cueille)*, *savoir (sache)*, *ouvrir (ouvre)*, *souffrir (souffre)*. Toutefois les formes sans *s* en prennent un devant *en* ou *y* *(vas-y, parles-en)*.
- Il comporte deux formes.

Forme simple (présent)	Forme composée (passé)
Marche, marchons, marchez *Pars, partons, partez*	*Aie marché, ayons marché, ayez marché* *Sois parti, soyons partis, soyez partis*

2. Les emplois de l'impératif

- Le **présent** exprime, non pas le temps, mais l'aspect **non accompli**, **inachevé** de l'action. Le **passé** est peu utilisé. Il exprime l'aspect **accompli**, **achevé** de l'action (voir ch. 6) : ***Ayez terminé** la barricade avant que la troupe n'arrive !*

  L'action exprimée par la forme composée *(Ayez terminé)* doit être achevée avant celle qu'exprime le verbe au présent *(arrive)*.

- L'impératif sert à exprimer un **ordre**. On dit qu'il a une **valeur injonctive**. Il permet aussi d'exprimer différents **actes de parole** : conseil, exhortation, suggestion, demande polie, invitation, prière.

  Donnez-moi un fusil ! (ordre) *Camarades, soyez hardis !* (exhortation)

- Dans une **phrase négative**, il exprime une **interdiction** ou une **défense**.

  *Ne **relâchez** pas vos efforts !*

- Dans une **phrase complexe** composée de deux indépendantes coordonnées ou juxtaposées, l'impératif peut prendre une valeur de **condition** ou d'**opposition**.

  Condition : *Sois patient et tu auras ton fusil. (= **Si** tu es patient, tu auras ton fusil.)*

  Opposition : ***Tirez**, nous ne reculerons pas. (= **Bien que** vous tiriez, nous ne reculerons pas.)*

Exercices

1 Mettez ces verbes à l'impératif présent et passé.

Arriver • disparaître • sortir • lire • mettre • ouvrir.

2 Mettez ces phrases à l'impératif et au temps qui convient. Attention à la place des pronoms.

1. Tu seras parti avant que je n'arrive. - **2.** Vous le leur direz. - **3.** Tu voudras bien lui rapporter son livre. - **4.** Vous serez présent jusqu'à leur retour. - **5.** Tu auras réparé la voiture pour le week-end. - **6.** Nous devons l'attendre. - **7.** Vous n'oublierez pas de passer la commande. - **8.** Pouvez-vous lire ce passage, s'il vous plaît ? - **9.** Nous ne nous lèverons pas sans autorisation. - **10.** Tu leur en parleras sans hésiter.

3 Quelle valeur l'impératif prend-il dans chacune des phrases suivantes ? Quand il s'agit d'une valeur injonctive, précisez s'il exprime un ordre, une invitation, une demande, un conseil, etc.

1. Ne sois pas trop sévère avec ta fille. - **2.** Eh bien, allez-y, chantez ! - **3.** Rangez vos affaires. - **4.** Ne pose pas ta valise n'importe où. - **5.** Veuillez trouver ci-joint les documents demandés. - **6.** Parlons un peu de vous. - **7.** Soyez aimant et vous serez aimé. - **8.** Supplie-moi, je ne céderai pas. - **9.** Ne vous penchez pas à la fenêtre.

4 Avec chacun des verbes suivants mis à l'impératif, faites une phrase qui exprime la valeur précisée entre parenthèses.

Se taire (ordre) • courir (interdiction) • avouer (conseil) • pleurer (opposition) • écouter (condition).

5 Lisez ces deux textes.

Texte 1. [...] développez les intelligences tout en occupant les bras, soyez à la fois un peuple puissant et une famille d'hommes heureux, démocratisez la propriété, non en l'abolissant, mais en l'universalisant, de façon que tout citoyen sans exception soit propriétaire, chose plus facile qu'on ne croit, en deux mots sachez produire la richesse et sachez la répartir ; et vous aurez tout ensemble la grandeur matérielle et la grandeur morale ; et vous serez dignes de vous appeler la France.

Victor HUGO, *Les Misérables*, 1862.

Texte 2. En règle générale, lorsque vous multipliez les quantités d'une recette, choisissez un récipient d'une taille proportionnelle et comptez la moitié (jusqu'aux 2/3) de temps de cuisson supplémentaire. [...] Lorsque vous divisez la recette, choisissez un récipient d'une taille proportionnelle et diminuez le temps de cuisson d'1/3.

Extrait d'un livre de cuisine.

a. **Relevez les verbes à l'impératif de ces deux textes. Dans lequel de ces textes l'impératif a-t-il une valeur de condition ? Reformulez les phrases de ce texte en utilisant des subordonnées conditionnelles.**

b. **Quel est le texte qui pourrait être récrit à un autre mode verbal ? Expliquez.**

c. **Dans quelle intention chacun de ces deux textes est-il écrit ?**

Le trait d'union

Outre son rôle lexical, le trait d'union joue aussi un rôle **syntaxique** dans la phrase.

1. Cas de l'inversion du sujet

- Dans une phrase **interrogative** et dans une proposition **incise**, lorsque le **sujet** est **inversé**, on place un trait d'union entre le verbe et le pronom personnel sujet qui le suit : *Entends-**tu** ce bruit étrange ? dit-**elle**,...*

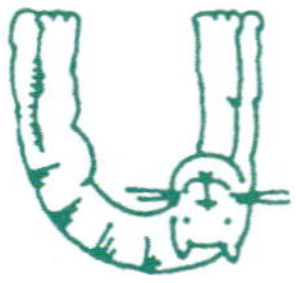

- Si le verbe se termine par un ***-e* muet** ou un ***-a***, on intercale un ***t*** entre le verbe et son pronom sujet (3e pers. sing.) pour faciliter la prononciation.

  *Parl**e-t-**elle couramment le français ? ajout**a-t-**il,...*

  Lorsque le **sujet** est un **nom**, on ajoute après le verbe le **pronom substitut** de ce nom : ***Bernard** a-**t-il** fait tous ses devoirs ?*

2. Emploi dans une phrase impérative

- Dans une phrase **impérative**, on place un trait d'union entre le verbe à l'impératif et son pronom complément : *Rends-**lui** son cahier tout de suite. Fais-**le**.*
- Lorsque la phrase contient **deux pronoms** compléments du verbe, on place un trait d'union entre les deux pronoms : *Rends-**le-lui*** (le COD précède toujours le COS) ; mais on écrit :

  *Venez **le voir** (le* est COD de *voir* et non de *venir).*
- Lorsque le verbe est suivi de ***en*** ou ***y***, on lui ajoute un ***s*** terminal.

  *Des bonbons, donne**s-en** aux enfants. Va**s-y**, à la gare.*

Exercices

1 Récrivez ces phrases interrogatives dans un registre soutenu, avec inversion du sujet.

1. Est-ce que vous pouvez le répéter ? - **2.** Lise est venue hier ? - **3.** Qu'est-ce que tu faisais là sans bouger ? - **4.** Françoise, est-ce que le gaz est bien coupé ? - **5.** Comment il s'appelle, ce garçon ? - **6.** Il y a combien de rosiers dans votre jardin ? - **7.** Est-ce qu'il s'est réveillé à temps pour son train ?

2 Remplacez dans ces phrases chaque GN complément par un pronom substitut. Vous ajouterez un trait d'union quand c'est nécessaire.

1. Sortez calmement de votre cachette. - **2.** Prête ton livre à ton frère. - **3.** Va chercher du pain. - **4.** Allons demain au cinéma. - **5.** Jette cette photo tout de suite. - **6.** Prends bien soin de ce tableau. - **7.** Attends le moniteur ici. - **8.** Remets ces billets où tu les as trouvés. - **9.** Allez poser ce plat là-bas.

3 Récrivez ces phrases en transformant en incises les propositions principales introductrices de discours rapportés directs ou indirects. Vous ferez toutes les transformations qui s'imposent.

1. Il rappela à son ami que le bus partirait exactement à l'heure. - **2.** Il a demandé à sa sœur si elle voulait dresser la table dans le salon. - **3.** Nous lui avons crié : « Va-t-en ! » - **4.** Il nous répéta : « Ne restez pas là. » - **5.** Elle affirme que sa fille viendra la voir bientôt.

Tout, tous, toute, toutes

1. *Tout* s'accorde en genre et en nombre

- Si *tout* porte sur un nom, un GN ou un pronom, il s'accorde avec ce nom, ce GN ou ce pronom : ***toute** la piscine, **tous** les bons nageurs, **tous** ceux-ci.*
- Si *tout* remplace un nom, un GN ou un pronom, il prend le genre et le nombre du nom, GN ou pronom qu'il remplace : *Tes cousines sont venues et **toutes** ont nagé.*

2. *Tout* reste invariable

- Si *tout* porte sur un adjectif ou un adverbe, il est **adverbe** et reste **invariable.**

  *Nos maillots sont **tout** décolorés.* (*tout* = « entièrement »).
  ***Tout** jeunes qu'ils soient, ils nagent déjà bien.* (*tout* = « si »).

- Si le mot qu'il précède est au **féminin** et commence par une **consonne** ou un ***h* aspiré** (*honteux, harassé*, etc.), *tout* **s'accorde** en genre et en nombre : *des chemises **toutes m**ouillées, des baigneuses **toutes h**âlées et **toutes h**autaines.*

Mais si l'adjectif au féminin commence par une **voyelle** ou un ***h* muet** (*horrible, humaine*, etc.), *tout* suit la règle des adverbes et reste **invariable.**

*Elle lui sauta au cou, **tout é**mue et **tout h**eureuse de le retrouver.*

Exercices

1 Mettez *tout, tous, toute, toutes,* selon le cas, à la place des pointillés.

1. Ce sont de … petits ordinateurs. - **2.** Elles sont … engourdies par le froid. - **3.** Je crains … cette foule aux abords du stade. - **4.** Vous devez apporter … vos outils. - **5.** … courageux qu'ils soient, ils ne pourront y parvenir. - **6.** Ses dossiers, ses classeurs, ses papiers divers, … ses affaires étaient en vrac. - **7.** Ces cerises ! Je les mangerai … . - **8.** Il cria de … ses forces en le voyant. - **9.** Voici la … dernière édition de ce roman. - **10.** Après l'ouragan, les journalistes constatèrent que plusieurs maisons avaient été … détruites. - **11.** … l'équipe est arrivée en chantant. - **12.** Nous les garderons … à dîner.

2 Récrivez les phrases suivantes en remplaçant les mots en italique par les mots entre parenthèses.

1. Je ne pense pas terminer tous mes *devoirs* ce soir. → (leçons) - **2.** Tout le *monde* s'approcha de lui en criant. → (foule) - **3.** Tout volontaire qu'*il* soit, il ne parviendra pas à passer. → (elles) - **4.** L'homme hésita devant tous ces *bijoux*. → (peintures) - **5.** *L'enfant* semblait tout étourdi en sortant du manège. → (la fillette).

3 *Tout, tous, toute, toutes* n'ont pas toujours été correctement orthographiés dans les phrases suivantes. Précisez leur classe grammaticale et corrigez-les quand cela est nécessaire.

1. *Tous* les devoirs rendus ont la moyenne. - **2.** Le chauffard se croyait *tous* permis. - **3.** Mes mains sont *toutes* rouges et *toutes* engourdies. - **4.** Je m'intéresse aux estampes de *toute* époques. - **5.** Nous sommes *toutes* habillées de la même façon. - **6.** *Toutes* émues, elles ne purent parler.

4 Précisez la classe grammaticale du mot *tout* dans ces phrases et justifiez son orthographe.

1. Ces abricots sont tout abîmés. - **2.** Ces abricots sont tous abîmés. - **3.** Ils désiraient y rester toute la nuit. - **4.** Ils désiraient y rester tous la nuit. - **5.** Ils chantaient tout en marchant. - **6.** Ils chantaient tous en marchant.

Même, mêmes

1. Même s'accorde en nombre

- *Même* s'accorde en nombre lorsqu'il se rapporte à un nom ou à un pronom : *les* ***mêmes*** *leçons / les leçons elles-****mêmes****.* C'est alors un **déterminant indéfini.**
- Il s'accorde aussi lorsqu'il est précédé d'un déterminant et qu'il remplace un nom : *Ces leçons ! Il avait appris les* ***mêmes****, en 4*[e]. C'est alors un **pronom indéfini.**

2. Même reste invariable

- Quand il est **adverbe**, *même* reste invariable. Il porte alors sur
  – un verbe : *Ils aimaient* ***même*** *se promener sous la pluie.*
  – un adjectif ou un participe : ***Même*** *fatigués, ils voulurent partir.*
  – un nom précédé d'un déterminant : ***Même*** *leurs maillots étaient mouillés.*
  – un GN précédé d'une préposition : ***Même*** *en vacances, il s'ennuie.*
- *Même* **placé après un ou plusieurs noms s'accorde** en tant que déterminant indéfini ou reste **invariable** en tant qu'adverbe selon le sens qu'on lui donne.

  Ses amis ***mêmes*** (= « eux-mêmes ») *le critiquent.*
  Ses amis ***même*** (= « aussi ») *le critiquent.*

Exercices

1 Complétez avec *même* ou *mêmes*.

1. J'aurai, cette année, les ... professeurs que l'an dernier. - **2.** Seriez-vous, vous- ..., un passionné du jeu d'échecs ? - **3.** Les supermarchés vendent ... des automobiles. - **4.** ... si tu me supplies, je ne te le dirai pas. - **5.** Ce sont encore les ... qui ont gagné cette année. - **6.** ... mes parents sont venus ce soir. - **7.** Il reprit alors les mots ... qu'elle avait prononcés. - **8.** On prend les ... et on recommence.- **9.** Les voleurs ont emporté ... les vieux journaux.

2 Mettez *même* ou *mêmes* selon le cas, à la place des pointillés. Donnez deux orthographes s'il y a lieu.

1. Ces enfants s'amusent ... en classe. - **2.** Les petites araignées ... m'effraient. - **3.** Les voir ... en peinture m'effraie. - **4.** J'aurai les ... articles demain, Madame. - **5.** Ces émissions ... suscitent de nombreux coups de téléphone de la part des téléspectateurs. - **6.** J'aime tous les films, ... en noir et blanc. - **7.** Les plus grands des enfants ... sont partis se coucher.

3 Mettez *même* ou *mêmes* selon le cas, à la place des pointillés et justifiez votre réponse.

1. Vous- ... êtes venue sans bagages à la gare. - **2.** Vous- ... êtes venus sans bagages à la gare. - **3.** Il nous est arrivé la ... aventure. - **4.** Avec ton frère, ce sont toujours les ... sorties au cinéma ! - **5.** ... sans bateau, tu aurais pu venir. - **6.** Si ces livres te plaisent, je t'offrirai les ... . - **7.** Dites-moi, ils aiment eux- ... l'escalade ? - **8.** Ah ! Si nous pouvions nous- ... partir pour le Canada ! - **9.** Les poissons ... changent de couleur à une telle profondeur.

4 Précisez la classe grammaticale de *même* dans les phrases suivantes.

1. Elle a même fait son lit, aujourd'hui. - **2.** Même l'hiver, la Normandie est belle. - **3.** Voyez vous-mêmes, ce sont les mêmes touristes que l'an passé. - **4.** Même les sports nautiques ne leur plaisent plus. - **5.** Les enfants écoutaient les détails mêmes de l'histoire. - **6.** Voyez ces fleurs, il y a les ... dans les Pyrénées.

Les verbes de parole

(Le vieux Marowsko vient de mettre au point une nouvelle liqueur qu'il décide de goûter en compagnie de son ami, le docteur Pierre.)

Georg FLEGEL (1563-1638), *Nature morte aux desserts*, 1632 (détail).

« Joli rubis ! déclara Pierre.

– N'est-ce pas ? »

La vieille tête de perroquet du Polonais semblait ravie.

Le docteur goûta, savoura, réfléchit, goûta de nouveau, réfléchit encore et prononça :

« Très bon, très bon, et très neuf comme saveur ; une trouvaille, mon cher !

– Ah ! vraiment, je suis bien content. »

Alors Marowsko demanda conseil pour baptiser la liqueur nouvelle ; il voulait l'appeler « essence de groseille », ou bien « fine groseille », ou bien « groselia », ou bien « groséline ».

Pierre n'approuvait aucun de ces noms.

Le vieux eut une idée :

« Ce que vous avez dit tout à l'heure est très bon, très bon : "Joli rubis". »

Le docteur contesta encore la valeur de ce nom, bien qu'il l'eût trouvé, et il conseilla simplement « groseillette », que Marowsko déclara admirable.

Guy de MAUPASSANT, *Pierre et Jean*, 1888.

1. **Relevez les verbes qui introduisent des paroles rapportées directement. Sont-ils tous des verbes de parole ?**

2. **Relevez les autres verbes de parole. Qu'exprime chacun des verbes soulignés de l'attitude du locuteur vis-à-vis de son interlocuteur ?**

3. **Deux répliques ne sont pas annoncées par un verbe de parole. Trouvez pour chacune d'elles un verbe de parole approprié.**

Leçon

1. Les verbes insistant sur l'attitude du locuteur

Certains verbes de déclaration exprimant des paroles ou introduisant des discours rapportés n'indiquent rien sur l'attitude du locuteur par rapport à ce qu'il dit et sont **neutres** : *dire, déclarer, indiquer, rapporter, raconter…* Beaucoup de verbes cependant indiquent la façon dont parle le locuteur, dont il mène le dialogue, ce qu'il ressent ou laisse entendre.

- Certains verbes décrivent l'**élocution** en insistant
  – sur la **prononciation** : *bafouiller, balbutier, baragouiner* (fam.), *bégayer, bredouiller, zozoter, bougonner* (fam.), *marmonner, glapir, déclamer, réciter…*

– sur l'**intensité de la voix** : *murmurer, mugir, susurrer, soupirer, souffler, chuchoter, clamer, s'exclamer, brailler, s'écrier, crier, criailler, aboyer* (fig.), *piailler, vociférer, beugler* (fam.), *s'égosiller, tempêter, tonner, hurler, rugir, s'époumoner, claironner, gronder, lancer, lâcher* (fig.)…

- D'autres verbes marquent la **poursuite**, la **répétition** ou l'**arrêt du discours** : *poursuivre, ajouter, continuer, intervenir, reprendre, insister, répéter, réaffirmer, couper court, interrompre, conclure…*

- D'autres expriment un **sentiment** : *gémir, s'emporter, s'apitoyer, se désoler, s'esclaffer, s'étonner, s'extasier, se féliciter, se réjouir, s'indigner, s'inquiéter, geindre, se plaindre, se lamenter, déplorer, pester, regretter, souhaiter, ronchonner* (fam.), *maugréer, gronder, tempêter, tonner, fulminer…*

- Certains verbes contiennent un **présupposé.** Le présupposé est une information implicite, qui n'est pas formulée clairement mais que l'on déduit de l'emploi du verbe (ch. 26).
  Ces verbes peuvent présupposer que les paroles sont
  – **dites pour la première fois au destinataire :** *annoncer, confier, révéler, informer, dévoiler, livrer, divulguer…*
  – **données pour vraies :** *assurer, affirmer, confirmer, certifier, soutenir…*
  – **données pour fausses par le rapporteur de paroles :** *prétendre, prétexter…*
  – **dites avec une certaine gêne ou honte :** *admettre, convenir, reconnaître, avouer, confesser, se hasarder…*

2. Les verbes insistant sur le rapport avec autrui

Ces verbes insistent sur la façon dont le locuteur réagit face à son interlocuteur, ou cherche à agir sur lui.

- Certains verbes expriment
  – une **interpellation** : *interpeller, apostropher, appeler…*
  – une **interrogation** ou une **réponse** : *demander, interroger, s'enquérir, questionner, se renseigner, répondre, répliquer, répartir, riposter, rétorquer…*
  – un **accord** : *accepter, admettre, consentir, acquiescer, approuver, concéder…*
  – un **désaccord** : *opposer, protester, objecter, contester, refuser, nier, contredire, démentir, réfuter, s'élever contre, s'inscrire en faux contre…*

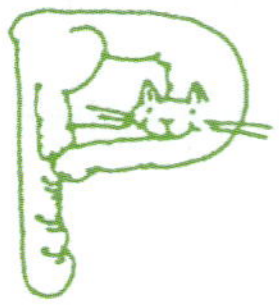

- D'autres verbes expriment
  – une **requête** ou une **offre** : *demander, réclamer, prier, implorer, supplier, adjurer, offrir, proposer…*
  – un **ordre**, la **permission** ou la **défense** : *ordonner, prier, intimer, exiger, enjoindre, sommer, commander, imposer, autoriser, permettre, interdire, décréter…*
  – un **conseil** ou un **avertissement** : *conseiller, suggérer, recommander, préconiser, prescrire, avertir, prévenir, signaler, mettre en garde, dissuader, déconseiller…*
  – un **encouragement** : *exhorter, encourager, inciter, engager, convier…*
  – un **engagement** : *promettre, jurer, garantir, assurer, s'engager…*

- Certains verbes de parole expriment aussi un **jugement** : *juger, approuver, louer, féliciter, dénoncer, désapprouver, critiquer, médire, reprocher, accuser, condamner, blâmer, se moquer de, railler, persifler, insinuer, se gausser, injurier, invectiver, vilipender…*

Exercices

1 **Parmi les verbes de la leçon indiquant l'élocution, relevez, à l'aide d'un tableau :**
– ceux qui marquent un défaut de prononciation ;
– ceux qui marquent une faible intensité de la voix ;
– ceux qui expriment un sentiment.

2 **Parmi les verbes de la leçon insistant sur le rapport avec autrui, relevez :**
– un verbe exprimant l'ordre d'une façon détournée et polie ;
– deux verbes exprimant l'ordre et appartenant au registre soutenu.

3 **À quel registre de langue appartiennent les verbes *persifler, s'enquérir, répartir* ?**

a. **Donnez leur sens. Trouvez un synonyme pour chacun d'eux.** **b.** **Employez chacun de ces verbes dans des phrases de façon à faire apparaître leur sens.**

4 **Transposez ces phrases au discours indirect. Supprimez les expressions soulignées et exprimez le sentiment qui s'en dégage en choisissant le verbe de parole approprié.**
Ex. : *(Il déclare) : « Dommage. Mon frère ne participera pas à la finale. »*
→ *Il regrette que son frère ne participe pas à la finale.*

(Il déclare :) **1.** « Je ne reviendrai pas dans ce restaurant. J'en fais le serment ! » - **2.** « Et une émission pareille peut passer sans aucun avertissement à la télévision ! C'est lamentable ! » - **3.** « Mon amie ne vient plus me voir depuis mon accident. C'est vraiment regrettable. » - **4.** « Ne t'en fais pas ! Je te rembourserai dès demain. » - **5.** « Heureusement, mon avion est à l'heure. »

5 **Même consigne que celle de l'exercice 4. Après avoir supprimé les expressions soulignées, vous choisirez dans la liste des verbes contenant un présupposé celui qui convient le mieux au contexte.**
Ex. : *(Il déclara) : « La nouvelle vient de tomber. Le président Kennedy vient d'être assassiné à Dallas. »*
→ *Il annonça que le président Kennedy venait d'être assassiné à Dallas.*

(Il déclara :) **1.** « Les premiers habitants du lieu, contrairement à mes hypothèses, n'auraient mangé que du poisson séché. » - **2.** « Tu ne le sais peut-être pas, mais le père Noël n'existe pas. » - **3.** « Je n'osais pas te le dire, mais je n'ai plus de travail depuis quinze jours. » - **4.** « Le match aura bien lieu dimanche prochain au stade de France. C'est certain. »

6 **Transposez les phrases suivantes au discours indirect. Supprimez chacune des expressions soulignées et choisissez le verbe qui convient le mieux dans la liste des verbes de parole insistant sur le rapport avec autrui.**

(Il déclara :) **1.** « D'accord ma fille, tu peux sortir ce soir avec tes amies. » - **2.** « Si je peux me permettre, attendez la fin de la chute de neige pour redescendre dans la vallée. » - **3.** « Mon oncle ne partira pas en maison de repos. Il n'en est pas question. » - **4.** « Pouvez-vous m'indiquer, s'il vous plaît, où se trouve la gare ? » - **5.** « Bravo ! mon garçon ! tu as gagné contre un adversaire plutôt redoutable ! »

7 **Remplacez chacune des expressions soulignées par un verbe de parole plus approprié, employé au temps correspondant à celui de chaque phrase.**

1. Le professeur nous dit de ne pas courir dans les couloirs. - **2.** Cette vieille femme n'arrête pas de dire du mal de ses voisins. - **3.** Je te dis oui afin que tu puisses dire l'identité du coupable. - **4.** « Maître, veuillez continuer à dire votre plaidoirie. » - **5.** Elle lui dit : « Peux-tu me donner ton adresse ? » Il lui dit que non. - **6.** Afin de bien faire comprendre le texte, le professeur dit plusieurs fois les phrases de la dictée. - **7.** Quand il la voit, il lui dit bonjour.

8 **Lisez ce texte.**
Vous ajouterez cinq verbes de parole autres que *dire* qui conviennent le mieux d'après le contexte.

– De quoi le consoliez-vous ? … le prêtre d'une voix où, pour la première fois de cette scène, il y eut un tremblement nerveux.

– Je ne sais pas, il est souvent venu triste.

– Triste ? … le prêtre ; il vous a dit pourquoi ?

– Jamais, … -elle.

– Il était triste d'aimer une fille comme vous, … -il.

– Hélas ! il devait l'être, … -elle avec une humilité profonde, je suis la créature la plus méprisable de mon sexe, et je ne pouvais trouver grâce à ses yeux que par la force de mon amour.

D'après BALZAC, *Splendeurs et Misères des courtisanes*, 1855.

9 **Transposez sous forme de dialogue, au discours rapporté direct, les sept répliques des deux personnages de la B.D. *Calvin et Hobbes* (chap. 26, p. 217).**
Vous mettrez en scène ce dialogue, en l'insérant dans un texte narratif et en variant les verbes de parole utilisés.

Utiliser un dialogue dans un récit

(Julien vient d'être embauché comme apprenti chez un boulanger. Il part livrer des croissants avec un camarade, Maurice.)

Il souleva un angle du couvercle, sortit deux croissants et en tendit un à Julien. Julien hésitait à le prendre.

– Bouffe et ne t'inquiète pas. Je t'expliquerai. Ils repartirent en mangeant. Les croissants encore tièdes étaient croustillants et très bons :

– Comment allons-nous faire ? demanda Julien. Il y avait juste le compte.

– Non, il y en avait deux en plus.

Maurice souriait. Il se tut un moment, puis demanda :

– Tu n'as rien vu ?

– Non.

– Le patron non plus. Heureusement.

Bernard Clavel, *La Maison des autres*, © Éd. J'ai lu, 1974.

1. Quels sont les indices qui permettent de repérer que l'on passe du récit au dialogue et d'un locuteur à un autre ?

2. Quelle idée se fait-on de la personnalité de Maurice et de Julien d'après ce dialogue ?

Leçon

Il vous est conseillé d'insérer des dialogues dans vos récits pour leur donner de la vie et varier le rythme de la narration.

1. L'insertion du dialogue dans un récit

- Pour signaler l'insertion d'un dialogue dans un récit on peut
  – **ouvrir les guillemets** devant la première réplique et les **fermer** après la dernière,
  – ou simplement mettre un **tiret** devant la première réplique.

  Il faut ensuite **aller à la ligne** à chaque changement d'interlocuteur et **mettre un tiret** devant la nouvelle réplique.

« Tu n'as rien vu ?		*– Tu n'as rien vu ?*
– Non.	ou	*– Non.*
– Le patron non plus. »		*– Le patron non plus.*

- On peut faire précéder les paroles d'un **verbe de parole suivi de deux points** ou les faire suivre d'un verbe de parole dans une proposition **incise** à l'intérieur ou à la fin d'une réplique.

  Julien demanda : « Comment allons-nous faire ? »

  ou *« Comment allons-nous faire ? » demanda Julien.*

2. Le rôle du dialogue dans un récit

- L'insertion d'un dialogue permet d'**animer un récit** car les paroles échangées, rapportées au discours direct, semblent prises sur le vif (ch. 27). Le dialogue entre Julien et Maurice tient en haleine le lecteur.
- Les répliques d'un dialogue permettent aussi de **caractériser la personnalité** d'un personnage à travers ses paroles. Grâce au choix du verbe et à l'emploi d'adjectifs ou de compléments de manière, la phrase d'introduction du dialogue ou la proposition incise permettent de préciser le ton, la manière dont sont dites les paroles.

  – Bouffe et ne t'inquiète pas, lui ***lança*** *Maurice,* ***sûr de lui****.*
- Le plus souvent, le dialogue est introduit à un moment important du récit et **permet** à **l'action de progresser**. Par ce dialogue, on apprend que Maurice a dérobé deux croissants à son patron sans que celui-ci s'en soit rendu compte.

Exercices

1 a. Relevez les marques d'introduction du dialogue ainsi que les propositions qui précisent la manière dont sont dites les paroles.

b. Dites ce que nous apprend ce dialogue sur les rapports entre Mathilde et Mme Forestier et sur la personnalité même de Mathilde.

(Rencontrant une amie qu'elle n'a plus vue depuis dix ans, une femme lui avoue avoir perdu la rivière de diamants que celle-ci lui avait prêtée.)

« [...]

– Comment ! puisque tu me l'as rapportée.

– Je t'en ai rapporté une autre toute pareille. Et voilà dix ans que nous la payons. Tu comprends que ça n'a pas été aisé pour nous, qui n'avions rien. Enfin, c'est fini, et je suis rudement contente. »

Mme Forestier s'était arrêtée.

« Tu dis que tu as acheté une rivière de diamants pour remplacer la mienne ?

– Oui. Tu ne t'en étais pas aperçue, hein ? Elles étaient bien pareilles. »

Et elle souriait d'une joie orgueilleuse et naïve.

Mme Forestier, fort émue, lui prit les deux mains.

« Oh ! ma pauvre Mathilde ! Mais la mienne était fausse. Elle valait au plus cinq cents francs !... »

Guy de MAUPASSANT, « La Parure », 1885.

2 Récrivez le texte en imaginant des répliques de dialogue à la place des points de suspension. N'oubliez pas de rétablir la ponctuation manquante.

(Recherchant un bandit, Gamba et ses gendarmes voltigeurs viennent visiter la maison de Mateo Falcone, personnage craint dans le pays. Ils trouvent son fils Fortunato seul.)

– Et que dira papa ? demanda Fortunato en ricanant ; que dira-t-il s'il sait qu'on est entré dans sa maison pendant qu'il était sorti ?

– ... dit l'adjudant Gamba en le prenant par l'oreille, ... »

Et Fortunato ricanait toujours.

« ... ! dit-il avec emphase.

– ... »

L'enfant éclata de rire à cette ridicule menace. Il répéta : « ... !

– ..., dit tout bas un des voltigeurs, ... »

Gamba paraissait évidemment embarrassé.

Il causait à voix basse avec ses soldats, qui avaient déjà visité toute la maison.

D'après P. MÉRIMÉE, *Mateo Falcone*, 1829.

3 Imaginez un court récit dans lequel deux personnages très différents se rencontrent lors d'un voyage organisé. Vous prendrez soin de présenter le caractère de chacun d'eux à travers les répliques de leur dialogue intégré dans le récit.

Écrire un dialogue argumentatif

(Le docteur Knock, nouvellement arrivé à Saint-Maurice, propose à l'instituteur Bernard d'instruire la population sur la nécessité d'une bonne hygiène.)

KNOCK. – Je parie qu'ils boivent de l'eau sans penser aux milliards de bactéries qu'ils avalent à chaque gorgée.
BERNARD. – Oh ! certainement.
KNOCK. – Savent-ils même ce que c'est qu'un microbe ?
BERNARD. – J'en doute fort ! Quelques-uns connaissent le mot, mais ils doivent se figurer qu'il s'agit d'une espèce de mouche.
KNOCK, *il se lève.* – C'est effrayant. Écoutez, cher monsieur Bernard, nous ne pouvons pas, à nous deux, réparer en huit jours des années de... disons d'insouciance. Mais il faut faire quelque chose.
BERNARD. – Je ne m'y refuse pas. Je crains seulement de ne pas vous être d'un grand secours.
KNOCK. – Monsieur Bernard, quelqu'un qui est bien renseigné sur vous m'a révélé que vous aviez un grave défaut : la modestie. Vous êtes le seul à ignorer que vous possédez ici une autorité morale et une influence personnelle peu communes. Je vous demande pardon d'avoir à vous le dire. Rien de sérieux ici ne se fera sans vous.
BERNARD. – Vous exagérez, docteur.
KNOCK. – C'est entendu ! je puis soigner sans vous mes malades. Mais la maladie, qui est-ce qui m'aidera à la combattre, à la débusquer ? Qui est-ce qui instruira ces pauvres gens sur les périls de chaque seconde qui assiègent leur organisme ?

Jules ROMAINS, *Knock*, acte II, scène 2, © Gallimard, 1923.

1. À quoi voit-on que ce texte est extrait d'une pièce de théâtre ? Citez le texte.

2. Relevez les arguments utilisés par le docteur Knock pour persuader l'instituteur Bernard.

Leçon

1. Le dialogue

- Tout d'abord, il est bon de choisir le **support** textuel : un **récit** ou une pièce de **théâtre**, comme c'est le cas dans l'extrait.
- Cela détermine la forme de **présentation** du dialogue : l'emploi obligatoire, selon le support choisi, de **verbes introducteurs**, de **guillemets**, de **tirets** précédés d'alinéas, ou de **didascalies** (… *il se lève*) précédées du nom du personnage parlant, ou bien de passages narratifs qui précisent le ton, les gestes, l'attitude des interlocuteurs.
- Cela impose les **caractéristiques** du dialogue : l'emploi des **pronoms personnels** et des **adjectifs possessifs** (1re et 2e personnes), des **appellations** (*cher mon-*

sieur Bernard, … docteur) et des **formules** de politesse ou propres à l'**oral** (*Écoutez…*) ; l'usage des **temps verbaux** et des **adverbes** propres au discours.

2. Le dialogue argumentatif

Dès que le support du dialogue est fixé, on peut choisir
– les **personnages** du dialogue. Leur **personnalité** et la nature de leurs **relations** déterminent l'argumentation ultérieure ;
– l'**idée** à défendre et le **personnage** qui la défendra ;
– la nature des **arguments**, des **contre-arguments** et des **exemples** en fonction des **intentions** et des **motivations** de chaque personnage : arguments d'autorité (ici : *quelqu'un qui est bien renseigné sur vous m'a révélé…*), arguments de portée générale ou anecdotiques, exemples personnels…

Il est nécessaire également de soigner
– l'**enchaînement logique** des répliques (entre elles ou à l'intérieur des répliques), par l'usage de **connecteurs logiques** (*Voilà donc…*),
– la **construction** des phrases, par des procédés de **mise en relief**, de **répétition**, de **parallélisme** ;
– la **langue** de chaque personnage par l'emploi de **registres** de langue adaptés, de **figures d'insistance** ou d'**atténuation** (hyperbole ou litote : … *Je ne m'y refuse pas*), de la **concession** et de la **réfutation** (*C'est entendu… Mais…*), par l'emploi d'un **vocabulaire appréciatif** ou **dépréciatif** (*…milliards de bactéries ; C'est effrayant*), de **types de phrases** variés, et aussi au moyen de **fausses questions** (voir la dernière réplique de Knock : *Qui est-ce qui… ?*).

Exercices

1 Indiquez, pour chacun des sujets proposés, les personnages et la situation qui conviennent le mieux. Vous rédigerez ensuite l'un des sujets sous forme d'un dialogue argumenté.

Sujet 1 : C'est en acceptant de se tromper que l'on peut progresser.
Sujet 2 : Rencontrer une personne très différente de soi peut être une source d'enrichissement.
Sujet 3 : Pouvoir communiquer instantanément avec le reste du monde grâce à l'Internet n'est pas forcément une bonne chose pour l'humanité.
Sujet 4 : Voyager très loin de chez soi n'apporte pas toujours le bonheur.

2 Classez les arguments suivants selon qu'ils montrent les avantages ou les inconvénients des plantes transgéniques (OGM). Imaginez ensuite un dialogue entre deux personnages qui défendront chacun un point de vue contradictoire. Proposez des exemples appropriés.

1. Les citoyens appellent à la prudence face aux aliments transgéniques.
2. Grâce aux OGM, certaines plantes peuvent résister aux insectes prédateurs, ou aux maladies.
3. Nous ne disposons à l'heure actuelle d'aucune certitude concernant leurs risques.
4. Il est maintenant possible d'augmenter la qualité nutritionnelle de certains produits.
5. Les premières conséquences envisagées ont été dépassées par de nouvelles expériences.
6. Les OGM peuvent aussi être porteurs d'espoir pour l'environnement et pour la simplification des pratiques agricoles.

3 Rédigez un court dialogue mettant en scène une discussion entre deux personnages ayant des avis opposés sur les thèmes suivants.

1. la générosité. - **2.** la curiosité. - **3.** la ponctualité. - **4.** la passion d'un sport. - **5.** les voyages organisés.

expression écrite

Les marques de politesse

(Topaze, professeur nouvellement engagé, cherche à entrer dans les bonnes grâces de son nouveau directeur, Muche.)

MUCHE, *sévère*. – Un ouvrage aurait-il disparu ?

TOPAZE. – Non, monsieur le directeur... Je suis heureux de vous dire que non.

MUCHE. – Bien. (*Il va sortir. Topaze le rappelle timidement.*)

TOPAZE. – Monsieur le directeur ! *(Muche se retourne.)* Je crois que je vais réussir à faire entrer ici un nouvel élève.

MUCHE, *indifférent*. – Ah ?

TOPAZE. – Oui, monsieur le directeur. Et je me permets de vous faire remarquer que c'est le septième.

MUCHE. – Le septième quoi ?

TOPAZE. – Le septième élève que j'ai recruté cette année, pour notre maison.

MUCHE. – Vous avez donc rendu un très grand service à sept familles.

TOPAZE. – Eh oui, au fait, c'est exact.

MUCHE. – D'ailleurs, nous n'avons plus de place et je ne sais pas du tout s'il me sera possible d'accueillir votre petit protégé. Le simple bon sens vous dira que la pension Muche n'est pas dilatable à l'infini. Nos murs ne sont pas en caoutchouc.

Marcel PAGNOL, *Topaze*, acte I, scène 3, 1928, © Éditions de Fallois.

Affiche pour la pièce *Topaze* de Marcel PAGNOL, 1928. Collection particulière.

1. **Relevez le type de phrase utilisé à trois reprises par Muche ainsi que les indications scéniques (didascalies) du texte. Que nous apprennent-ils sur la nature de la relation entre Muche et Topaze ?**

2. **Relevez les expressions et formules employées par Topaze pour afficher son respect à l'égard de son directeur. Que sous-entend la phrase soulignée ?**

Leçon

1. Valoriser l'interlocuteur

- Quand on s'adresse à un interlocuteur il faut **choisir l'appellation** (nom, prénom, surnom, termes de parenté, titre, etc.) qui lui convient le mieux, selon le contexte et les relations qu'on entretient avec lui.
Monsieur le directeur implique le respect et la subordination de celui qui l'énonce vis-à-vis de son interlocuteur ; l'absence d'appellation affiche au contraire un certain dédain.

- La politesse exige que le **locuteur** paraisse modeste et **valorise** l'interlocuteur par des formules élogieuses qui marquent le respect, l'admiration, la gratitude.

  Mon cher confrère, je vous présente mes respects, et vous prie de m'excuser de ce malheureux retard qui ne saurait se reproduire. (formules très cérémonieuses de salutation et d'excuse)

2. Adoucir l'expression

- S'exprimer de **façon détournée** permet d'adoucir l'expression.
Certains actes de parole (ordre, conseil, remerciement, reproche, etc.) peuvent être **implicites**.

  Et je me permets de vous faire remarquer que c'est le septième.
  (sous-entend que Topaze a déjà bien travaillé pour Muche et qu'il attend de lui de la reconnaissance)

- On peut utiliser différents **modes, temps et formes de phrases** comme
– le conditionnel : ***Auriez**-vous oublié notre rendez-vous ?*
– le passé de politesse : *Je voul**ais** vous demander...*
– la forme passive ou impersonnelle :

  La question est mal posée. (= Vous devez poser la question autrement.)
  Il ne faut pas insister. (= N'insistez pas.)

  – la forme négative ou litote (ch. 34) :

  *Ce mot **n'**est **pas** très correct. (= Ce mot est tout à fait incorrect.)*

- On peut utiliser le **pronom indéfini *on***.

  *Peut-**on** entrer ? (= Puis-je entrer ?)* (modestie)

- Les auxiliaires ***devoir, vouloir*** et ***pouvoir*** permettent d'exprimer un ordre ou une requête de façon nuancée et polie.

  *Vous **devez** vous taire. **Veux**-tu m'écouter ?*
  ***Pouvez**-vous m'accompagner à la gare ? (= Accompagnez-moi ...)*

- Certaines **formules d'accompagnement** adoucissent aussi l'expression. Il existe des formules spécialisées : *s'il vous plaît, je vous en prie,* etc. On peut faire précéder le message de formules qui ménagent l'interlocuteur : *Je peux te poser une question personnelle / te faire une remarque ?...* (question /critique)

- Certaines **marques de modalisation** (ch. 21) permettent de **nuancer** une opinion trop tranchée : *je crois que, il me semble, peut-être, selon moi, je me permets de vous faire remarquer,* etc.

- Les procédés peuvent se combiner : *Ne pourrait-on pas...* ? (négation, interrogation, conditionnel, emploi de *pouvoir*, d'un auxiliaire de modalité, et de *on*.)

Exercices

1 À quelle catégorie de personnes s'adressent les appellations suivantes ?

Votre Altesse - Sire - Son Excellence - Très Saint-Père - Monseigneur - Maître.

2 Voici deux séries de phrases.
Dites quel acte de parole traduit chacune des phrases de la première série. Choisissez dans la seconde série une phrase qui constitue une réponse possible.

Série 1

1. Je crois avoir taché votre tapis. - **2.** Vous serait-il possible de me passer l'eau ? - **3.** J'ai pensé que tu pouvais remplacer Jean dans les buts. - **4.** Oh ! mais il ne fallait pas vous déranger !

Série 2

a. C'est sympa d'y avoir pensé. - **b.** Bien sûr ! voilà ! - **c.** C'est vraiment peu de chose. - **d.** Ce n'est pas grave, vous savez !

3 **Complétez ces phrases de façon qu'elles expriment les actes de parole indiqués entre parenthèses.**

1. Je ne sais comment faire pour … (remerciement). - **2.** J'aimerais savoir si … (interrogation). - **3.** Tu aurais quand même pu … (reproche). - **4.** Ne crois-tu pas que pour l'instant … (conseil) ? - **5.** On se gèle ici ! Ne pourrait-on pas … (ordre) ? - **6.** Il me semble que vous devriez … (conseil). - **7.** Peux-tu imaginer un seul instant … (reproche) ? - **8.** Je me demande si c'est vraiment le moment pour … (critique).

4 **Chacune des phrases de la série 1 adressée à un interlocuteur exprime un acte de parole (défense, ordre, demande, reproche, conseil, question).**

a. Identifiez ces actes de parole.

b. À l'aide des expressions de la série 2, récrivez chacune des phrases de telle sorte qu'elle exprime le même acte de parole d'une manière plus détournée et polie.

Série 1

1. Venez sans faute demain ! - **2.** Crois-moi, ne le fais pas ! - **3.** Acceptez mes condoléances. - **4.** As-tu pris ta voiture hier ? - **5.** Ne cours pas ainsi. - **6.** Tu as mal recopié ce devoir.

Série 2

a. Il ne sert à rien … - **b.** Ceci n'a pas été bien … - **c.** Je vous prie de bien vouloir … - **d.** Il vous faut … - **e.** Je vous conseillerais de … - **f.** Auriez-vous … ?

5 **a. Imaginez une proposition qui fasse suite à chacune de ces phrases.**

b. Dites quel acte de parole elle traduit.

Ex. : ***Cela ne me regarde pas, mais…***

a. ***tu devrais mieux choisir tes amis.*** **b. conseil.**

1. Je peux te poser une question délicate ? … - **2.** Ce n'est pas que je veuille te donner un conseil, mais … - **3.** Voudrais-tu me rendre un petit service ? … - **4.** Cela me chagrine un peu de te dire ça, mais … - **5.** Que fais-tu cet après-midi ?… - **6.** Tu veux vraiment me faire plaisir ?… - **7.** Ce n'est pas que je m'ennuie, mais …

6 **Chacune de ces phrases inachevées constitue une critique de ce qu'a dit l'interlocuteur. Complétez ces phrases et dites quels sont les moyens employés pour adoucir l'expression de la critique.**

1. Il me semble que tu ne devrais pas … - **2.** Bon, puisque tu me le demandes, je … - **3.** Votre réponse ne paraît pas … - **4.** Je préfèrerais plutôt me taire que te dire de … - **5.** Si vous me le permettez, je … - **6.** …, à mon avis, … - **7.** Il semblerait bon de … - **8.** On pourrait peut-être … - **9.** Il ne faudrait pas …

7 **a. Dites quel acte de parole est exprimé par chacune de ces phrases.**

b. Récrivez chacune d'elles de façon à exprimer cet acte de parole d'une manière plus polie et détournée.

1. Asseyez-vous. - **2.** Ton exposé est sans intérêt. - **3.** Vous devez changer le titre de votre roman. - **4.** Depuis quand êtes-vous marié ? - **5.** Tu parles trop souvent sans réfléchir. - **6.** Prête-moi ton stylo. - **7.** Tu ne penses jamais à me souhaiter mon anniversaire !

8 **Lisez ce texte.**

(Un jeune démarcheur vient sonner à la porte d'un vieil homme.)

LE JEUNE. – Bonjour, monsieur. Vous ne me connaissez pas...
LE VIEUX. – Non, je ne pense pas.
LE JEUNE. – Aussi pardonnez-moi si je vous dérange un peu...
LE VIEUX. – Mon Dieu, vous me dérangez... modérément ! Vous n'aviez donc pas rendez-vous ?
LE JEUNE. – Non, et je m'en excuse. Mais quand vous saurez pourquoi je viens...
LE VIEUX. – Ne restez pas sur le palier, entrez donc !
LE JEUNE. – Merci. (*Il entre, le Vieux referme la porte.*) Quand vous saurez pourquoi je viens, dis-je, vous me remercierez !
LE VIEUX. – C'est ma foi fort possible. Donnez-vous la peine de me suivre... Asseyez-vous ...
LE JEUNE. – Vous êtes trop aimable. (*Il s'assied sur le canapé.*)
LE VIEUX. – Étendez-vous, si vous voulez !
LE JEUNE. – Non, merci, sans façons. Je commencerai par une question vous arrive-t-il de boire de l'eau ?

Pierre GRIPARI, *Huit Farces pour collégiens*, « Le Démarcheur », © Grasset-Jeunesse, 1989.

a. Relevez les marques de politesse du jeune homme. Classez-les selon leur intention. Que dévoilent-elles de la situation et, en particulier, de son attitude face au vieil homme ?

b. Comment le vieil homme réagit-il face aux marques de politesse du jeune représentant ? Relevez les marques de politesse qu'il utilise. Quel est l'acte de parole qu'il exprime le plus face à lui ? Pourquoi ?

c. Récrivez ce dialogue en supprimant toutes les marques d'atténuation employées par les deux interlocuteurs.

9 **Imaginez un dialogue entre un journaliste plutôt très poli et cérémonieux et le témoin d'un vol dont le langage est en revanche plutôt très familier et qui a du mal à comprendre les tournures très soutenues de son interlocuteur.**

Participer à un débat

PICA et ERROC, *Les Profs, rentrée des artistes*, tome 4, © Bamboo Édition, 2002.

Débattre, c'est discuter à plusieurs une **question controversée**, dans le **but** de construire une **réponse collective** et, si possible, d'enrichir son opinion.

1. Préparer son intervention

Avant de participer à un débat, il est bon de
– **se documenter** le mieux possible sur le sujet à débattre en regroupant **exemples** et **arguments** variés afin de se former une opinion ;
– préparer des **questions** pertinentes à poser aux autres participants.

Pendant le débat, il est nécessaire d'**écouter attentivement** tout ce qui se dit afin d'**utiliser** à bon escient les idées jugées pertinentes et de **rejeter** les autres.

2. Savoir défendre et réfuter une opinion

Durant son intervention, il est nécessaire de
– parler de façon **audible** et **intelligible** ;
– poser des **questions** simples et précises pour **éclaircir** un avis ;
– **citer** des **idées** déjà formulées pour **défendre** son opinion ou **critiquer** l'opinion que l'on rejette (ch. 19 et 28) ;
– ne pas réfuter une idée sans l'**appui** d'un argument ou d'un exemple.

Exercices

1 **Constituez-vous un lexique de verbes exprimant le doute ou l'incertitude, la conviction, l'accord ou le consentement, et le désaccord.**

2 **Choisissez une émission-débat à la radio ou à la télévision. Regroupez en deux parties opposées les divers points de vue en présence. Prenez en notes les arguments avancés par chacun. Faites un bilan.**

3 **Constituez une documentation pertinente sur un de ces thèmes. Puis présentez votre point de vue.**
1. Étudier ou travailler ? - **2.** La morale face au clonage humain - **3.** Les dangers du portable - **4.** Les OGM et notre alimentation - **5.** La Terre vue par un extraterrestre - **6.** Pour ou contre la peine de mort ? - **7.** Le progrès avec ou contre la nature ? - **8.** La « normalité », qu'est-ce que c'est ?

4 **Présentez devant la classe le personnage que vous avez préféré dans un roman lu récemment et donnez les diverses raisons de votre choix. Donnez ensuite la parole à l'un de vos camarades qui aura été désigné pour réfuter votre point de vue.**

5 **On choisit de débattre sur un des thèmes présentés dans l'exercice 3.**

> PREMIÈRE PARTIE : QUESTIONS-RÉÉCRITURE-DICTÉE (25 points)

(Antigone doit mourir, car elle a désobéi au roi Créon en voulant enterrer son frère, considéré comme traître. Mais Créon, son oncle, ne veut pas la faire mourir. Les voilà discutant sur les contraintes d'être roi face à la liberté de ne pas l'être.)

CRÉON. – Un matin, je me suis réveillé roi de Thèbes. Et Dieu sait si j'aimais autre chose dans la vie que d'être puissant…

ANTIGONE. – Il fallait dire non, alors !

CRÉON. – Je le pouvais. Seulement, je me suis senti tout d'un coup comme un ouvrier qui refusait un ouvrage. Cela ne m'a pas paru honnête. J'ai dit oui.

ANTIGONE. – Eh bien, tant pis pour vous. Moi, je n'ai pas dit « oui » ! Qu'est-ce que vous voulez que cela me fasse, à moi, votre politique, votre nécessité, vos pauvres histoires ? Moi, je veux dire « non » encore à tout ce que je n'aime pas et je suis seul juge. Et vous, avec votre couronne, avec vos gardes, avec votre attirail, vous pouvez seulement me faire mourir, parce que vous avez dit « oui ».

CRÉON. – Écoute-moi.

ANTIGONE. – Si je veux, moi, je peux ne pas vous écouter. Vous avez dit « oui ». Je n'ai plus rien à apprendre de vous. Pas vous. Vous êtes là à boire mes paroles. Et, si vous n'appelez pas vos gardes, c'est pour m'écouter jusqu'au bout.

CRÉON. – Tu m'amuses !

ANTIGONE. – Non. Je vous fais peur. C'est pour cela que vous essayez de me sauver. Ce serait tout de même plus commode de garder une petite Antigone vivante pour faire un bon tyran, voilà tout. Mais vous allez tout de même me faire mourir tout à l'heure, vous le savez, et c'est pour cela que vous avez peur. C'est laid un homme qui a peur.

CRÉON. – Eh bien, oui, j'ai peur d'être obligé de te faire tuer si tu t'obstines. Et je ne le voudrais pas.

ANTIGONE. – Moi, je ne suis pas obligée de faire ce que je ne voudrais pas ! Vous n'auriez pas voulu non plus, peut-être, refuser une tombe à mon frère ? Dites-le donc, que vous ne l'auriez pas voulu ?

CRÉON. – Je te l'ai dit.

ANTIGONE. – Et vous l'avez fait tout de même. Et maintenant vous allez me faire tuer sans le vouloir. Et c'est cela, être roi !

CRÉON. – Oui, c'est cela !

ANTIGONE. – Pauvre Créon ! Avec mes ongles cassés et pleins de terre et les bleus que tes gardes m'ont faits aux bras, avec ma peur qui me tord le ventre, moi je suis reine.

CRÉON. – Alors, aie pitié de moi, vis. Le cadavre de ton frère qui pourrit sous mes fenêtres, c'est assez payé pour que l'ordre règne dans Thèbes. Mon fils t'aime. Ne m'oblige pas à payer avec toi encore. J'ai assez payé.

ANTIGONE. – Non. Vous avez dit « oui ». Vous ne vous arrêterez jamais de payer maintenant !

Jean ANOUILH, *Antigone*, 1944, © La Table Ronde, 1946.

Questions sur le texte (15 points)

I. Les nécessités d'un roi (4,5 points)

1. Quelle est la vertu évoquée par Créon dans sa deuxième réplique pour expliquer qu'il ait accepté d'être roi ? *(0,5 point)*

2. Sous quel trait celui-ci se présente-t-il dans cette même réplique ? Comment appelle-t-on cette figure de style ? *(1 point)*

3. Cherchez un synonyme du mot *roi* dans le texte. *(0,5 point)*

4. Quels sont le mode et le temps du verbe *règne* dans la phrase *« c'est assez payé pour que l'ordre règne dans Thèbes. »* (ligne 34) ? Comment écrirait-on ce verbe dans un registre soutenu, si la phrase débutait par *« C'était... »* ? *(1,5 point)*

5. Que présuppose l'adverbe *encore* dans la phrase *« Ne m'oblige pas à payer avec toi encore. »* ? Que veut dire ici le verbe *payer* ? *(1 point)*

II. La liberté d'Antigone (6,5 points)

1. Que reproche Antigone à son oncle Créon ? Que signifie pour elle *« dire non »* ? On attend deux réponses. Citez le texte. *(1,5 point)*

2. Quels mots ou groupes de mots les pronoms *cela* et *me* représentent-ils dans la phrase interrogative des lignes 6 à 8 ? À quel procédé syntaxique un tel usage des pronoms renvoie-t-il ? De quel registre de langue peut-on parler ici ? *(2 points)*

3. Quel acte de parole cette même phrase interrogative exprime-t-elle de la part d'Antigone vis-à-vis des propos de son oncle ? *(0,5 point)*

4. Antigone utilise le même type de complément circonstanciel pour présenter ses attributs de *« reine »* (lignes 30 à 32) opposés à ceux du roi. Citez ces compléments et donnez leur fonction grammaticale. *(1,5 point)*

5. Antigone tutoie une seule fois Créon dans cette scène (*« tes gardes »* ligne 31). Comment pouvez-vous expliquer ce changement d'attitude ? *(1 point)*

III. Une scène tragique (4 points)

1. Quelle *« peur »* (lignes 19-20 et ligne 31) chacun de ces deux personnages éprouve-t-il face à son destin ? Deux réponses sont attendues. *(1 point)*

2. *« Alors, aie pitié de moi, vis. »* (ligne 33) De quel type de phrase s'agit-il ? Quel acte de parole cette phrase exprime-t-elle de la part du roi Créon ? Une invitation, une demande polie, une prière, un conseil ou une défense ? Expliquez. *(1,5 point)*

3. Citez la phrase d'Antigone dans laquelle celle-ci annonce le destin fatal de Créon. Le temps verbal de cette phrase peut vous aider à trouver. *(0,5 point)*

4. Cette scène illustre le combat de deux êtres face à leur destin. À laquelle des deux attitudes adhérez-vous ? Justifiez votre réponse. *(1 point)*

Réécriture (5 points)

Transposez au discours rapporté indirect cette réplique, en commençant par : Antigone lui répondit...

ANTIGONE. – [...] Moi, je veux dire « non » encore à tout ce que je n'aime pas et je suis seul juge. Et vous, avec votre couronne, avec vos gardes, avec votre attirail, vous pouvez seulement me faire mourir, parce que vous avez dit « oui ».

Les fautes de copie seront pénalisées.

Dictée (5 points)

Poil de Carotte* se tait, et il ne bouge pas. – Voilà une révolution ! s'écrie Mme Lepic* sur l'escalier, levant les bras.

C'est, en effet, la première fois que Poil de Carotte lui dit non. Si encore elle le dérangeait ! S'il avait été en train de jouer ! Mais, assis par terre, il tournait ses pouces, le nez au vent, et il fermait les yeux pour les tenir au chaud. Et maintenant il la dévisage, tête haute. Elle n'y comprend rien. Elle appelle du monde, comme au secours.

– Ernestine*, Félix*, il y a du neuf ! Venez voir avec votre père et Agathe* aussi. Personne ne sera de trop.

Et même, les rares passants de la rue peuvent s'arrêter.

Poil de Carotte se tient au milieu de la cour, à distance, surpris de s'affermir en face du danger, et plus étonné que Mme Lepic oublie de le battre. L'instant est si grave qu'elle perd ses moyens.

Jules RENARD, *Poil de Carotte*, 1894.

* *Écrire les mots au tableau.*

> SECONDE PARTIE : RÉDACTION (15 points)

Sujet

Comme Antigone, imaginez que vous êtes amené un jour à dire « non » face à l'autorité de vos parents.
Après avoir présenté les circonstances et les raisons de cet événement, vous développerez votre point de vue dans un dialogue argumenté avec vos parents.

Consignes

Votre texte mêlera la narration, l'argumentation et le dialogue.
Il sera tenu compte dans l'évaluation de la présentation, de l'orthographe et de la correction de la langue.

Lire un texte théâtral

Lors de la lecture d'un texte théâtral, on aura soin d'étudier :

- **La situation de communication :** Qui parle ? À qui ? De quoi s'agit-il ? Dans quel but ? Qui répond ? Y a-t-il des apartés ?
- **Les indications scéniques (didascalies) :** Quelles informations apportent-elles sur les personnages, leur caractère, leurs gestes, leurs actions, le ton de leurs paroles ?
- **La nature du langage des personnages :** Quel type de vocabulaire chacun des personnages utilise-t-il ? Quels pronoms personnels ? Quelles figures de style ? Quel champ lexical ? Quels types de phrases emploient-ils le plus ?
- **L'enchaînement et la progression du dialogue :** Comment les répliques s'enchaînent-elles ? Y a-t-il des interruptions, des reprises ? Le nombre et la longueur des répliques peuvent-ils renseigner sur le personnage dominant ?

Lisez ce texte en appliquant les conseils donnés ci-dessus.
Puis précisez en quoi il est caractéristique d'un texte théâtral.

(Tombé dans une embuscade et blessé à mort, Cyrano vient malgré tout rendre visite à Roxane, sa bien-aimée, à laquelle il n'a toujours pas avoué son amour.)

LE BRET. – Quelle imprudence !
Ah ! j'en étais bien sûr ! il est là !
CYRANO, *souriant et se redressant.* – Tiens, parbleu !
LE BRET. –
Il s'est tué, Madame, en se levant !
ROXANE. – Grand Dieu !
Mais tout à l'heure alors... cette faiblesse ?... cette ?...
CYRANO. –
C'est vrai ! je n'avais pas terminé ma gazette[1] :
... Et samedi, vingt-six, une heure avant dîné,
Monsieur de Bergerac est mort assassiné.
Il se découvre ; on voit sa tête entourée de linges.
ROXANE. –
Que dit-il ? – Cyrano ! – Sa tête enveloppée !...
Ah ! que vous a-t-on fait ? Pourquoi ?
CYRANO. – « D'un coup d'épée,
Frappé par un héros, tomber la pointe au cœur ! »...
Oui, je disais cela !... Le destin est railleur !...
Et voilà que je suis tué dans une embûche,
Par-derrière, par un laquais, d'un coup de bûche !
C'est très bien. J'aurai tout manqué, même ma mort.

Edmond ROSTAND, *Cyrano de Bergerac*, acte V, scène 6, 1897.

1. Petit journal, périodique contenant des nouvelles.

جامه فیروزه گون فیروزی | شاه را شد ز عالم افروزی | گشت پیروزه گون سواد سپهر | شنبه که از سکوه مهر

روز کوتاه بود و قصه دراز | بفیروزه گنبد از سر ناز

شه ز نقابی نقیبان رست | زلف شب چون نقاب مشکین بست

آرد آمد بانوانه بجای | ست تا بانوی فسانه سرای

دا ستانی ز دلنوازی او | کو دراز عشق بازی او

5. Le lexique et le texte

Miniature persane, extrait du poème « les Sept Portraits »,
dans *Les Cinq Poèmes de Nezâmî*, manuscrit persan (Ms supplément persan 1029), XVIIe siècle.
Bibliothèque Nationale de France.

31. Formation et évolution du vocabulaire

(Deux adolescents, naufragés sur une île paradisiaque au milieu de l'Atlantique, découvrent un marché aux mots *où se tient une boutique dont l'enseigne est surprenante …)*

AU VOCABULAIRE DE L'AMOUR
TARIF RÉDUIT POUR LES RUPTURES

Justement, une femme en larmes suppliait :

– Mon mari m'a sauvagement quittée. Je voudrais un mot pour qu'il comprenne ma douleur, un mot terrible, qui lui fasse honte.

Le vendeur, un jeunot, sans doute un débutant, commença par rougir, « tout de suite, tout de suite », plongea dans un vieux volume et se mit à feuilleter comme un forcené « j'ai ce qu'il vous faut, une petite seconde. Voilà, vous avez le choix : affliction… »

– Ça sonne mal.

– Neurasthénie…

– On dirait un médicament.

– Désespérade.

– Je préfère, celui-là, il me plaît. Désespérade, je suis en pleine désespérade !

Elle glissa une pièce dans la main du vendeur et s'en alla ragaillardie. Elle emportait dans ses bras son mot nouveau, désespérade, désespérade… Elle n'était plus seule, elle avait retrouvé quelqu'un à qui parler.

Erik Orsenna,
La grammaire est une chanson douce,
© Stock, 2001.

Léon Spilliaert (1881-1946),
Femme sur la digue,
1908.
Musée d'Art moderne, Bruxelles.

1. **Avec quel suffixe et sur quel radical sont formés les noms *vendeur* et *jeunot* ? Relevez, dans le texte, d'autres mots construits à l'aide de suffixes différents.**

2. **Cherchez dans un dictionnaire le sens et l'étymologie du nom *neurasthénie*. Comment est-il formé ?**

3. **Cherchez dans un dictionnaire l'origine et le sens premier de l'adjectif *terrible*. Quel sens a-t-il dans le texte ?**

4. **Le nom *désespérade* existe-t-il dans les dictionnaires ? Qu'en déduisez-vous ? Expliquez son sens et sa formation. Recherchez dans la langue française d'autres mots bâtis soit sur le même radical, soit avec les mêmes préfixe et/ou suffixe.**

Leçon

1. La formation des mots

Beaucoup de mots français sont issus du latin et, dans une moindre mesure, des langues germaniques. Leur **forme** s'est beaucoup transformée avant de se fixer.
Ainsi, *amour* vient du mot latin *amor*.
La langue française s'est enrichie et s'enrichit sans cesse de mots nouveaux.
Il peut s'agir de trois types de formation.

1. Les mots formés par dérivation

Le **radical** est l'élément qui exprime le sens principal du mot.
Il peut s'y ajouter, par **dérivation** :
– un **préfixe**, avant le radical, qui modifie le sens du mot (***ré**-unir*, ***dés**-unir*),
– et/ou un **suffixe**, après le radical, qui permet de former des mots appartenant à des classes grammaticales différentes (*roug-**ir***, *feuillet-**er***, *juste-**ment***, *vend-**eur***, *afflic-**tion***), ou comportant une nuance de sens (*jeun-**ot***, *gris-**âtre***, *fourch-**ette***).

2. Les mots formés par composition

On forme certains mots par **composition** en juxtaposant plusieurs mots ou radicaux français, latins ou grecs. On peut
– souder les mots : *interactif*, *neurasthénie* (du grec *neur(o)-* = *nerf* et *asthen-* = *faiblesse*) ;
– les relier par un trait d'union ou une préposition : *porte-monnaie, sang-froid, croc-en-jambe, point de vue.*

3. Les mots formés par emprunt

Certains mots sont directement **empruntés** aux langues anciennes ou étrangères : *forum* (latin), *incognito* (italien), *meeting* (anglais), *nénuphar* (arabe).
Pour bien **comprendre le sens d'un texte**, il est bon de connaître l'origine et la formation des mots, c'est-à-dire leur **étymologie**.
Si l'on sait que *forcené* vient d'un ancien verbe *forsener* : « être hors de sens, perdre la raison », on comprend bien que ce mot désigne une personne emportée par une folle ardeur.

2. L'évolution des mots

Le **sens** des mots évolue. De nouveaux sens remplacent les anciens ou s'ajoutent seulement à eux.
Les changements de sens peuvent provenir
– d'un **affaiblissement** ou d'une **restriction** de sens : l'adjectif *terrible* « qui inspire de la terreur » a pris le sens affaibli de « très grave, très fort » ;
– d'une **extension** de sens : le *boulevard* a d'abord désigné une large voie faisant le tour d'une ville puis, par extension, toute rue très large, généralement plantée d'arbres ;

– d'un glissement de sens du **concret à l'abstrait** (ou l'inverse) : le sens premier de *tourment* « torture » a évolué vers celui de « très grande douleur physique ou morale » ;
– d'une relation de **ressemblance** : la *gerbe* désigne, par analogie avec la forme d'une botte de blé ou de fleurs coupées, un faisceau d'éléments divers (eau, étincelles, etc.).

- Les écrivains jouent souvent sur le sens étymologique des mots.
Ainsi *sauvagement*, associé au verbe *quitter*, ne signifie pas « brutalement », mais conserve le sens premier de l'adjectif *sauvage* à partir duquel il est formé et signifie : « comme un homme peu civilisé ».

3. Néologismes et archaïsmes

- Un **néologisme** est un mot nouveau ou un sens nouveau donné à un mot ancien. Il peut disparaître ou s'implanter durablement dans la langue. Il cesse alors d'être considéré comme un néologisme et entre dans le dictionnaire.
La langue **s'enrichit** pour répondre à des **besoins nouveaux** : *microscope* (XVIIe siècle), *interphone, courriel, bioterrorisme, coparentalité* (XXe siècle), etc.
Les écrivains aiment à former des néologismes pour créer des **effets poétiques** ou **humoristiques**.
Ainsi, le mot *désespérade* évoque une réalité plus douce que les termes *désespoir* ou *désespérance*.
L'adjectif *grammaticophoniques*, utilisé ailleurs dans le livre d'Erik Orsenna, qui qualifie des troubles du langage écrit et oral, fait sourire par sa longueur, ses sonorités insolites et parce qu'il évoque, en raison de sa forme et de son sens, l'adjectif *cacophonique*.

- Un **archaïsme** est un mot, une tournure grammaticale, ou un sens vieilli, qui n'est plus en usage.

  Devant l'huis (= la porte) *des auberges grises.* (Apollinaire)

  Les écrivains usent d'archaïsmes pour donner une tournure ancienne au texte et évoquer des réalités d'autrefois.

FAISONS LE POINT

- Connaître l'**étymologie** des mots permet de mieux comprendre un texte.
- Un mot est formé par **dérivation** (*dés-un-ir*), **composition** (*neur-asthénie*) ou **emprunts** (*meeting*).
- Il peut changer de sens par **affaiblissement**, **extension**, glissement du **concret à l'abstrait**, ou par une relation de **ressemblance**.
- La langue **s'enrichit** de mots nouveaux, de **néologismes** (*courriel*), pour répondre à des besoins nouveaux. Les écrivains en usent à des fins poétiques (*désespérade*) ou humoristiques (*grammaticophoniques*) et emploient des mots qui ne sont plus en usage, des **archaïsmes** (*huis*), pour donner une tournure ancienne au texte.

Exercices

(Les exercices seront faits à l'aide d'un dictionnaire.)

Appliquer la leçon

1 Formez des mots sur les radicaux grecs et latins dont la traduction est mise entre parenthèses.

Ex. : latin : *libr-* / grec : *bibli-* (livre). → livre, librairie, bibliothèque, etc.

1. latin : *mort-* / grec : *necr-* (mort). - **2.** latin : *rect-* / grec : *ortho-* (droit). - **3.** latin : *vor-* / grec : *phag-* (manger). - **4.** latin : *sol-* / grec : *mono-* (seul). - **5.** latin : *popul-* / grec : *demo-* (peuple).

2 Donnez des mots, dérivés des suivants, qui n'ont pas remplacé l'*s* étymologique par l'accent circonflexe. Avec quels préfixe et/ou suffixe sont-ils construits ?

Arrêt • apôtre • épître • côte • fête • pâtre.

3 Indiquez de quels éléments sont formés les mots composés suivants et expliquez leur sens. Leur formation est-elle ancienne ou récente ?

1. ovipare. - **2.** porte-plume. - **3.** clarifier. - **4.** aurifère. - **5.** saupoudrer. - **6.** pot-au-feu. - **7.** vinaigre. - **8.** soporifique. - **9.** après-ski. - **10.** maintenir. – **11.** bonheur. - **12.** sémaphore. - **13.** philanthrope.

4 Justifiez par une courte explication l'étymologie des mots suivants, empruntés à l'italien (a), à l'espagnol (b) et à l'allemand (c).

a. 1. spadassin (*spada* : épée). - **2.** caprice (*capriccio* : saut de chèvre). - **3.** maquette (*macchietta* : ébauche). **b. 1.** eldorado (*el dorado* : le doré, le pays de l'or). - **2.** platine (*plata* : argent). - **3.** hâbleur (*hablador* : parleur). **c. 1.** choucroute (*sauer - Kraut* : aigre - chou). - **2.** loustic (*lustig* : gai). - **3.** trinquer (*trinken* : boire).

5 Dites si ces anglicismes sont des emprunts anciens ou récents. Justifiez votre réponse.

1. bifteck. - **2.** walkman. - **3.** beach-volley. - **4.** redingote. - **5.** webcam. – **6.** reporter. - **7.** piercing. - **8.** surf. - **9.** paquebot. - **10.** mail. - **11.** square.

6 Indiquez de quelle évolution de sens provient le sens moderne des mots suivants dont l'étymologie est notée entre parenthèses.

1. angoisse (latin *angustia* : resserrement). - **2.** pèlerin (latin *peregrinus* : voyageur). - **3.** capitale (latin *caput* : tête). - **4.** sanglier (latin *singularis* : solitaire). - **5.** amygdale (latin *amygdalum* : amande). - **6.** maire (latin *major* : plus grand).

7 Indiquez comment s'est effectué le passage entre les sens a et b des mots soulignés dans ces expressions.

1. a. un tir au <u>canon</u>. **b.** le <u>canon</u> d'une carabine. - **2. a.** suivre la <u>piste</u> d'un animal. **b.** une <u>piste</u> de ski. - **3. a.** le <u>cours</u> rapide d'un fleuve. **b.** le <u>cours</u> de la vie. - **4. a.** le <u>rejeton</u> d'une plante. **b.** chérir son <u>rejeton</u>. - **5. a.** le mouvement d'un <u>mobile</u>. **b.** le <u>mobile</u> d'un crime. - **6. a.** une <u>étoile</u> à cinq branches. **b.** un général à quatre <u>étoiles</u>.

8 Voici des néologismes entrés en 2003 dans les dictionnaires (Petit Larousse et Petit Robert). Indiquez leur origine, leur formation et leur sens.

1. antimondialisation. - **2.** chatter. - **3.** profileur. - **4.** minimessage. - **5.** trabendo. - **6.** clavarder. - **7.** cliquable. - **8.** calure. - **9.** ivressomètre. - **10.** écobilan.

Comprendre les textes

9 Lisez ce texte.

Certes, de nos voisins l'alliance m'enchante,
Mais leur langue, à vrai dire, est trop envahissante !
[...]
Faut-il, pour cimenter un merveilleux accord,
Changer l'arène en *turf* et l'exercice en *sport*,
Demander à des *clubs* l'aimable causerie,
Flétrir du nom de *grooms* nos valets d'écurie ;
Traiter nos cavaliers de *gentlemen-riders* ;
Et de Racine un jour parodiant les vers,
Montrer, au lieu de Phèdre, une lionne anglaise,
Qui, dans un *handicap* ou dans un *steaple-chase*,
Suit de l'œil un *wagon* de *sportsmen* escorté,
Et fuyant sur le *turf* par le *truck* emporté ?

VIENNET, *Épître à Boileau*, 1855.

a. D'après les mots en italique directement empruntés à l'anglais, quels sont les domaines où la langue anglaise a « envahi » la langue française ? Est-ce toujours le cas au XXIe siècle ?

b. Quels sont les mots français correspondant aux anglicismes des vers 4, 6 et 7 ? Sont-ils synonymes ?

c. Quelle conséquence liée à ce phénomène d'emprunt Viennet semble-t-il redouter ?

10 Lisez ce texte.

[Tanger] est tout près de notre Europe, cette première ville marocaine, posée comme en vedette sur la pointe la plus septentrionale de l'Afrique. Vue du large, elle semble presque riante avec ses villas alentour bâties à l'européenne, avec ses murs d'une neigeuse blancheur, sa haute casbah crénelée et ses minarets plaqués de vieilles faïences. Malgré les touristes qui débarquent avec moi, malgré les quelques enseignes françaises qui s'étalent çà et là devant des hôtels ou des bazars, j'ai le sentiment de quelque chose comme un suaire blanc qui tombe, arrêtant toutes les modernes agitations de la vie.

Pierre LOTI, *Au Maroc*, 1890.

a. **Relevez un nom directement emprunté au latin, un à l'arabe, et un au persan. Que désignent-ils ?**

b. **Cherchez l'origine des mots soulignés et indiquez leur sens en français moderne.**

c. **Sur quel radical et avec quel suffixe sont construits les trois adjectifs du texte dérivés de noms propres ? À l'aide de quel préfixe ou suffixe sont formés les mots *neigeuse*, *blancheur*, *débarquer* et *agitation* ?**

11 Lisez ce texte.

L'émouvante et incroyable splendeur de la Terre est notre bien commun le plus précieux, que nul ne peut s'approprier ; car nous ne possédons ni la brise délicate du printemps qui enivre de ses caresses les fins matins d'avril, ni le rougeoiement du Soleil lorsqu'il baisse à l'horizon, ni la face hilare de l'astre des nuits qui tantôt offre sa joue droite, tantôt la gauche, et chichement son visage tout entier, ni la douceur d'un soir d'été rythmé par le crissement des cigales, embaumé de senteurs d'herbes et d'humus, ni l'odeur chaude des fenaisons après la pluie.

Ce qu'il y a de plus beau et de plus précieux en ce monde, qui pourtant est le plus commun et le moins rare, ne nous appartient pas ! Il nous appartient en revanche de le conserver jalousement comme un trésor, comme le patrimoine collectif inviolable de l'humanité.

Jean-Marie PELT, *Le Tour du monde d'un écologiste*,

a. **Quelle est la classe grammaticale de *rougeoiement*, *chichement*, *crissement* et *jalousement* ? Sur quel radical sont-ils formés ? Ont-ils le même suffixe ?**

b. **Relevez dans le texte d'autres mots dérivés.**

c. **Quelle est l'origine commune des mots soulignés ? Quel mot du texte est un emprunt direct au latin ?**

d. **Que signifie l'expression *patrimoine collectif inviolable de l'humanité* ? Éclairez le sens de chacun de ces mots par des citations du texte.**

12 Lisez ce texte.

(Monsieur Diafoirus, un médecin, présente son fils à Argan, qui veut en faire son gendre.)

Il n'a jamais eu l'imagination bien vive, ni ce feu d'esprit qu'on remarque dans quelques-uns, mais c'est par là que j'ai toujours bien auguré de sa judiciaire[1], qualité requise pour l'exercice de notre art. Lorsqu'il était petit, il n'a jamais été ce qu'on appelle mièvre[2] et éveillé. On le voyait toujours doux, paisible et taciturne, ne disant jamais mot, et ne jouant jamais à tous ces petits jeux que l'on nomme enfantins. On eut toutes les peines du monde à lui apprendre à lire, et il avait neuf ans qu'il ne connaissait pas encore ses lettres.

MOLIÈRE, *Le Malade imaginaire*,
acte II, scène 5, 1673.

1. **Judiciaire :** (mot vieilli) faculté de juger. - 2. **Mièvre :** (sens ancien) vif, espiègle.

a. **Quel est le sens étymologique des mots *augurer* et *peines* ? Que signifient-ils dans le texte ? Expliquez l'évolution du sens de chacun d'eux.**

b. **Les mots *judiciaire* et *mièvre* ont-ils conservé leur sens ancien ? Quel est aujourd'hui leur sens courant ?**

c. **Que signifie le mot *art* dans le texte ? Quel autre sens a-t-il aujourd'hui ? Expliquez cette évolution.**

d. **Recherchez l'étymologie de l'adjectif *taciturne* et montrez que la phrase s'appuie sur le sens étymologique de ce mot.**

13 Lisez ce texte.

« Êtes-vous néopathe ? »

Il suffit que vous découvriez, tout à trac, que votre imbécile de voisin a joué du Minitel comme d'autres font de la broderie anglaise, pour que votre néopathie objective bascule vers la psychonéopathie. Bonjour les dégâts. L'estocade est portée par votre petit neveu, petit filleul, petit cousin au choix, un affreux gamin mal élevé, qui, virtuose accompli du logiciel, fait avec son Mac Intosh[1] les déclarations d'impôts de toute la famille. Peste soit de cette science dont les princes sont les enfants ! Chez vous, le Minitel gît misérablement au fond de son carton. Dans votre crâne, ça tourne les petits chevaux. Le sentiment de jalousie sourde qui vous envahit s'accompagne de la certitude violente de votre nullité crasse. Pas question de passer à l'autocritique.

Lucas FOURNIER, *C'est nouveau, ça vient de sortir. Traité de néopathie*, © Le Seuil, 1987.

1. **Mac Intosh :** marque d'ordinateur.

a. Devinez le sens des mots *néopathie* et *psychonéopathie* d'après leur formation. Pourquoi l'auteur a-t-il créé ces néologismes ?

b. Relevez dans le texte deux mots créés récemment pour désigner des objets nouveaux. De quels éléments sont-ils formés ?

c. De quels éléments est composé le mot *autocritique* ? Que signifie-t-il ?

d. Indiquez l'origine du mot *estocade* et son sens dans le texte.

e. Relevez dans le texte une tournure vieillie. Pourquoi le personnage emploie-t-il cet archaïsme ?

14 Dictée préparée.

J'approchais pas à pas, attentif aux éventuelles traîtrises du sol, éclairé davantage par la lueur rouge que les fumées reflétaient que par le faisceau blanchâtre, ridicule, de la pile électrique. Une formidable éruption me figea soudain. Formidable, parce que si proche, déjà.

Le fracas et l'illumination violente furent simultanés. Fidèle, le volcan avait éjecté sa lave dans la direction opposée. Une gerbe serrée fusait, jaune éclatant dans la nuit. Elle s'épanouit deux cents mètres plus loin, et bientôt « les bombes » se mirent à s'abattre. Je regardais maintenant les grosses mottes rouges s'aplatir en face, par-delà les puits.

Quelques minutes plus tard, arrêté à l'extrême bord de l'encorbellement, je me penchai pour la première fois sur la cheminée d'alimentation du Stromboli[1].

Haroun TAZIEFF, *Histoires de volcans*, © Librairie Générale Française.

1. **Stromboli :** volcan d'une île du nord de la Sicile.

a. Que signifie le mot *traîtrises* dans le texte ? Indiquez sur quel radical il est formé et le sens premier du mot qui s'y rattache.

b. Les mots soulignés ont-ils conservé, dans ce texte, leur sens d'origine ? Justifiez votre réponse.

c. Recherchez le sens étymologique de *fuser*. Que signifie-t-il ici ? Expliquez cette évolution de sens.

d. À l'aide de quels préfixe et suffixe est bâti le mot *encorbellement* formé sur le terme architectural *corbeau* ? Quel est son sens ?

S'exprimer à l'écrit et à l'oral

15 Oral. Écrivez la plus longue liste possible de mots, dérivés et composés, d'une même famille. Au bout de quelques minutes, lisez aux autres votre liste. Attention aux intrus !

16 Écrivez une courte lettre où vous emploierez le *maximum* de mots latins. En voici quelques exemples : *curriculum vitae, forum, album, lavabo, alibi, omnibus, agenda, post scriptum.*

17 Observez cette image.

a. Comment est formé le néologisme *tulipomania* ? Indiquez l'origine et le sens de son second élément. Que signifie ce mot ?

b. Cherchez d'autres mots bâtis à l'aide du même élément, dont un qui pourrait servir de titre au texte de Viennet (voir exercice 9).

c. À votre tour, créez des slogans publicitaires avec des mots nouveaux qui illustrent une mode ou un fait de société actuel.

Extrait de *Truffaut Magazine* n°13, septembre-octobre 2002.

32. Les sens d'un mot et les champs lexicaux

Panthère contre panthère

(Le narrateur rapporte une scène dont il fut le témoin, alors qu'il se promenait au zoo du Jardin des Plantes à Paris, en compagnie d'un ami, le docteur Torty. Son attention est attirée par une femme, vêtue de noir, qui observe une panthère en cage.)

– Je ne la voyais alors que de profil [...]. Jamais, je crois je n'en avais vu de plus pur et de plus altier. Quant à ses yeux, je n'en pouvais juger, fixés qu'ils étaient sur la panthère, laquelle, sans doute, en recevait une impression magnétique[1] et désagréable, car, immobile déjà, elle sembla s'enfoncer de plus en plus dans cette immobilité rigide, à mesure que la femme, venue pour la voir, la regardait ; et – comme les chats à la lumière qui les éblouit – sans que sa tête bougeât d'une ligne, sans que la fine extrémité de sa moustache, seulement, frémît, la panthère, après avoir clignoté quelque temps, et comme n'en pouvant pas supporter davantage, rentra lentement, sous les coulisses tirées de ses paupières, les deux étoiles vertes de ses regards. Elle se claquemurait[2].

– Eh ! eh ! panthère contre panthère ! – fit le docteur à mon oreille ; – mais le satin est plus fort que le velours.

Le satin, c'était la femme, qui avait une robe de cette étoffe moirante[3] – une robe à longue traîne. Et il avait vu juste, le docteur ! Noire, souple, d'articulation aussi puissante, aussi royale d'attitude, – dans son espèce, d'une beauté égale, et d'un charme encore plus inquiétant, – la femme, l'inconnue, était comme une panthère humaine, dressée devant la panthère animale qu'elle éclipsait ; et la bête venait de le sentir, sans doute, quand elle avait fermé les yeux.

BARBEY D'AUREVILLY, « Le Bonheur dans le crime »,
Les Diaboliques, 1874.

D. BURROGHES, dessin d'une panthère pour l'affiche
de la 160e exposition de la Royal Society of British Artists.

1. Impression magnétique : sensation d'engourdissement. - **2. Se claquemurait :** s'enfermait étroitement. - **3. Moirante :** qui a des reflets changeants (adjectif inusité de nos jours).

1. **Relevez les mots appartenant au champ lexical du regard et à celui du mouvement. Montrez que la femme se sert de son regard comme d'une arme pour immobiliser l'animal.**

2. **Que signifient les verbes *éblouir* (l. 6) et *éclipser* (l. 16) dans le texte ? Quel autre sens chacun d'eux peut-il avoir ?**

3. **Qu'évoquent le satin, le velours et la panthère ? Pourquoi le satin est-il associé à la femme et le velours à la panthère ?**

Leçon

1. Champ sémantique et champ lexical

Il ne faut pas confondre champ sémantique et champ lexical.

- Le **champ sémantique** est l'ensemble des sens d'un mot. En effet, la plupart des mots sont **polysémiques** : ils ont **plusieurs sens** possibles.
Ils ont un **sens propre,** ou **premier,** donné en premier lieu par le dictionnaire. À celui-ci s'associent le plus souvent un ou plusieurs **sens figurés.**

  La lumière du soleil a ***ébloui*** (sens propre : *aveuglé*) *les chats.*
  Son récital a ***ébloui*** (sens figuré) *le public.*

  Pour déterminer le sens d'un mot il faut tenir compte du **contexte.**
Un récital ne peut pas aveugler. *Éblouir* signifie donc « frapper d'admiration, émerveiller ».

- Le **champ lexical** est l'**ensemble des mots** qui, dans un texte, se rapportent à la **même idée**, au **même thème**, au **même domaine**.
On repère dans le texte *Panthère contre panthère* :
– le champ lexical du regard *(voyais, yeux... fixés, regardait, éblouit, clignoté, paupières, les deux étoiles vertes de ses regards, avait vu juste, éclipsait, fermé les yeux)*,
– le champ lexical du mouvement *(fixés, immobile, s'enfoncer, immobilité rigide, bougeât, frémît, clignoté, rentra lentement, se claquemurait, avait fermé les yeux).*

2. Dénotation et connotation

La plupart des mots ont un **sens dénoté** et un **sens connoté.**

- La **dénotation** d'un mot est le sens ordinaire de ce mot donné par le dictionnaire.
Le *feu* désigne un dégagement de chaleur, de lumière et de flammes produit par la combustion d'un corps.

- La **connotation** d'un mot est un sens particulier qui s'ajoute au sens ordinaire. Les connotations naissent d'**associations d'idées**, **d'images**, **de sons**, etc.
Ainsi le *feu* peut avoir de nombreuses connotations comme
– la passion amoureuse, parce que, comme le feu, elle s'empare des êtres, les anime et les illumine ;
– la mort, parce que le feu est un moyen de destruction totale.

- Le sens connoté d'un mot dépend des **sentiments**, de la **personnalité**, de l'**expérience personnelle** de celui qui lui donne ce sens.
Pour le narrateur, le satin évoque la douceur de la robe et la beauté rayonnante de la femme parce que le satin est une étoffe lisse et brillante.
Le sens connoté peut dépendre aussi de la **culture du pays**, du **milieu social**, de l'**époque** auxquels appartient celui qui lui donne ce sens.
Au XIXe siècle, le satin connote le raffinement, la noblesse, la beauté et aujourd'hui le luxe, la fête.

- Pour déterminer la connotation d'un mot il faut tenir compte de la **situation d'énonciation** ou du **contexte**.
  Si, pour le narrateur, *le satin est plus fort que le velours*, c'est que, dans ce contexte, la finesse, la brillance et le pouvoir de séduction l'emportent sur la force et la puissance animale.

3. Les effets de sens

Les écrivains jouent sur la polysémie, la connotation, l'emploi des champs lexicaux pour créer des effets de sens.

- Interpréter un jeu sur la polysémie permet de repérer des effets
  – **humoristiques** : *Dès que la lune est* ***argentée****, mon percepteur rapplique* (R. Devos),
  – **poétiques** : *Là, je* ***m'enivrerais*** *à la* ***source*** *où j'****aspire*** (Lamartine).
- Étudier les champs lexicaux d'un texte permet d'en dégager
  – les **thèmes** : *Panthère contre panthère* est le récit d'un affrontement entre une femme et une panthère, et le portrait de cette femme au pouvoir de séduction mystérieux ;
  – les **significations** : les mots du champ lexical du regard révèlent la domination de la femme sur l'animal.

  La **combinaison** des champs lexicaux est aussi riche de sens.
  Les mots du champ lexical du mouvement montrent l'étendue du pouvoir de ce regard qui provoque la retraite de l'animal.
- Les connotations suggèrent une autre façon de comprendre le texte. Repérer la connotation d'un mot permet de lui donner un nouveau sens, d'**enrichir l'interprétation** du texte.
  Les mots *charme encore plus inquiétant* associés à une *impression magnétique* connotent l'étrangeté de ce pouvoir. Dotée en outre d'une beauté exceptionnelle, cette femme semble inhumaine, comme le suggère le titre du recueil.

FAISONS LE POINT

- La plupart des mots sont **polysémiques**, c'est-à-dire qu'ils ont plusieurs sens. Le **champ sémantique** d'un mot est l'ensemble de ses sens.
- Un **champ lexical** est l'ensemble des mots se rapportant dans un texte au même thème, à la même idée.
- Chacun des sens d'un mot, donné par le dictionnaire, est sa **dénotation** (*satin* : *étoffe lisse et brillante*). Chacun des sens qui s'ajoute au sens dénoté, selon le contexte, est sa **connotation** (*satin* : *douceur et beauté rayonnante*).
- Le jeu sur la polysémie est riche d'**effets humoristiques** et **poétiques**. Des champs lexicaux se dégagent les **thèmes** et les **significations** du texte. Les connotations **enrichissent** le texte de nouveaux sens.

Exercices

Appliquer la leçon

1 Expliquez le double sens des mots soulignés sur lequel repose l'humour de ces phrases.

1. Ce vieux miroir s'est brisé parce qu'il a trop réfléchi. - **2.** L'argent est très susceptible ; il faut savoir l'épargner. - **3.** Ne laissez pas filer l'eau courante car elle pourrait vous échapper. - **4.** Son prince charmant l'a enlevée ; elle est ravie ! - **5.** Entre deux électriciens, le courant passe immédiatement. - **6.** Tombée sous le charme du douanier, elle lui fit aussitôt une déclaration.

2 Expliquez le double sens des mots soulignés sur lequel jouent les écrivains dans les citations suivantes.

1. (*Le père Ubu sur un navire*) Nous devons faire au moins un million de nœuds à l'heure, et ces nœuds ont ceci de bon qu'une fois faits ils ne se défont pas. (A. Jarry) - **2.** (*Devant des livres déchiquetés*) Peut-être les gens aimaient-ils tellement les romans, dans cette île, qu'ils les dévoraient ? (A. Jardin) - **3.** La campagne ? Pourquoi la battre ? / Elle ne m'a jamais rien fait. (C. Roy) - **4.** Le manque d'égards que j'avais eu pour la « consigne » me valut une note pitoyable, mais ... sans consigne le samedi ! (Sylvie D.) - **5.** (*À la bonne, chargée d'apporter du vinaigre et des sels pour ranimer sa patronne*) Des sels, bougre de moule ! pas du sel ! Vous ne pensez pas que je vais saler madame. (G. Feydeau) - **6.** (*À son frère qui lui parle de la maison où sont ses racines*) Mes racines ? Quelles racines ? Je ne suis pas une salade ; j'ai des pieds et ils ne sont pas faits pour s'enfoncer dans le sol. (B. M. Koltès)

3 À quel champ lexical appartient chaque série qui suit ? Ajoutez trois nouveaux mots à chaque champ.

1. zéphyr, brumeux, geler, brise, brouillard.
2. timbre, télégramme, écrire, postal, faire-part.
3. naviguer, foc, goélette, mousse, nautique.
4. doux, saveur, amer, déguster, succulent.
5. émotion, exulter, gaiement, se réjouir, enthousiaste.

4 Identifiez le champ lexical dominant.

a. dans les strophes suivantes :

Mon beau navire ô ma mémoire
Avons-nous assez navigué
Dans une onde mauvaise à boire
Avons-nous assez divagué
De la belle aube au triste soir (Apollinaire)

Sculpte, lime, cisèle ;
Que ton rêve flottant
Se scelle
Dans le bloc résistant ! (Th. Gautier)

b. dans les passages suivants :

1. La maladie, qui est-ce qui m'aidera à la combattre, à la débusquer ? Qui est-ce qui instruira ces pauvres gens sur les périls de chaque seconde qui assiègent leur organisme ? (Jules Romains, *Knock*)

2. Bien que la toilette, la coiffure, et tous les préparatifs du bal eussent valu à Kitty beaucoup de soucis et de tracas, maintenant, dans sa robe compliquée, de tulle, doublée de rose, elle entrait au bal avec aisance et simplicité comme si toutes ces rosettes, ces dentelles et tous les détails de sa toilette n'eussent pas demandé une minute d'attention à elle-même ni à ses familiers, comme si elle fût née dans ce tulle, ces dentelles, avec sa haute coiffure ornée d'une rose et d'un feuillage. (Léon Tolstoï, *Anna Karénine*)

5 Relevez les mots du champ lexical dominant dans ces textes et indiquez leurs connotations.

1. Cette première pièce [= un salon] exhale une odeur sans nom dans la langue, et qu'il faudrait appeler *l'odeur de pension*. Elle sent le renfermé, le moisi, le rance ; elle donne froid, elle est humide au nez, elle pénètre les vêtements ; elle a le goût d'une salle où l'on a dîné ; elle pue le service, l'office, l'hospice. (Balzac, *Le Père Goriot*)

2. Et le train annoncé, l'omnibus parti de Paris à midi quarante-cinq, venait au loin, d'un roulement sourd. On l'entendit sortir du tunnel, souffler plus haut dans la campagne. Puis, il passa, dans le tonnerre de ses roues et la masse de ses wagons, d'une force invincible d'ouragan. (Zola, *La Bête humaine*)

3. Les voix, les rires, les appels : musique humaine. Un chœur champêtre y répond : aboiements et miaulements, plaintes des chèvres laitières et des poules couveuses, romance des ramiers, querelle des passereaux. Ajoutez à cela les rumeurs du travail et des machines familières : la scie qui grince dans la bûche, le moteur électrique enterré dans le tréfonds et qui ronronne à tout instant, le long chuintement de l'eau dans les conduites vibrantes. Quoi donc encore ? (G. Duhamel, *Les Plaisirs et les Jeux.*)

Comprendre les textes

6 Lisez ce texte.

« Le Romain et ses dieux. »

Chacune de ses actions de chaque jour est un rite ; toute sa journée appartient à sa religion. Le matin et le soir il invoque son foyer, ses pénates, ses ancêtres ; en sortant de sa maison, en y rentrant, il leur adresse une prière. Chaque repas est un acte religieux qu'il partage avec ses divinités domestiques. La naissance, l'initiation[1], la prise de la toge[2], le mariage et les anniversaires de tous ces événements sont les actes solennels de son culte.

FUSTEL DE COULANGES, *La Cité antique*, 1864.

1. **L'initiation** : la présentation des enfants aux dieux, le 8e jour pour les filles, le 9e pour les garçons. - 2. **La prise de la toge** : cérémonie au cours de laquelle les garçons, âgés de seize ans, reçoivent la toge du citoyen.

a. Cherchez dans un dictionnaire le sens des mots soulignés, puis indiquez à quel champ lexical ils appartiennent.

b. Relevez tous les autres mots du texte appartenant au même champ lexical.

c. Quelle place, selon l'auteur, occupe la religion chez les Romains ?

7 Lisez ce texte.

En dernier ressort

Je connaissais un sportif qui prétendait
avoir plus de ressort que sa montre.
Pour le prouver, il a fait la course contre
sa montre.
Il a remonté sa montre,
il s'est mis à marcher en même temps qu'elle.
Lorsque le ressort de la montre est arrivé en bout
de course, la montre s'est arrêtée.
Lui a continué,
et il a prétendu avoir gagné
en dernier ressort !

Raymond DEVOS, *Sens dessus dessous*,
© Stock, 1976.

a. Relevez les mots appartenant aux champs lexicaux du sport et de l'horlogerie.

b. Indiquez le sens des mots et expressions soulignés, en tenant compte de leur emploi. D'après le contexte, quel autre sens est aussi suggéré pour chacun d'eux ?

c. À la lecture de ce sketch, dites pourquoi R. Devos a intitulé son recueil *Sens dessus dessous* ?

8 Lisez ce texte.

Et, sous les verts palmiers à la haute stature,
Autour d'Ève, au-dessus de sa tête, l'œillet
Semblait songer, le bleu lotus se recueillait,
Le frais myosotis se souvenait ; les roses
Cherchaient ses pieds avec leurs lèvres demi-closes ;
Un souffle fraternel sortait du lys vermeil ;
Comme si ce doux être eût été leur pareil,
Comme si de ces fleurs, ayant toutes une âme,
La plus belle s'était épanouie en femme.

Victor HUGO, *La Légende des siècles*, 1859-1883.

a. Relevez les mots appartenant au champ lexical de la végétation et à celui de la couleur. Montrez qu'ils dénotent des réalités multiples et variées.

b. Victor Hugo attribue à tous les végétaux des qualités ou des activités humaines. Lesquelles ? Pourquoi se tournent-ils tous vers Ève ?

c. Montrez que le verbe *s'épanouir* peut être pris au sens propre et au sens figuré dans ce vers. Que représente Ève pour le poète ?

9 Lisez ce texte.

(Il s'agit du colonel Chabert, passé pour mort à la bataille d'Eylau.)

Ses yeux paraissaient couverts d'une taie[1] transparente ; vous eussiez dit de la nacre sale dont les reflets bleuâtres chatoyaient à la lueur des bougies. Le visage, pâle, livide et en lame de couteau, s'il est permis d'emprunter cette expression vulgaire, semblait mort. Le cou était serré par une mauvaise cravate de soie noire. L'ombre cachait si bien le corps à partir de la ligne brune que décrivait ce haillon, qu'un homme d'imagination aurait pu prendre cette vieille tête pour quelque silhouette due au hasard, ou pour un portrait de Rembrandt[2], sans cadre. Les bords du chapeau qui couvrait le front du vieillard projetaient un sillon noir sur le haut du visage. Cet effet bizarre, quoique naturel, faisait ressortir, par la brusquerie du contraste, les rides blanches, les sinuosités froides, le sentiment décoloré de cette physionomie cadavéreuse[3].

Honoré de BALZAC, *Le Colonel Chabert*, 1832.

1. **Taie** : tache opaque sur la cornée de l'œil. - 2. **Rembrandt** : peintre hollandais, XVIIe s. - 3. **Cadavéreuse** : qui fait penser à celle d'un cadavre.

a. Relevez les mots appartenant au champ lexical de la couleur et indiquez les deux couleurs prédominantes.

b. Montrez que ces deux couleurs sont mises en valeur par leur contraste. Que connotent-elles ?

10 **Lisez ce texte.**

Le mercredi des cendres

Même en 2002, et même si personne n'en parle, trois millions de livres qui brûlent, c'est toujours une catastrophe pour l'humanité. Dans la nuit du 29 mai, l'entrepôt de l'éditeur et distributeur Les Belles Lettres, 3000 mètres carrés à Gasny (Eure), est parti en fumée. Envolé un fonds constitué depuis 1921; disparus, les fameux Budé à la petite chouette[1], grec ou latin, les programmes de l'agreg[2], les Shakespeare en bilingue. Anéantis aussi, les stocks de la cinquantaine de petits éditeurs que distribuaient Les Belles Lettres. Les voilà éditeurs sans livres. Ils ne se relèveront pas tous du sinistre. [...] « On regarde maintenant nos livres comme des rescapés. Ils semblent si précieux, si frêles », dit-on à la librairie des Belles Lettres. Tous ceux qui, à peine le bac passé, se sont empressés de se débarrasser de leur vieux Cicéron[3] chez les bouquinistes vont le regretter pour le bonheur des collectionneurs !

Catherine PORTEVIN, *Télérama*, n° 2735, 15 juin 2002.

1. **Budé à la petite chouette :** une représentation stylisée d'une chouette, emblème de la déesse Athéna, orne la couverture de tous les volumes de grec ancien de la collection Budé. - 2. **Agreg :** abréviation courante du mot agrégation, concours de recrutement de l'Éducation nationale. - 3. **Cicéron :** auteur latin dont l'œuvre est éditée par Les Belles Lettres.

a. **Quels sont les deux champs lexicaux dominants dans cet article ? Montrez qu'ils sont étroitement associés.**

b. **Relevez les mots ou expressions qui désignent les livres comme des êtres vivants.**

c. **Pourquoi cet incendie est-il *une catastrophe pour l'humanité* ? Citez le texte à l'appui de votre réponse.**

d. **Indiquez la polysémie du mot *cendre(s)*. À quelle fête religieuse le titre fait-il allusion ? Quelles sont, pour vous, les connotations de ce mot ?**

S'exprimer à l'écrit et à l'oral

11 **Voici deux listes de mots formant chacun un champ lexical. Lequel ? Écrivez un court paragraphe en utilisant au moins six mots de chaque liste. Le premier texte relatera une sortie au théâtre et le second dressera le portrait d'un cheval exceptionnel.**

a. Pièce • scène • rideau • tragique • comédie • jouer • rôle • acteur • frapper les trois coups • acte • monologue • tirade.

b. Hippique • équitation • galoper • trot • crin • robe • bai • alezan • encolure • selle • piaffer • course • bondir • rênes.

12 **a.** **Imaginez un paysage ensoleillé qui vous émerveille. Décrivez-le en employant au moins six mots appartenant au champ lexical de la couleur et connotant la joie.**

b. **Imaginez un lieu solitaire où règnent des bruits inquiétants. Décrivez-le en employant au moins six mots appartenant au champ lexical du bruit et connotant la peur.**

13 **Oral.** **Employez les expressions suivantes dans deux phrases distinctes où elles auront, dans l'une, un sens propre, et dans l'autre, un sens figuré.**

Faites apparaître clairement le contexte dans lequel vous les employez.

Laisser sur sa faim • perdre le fil • ouvrir l'œil • être blessé • faire marcher • avoir le vent en poupe.

14 **Oral.** **Comme dans les exercices 1 et 2, inventez des phrases humoristiques en jouant sur le double sens d'un mot.**

Voici quelques termes polysémiques que vous pourrez utiliser : *fécond, fébrile, désarmé, confus, percevoir, inspirer, coûter, piquer, réparer, essence, puce, assiette, source, classe, réserve.*

15 **Observez cette vignette de bande dessinée.**

(Léonard teste sa nouvelle invention : le robot ménager...)

a. **Quels sont les deux sens du verbe *passer* dans les bulles ? Le verbe est-il transitif ou intransitif dans ces deux emplois ?**

b. **Montrez que le dessin illustre la polysémie du verbe et que l'association du texte et de l'image crée un effet humoristique.**

TURK et DE GROOT, *Léonard, Magic génie*, n° 32, © éd. du Lombard, 2002.

33. Les relations de sens entre les mots

« *Goûter* n'est pas *aimer* »

(Lord Cigogne s'est exilé avec femme et enfants sur une île inconnue du Pacifique sud : l'île d'Hélène, peuplée presque exclusivement de gauchers, pour se livrer à l'activité principale du lieu : aimer vraiment.)

Les Gauchers de l'île d'Hélène s'exprimaient bien avec une netteté et un choix de termes qui rappelaient le style en usage à Paris au XVIIIe siècle, cette langue si propre à dépeindre toutes les subtilités des mouvements du cœur. À cette époque le français était, sous ce rapport, le plus riche des nuanciers. Au dire de lady Brakesbury[1], les Gauchers de Port-Espérance[2] s'employaient avec gourmandise à réveiller des mots assoupis au fond des romans, à réajuster des tournures égarées, car ils savaient que lorsqu'un mot meurt c'est un sentiment qui s'en va, quand la langue se corrompt[3] c'est l'art de parler d'amour qui s'affaiblit et, par-delà, une certaine façon de sentir, d'éprouver ces vertiges des sens et de l'âme qui réclament pour éclore les finesses d'un vocabulaire étendu. [...] Car enfin, *goûter* n'est pas *aimer*, pas plus que *raffoler*. Il est des femmes que l'on *adore* sans les *aimer*, parfois même en les *haïssant* ou en les *désaimant*... De toutes ces subtilités les Gauchers étaient friands.

Alexandre JARDIN, *L'Île des gauchers*, © Gallimard, 1995.

1. **Lady Brakesbury** : auteur du document révélant l'existence de l'île d'Hélène.
2. **Port-Espérance** : ville unique de l'île d'Hélène.
3. **Se corrompt** : se gâte, s'appauvrit.

Arnold BÖCKLIN (1827-1901), *L'Île de l'amour*, 1888. Kunstmuseum, Bâle.

1. **De quelles nuances parle l'auteur lorsqu'il écrit : « le français était ... le plus riche des nuanciers » ? Comment appelle-t-on les mots qui expriment de telles nuances ?**

2. **Relevez dans le texte un antonyme du verbe *adorer*. Pourquoi l'auteur a-t-il inventé le néologisme *désaimer* ?**

3. **Des quatre verbes : *goûter, aimer, raffoler, adorer,* lequel a un sens général, lesquels ont un sens restreint ?**

Leçon

1. La synonymie et l'antonymie

1. Les synonymes

- Les **synonymes** sont des mots de **sens proche** et de **même classe grammaticale** : *adorer, raffoler* (verbes).
- Il existe toujours, entre les synonymes, des **nuances de sens** ; c'est pourquoi leur emploi dépend du **contexte**. Les nuances peuvent concerner
  – le **niveau** ou **registre de langue** : *être emballé par* (familier), *aimer* (courant), *goûter* (soutenu) ;
  – le degré de **spécialisation** du vocabulaire : *tournesol* (courant), *hélianthe* (scientifique) ; le degré d'**intensité** : *affection, amour, passion* ;
  – la **valeur affective** et le **genre** du texte : *cheval* (neutre), *canasson* (péjoratif et familier), *coursier* (mélioratif et soutenu).
  Cela explique que les synonymes sont rarement interchangeables.

2. Les antonymes

- Les **antonymes** sont des mots de **même classe grammaticale** qui **s'opposent par le sens** : *adorer* et *haïr* (verbes).
- L'antonymie peut être utilisée pour créer la figure de style appelée **antithèse**.

  *Il est des femmes que l'on **adore sans les aimer**, parfois même **en les haïssant** ou **en les désaimant**.*

2. Les vocabulaires générique et spécifique

- Les **mots génériques** ont un **sens général** et désignent tout un **ensemble** d'objets ou de notions. À l'opposé, les **mots spécifiques** désignent des choses **particulières** : ils ont un **sens restreint**. Ainsi, *vêtement* est un terme générique qui recouvre des termes spécifiques tels que *robe*, *pantalon*, *chemise*, etc.
- Les mots génériques permettent d'**annoncer** ou de **reprendre** les termes spécifiques et d'**éviter les répétitions**.

  *Roses, jacinthes, lis, toutes les **fleurs** embaumaient.*

FAISONS LE POINT

- Les **synonymes** sont des mots de même classe grammaticale et de sens proche (*aimer, raffoler, adorer*).
- Les **antonymes** sont des mots de même classe grammaticale et de sens contraire (*adorer* et *haïr*).
- Les **mots génériques** ont un sens général (*vêtement*), alors que les **mots spécifiques** ont un sens restreint (*robe, pantalon, chemise*, etc.).

Exercices

Appliquer la leçon

1 Groupez trois par trois les synonymes contenus dans cette liste.

Vitesse • commerce • caverne • émeutes • esclave • célérité • antre • négoce • révolte • captif • promptitude • grotte • trafic • troubles • prisonnier.

2 Trouvez dans la liste b. l'antonyme des mots de la liste a.

a. Belliqueux • poétiquement • fortifier • nomade • indigène • temporaire • faveur • bénir • aquilon.

b. Exotique • zéphyr • maudire • perpétuel • disgrâce • sédentaire • affaiblir • prosaïquement • pacifique.

3 Remplacez les mots soulignés par des synonymes.

1. des vêtements amoncelés. - **2.** un comportement similaire. - **3.** un visage hideux. - **4.** se divertir en lisant. - **5.** un singulier personnage. - **6.** une jeune fille naïve. - **7.** une altercation violente.

4 Remplacez les mots soulignés par des antonymes.

1. la franchise d'un ami. - **2.** une terre stérile. - **3.** des propos courtois. - **4.** une couleur vive. - **5.** une vitre transparente. - **6.** la concision de ses discours. - **7.** une chambre exiguë.

5 Trouvez le mot générique qui regroupe les mots suivants.

1. ronde, ballet, sarabande, farandole. - **2.** galion, épave, chalutier, caravelle. - **3.** cousin, oncle, grand-mère, neveu. - **4.** pie, roitelet, aigle, colibri.

6 Trouvez au moins quatre noms spécifiques qui puissent être regroupés sous chacun des noms génériques suivants.

1. livres. - **2.** jeux. - **3.** aliments. - **4.** édifices.

7 Remplacez les points par celui des synonymes qui convient le mieux.

1. (acheter, acquérir) ... du vin, ... une maison. - **2.** (s'échapper, s'évader) un oiseau ..., un prisonnier .... - **3.** (salaire, traitement) le ... du fonctionnaire, le ... de l'ouvrier. - **4.** (cri, clameur) les ... d'une foule, les ... d'un enfant. - **5.** (aversion, antipathie) éprouver de l'... pour les sciences, de l'... envers ses voisins. - **6.** (pressant, urgent) un délai ..., une lettre .... - **7.** (démesuré, excessif) une durée ..., une taille ... . - **8.** (diminuer, décliner) la fièvre ..., le jour ... .

8 Indiquez la nuance de sens entre les deux synonymes suivants (degré d'intensité, de spécialisation, niveau de langue, valeur affective).

1. une couleur vive / criarde. - **2.** une hyperbole / une exagération. - **3.** une tache indélébile / ineffaçable. - **4.** un lâche / un dégonflé. - **5.** faire des achats / des emplettes. - **6.** ressentir du contentement / de la satisfaction. - **7.** blâmer / fustiger une attitude. - **8.** un labeur / un travail.

9 Dans les deux textes suivants, relevez le terme générique et les termes spécifiques.

1. Le nouveau tenait encore sa casquette sur ses deux genoux. C'était une de ces coiffures d'ordre composite, où l'on retrouve les éléments du bonnet à poil, du chapska, du chapeau rond, de la casquette de loutre et du bonnet de coton... (Flaubert, *Madame Bovary*)

2. On entendait à la fois le claquement des mâchoires, le bruit des paroles, des chansons, des coupes, le fracas des vases campaniens qui s'écroulaient en mille morceaux ou le son limpide d'un grand plat d'argent. (Flaubert, *Salammbô*)

Comprendre les textes

10 Lisez ce texte.

(Fouquet reçoit Louis XIV dans son château de Vaux.)

Scies, pinceaux et bêches œuvrent encore lorsque, en la fin d'après-midi du 17 août 1661, le carrosse de Louis XIV franchit la grille. Fouquet l'attend, et toute la Cour.

Une fête commence, la plus raffinée du siècle. Elle va durer huit heures. Les arts à leur sommet rivalisent d'excellence, la comédie, la musique et le ballet, la peinture, les meubles et les marbres, les jardins et les fontaines, la table et les feux d'artifice, la sculpture et les robes...

Tout combattit à Vaux pour le plaisir du roi,
La musique et les eaux, les lustres, les étoiles...

Lequel roi, de merveille en merveille, se ronge toujours plus d'envie. Ce luxe l'humilie, cette grâce l'accable, ces canaux, ces fontaines, ces cascades le torturent : Versailles n'a pas d'eau.

Erik ORSENNA, *Portrait d'un homme heureux, André Le Nôtre*, © Librairie Fayard, 2001.

a. **Relevez, dans le premier paragraphe, deux termes génériques et les termes spécifiques qu'ils recouvrent.**

b. **Relevez, dans le dernier paragraphe, des verbes synonymes exprimant un sentiment. Quelles nuances de sens expriment-ils ?**

11 **Lisez ce texte.**

Les Japonais ignorent les sacro-saintes vacances d'août des Français, mais ils n'en vivent pas moins au ralenti, au cours du mois le plus chaud de l'année, ils goûtent des plaisirs, petits ou grands, particuliers à la touffeur de leur été. D'abord, les feux d'artifice : il n'y en a pas moins de sept mille à travers l'archipel entre juillet et août. Aller voir le « feu de fleurs » tient du rituel, un peu comme la floraison des cerisiers.

L'un comme l'autre se rattachent à ce goût des Japonais pour une beauté éphémère. Introduits au début du XVIIe siècle, les feux d'artifice comptaient parmi les grandes fêtes de la ville d'Edo (ancien nom de Tokyo). Et ils le sont restés. Notamment ceux de plus d'une heure, tirés des rives de la Sumida, le fleuve de la capitale, qui attirent un million de spectateurs, ou de la ville satellite d'Urayasu sur la baie de Tokyo. Les grands maîtres artificiers nippons ont développé une des pyrotechnies[1] les plus sophistiquées du monde par ses compositions (tel un mont Fuji se dessinant dans le ciel ...). Mais il est aussi des bruits qui, pour plus diffus et sereins que ces pétarades, sont aussi l'une des joies de l'été japonais : le chant des cigales. Même au cœur de Tokyo, leur mélodie lancinante, partie du moindre bosquet, emplit la ville accablée par la chaleur estivale, jusqu'à une heure avancée de la nuit.

Philippe PONS, *Le Monde*, 2 septembre 2002.

1. **Pyrotechnie** : technique de fabrication et d'utilisation des pièces d'artifice.

a. **Relevez dans le texte un synonyme de *japonais*, de *plaisirs* et de *touffeur*. Indiquez pour ce dernier la nuance de sens entre les deux synonymes.**

b. **Quelle expression du texte est synonyme de *feu d'artifice* ? Pourquoi est-elle entre guillemets ?**

c. **Citez un antonyme d'*éphémère*, de *sophistiquées*, un synonyme de *satellite*, de *lancinante*.**

d. **Quels sont les termes spécifiques annoncés par le mot *bruit* ? Lequel est péjoratif ?**

12 **Lisez ce texte.**

Parlez à cet autre de la richesse des moissons, d'une ample récolte, d'une bonne vendange : il est curieux de fruits ; vous n'articulez pas, vous ne vous faites pas entendre. Parlez-lui de figues et de melons, dites que les poiriers rompent de fruits cette année, que les pêchers ont donné avec abondance, c'est pour lui un idiome[1] inconnu : il s'attache aux seuls pruniers, il ne vous répond pas. Ne l'entretenez pas même de votre prunier, il n'a de l'amour que pour une certaine pièce[2] : toute autre que vous lui nommez le fait sourire et se moquer. Il vous mène à l'arbre, cueille artistement cette prune exquise, il l'ouvre, vous en donne une moitié et prend l'autre : « Quelle chair ! dit-il, goûtez-vous cela ? cela est-il divin ? voilà ce que vous ne trouverez pas ailleurs ! »

LA BRUYÈRE, *Les Caractères, De la mode*, 1688-1696.

1. **Idiome** : langue. - 2. **Pièce** : type d'arbre, espèce définie.

a. **Relevez dans le texte un synonyme de *parler à quelqu'un*. Donnez un synonyme de *curieux de, entendre, s'attacher à*.**

b. ***Sourire* et *se moquer* ont-ils le même sens ? *Sourire de* et *se moquer de* sont-ils synonymes ? Expliquez la différence ou la nuance de sens entre ces deux verbes.**

c. **Des trois noms : *moissons, récolte, vendange*, lequel est le terme générique ? Pourquoi ?**

d. **Relevez dans le texte les termes spécifiques englobés par le mot *fruits*. À quel terme générique correspondent les noms *poiriers, pêchers, pruniers* ?**

e. **Qu'exprime La Bruyère à travers ce passage du général au particulier ?**

S'exprimer à l'écrit et à l'oral

13 **En vous inspirant du texte de Flaubert (exercice 9 1.), faites la description d'un objet (vêtement, voiture, maison, etc.) en un court paragraphe où vous emploierez un terme générique et une multitude de termes spécifiques.**

14 **À la manière de La Bruyère (exercice 12), rédigez le portrait d'une personne mue par une passion unique et envahissante. Utilisez des termes génériques et des termes spécifiques.**

15 **Oral. Commentez un divertissement ou un mode de vie propre à un peuple ou à une certaine catégorie de personnes : sportifs, artistes, jeunes, etc. (exercice 11). Utilisez des synonymes et des antonymes.**

34. Les figures de style

Le vieux saltimbanque

Tout n'était que lumière, poussière, cris, joie, tumulte ; les uns dépensaient, les autres gagnaient, les uns et les autres également joyeux. Les enfants se suspendaient aux jupons de leurs mères pour obtenir quelque bâton de sucre, ou montaient sur les épaules de leurs pères pour mieux voir un escamoteur[1] éblouissant comme un dieu. Et partout circulait, dominant tous les parfums, une odeur de friture qui était comme l'encens de cette fête.

Au bout, à l'extrême bout de la rangée de baraques, comme si, honteux, il s'était exilé lui-même de toutes ces splendeurs, je vis un pauvre saltimbanque, voûté, caduc[2], décrépit, une ruine d'homme, adossé contre un des poteaux de sa cahute ; une cahute plus misérable que celle du sauvage le plus abruti, et dont deux bouts de chandelles, coulants et fumants, éclairaient trop bien encore la détresse.

Partout la joie, le gain, la débauche ; partout la certitude du pain pour les lendemains ; partout l'explosion frénétique de la vitalité. Ici la misère absolue, la misère affublée[3], pour comble d'horreur, de haillons comiques, où la nécessité, bien plus que l'art, avait introduit le contraste.

Charles Baudelaire, *Petits Poèmes en prose*, XIV, 1869.

1. **Escamoteur :** illusionniste.
2. **Caduc :** vieux, abattu.
3. **Affublée :** habillée de façon ridicule.

Alexandre Gabriel Decamps (1803-1860),
Mendiant comptant sa recette, 1833. Musée du Louvre, Paris.

1. **Relevez les comparaisons du premier paragraphe. À quel domaine appartiennent-elles ? Relevez une métaphore dans le deuxième paragraphe, en indiquant le comparé et le comparant. Que met-elle en valeur ?**

2. **Quelle est la figure de style employée dans l'expression *la misère affublée* [...] *de haillons comiques* ?**

3. **Relevez, dans le dernier paragraphe, les groupes de mots, mis en parallèle, qui s'opposent. Quels contrastes Baudelaire souligne-t-il ?**

4. **Relevez les mots ou groupes de mots qui marquent une exagération.**

Leçon

Par les figures de style on cherche à plaire, émouvoir ou convaincre.

1. Figures fondées sur une ressemblance

- La **comparaison** est un rapprochement de deux termes (le comparé et le comparant) qui ont un lien de ressemblance, à l'aide d'un outil de comparaison (*comme, pareil à, ressembler à, on dirait,* etc.).

  un escamoteur (comparé) *éblouissant* *comme* (outil) *un dieu* (comparant)

- La **métaphore** est une comparaison abrégée, sans outil de comparaison.

  un pauvre saltimbanque (comparé), …, *une **ruine d'homme*** (comparant)

- La **personnification** est la représentation d'un animal, d'une chose ou d'une idée sous les traits d'une personne : *la misère **affublée de haillons comiques**.*

- La comparaison, la métaphore et la personnification permettent de donner une **nouvelle vision** des choses plus riche, plus frappante ou plus belle, et aussi d'**éclairer** ou d'**illustrer une idée**.
  Ainsi, la métaphore *ruine d'homme* fait apparaître de façon saisissante le délabrement physique et psychologique du vieux saltimbanque et le déshumanise. Sa misère, au contraire, est vue comme un être vivant, une force qui agit sur lui.

2. Figures fondées sur une opposition

- L'**antithèse** est une mise en parallèle de deux ou plusieurs termes de sens opposés ou très éloignés.

  *Partout **la joie, le gain, la débauche**… Ici **la misère absolue**….*

- L'**alliance de mots** permet de présenter deux aspects de la réalité en principe contradictoires, ou de souligner une opposition : *une **jungle hospitalière**.*

- L'**antiphrase** consiste à dire le contraire de ce qu'on veut faire comprendre.

  Quel exploit ! Vous avez dû beaucoup peiner pour écrire ces trois lignes !

- L'antithèse et l'alliance de mots permettent de **souligner une opposition** ou un contraste **de façon frappante**. L'antiphrase permet de dire les choses **de façon détournée**, notamment pour se moquer ou critiquer.

3. Figures fondées sur une association de sens

- La **métonymie** est le remplacement d'un terme par un autre, qui lui est logiquement associé. Elle consiste, par exemple, à désigner
  – le concret par l'abstrait : *la **détresse*** (= l'intérieur très pauvre) ;
  – le contenu par le contenant : *boire un **verre*** (= le contenu du verre) ;
  – l'objet par sa matière : *une petite **laine*** (= un vêtement léger en laine) ;
  – la partie pour le tout : *un troupeau de cent **têtes*** (= de cent bêtes).

- La **périphrase** est le remplacement d'un mot par un groupe de mots exprimant la même notion : *la langue de Molière* (= le français).
- La métonymie et la périphrase permettent d'**éviter les répétitions**. Elles soulignent aussi un **aspect particulier** de l'être ou de la chose désignée.

4. Figures fondées sur une amplification

- L'**hyperbole** est une exagération : ***l'explosion frénétique** de la vitalité, la misère **absolue**, pour **comble** d'horreur.*
- La **gradation** est une énumération de mots ou de groupes de mots, ordonnée selon une progression dans l'intensité : *un pauvre saltimbanque, **voûté, caduc, décrépit**.*
- Les **répétitions** de mots dans une même phrase ou un même paragraphe permettent de mettre en valeur un objet ou une idée.

  *Adossé contre un des poteaux de sa **cahute** ; une **cahute** … misérable.*

- L'**anaphore** est un type particulier de répétition qui consiste à répéter le ou les mêmes mots en tête de phrases, de propositions ou de vers.

  ***Partout** la joie… ; **partout** la certitude du pain… ; **partout** l'explosion frénétique de la vitalité.*

- L'hyperbole, la gradation, les répétitions peuvent donner un caractère **grandiose** au texte, **de la force à une argumentation ou à une description** et, dans certains cas, avoir un effet **comique**.

5. Figures fondées sur une atténuation de sens

- La **litote** atténue en apparence l'expression, le plus souvent à l'aide d'une négation, mais en réalité la renforce.

  *Cet homme **ne** m'est **pas in**connu.* (= je le connais très bien.)

- L'**euphémisme** atténue l'expression d'une idée, pour en dissimuler l'aspect jugé brutal ou inconvenant : *le grand sommeil* (= la mort).

FAISONS LE POINT

- La **comparaison** et la **métaphore** rapprochent des termes qui ont un lien de **ressemblance**. La **personnification** représente une chose ou une idée sous la forme d'un **être vivant**.
- L'**antithèse** et l'**alliance de mots** mettent en parallèle deux termes de **sens opposés**.
- La **métonymie** et la **périphrase** reposent sur une **association de sens**.
- L'**hyperbole**, la **gradation** et la **répétition** permettent d'**amplifier** ou de **souligner** l'intention du locuteur.
- La **litote** renforce le sens et l'**euphémisme** adoucit le sens, en **atténuant l'expression**.

Exercices

Appliquer la leçon

1 Voici une liste d'expressions métaphoriques passées dans le langage courant. Expliquez à partir de quel rapport de ressemblance elles ont été créées.

1. un soleil de plomb. - **2.** la crête des vagues. - **3.** une lune de miel. - **4.** au cœur de la ville. - **5.** noyé dans la foule. - **6.** en rang d'oignons. - **7.** à pas de loup. - **8.** les racines du mal. - **9.** une vague de protestation.

2 Indiquez sur quel rapport d'opposition sont fondées les antithèses et les alliances de mots, dans ces phrases.

1. Mais que d'heures s'écoulent, où lisant, écrivant, rêvant, aucune illusion n'adoucit mon amère sérénité. (Charles de Gaulle) - **2.** Je les aime et je les déteste, ces animaux charmants et perfides. (Maupassant, *Sur les chats*) - **3.** Tout mort qu'il est, Thésée est présent à vos yeux. (Racine) - **4.** Cette obscure clarté qui tombe des étoiles / Enfin avec le flux nous fit voir trente voiles. (Corneille) - **5.** Ces étendues verdoyantes agressent l'œil, ces vergers fleuris offensent l'odorat. (Erik Orsenna) - **6.** Sédentaire, il fit là-bas (= dans une bibliothèque) tous les voyages. (Alexandre Jardin) - **7.** Je puis dire que la vue du bonheur m'a rendu malheureux. (Stendhal) - **8.** Un train bat de tous ses wagons / Nos lentes vitesses de vivre. (Robert Goffin)

3 Dites si les phrases suivantes comportent une litote ou un euphémisme.

1. Le caviar n'est pas bon marché. - **2.** J'avoue que je ne déteste pas le chocolat. - **3.** Ce vin n'est pas des plus désagréables. - **4.** Elle a vécu, Myrto, la jeune Tarentine. (A. Chénier) - **5.** J'ai deux mots à vous dire. - **6.** Ce n'était pas un sot, non, non, et croyez-m'en / Que le chien de Jean de Nivelle. (La Fontaine)

4 Relevez les comparaisons et les métaphores, en indiquant les comparés et les comparants. À partir de quel rapport de ressemblance ont-elles été imaginées ?

1. Nous étions maintenant l'escorte habituelle de la jeune fille. Une dizaine à peu près. Tous ceux qui l'approchaient, ceux auxquels elle parlait, ceux qui jouaient avec elle, formaient autour d'elle une sorte de cour d'amour ; c'étaient ses chevaliers. (Valéry Larbaud, *Fermina Marquez*)

2. Une large coulée blanchâtre, une vallée, qui semble tracer à l'hélice son chemin, divise le paysage en deux. Au centre de cette voie lactée, ce reptile ondulant, que des buées d'argent cachent par endroit, c'est la rivière. Et ce trait pâle, qui la longe par la droite ? Une route ? Et cet inextricable lacis de veines et de veinules, sont-ce d'autres routes qui s'entrecroisent et qui tranchent en clair sur le vent vaporeux de la plaine ? (Roger Martin du Gard, *Les Thibault*)

5 Relevez dans ces textes les personnifications et indiquez sous quels traits sont vus les éléments personnifiés. À quelles autres figures de style sont-elles associées ?

1. Un livre a toujours été pour moi un ami, un conseiller, un consolateur éloquent et calme, dont je ne voulais pas épuiser vite les ressources, et que je gardais pour les grandes occasions.

(George Sand)

2. Les sapins en bonnets pointus
De longues robes revêtus
Comme des astrologues
Saluent leurs frères abattus
Les bateaux qui sur le Rhin voguent

(Apollinaire, *Alcools*)

3. Déjà la nuit en son parc amassait
Un grand troupeau d'étoiles vagabondes,
Et pour entrer aux cavernes profondes,
Fuyant le jour, ses noirs chevaux chassait.

(Du Bellay, *L'Olive*)

6 Dites quelles sont les figures de style employées dans les phrases suivantes.

1. Et l'été qui s'enfuit est un ami qui part. (Victor Hugo) - **2.** Un ventilateur veillait sur cette antiquité. On aurait dit un chien, ce ventilateur. Son gros œil unique fixé sur sa maîtresse grondait sur commande. (Erik Orsenna) - **3.** Partout un encombrement prodigieux de marchandises de toute espèce : soieries, minerais, trains de bois, saumons de plomb, draps, sucres, caroubes, colzas, réglisses, cannes à sucre. L'Orient et l'Occident pêle-mêle. (Alphonse Daudet) - **4.** Le déploiement des chars d'assaut ondula comme si une vague invisible les heurtait, les pachydermes d'acier porteurs de mort se contorsionnèrent dans d'horribles grincements, se transformant en monceaux de ferraille. (Dino Buzzati) - **5.** L'antichambre n'était à la vérité incrustée que de rubis et d'émeraudes ; mais l'ordre dans lequel tout était arrangé réparait bien cette extrême simplicité. (Voltaire)

Comprendre les textes

7 Lisez ce texte.

C'est sur la grève de la pleine mer, entre le château et le Fort Royal, que se rassemblent les enfants; c'est là que j'ai été élevé, compagnon des flots et des vents. Un des premiers plaisirs que j'aie goûtés était de lutter contre les orages, de me jouer[1] avec les vagues qui se retiraient devant moi, ou couraient après moi sur la rive. Un autre divertissement était de construire, avec l'arène[2] de la plage, des monuments que mes camarades appelaient des fours. Depuis cette époque, j'ai souvent vu bâtir pour l'éternité des châteaux plus vite écroulés que mes palais de sable.

CHATEAUBRIAND, *Mémoires d'outre-tombe*, 1848-1850.

1. **De me jouer** (construction archaïque) : de jouer. - 2. **Arène** (terme vieilli) : sable.

a. Quels sont les éléments naturels personnifiés ? Pourquoi le narrateur les considère-t-il comme des êtres humains ? Que peut-on en déduire sur ses occupations et sa vie d'enfant ?

b. Relevez la comparaison de la fin du texte en indiquant le comparé, le comparant et l'outil de comparaison. Expliquez pour quelles raisons le narrateur établit un rapprochement entre les éléments comparés.

8 Lisez ce texte.

(Au IIe siècle de notre ère, l'empereur romain Hadrien évoque son activité de constructeur de villes et de monuments.)

Construire, c'est collaborer avec la terre; c'est mettre une marque humaine sur un paysage qui en sera modifié à jamais; c'est contribuer aussi à ce lent changement qui est la vie des villes. Que de soins pour trouver l'emplacement exact d'un pont ou d'une fontaine, pour donner à une route de montagne cette courbe la plus économique qui est en même temps la plus pure… Élever des fortifications était en somme la même chose que construire des digues : c'était trouver la ligne sur laquelle une berge ou un empire peut être défendu, le point où l'assaut des vagues ou celui des barbares sera contenu, arrêté, brisé. Creuser des ports, c'était féconder la beauté des golfes. Fonder des bibliothèques, c'était encore construire des greniers publics, amasser des réserves contre un hiver de l'esprit qu'à certains signes, malgré moi, je vois venir.

Marguerite YOURCENAR, *Mémoires d'Hadrien*, © Gallimard, 1951.

a. Tout le texte est bâti sur une série de comparaisons et de métaphores. Lesquelles ? Classez dans un tableau les comparés et les comparants.

b. Relevez dans le texte une gradation. À quel champ lexical appartiennent ces mots ?

c. Comment comprenez-vous les métaphores *des greniers publics* et *un hiver de l'esprit* ?

d. Quelle conception de son activité de constructeur l'empereur Hadrien exprime-t-il à travers ces images ?

9 Lisez ce texte.

« Je vis, je meurs »

Je vis, je meurs ; je me brûle et me noie.
J'ai chaud extrême en endurant froidure ;
La vie m'est et trop molle et trop dure.
J'ai grands ennuis entremêlés de joie.

Tout à un coup je ris et je larmoie,
Et en plaisir maint grief[1] tourment j'endure ;
Mon bien s'en va, et à jamais il dure ;
Tout en un coup, je sèche et je verdoie.

Ainsi Amour inconstamment me mène.
Et quand je pense avoir plus de douleur,
Sans y penser je me trouve hors de peine.

Puis quand je crois ma joie être certaine,
Et être au haut de mon désiré heur[2],
Il me remet en mon premier malheur.

Louise LABÉ, *Sonnets*, 1555.

1. **Grief** : grave, pénible. - 2. **Heur** : bonheur.

a. Relevez les antithèses sur lesquelles est construit le sonnet. Indiquez ce qu'elles révèlent des sentiments du poète.

b. Relevez les hyperboles des deux quatrains. Qu'expriment-elles ?

c. Relevez dans les deux tercets une personnification. Quelle conception de l'amour est ainsi évoquée ?

10 Lisez ce texte.

« Les embarras de Paris »

J'entends déjà partout les charrettes courir,
Les maçons travailler, les boutiques s'ouvrir :
Tandis que dans les airs mille cloches émues,
D'un funèbre concert font retentir les nues,
Et se mêlant au bruit de la grêle et des vents
Pour honorer les morts, font mourir les vivants.
Encor je bénirais la bonté souveraine,
Si le ciel à ces maux avait borné ma peine :

Mais si seul en mon lit je peste avec raison,
C'est encor pis vingt fois en quittant la maison,
En quelque endroit que j'aille, il faut fendre la presse[1]
D'un peuple d'importuns qui fourmillent sans cesse ;
L'un me heurte d'un ais[2], dont je suis tout froissé[3] ;
Je vois d'un autre coup mon chapeau renversé !

Boileau, *Satire VI*, 1666-1716.

1. **Presse :** foule. - 2. **Ais :** planche. - 3. **Froissé :** blessé, meurtri.

a. Relevez les hyperboles du texte. Qu'expriment-elles ? Quel ton donnent-elles au texte ?

b. Quel objet du texte est personnifié ? Quel sentiment et quelle activité humaine lui sont attribués ? Dites quel sentiment personnel exprime Boileau à travers cette personnification.

c. Qui est désigné par *la bonté souveraine* et *le ciel* ? Dites comment s'appellent ces figures de style et pourquoi l'auteur les a employées.

11 Lisez ce texte.

J'aime la nuit avec passion. Je l'aime comme on aime son pays ou sa maîtresse, d'un amour instinctif, profond, invincible. Je l'aime avec tous mes sens, avec mes yeux qui la voient, avec mon odorat qui la respire, avec mes oreilles qui en écoutent le silence, avec toute ma chair que les ténèbres caressent. Les alouettes chantent dans le soleil, dans l'air bleu, dans l'air chaud, dans l'air léger des matinées claires. Le hibou fuit dans la nuit, tache noire qui passe à travers l'espace noir, et, réjoui, grisé par la noire immensité, il pousse son cri vibrant et sinistre.

Le jour me fatigue et m'ennuie. Il est brutal et bruyant. Je me lève avec peine, je m'habille avec lassitude, je sors avec regret, et chaque pas, chaque mouvement, chaque geste, chaque parole, chaque pensée me fatigue comme si je soulevais un écrasant fardeau.

Guy de Maupassant, *La Nuit*, 1888.

a. Relevez les termes qui expriment l'antithèse autour de laquelle est construit le texte. Quels sentiments opposés exprime-t-elle ? Relevez deux comparaisons qui mettent en valeur cette opposition.

b. Relevez une gradation qui montre l'intensité des émotions.

c. Relevez des répétitions de mots et des anaphores. Sur quelle idée insistent-elles ?

d. Quel animal est personnifié ? De quoi est-il le symbole ? Relevez une métaphore qui souligne cette idée.

S'exprimer à l'écrit et à l'oral

12 Faites des phrases qui illustrent les qualités ou les défauts d'une personne, en employant des comparaisons. Vous pouvez vous servir des mots suivants comme comparants.

Singe • agneau • tortue • oie • carpe • girafe.

13 En vous inspirant du texte de Boileau (exercice 10), rédigez un court paragraphe où vous dénoncerez une habitude ou un fait de société qui vous agace particulièrement, en employant le plus d'hyperboles possible.

14 Oral : a. Certaines métaphores sont utilisées dans le langage courant pour préciser des particularités physiques ou morales. Citez celles qui comportent les mots suivants.

Or • pêche • biche • plomb • rose • acier • velours • aigle • fouine.

b. Expliquez le sens de ces métaphores en indiquant si elles ont une valeur méliorative ou péjorative. Ex. : *un teint de lait*, pour une peau blanche : valeur méliorative.

15 Observez cette image.

a. De quel objet cette affiche fait-elle la publicité ? Sur quelle caractéristique de l'objet insiste-t-elle ?

b. Indiquez les procédés utilisés pour mettre en valeur la qualité essentielle de ce véhicule.

c. Quelle figure de style est illustrée par cette affiche publicitaire ?

Publicité pour la C5 Break de Citroën.

35. Le langage poétique

(Le poète compose Ma bohème *lors de sa fugue en Belgique, en octobre 1870. Il est alors âgé de seize ans.)*

Henri Martin (1860-1943), *Homme marchant.*
Musée des Augustins, Toulouse.

Ma bohème

(Fantaisie)

Je m'en allais, les poings dans mes poches crevées ;
Mon paletot aussi devenait idéal[1] ;
J'allais sous le ciel, Muse ! et j'étais ton féal[2] ;
Oh ! là là ! que d'amours splendides j'ai rêvées !

Mon unique culotte avait un large trou.
– Petit Poucet rêveur, j'égrenais dans ma course
Des rimes. Mon auberge était à la Grande-Ourse[3].
– Mes étoiles au ciel avaient un doux frou-frou

Et je les écoutais, assis au bord des routes,
Ces bons soirs de septembre où je sentais des gouttes
De rosée à mon front, comme un vin de vigueur ;

Où, rimant au milieu des ombres fantastiques,
Comme des lyres, je tirais les élastiques
De mes souliers blessés, un pied près de mon cœur !

Arthur Rimbaud, *Poésies*, 1866-1870.

1. **Idéal :** le paletot n'est plus qu'une « idée » de vêtement tant il est usé. - 2. **Féal :** au Moyen Âge, chevalier fidèle à son seigneur. - 3. **Grande-Ourse :** constellation d'étoiles : Rimbaud dormait à la belle étoile.

1. Relevez dans le poème deux métaphores, deux personnifications et deux comparaisons.

2. Relevez les mots appartenant aux champs lexicaux du voyage et de la poésie et montrez qu'ils sont associés.

3. Comptez le nombre de syllabes par vers, le nombre de vers par strophe et indiquez comment s'appellent ce type de vers et cette forme poétique.

Leçon

Le poète est celui qui **crée** (*poieïn* signifie *créer* en grec) **avec des mots**. Il utilise le langage pour faire naître l'harmonie et la beauté. Il cherche à **enrichir le sens des mots**, à nouer des **liens** entre eux, à produire des effets de **sonorité** et de **rythme**.

1. Un jeu sur les sens des mots

- Le poète exploite la **connotation** des mots (voir ch. 32).

  Je m'en allais, les ***poings*** *dans mes poches crevées*

  Dans ce vers, le mot *poings* connote un sentiment de révolte.

- Il joue sur la **polysémie** des mots (voir ch. 32).
  Au dernier vers, le mot *pied* dénote une partie du corps servant à la marche, mais peut-être aussi une unité rythmique dans la métrique ancienne.

- Il s'appuie sur le **sens étymologique** des mots (voir ch. 31).
  Au deuxième vers, l'adjectif *idéal*, formé sur le mot *idée*, signifie que le paletot ne ressemble plus à un vêtement mais à une « idée » de vêtement.

- Il crée des **néologismes** ou emploie des **archaïsmes**, avec un sens nouveau.

  J'allais sous le ciel, Muse ! et j'étais ton ***féal***

  Le mot ancien *féal* est utilisé avec le sens nouveau de partisan, d'ami dévoué.

2. Un jeu sur les associations de mots

- Le poète crée des symétries entre des **champs lexicaux** ou entre des **constructions grammaticales,** comme dans ces vers de Verlaine.

Il pleure	*dans mon cœur*	/ *Comme*	*il pleut*	*sur la ville*
forme impersonnelle	c. circ. lieu		forme impersonnelle	c. circ. lieu

  Rimbaud établit de nombreux rapprochements dans tout le poème entre le champ lexical du voyage (*J'allais sous le ciel, ma course, Mon auberge, au bord des routes, souliers, un pied*) et celui de la poésie (*Muse, Des rimes, rimant, Comme des lyres, un pied*).

- Il utilise des **figures de style** (voir ch. 34) comme
  – la métaphore : ***Petit Poucet rêveur, j'égrenais dans ma course / Des rimes.***
  – la comparaison : *des gouttes / De rosée…* ***comme un vin de vigueur*** *;*
  – la personnification : *mes souliers* ***blessés.***

3. Un jeu sur les sonorités et le rythme

- Les **sons** et les **mots** sont souvent **répétés** afin de créer un effet d'écho sonore. La répétition du son d'une voyelle s'appelle une **assonance**. La répétition du son d'une consonne est une **allitération**. L'assonance et l'allitération établissent des relations entre les mots et leur donnent une valeur suggestive.

  un doux frou-frou (assonance) / *ces bons soirs de septembre*
  où je sentais… (allitération)

Le son [u] évoque le bruit feutré d'une étoffe, les sons [s] traduisent les sensations liées à l'atmosphère nocturne.

- Le poète peut s'appuyer dans sa tâche créatrice sur certaines règles appelées **règles de versification** (voir ci-dessous).
  – Il peut aussi jouer sur des effets de rythme et de sonorités en utilisant des vers aux **mètres** variables et souvent sans rime qu'on appelle des **vers libres**.
  – Mais tous les poèmes ne sont pas en vers. Le poète peut créer des effets de rythme et d'harmonie en utilisant une **prose poétique** (voir Baudelaire, *Petits Poèmes en prose*, page 270).

Lexique de versification

*(Les mots accompagnés d'un * sont définis dans ce lexique de versification.)*

- **Accent :** dans un vers, les voyelles-pivots des syllabes* de certains mots peuvent porter un accent. C'est ce qui crée le rythme*. Placer les accents permet de mesurer le rythme. On représente l'accent ainsi : ´ (dans l'exemple ci-dessous, les voyelles accentuées sont en gras).

  *Mon palet**ó**t / auss**í** // deven**aí**t / id**éa**l.*

- **Alexandrin :** vers de douze syllabes* qui peut être rythmé de deux manières :
  – quatre accents* répartis dans deux hémistiches* de six syllabes* :

  *Ces| bons| **soírs**| / de| sep|**témbr**(e)| // où| je| **sén**| /tais| des| **goútt**(es)*
  1 2 3 / 4 5 6 // 7 8 9 / 10 11 12

  – trois accents figurant dans trois mesures* de quatre syllabes* :

  *Tou|jours| ai|**mér**,|/ tou|jours| sou|**ffrír**,|/ tou|jours| mou|**rír*** (Corneille)
  1 2 3 4 / 5 6 7 8 / 9 10 11 12

- **Césure :** pause principale placée à la fin du premier hémistiche* de l'alexandrin* (marquée ci-dessous par //).

  Et je les écoutais, // assis au bord des routes,

- **Contre-rejet** (voir rejet*) : il y a contre-rejet lorsque commence à la fin d'un vers une unité grammaticale qui se poursuit dans le vers suivant.

  *Tout l'hiver va rentrer dans mon être : **colère**,*
  Haine, frissons, horreur, labeur dur et forcé (Baudelaire)

- **Coupe :** pause secondaire dans le rythme* d'un vers.

- **Croisées** (rimes) : rimes* qui se succèdent, en alternant, selon le schéma ABAB.

  *Demain, dès l'aube, à l'heure où blanchit la camp**agne**,* (A)
  *Je partirai. Vois-tu, je sais que tu m'**attends**.* (B)
  *J'irai par la forêt, j'irai par la mont**agne**.* (A)
  *Je ne puis demeurer loin de toi plus long**temps**.* (B) (Hugo)

- **Décasyllabe :** vers qui comporte dix syllabes*.

  Le| temps| s'en| va,| le| temps| s'en| va,| ma| Dame, (Ronsard)
  1 2 3 4 5 6 7 8 9 10

Diérèse : prononciation dissociant en deux syllabes* un groupe de voyelles prononcé en une seule syllabe dans le langage courant. Elle permet de mettre en valeur le mot concerné.
Dans le vers suivant, on doit prononcer *im-pa-ti-ent* en quatre syllabes pour respecter le rythme de l'alexandrin*.

Et| l'homm(e)| im|pa|ti|ent| se| chang(e)| en| bê|te| fauv(e). (Baudelaire)
1 2 3 4 5 6 7 8 9 10 11 12

Élision : action d' élider, c'est-à-dire de supprimer une voyelle finale devant une voyelle initiale, de manière à éviter un hiatus*.
– À l'écrit, on supprime les lettres *i* et *e* : *S'il rêve…* ; *J'allais sous le ciel…*
– À l'oral, on ne prononce pas un *e* devenu muet* (et pourtant écrit) quand celui-ci est suivi d'une voyelle et que le rythme du vers l'exige.

Mon| u|ni|que| cu|lott(e)| // a|vait| un| lar|ge| trou.
1 2 3 4 5 6 7 8 9 10 11 12

Embrassées (rimes) : rimes* qui se combinent suivant le schéma ABBA.

*Je m'en allais, les poings dans mes poches cre**vées** ;* (A)
*Mon paletot aussi devenait id**éal** ;* (B)
*J'allais sous le ciel, Muse ! et j'étais ton **féal** ;* (B)
*Oh ! là là ! que d'amours splendides j'ai rê**vées** !* (A)

Enjambement : l'enjambement se produit lorsque la phrase se poursuit d'un vers sur le suivant sans marquer de pause en fin de vers. Il crée un effet de continuité ou d'amplification.

Ces bons soirs de septembre où je sentais des gouttes
De rosée à mon front comme un vin de vigueur.

Hémistiche : littéralement « moitié de vers », partie de vers délimitée par la césure* ; un alexandrin* est constitué de deux hémistiches de six syllabes*.

Mon| pa|le|tot| au|ssi // de|ve|nait| i|dé|al,
1 2 3 4 5 6 // 1 2 3 4 5 6

Hiatus : succession de deux voyelles (fin d'un mot et début du mot suivant). Généralement proscrit en poésie, il peut cependant être utilisé à des fins expressives. Dans ces vers, la succession des voyelles en caractères gras évoque un martèlement.

*J'ai frapp**é à** ta porte / J'ai frapp**é à** ton cœur* (R. Philombe)

Mesure : groupement de syllabes* (2, 3, 4) sur lequel est construit le vers. Chaque alexandrin* compte trois ou quatre mesures.

Mètre : en poésie, structure régulière du vers : alexandrin*, décasyllabe*, octosyllabe*…

Métrique : étude du décompte des syllabes* et des unités de rythme* qui composent le vers.

Muet (e) : voyelle qui s'écrit mais ne se prononce pas, à la fin du vers et, pour éviter un hiatus*, lorsqu'elle précède une autre voyelle ou un *h* muet. En poésie, cette voyelle se prononce devant une consonne ou un *h* aspiré, et compte donc comme une syllabe*. Dans le vers suivant, les *e* prononcés sont en caractères gras, le *e* effectivement « muet » est entre parenthèses.

*Mon| u|ni|**que**| cu|lott(e)|// a|vait| un| lar|**ge**| trou.*
1 2 3 4 5 6 7 8 9 10 11 12

Octosyllabe : vers qui comporte huit syllabes*.

La| terr(e)| est| bleue| comm(e)| un(e)| o|rang(e) (Éluard)
1 2 3 4 5 6 7 8

Plates (rimes) : rimes* qui se combinent selon le schéma AABB.

*Maintenant tu marches dans Paris tout seul parmi la **foule*** (A)
*Des troupeaux d'autobus mugissants près de toi r**oulent*** (A)
*L'angoisse de l'amour te serre le gos**ier*** (B)
*Comme si tu ne devais jamais plus être ai**mé*** (B) (Apollinaire)

Quatrain : strophe* de quatre vers. Un sonnet* commence par deux quatrains (voir les deux premières strophes du sonnet *Ma bohème*).

Rejet : il y a rejet lorsqu'une partie de phrase, de faible étendue (un mot ou un groupe de mots), placée au début d'un vers, se rattache à la phrase ou à la proposition dont l'essentiel est contenu dans le vers précédent. Il crée un effet de mise en relief. Les termes en rejet dans les vers suivants sont en caractères gras ; la proposition à laquelle ils appartiennent est soulignée.

– Petit Poucet rêveur, j'égrenais dans ma course
Des rimes*.*

Rime : répétition, à la fin de deux ou plusieurs vers, d'un même son.
– La rime est **féminine** lorsque le mot qui est à la fin du vers se termine par un *e* muet* : *crevées / rêvées, routes / gouttes.*
– La rime est **masculine** lorsque le mot qui est à la fin du vers se termine sans *e* muet* : *idéal / féal, trou / frou-frou.*

Rythme : rapport musical entre la répartition des accents* et le nombre de syllabes* des mesures* du vers.

Sonnet : poème de forme fixe, composé de deux quatrains* et de deux tercets* : *Ma bohème.*

Strophe : ensemble de vers réunis selon la disposition des rimes* (AA BB, ABAB, ABBA, etc.) et séparés par une ligne blanche... Ex. : le quatrain*, le tercet*, le quintil (5 vers), le sizain (6 vers), etc.

Syllabe : suite de sons dont la base est une voyelle ou un groupe-voyelle, constituant un mot ou entrant dans la constitution d'un mot, qui combine
– **voyelle** + consonne(s) : ***or***, ***et*** ;
– consonne(s) + **voyelle** : *le, trou, pa-le-to(t)* ;
– consonne(s) + **voyelle** + consonne(s) : *poch(es), a-mour, é-las-tiqu(es).*

Une **voyelle seule** peut constituer une syllabe : ***où*** [u], ***au*** [o]. Un *e* muet* ne constitue pas une syllabe puisqu'il n'est pas prononcé : *Mus(e)* = 1 syllabe.

Tercet : strophe* de trois vers. Le sonnet* se termine par deux tercets (voir les deux dernières strophes du sonnet *Ma bohème*).

Vers : unité du texte poétique déterminée par le retour régulier d'un même nombre de syllabes* et / ou seulement, pour les **vers libres**, par le blanc typographique qui court jusqu'à la marge. Types principaux : alexandrin*, décasyllabe*, octosyllabe*, etc.

FAISONS LE POINT

- Pour créer un langage plus harmonieux que la langue ordinaire le poète peut
  – jouer sur la **connotation**, la **polysémie**, l'**étymologie**, employer des **archaïsmes** et des **néologismes**,
  – créer des **parallélismes** entre des **champs lexicaux** ou entre des **constructions grammaticales**, utiliser des **figures de style**,
  – jouer sur les **sonorités** (**assonance** et **allitération**) et le **rythme**.
- Les règles de **versification** les plus usitées par les poètes sont
  – le retour d'un **nombre identique de syllabes** : le **mètre**, dont les plus courants sont l'**alexandrin** (douze syllabes), le **décasyllabe** (dix syllabes) et l'**octosyllabe** (huit syllabes) ;
  – la **rime** dont les types de disposition les plus courants sont les rimes **plates** (AABB), les rimes **embrassées** (ABBA) et les rimes **croisées** (ABAB) ;
  – l'**enjambement**, cas d'une proposition qui se poursuit d'un vers sur l'autre, et le **rejet**, cas d'un mot ou d'un groupe réduit de mots qui est rejeté au début du vers suivant.

Exercices

Appliquer la leçon

1 Relevez les allitérations et les assonances dans les vers suivants.

1. L'âpre bise nous glace et la neige nous gerce, / Notre face ruisselle en larmes sous l'averse. (H. de Régnier)
2. Son port est tourmenté de chocs et de fracas / Et de marteaux tonnant dans l'air leurs tintamarres. (E. Verhaeren)
3. Anne par jeu me jeta de la neige. (C. Marot)
4. La pierre qui s'émiette en mottes. (A. Césaire)
5. L'insecte net gratte la sécheresse. (P. Valéry)
6. Ô soleil de minuit sans sommeil solitude. (L. Aragon)
7. Dedans mon âme, ô Dame, tu demeures (M. Scève)

2 a. Comptez les syllabes dans les vers suivants et dites quels sont les mètres utilisés.

b. Dites si les rimes sont masculines ou féminines et quels sont les types de disposition de rimes employés.

1. Voici les jours de l'An les plus plaisants ;
Chacun de nous est en ses jeunes ans.
Faisons donc tant que la fleur de notre âge
Ne suive point de tristesse l'outrage. (Marot)

2. Les étoiles, points d'or, percent les branches noires ;
Le flot huileux et lourd décompose ses moires
Sur l'océan blêmi ;
Les nuages ont l'air d'oiseaux prenant la fuite ;
Par moments le vent parle et dit des mots sans suite,
Comme un homme endormi. (Hugo)

3. Sous les ifs noirs qui les abritent,
Les hiboux se tiennent rangés,
Ainsi que des dieux étrangers,
Dardant leur œil rouge. Ils méditent. (Baudelaire)

4. La fleur tombe en livrant ses parfums au zéphyre ;
À la vie, au soleil, ce sont là ses adieux :
Moi, je meurs ; et mon âme, au moment qu'elle [expire,
S'exhale comme un son triste et mélodieux.
(Lamartine)

3 **Dans chacun de ces couples de vers le mètre est le même. a. Comptez les syllabes dans le second vers de chaque couple et dites quel est le mètre utilisé. b. Y a-t-il une diérèse dans les mots soulignés ?**

1. J'ai franchi d'âpres monts, d'insidieux vallons / Ma trace avant longtemps n'y sera pas suivie. (Ch. Cros) - **2.** Et mon esprit sur ses lèvres fuirait, / Bien je mourrais, plus que vivante, heureuse. (L. Labé) - **3.** Comme à cette fleur la vieillesse / Fera ternir votre beauté. (P. de Ronsard) - **4.** Ô l'heureux nœud, par qui j'y fus lié, / Bien que souvent je plains, soupire et pleure ! (J. du Bellay) - **5.** Sombre et silencieux, étendu sur la pierre / Partageant à ses fils ses entrailles de Père. (A. de Musset)

4 **Dans les alexandrins suivants, indiquez où se trouvent la césure et/ou les pauses.**

1. Ils regardaient monter en un ciel ignoré / Du fond de l'Océan des étoiles nouvelles. (J. M. de Heredia) - **2.** Tout vient et passe ; on est en deuil, on est en fête ; / On arrive, on recule, on lutte avec effort... (V. Hugo) - **3.** Je n'oublierai jamais les lilas ni les roses / Ni ceux que le printemps dans ses plis a gardés. (L. Aragon) - **4.** Ce vent du Sud qui d'ordinaire est gonflé d'eau / Et qui rejoint si lentement l'autre lisière. (La Tour Du Pin)

5 **Relevez un enjambement, un rejet et un contre-rejet dans ces vers. Dites quel est l'effet produit.**

1. La pâle nuit revient, ils combattent ; l'aurore
Reparaît dans les cieux, ils combattent encore.
(Hugo)

2. Mais les vrais voyageurs sont ceux-là seuls qui partent
Pour partir ; cœurs légers, semblables aux ballons,
(Baudelaire)

3. Éloignez mes amis, éloignez de mes yeux
Cette coupe de vin qui pétille. (Van Hasselt)

Comprendre les textes

6 **Lisez ce texte.**

Une heure s'achève, puis une.
(Le sable coule au sablier ;
On le retourne, on recommence.)
Voici le croissant de la lune.

Une étoile s'éteint, puis une.
(Le sable coule au sablier ;
On le retourne, on recommence.)
Le disque du soleil s'allume.

Les jours sont morts et puis les nuits.
(Le sable coule au sablier ;
On le retourne, on recommence.)
L'année est morte et l'année suit.

(Le sable coule au sablier ;
On le retourne, on recommence.)
Notre bonheur a la constance
D'une immobile éternité.

Édouard Ducoté, *La Prairie en fleurs*,
© Mercure de France, 1904.

a. Relevez les mots du champ lexical dominant dans ce poème.

b. Montrez que les trois premières strophes sont bâties de façon identique, autour d'un même axe et relevez deux vers dont la construction grammaticale est symétrique. Qu'évoquent ces parallélismes ?

c. Relevez les allitérations et les assonances à l'intérieur des deux vers mis entre parenthèses et dites quelle impression s'en dégage.

d. Quel est le double sens du mot *constance* ? Pourquoi l'emploi de l'adjectif *immobile* crée-t-il un effet de surprise ? Montrez que la structure et la signification de la quatrième strophe contrastent avec celles des trois strophes précédentes.

7 **Lisez ce texte.**

Les oiseaux du souci

Pluie de plumes plumes de pluie
Celle qui vous aimait n'est plus
Que me voulez-vous oiseaux
Plumes de pluie pluie de plumes
Depuis que tu n'es plus je ne sais plus
Je ne sais plus où j'en suis
Pluie de plumes plumes de pluie
Je ne sais plus que faire
Suaire de pluie pluie de suie
Est-ce possible que jamais plus
Plumes de suie... Allez ouste dehors hirondelles
Quittez vos nids... Hein ? Quoi ? Ce n'est pas la saison des voyages ?...
Je m'en moque sortez de cette chambre hirondelles du matin
Hirondelles du soir partez... Où ? Hein ? Alors restez c'est moi qui m'en irai...
Plumes de suie suie de plumes je m'en irai nulle part et puis un peu partout
Restez ici oiseaux du désespoir
Restez ici... Faites comme chez vous.

Jacques Prévert, *Paroles*, © Gallimard, 1949.

a. Relevez les allitérations et les assonances dans le poème. Que suggèrent-elles ?

b. Relevez dans le poème un euphémisme et dites quelle réalité le poète a voulu adoucir. Quel autre mot évoque cette idée ?

c. Quelles répétitions de mots dans le poème expriment avec intensité la souffrance et le désarroi du poète ?

d. Quels mots appartiennent au champ lexical du départ ?

e. Comment expliquez-vous l'absence de ponctuation au début du poème et la présence de certains signes à la fin ?

8 Lisez ce texte.

Gabriel Péri

Un homme est mort qui n'avait pour défense
Que ses bras ouverts à la vie
Un homme est mort qui n'avait d'autre route
Que celle où l'on hait les fusils
Un homme est mort qui continue la lutte
Contre la mort contre l'oubli

Car tout ce qu'il voulait
Nous le voulions aussi
Nous le voulons aujourd'hui
Que le bonheur soit la lumière
Au fond des yeux au fond du cœur
Et la justice sur la terre

Il y a des mots qui font vivre
Et ce sont des mots innocents
Le mot chaleur le mot confiance
Amour justice et le mot liberté
Le mot enfant et le mot gentillesse
Et certains noms de fleurs et certains noms de fruits
Le mot courage et le mot découvrir

Et le mot frère et le mot camarade
Et certains noms de pays de villages
Et certains noms de femmes et d'amis
Ajoutons-y Péri
Péri est mort pour ce qui nous fait vivre
Tutoyons-le sa poitrine est trouée
Mais grâce à lui nous nous connaissons mieux
Tutoyons-nous son espoir est vivant.

Paul Éluard, *Au rendez-vous allemand*, © Éditions de Minuit, 1944.

a. Dans la première strophe, relevez l'anaphore, les parallélismes et les mots mis en valeur par l'enjambement.

b. Dans la deuxième strophe, à quels mots renvoie le pronom indéfini *tout* ?

c. Dans les deux dernières strophes, quels sont les *mots qui font vivre* ? Que connotent-ils ?

d. Par quels procédés le nom de *Péri* est-il mis en valeur ? À quels autres mots est-il associé ?

9 Lisez ce texte.

LA CRAVATE
DOU
LOU
REUSE
QUE TU
PORTES
ET QUI T'
ORNE O CI
VILISÉ
OTE- TU VEUX
LA BIEN
SI RESPI
RER

Apollinaire, *Calligrammes*, « La Cravate », © Gallimard, 1918.

a. Lisez le poème à haute voix en tenant bien compte des coupes entre les mots et à l'intérieur des mots. Puis montrez que les mots évoqués ou les groupes de mots formés ne sont pas toujours les mêmes selon que l'on voit le poème écrit ou qu'on l'entend.

b. Relevez les mots qui désignent le destinataire du calligramme. De qui s'agit-il ?

c. Relevez un adjectif qui qualifie la cravate et un verbe qui indique sa fonction. Que signifient ces deux mots ? Pourquoi sont-ils associés ?

d. Quelle est, pour le poète, la valeur symbolique de la cravate ? Pourquoi donne-t-il ce conseil : *ÔTE-LA SI TU VEUX BIEN RESPIRER* ?

S'exprimer à l'écrit et à l'oral

10 Écrivez un court poème où le mot *soleil*, répété plusieurs fois, aura de multiples connotations. Vous choisirez de respecter ou non les règles de la versification.

11 Cherchez des mots rimant avec *liberté* et *guerre* et composez un poème qui soit un hymne à la paix, en créant des rimes plates, croisées ou embrassées.

12 **Oral.**

Un élève propose un mot évoquant un bruit, comme *sifflement*. Les autres suggèrent d'autres termes appartenant au même champ lexical et comportant des allitérations ou des assonances, comme *sonore*, *strident*, *souffler*, *silencieusement* ou *sourdine*. Ensemble, formez une courte strophe où vous emploierez tous ces mots.

Les préfixes

La connaissance des préfixes issus du latin ou du grec permet d'orthographier correctement un mot. Un même préfixe peut s'orthographier différemment selon l'initiale du radical auquel il s'ajoute.

1. Préfixes marquant la réunion

- **ad-** (signifie « la direction vers, la réunion, l'évolution vers ») : *adjuger*.
  ad- + c → acc- : *accueillir* ; ad- + f → aff- : *affiner* ; ad- + n → ann- : *annuler* ; ad- + p → app- : *approuver* ; ad- + l → all- : *allumer* ; ad- + r → arr- : *arrondir* ; ad- + s → ass- : *assouplir* ; ad- + t → att- : *atterrir*.

  ad- → **a-** (le d tombe) :
  – quand le radical du mot commence par **b** : *aboutir* ; **m** : *amollir* ; **g** : *agrandir* (exceptions : *agglomérer, agglutiner, aggraver*) ;
  – dans les mots suivants : *acompte, anéantir, anoblir, aligner, alourdir, aliter, apercevoir, aplatir, aplanir, apaiser, apurer, apitoyer, apeurer, aplomb, après.*

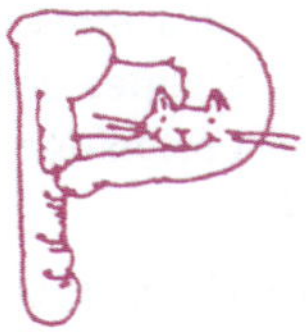

- **con-**, **co-** (idée de réunion) : *confrère, cohéritier.*
  con- + r → corr- : *correction* ; con- + l → coll- : *collègue.*
- **en-**, **in-**, **im-** (« dans ») : *enfumer, insuffler, implanter.*
  en- + m → emm- : *emmener* ; in- + l → ill- : *illustrer.*
- **syn-**, **sym-** (« avec, ensemble ») : *synchronisation* (*chron-* = « temps »), *sympathie* (*path-* = « souffrance »). (**sym-** → **sy-** devant un autre *m* : *symétrie*)

2. Préfixes marquant la privation ou la séparation

- **a-**, **an-** (sens privatif, à ne pas confondre avec *a[d]*) : *atypique, anarchie.*
- **dé-**, **dés-** (idée de séparation, privation, éloignement) : *dérouter, déshydrater.*
- **ex-**, **é-** (idée de sortie, de privation, d'achèvement) : *expulser, élever.*
  ex- + f → eff- : *effeuiller* ; ex- + s → ess- : *essuyer.*
- **in-**, **im-** (sens négatif ; à ne pas confondre avec *in-* qui signifie « dans ») : *inhabituel, impuni.*
  in- + l → ill- : *illégal* ; in- + r → irr- : *irresponsable.*

3. Autres préfixes

- **re-**, **ré-**, **r-** (idée de répétition, de retour en arrière, d'opposition) : *retourner, réinventer, rajouter.* Devant les mots commençant par un *s*, le *s* est redoublé : *ressaisir* (exceptions : *résonner, résoudre, réserver, resurgir*).
- **sub-** (« au-dessous ») : *subdiviser.*
  sub- + c → succ- : *successeur* ; sub- + f → suff- : *suffixer* ;
  sub- + g → sugg- : *suggérer* ; sub- + p → supp- : *supposer.*

Exercices

1 **Donnez le sens des mots suivants, en vous aidant éventuellement du dictionnaire, et dites si le préfixe *a-*, dans chacun de ces mots, a un sens privatif ou s'il s'agit de *a(d)-*.**

Apolitique • abaisser • apeurer • amorphe • ajustement • apnée • anémie • anéanti • agenouiller • asymétrique • anesthésie • adoucir.

2 **En vous aidant éventuellement du dictionnaire, dites quels sont, parmi les mots suivants, ceux qui ne contiennent pas de préfixe.**

Énervé • économe • aliéner • aliter • agonie • agressif • inaudible • décharné • affamé • abîme • symphonie • subtiliser • constellé • égalité • égoutter • inouï • énorme.

3 **Complétez ces mots en leur ajoutant le préfixe *a(d)-*. Donnez au préfixe l'orthographe qui convient.**
Ex. : … *flux* → *afflux*.

…lourdir • …planir • …graver • …proprier • …néantir • …laiter • …coutumer • …soiffé • …guerrir • …faibli • …tirer • …dition • …merrir • …pitoyer • …privoisé.

4 **Complétez les mots suivants en leur ajoutant le préfixe *co(n)-*. Vous donnerez au préfixe l'orthographe qui convient dans chaque cas.**

…lection • …citoyen • …promettre • …auteur • …loque • …pagnon • …ruptible • …mander • …disciple • …jugaison • …bustion • …rection • …signer.

5 **Complétez les mots suivants en leur ajoutant les préfixes *en-* ou *é-* (*ex-*). Vous donnerez au préfixe l'orthographe qui convient.**

…sangue • …quête • …filé • …raciner • …onération • …bruiter • …ivrer • …brassade • …traire • …manchure.

6 **Dites si le préfixe dans chacun des mots suivants a un sens privatif ou s'il signifie « dans ».**

Innocent • ingurgiter • irréel • irriguer • insatiable • illicite • inné • illustration • irrégulier • immeuble • incarcérer • inquiet.

7 **a. Complétez les mots suivants en leur ajoutant les préfixes *in-* et *é-* (*ex-*). Vous donnerez au préfixe l'orthographe qui convient.**

b. Employez chacun des mots obtenus dans une phrase.

…migrant • …ruption • …pulsion • …vasion • …merger • …ternat • …porter.

8 **Remplacez le préfixe des mots suivants par un autre préfixe pour obtenir un mot de sens contraire.**

Persuader • embrouiller • apprécier • disculper • ascendant • apparition • construire • enraciner • débarrasser • inhumer.

9 **Complétez les mots suivants en leur ajoutant les préfixes entre parenthèses. Vous donnerez au préfixe l'orthographe qui convient.**

1. (syn-) …phonie, …taxe, …agogue, …onyme, …biose. - **2.** (sub-) …juguer, …gestion , …poser, …fixe. - **3.** (re-, ré-, r-) …mémorer, …habiliter, …adoucir, …battre, …fléchir, …quérir, …habiller, …saisir.

10 **Dictée préparée.**

(À la suite d'un meurtre mystérieux, les enquêteurs tentent de découvrir le chemin emprunté par l'assassin pour s'enfuir.)

Le kiosque dans lequel succomba le vieillard était, il est vrai, accessible par la porte qui fermait l'allée centrale du jardin, conduisant à l'habitation. Mais, par une succession d'événements que l'on peut bien qualifier de coïncidences, il semblerait que l'allée et la porte d'entrée aient été surveillées, au moment critique. Une série de témoins se corroborent l'un l'autre sur ce point. Le kiosque se trouve à l'extrémité du jardin, lequel n'a ni entrée ni sortie d'aucune sorte. L'allée centrale qui le parcourt est un sentier bordé de hauts pieds-d'alouette, plantés si serrés qu'un passant s'écartant du chemin commettrait des dégâts apparents. La bordure fleurie s'étend jusqu'à l'entrée même du kiosque. Il est donc impossible de s'écarter de cette allée très droite sans être observé et l'on ne peut pas cependant imaginer un autre mode d'accès.

G. K. Chesterton, *L'Incrédulité du Père Brown*,

a. **Expliquez le sens étymologique du verbe *succomber* en faisant apparaître le sens du préfixe. Cherchez dans le texte un autre mot formé à l'aide du même préfixe.**

b. **Relevez quatre mots formés avec le préfixe *con-*, *co-*. Cherchez leur sens et expliquez les différentes orthographes du préfixe.**

c. **Relevez dans le texte deux mots formés avec le préfixe *ad-* et un mot formé avec le préfixe *in-*. Indiquez leur sens et justifiez leur orthographe.**

Le pluriel des noms composés

1. Cas général

Dans les noms composés, seuls le **nom** et l'**adjectif** se mettent au pluriel. L'**adverbe** et le **verbe** restent **invariables**.

*des **coupe**-ongles ; des **arrière**-saisons.*

2. Cas particuliers

- Le **nom** se met au **pluriel** uniquement **si le sens le permet** :
  *des **timbres-poste*** (= des timbres pour la poste) ;
  *des porte-**parapluies*** (= pour recevoir des parapluies).
- Lorsque le nom composé est formé de **deux noms** dont le second est un complément du premier, en général, **seul le premier nom** se met au **pluriel**.
  *des **arcs**-en-ciel, des **pieds**-de-biche.*
- Dans les noms composés, les adjectifs ***demi***, ***mi*** et ***semi*** sont **invariables.**
  *des **demi**-frères, à **mi**-côte, des **semi**-remorques.*

Exercices

1 Donnez la nature des mots qui forment chaque nom composé et écrivez le pluriel.

Wagon-restaurant • amuse-gueule • plate-bande • chat-tigre • demi-heure • passe-temps • faux-semblant.

2 Pourquoi ces noms composés sont-ils invariables ?

Trompe-l'œil • savoir-faire • sang-froid • qu'en dira-t-on • brise-glace.

3 Lesquels de ces noms composés sont invariables ?

État-major • pur-sang • attrape-nigaud • laissez-passer • portrait-robot • franc-parler.

4 Écrivez les noms composés suivants au pluriel.

Un avant-poste • un casse-tête • une longue-vue • un porte-bonheur • un demi-cercle • un gagne-pain • un post-scriptum • un mi-bas • un chef-lieu • un chassé-croisé • un nouveau-né.

5 Écrivez les noms composés suivants au singulier.

Des porte-clés • des grand-mères • des rouges-gorges • des eaux-de-vie • des compte-gouttes • des coffres-forts • des procès-verbaux • des bas-reliefs • des oiseaux-mouches • des porte-bagages • des couvre-lits.

6 Remplacez les points de suspension par les noms composés mis entre parenthèses, en les accordant.

1. Les … (gueule-de-loup) et les … (pied-d'alouette) sont des fleurs assez répandues. - **2.** Elle passe des … (après-midi) entiers sur la plage avec ses … (arrière-petit-fils). - **3.** Certains greniers sont éclairés par des … (œil-de-bœuf) percés dans la toiture. - **4.** Les … (sous-sol) de ces immeubles ne sont pas des endroits sûrs. - **5.** Les … (rez-de-chaussée) sont souvent cambriolés. - **6.** Ces accusations ne reposent que sur des … (on-dit). - **7.** Les conversations sans suite logique s'appellent des … (coq-à-l'âne). - **8.** Les … (garde-meuble) sont bien utiles quand on part pour un an ou deux à l'étranger.

Les homonymes lexicaux

1. Qu'appelle-t-on homonymes ?

On appelle **homonymes** des mots qui, sans avoir le même sens, **se prononcent de la même façon** (homophones) et qui parfois s'écrivent de la même manière (homographes).

tinter (résonner), *teinter* (colorer) ; *bière* (boisson), *bière* (cercueil).

2. Comment ne pas les confondre ?

- Pour éviter toute confusion il faut tenir compte du **contexte**.

  Il y a un ver dans cette pomme. Le verre de mes lunettes est incassable.

- Pour orthographier correctement le mot, on peut rechercher un mot de **même famille** dont la **prononciation** aidera à faire la différence.

  chant (→ chanter), champ (→ champêtre)

Exercices

1 **a. Trouvez un homonyme de chacun des mots soulignés. b. Employez-le dans une phrase pour en éclairer le sens.**

1. Le geai est un oiseau au plumage bigarré. - **2.** Ses plaintes incessantes lassent son entourage. - **3.** Les phares guident les navires, la nuit. - **4.** Elle pense souvent à ses années d'enfance. - **5.** On cultive beaucoup le mil en Afrique. - **6.** Après une course de deux heures, il fit une courte pause. - **7.** Chaque matin, le boulanger fait cuire son pain. - **8.** Ils ont scellé leur amitié en devenant associés.

2 **Associez chaque homonyme de la liste 1 à un mot de la même famille choisi dans la liste 2.**

1. cor, corps • cerf, serre • sang, cent • hôte, haute • serein, serin.

2. hautain • corporel • cervidé • sanguin • sérénité • serrer • hôtel • seriner • corne • centime.

3 **Donnez les verbes, employés à la 3e personne du singulier de l'indicatif présent, qui sont les homonymes des noms suivants. Ex. : *voie → voit.***

Mets • paon • plein • riz • sain • thon • suie • vain.

4 **Chaque mot entre parenthèses a été confondu avec son homonyme. Rétablissez le mot juste, en vous aidant du dictionnaire.**

1. un (ballet) mécanique. - **2.** les (chaos) d'une charrette. - **3.** les (closes) d'un traité. - **4.** un (clair) de notaire. - **5.** une (sire) d'abeille. - **6.** un (conte) à rebours. - **7.** une (cours) intérieure. - **8.** agir à (dessin). - **9.** (exhausser) des vœux. - **10.** rester sur sa (fin). - **11.** une décision très (censée). - **12.** avoir des (mots) de tête.

5 **Remplacez les points de suspension par l'un des mots suivants : *écot, écho, dégoûte, dégoutte, aire, ère, différent, différend, chair, chère, statue, statut.***

1. Les dinosaures ont-ils disparu à l'... tertiaire ? - **2.** Nous avons fait bonne ... à ce festin. - **3.** Chacun doit apporter son ... afin de partager les frais. - **4.** Seul un léger ... les oppose. - **5.** Cette odeur nauséabonde me ... . - **6.** As-tu vu la copie de la ... sculptée par Praxitèle ? - **7.** On s'arrêtera sur une ... de repos durant le voyage. - **8.** La ... du poisson doit être bien ferme. - **9.** Ce remplaçant a un ... précaire. - **10.** Ce travail n'est pas plus difficile, mais seulement ... . - **11.** On entend souvent l'... de sa voix dans les montagnes. - **12.** La pluie ... lentement du toit, après l'ondée.

Les adverbes en *-ment*

1. Cas général

- L'adverbe en ***-ment*** est formé à partir du **féminin** de l'adjectif et se termine par le **suffixe *-ment*** : *brutal – brutale → brutalement ; amer – amère → amèrement*
- Un **accent** vient parfois s'ajouter au *-e-* qui précède le suffixe *-ment*.

  obscur – obscure → obscurément *confus – confuse → confusément.*

2. Cas particuliers

- Les adjectifs terminés par une **voyelle** forment l'adverbe, sauf exception, sur le masculin. Certains adverbes en ***-ument*** prennent un accent circonflexe (voir le dictionnaire) : *hardi → hardiment ; absolu → absolument ; goulu → goulûment.*
- Les adverbes formés sur les adjectifs en ***-ent*** et ***-ant*** s'écrivent ***-emment*** et ***-amment***. La prononciation est toujours [amã].

  intelligent → intelligemment *brillant → brillamment*

Exercices

1 **Formez les adverbes correspondant aux adjectifs suivants.**

Clair • abusif • actuel • ancien • fou • fier • doux • énorme • soigneux • profond • précis • succinct • sec • hâtif • coquet.

2 **Écrivez correctement les adverbes formés sur ces adjectifs. Employez-les dans une phrase.**

Gentil • aisé • résolu • poli • vrai • assidu • joli • gai • modéré • éperdu • cru.

3 **Formez les adverbes correspondant à ces adjectifs en *-ant/-ent*.**

Violent • savant • abondant • évident • fréquent • méchant • patient • courant • nonchalant • récent.

4 **Remplacez ces groupes nominaux circonstanciels par des adverbes.**

Avec joie • chaque mois • avec ingénuité • avec sagesse • chaque jour • avec opiniâtreté • avec franchise • avec les mains • avec générosité • avec décence • avec sottise • avec paresse • avec amour.

5 **a. Formez des adverbes sur ces adjectifs.**
b. Employez-les dans des phrases.

Tranquille • nouveau • plaisant • immense • aveugle.

6 **a. Formez des adverbes en *-mment* correspondant à ces adjectifs.**
b. Employez-les dans des phrases.

Négligent • constant • différent • suffisant • innocent.

7 **Récrivez ces phrases en remplaçant le GN souligné par un verbe et un adverbe en *-ment*.**

Ex. : ***Il fait une lecture silencieuse. > Il lit silencieusement.***

1. Les plus courageux prirent un bain rapide dans les eaux gelées du lac. - **2.** Le printemps a connu une arrivée précoce cette année. - **3.** L'enfant tenta une avancée prudente sur la glace. - **4.** L'accusé se contenta de réponses brèves et assez confuses. - **5.** Les garnements qui avaient eu une conduite peu respectueuse ont reçu de sévères réprimandes. - **6.** Les fiancés ont fait l'annonce publique et officielle de leur mariage.

Valoriser ou dévaloriser

Mon oncle, le chevalier de ***, habitait une petite maison donnant d'un côté sur la triste rue des Tournelles et de l'autre sur le triste boulevard Saint-Antoine. Entre le boulevard et le corps du logis, quelques vieilles charmilles[1], dévorées d'insectes et de mousse, étiraient piteusement leurs bras décharnés au fond d'une espèce de cloaque[2] encaissé par de noires et hautes murailles. Quelques pauvres fleurs étiolées[3] penchaient languissamment la tête comme des jeunes filles poitrinaires[4], attendant qu'un rayon de soleil vînt sécher leurs feuilles à moitié pourries. […]

Mon oncle appelait cela son jardin.

Théophile GAUTIER, *Omphale, Histoire Rococo*, 1834.

1. **Charmilles :** allée ou haie plantée de charmes. - 2. **Cloaque :** lieu malpropre, malsain. - 3. **Étiolées :** fanées, rabougries par manque d'air ou de lumière. - 4. **Poitrinaires :** (terme vieilli) atteintes de tuberculose.

■ **Relevez les mots et groupes de mots qui contribuent à donner du lieu évoqué une impression désagréable.**

Leçon

Les mots que l'on emploie, bien souvent, ne sont pas neutres. Ils sont, par leur **sens même**, en fonction de leur **emploi** ou selon le **contexte**, **valorisants** (**mélioratifs**) ou **dévalorisants** (**péjoratifs**).

1. Le choix des mots

- La valeur péjorative ou méliorative de certains mots est contenue
  – soit dans leur **radical** : *piteusement, languissamment, pourries, cloaque, étiolées* ;
  – soit dans leur **suffixe**, souvent péjoratif et utilisé dans la langue familière : ***-aille(r)*** (*grisaille, criailler*), ***-asse(r)*** (*fadasse, rêvasser*), ***-ot(er)*** (*vieillot, travailloter*), ***-ard*** (*chauffard, criard*), ***-âtre*** (*marâtre, grisâtre*), ***-aud*** (*lourdaud*), etc.

- Certains mots ont une valeur péjorative ou méliorative liée à leur **emploi** ou au **contexte**. Dans les groupes nominaux *triste rue* et *pauvres fleurs*, les adjectifs sont dévalorisants, alors que dans la phrase : « *Cet homme est triste et pauvre*. », ils sont neutres, seulement descriptifs.
  Dans la phrase : « *C'est un rêveur ; il a une grande puissance d'imagination.* », le mot *rêveur* est valorisant, tandis que dans celle-ci : « *C'est un rêveur ; il ne sait pas gérer ses affaires.* », il est dévalorisant.
- Cette valeur péjorative ou méliorative peut être également liée aux **connotations** des mots (voir ch. 32). Ainsi, dans le texte de Th. Gautier, les mots et expressions *vieilles, décharnés, au fond d'une espèce de cloaque, encaissé par de noires et hautes murailles, étiolées, poitrinaires, à moitié pourries* évoquent l'absence de soins, d'air, de lumière et l'approche de la mort.

2. L'emploi de figures de style

Le sentiment ou le jugement du locuteur peut aussi être mis en relief par la **répétition de mots** (*triste rue* [...] *triste boulevard*) ; la **personnification** (*Quelques vieilles charmilles* [...] *étiraient piteusement leurs bras décharnés*) ; la **métaphore** ou la **comparaison** (*Quelques pauvres fleurs étiolées* [...] *comme des jeunes filles poitrinaires*) ; l'**hyperbole** (*dévorées d'insectes*) ; la **litote** (*Il n'était pas laid*).

Exercices

1 Indiquez si les mots suivants ont une valeur méliorative ou péjorative et si elle est contenue dans leur radical ou dans leur suffixe.

Superbe • discutailler • robuste • délicieux • mansarde • élégant • vinasse • chétif • douceâtre • dépotoir • génie • vantard • écrivaillon • blême • bolide.

2 Cherchez un mot dérivé des suivants, appartenant à la même classe grammaticale, et formé à l'aide d'un suffixe péjoratif (*-asse(r), -ard, -ot(er), -aud, -nicher, -ocher*).

Faible • parler • papier • traîner • court • pleurer • caillou • jeune • vivre • mou • s'effiler.

3 Relevez les termes péjoratifs ou mélioratifs et expliquez les procédés utilisés pour valoriser ou dévaloriser (choix d'un mot, emploi d'une figure de style).

1. L'homme-chat arrêta la calèche à la hauteur du fêtard qui promenait son ivresse. (A. Jardin) - **2.** L'huître, de la grosseur d'un galet moyen, est d'une apparence plus rugueuse, d'une couleur moins unie, brillamment blanchâtre. (F. Ponge) - **3.** Il y eut un souper magnifique, une excellente comédie, un ballet fort divertissant et un feu d'artifice qui ne devait rien à celui qu'on fit pour l'Entrée. (La Fontaine)

4 Lisez ce texte.

Ce fut comme une apparition : [...]

Elle avait un large chapeau de paille, avec des rubans roses qui palpitaient au vent, derrière elle. Ses bandeaux noirs, contournant la pointe de ses grands sourcils, descendaient très bas et semblaient presser amoureusement l'ovale de sa figure. Sa robe de mousseline claire, tachetée de petits pois, se répandait à plis nombreux. Elle était en train de broder quelque chose ; et son nez droit, son menton, toute sa personne se découpait sur le fond de l'air bleu. [...]

Jamais il n'avait vu cette splendeur de sa peau brune, la séduction de sa taille, ni cette finesse des doigts que la lumière traversait. Il considérait son panier à ouvrage avec ébahissement, comme une chose extraordinaire.

Gustave Flaubert, *L'Éducation sentimentale*, 1869.

a. Relevez les termes désignant le personnage et ses vêtements. Sont-ils neutres ? Quels sentiments révèlent-ils chez l'observateur ?

b. Par quelle figure de style, employée à trois reprises, l'auteur valorise-t-il le personnage tout entier, son visage et *son panier à ouvrage* ?

5 Lisez ce texte.

On n'aurait pas reconnu cette belle boutique bleue, couleur du ciel, qui était jadis l'orgueil de Gervaise. Les boiseries et les carreaux de la vitrine, qu'on oubliait de laver, restaient du haut en bas éclaboussés par la crotte des voitures. Sur les planches, à la tringle de laiton, s'étalaient trois guenilles grises, laissées par des clientes mortes à l'hôpital. Et c'était plus minable encore à l'intérieur : l'humidité des linges séchant au plafond avait décollé le papier ; la perse Pompadour[1] étalait des lambeaux qui pendaient pareils à des toiles d'araignée lourdes de poussière ; la mécanique, cassée, trouée à coups de tisonnier, mettait dans son coin les débris de vieille fonte d'un marchand de bric-à-brac ; l'établi semblait avoir servi de table à toute une garnison, taché de café et de vin, emplâtré de confiture, gras des lichages[2] du lundi. Avec ça, une odeur d'amidon aigre, une puanteur faite de moisi, de graillon et de crasse.

Émile Zola, *L'Assommoir*, 1877.

1. **Perse Pompadour** : tissu d'ameublement à décor floral. - 2. **Lichages** (terme populaire) : repas où l'on boit et mange beaucoup.

a. Relevez les termes dépréciatifs et indiquez quelles impressions se dégagent de cette description.

b. Relevez les figures de style qui mettent en relief le jugement de valeur du narrateur.

Rédiger une définition

(Une famille, vivant dans un futur lointain, vient de découvrir un « trésor » : un livre…)

– … Je crois que je peux lire : A…R…A…G…O…N.

– Aragon, dit Françoise.

– C'est une région d'Espagne, dit Pierre.

– Ce ne serait pas plutôt un … un … comment disait-on donc ? … j'ai le mot sur le bout de la langue… ah ! un écrivain ?

– Un écrivain ! s'écria Pierre.

– Je crois qu'un écrivain, c'est un magicien, dit Roy d'un ton sentencieux. Ou une espèce de sorcier.

Ils passèrent tous les cinq une bonne partie de la soirée sur le livre qui présentait des morceaux choisis d'Aragon. Même Népomucène, qui était tête en l'air, s'était piqué au jeu.

Jean D'ORMESSON, « *Népomucène trouve un trésor* », *L'Humanité*, 20 août 1999.

■ **Que pensez-vous des définitions données du mot *écrivain* ? Proposez-en une autre. Quelle phrase éclaire l'expression *s'était piqué au jeu* ? Définissez cette expression.**

Leçon

1. Comprendre le sens d'un mot ou d'une expression dans une phrase

- On peut déduire le sens d'un mot à partir des éléments (**préfixe**, **radical**, **suffixe**) qui le composent.

  sentenc-ieux : « propre aux sentences, solennel ».

- Il faut aussi s'aider du **contexte**
  – pour bien comprendre le **sens** d'un mot : *Aragon* désigne ici une personne, puisque c'est le nom de l'auteur, inscrit sur la couverture du livre ;
  – pour déterminer si le mot ou l'expression est employé au **sens propre** ou au **sens figuré** : l'expression *avoir un mot sur le bout de la langue* est employée au sens figuré et signifie : « ne pas trouver le mot tout en étant sûr de le connaître ».

2. Définir le sens d'un mot dans son contexte

- Il ne suffit pas d'expliquer un mot **à partir de son radical** ou d'un autre mot de même radical. Il faut aussi donner un **synonyme** ou une expression de même sens et rédiger l'explication, en formant des **phrases complètes.**

  *Un **écrivain** est une personne qui compose des ouvrages littéraires.*

- Le mot ou le groupe de mots donné dans la définition doit être de la **même classe grammaticale** que le mot défini. On peut cependant définir un **adjectif** par une **proposition relative** ou un **adverbe** par un **groupe nominal.**

  sentencieux signifie « qui a le caractère solennel d'une sentence ».
  sentencieusement signifie « d'une manière solennelle ».

- Quand il s'agit d'une **expression formée de plusieurs mots**, il faut définir le sens général de l'expression, tout en donnant la signification des mots dont le sens n'est pas évident. L'expression *s'était piqué au jeu* signifie qu'il « s'était laissé passionner (*piqué*) par cette activité amusante (*au jeu*) ».

Exercices

1 **a. Relevez les préfixes dans chacun des mots soulignés. b. Donnez la définition de ces mots.**

1. Cette piqûre est absolument indolore. - **2.** On la complimenta sur son extraordinaire jeu d'actrice et aussitôt son visage s'empourpra. - **3.** Metteur en scène et comédiens travaillent en collaboration sur le tournage. - **4.** Je me conforme au traitement prescrit par le médecin. - **5.** En apercevant son visage défiguré, elle fut saisie d'une indicible terreur.

2 **En vous aidant du contexte, cherchez le sens des mots soulignés et donnez leur définition.**

1. Inutile d'essayer de l'en dissuader : il gardera immuablement ses convictions. - **2.** Le lait est un aliment aux propriétés nutritionnelles bien connues. - **3.** Ce professeur émérite connaît tout Homère par cœur ; c'est un véritable érudit. - **4.** Une odeur nauséabonde empestait ce lieu rempli d'immondices.

3 **Remplacez les points de suspension par un adjectif ou un adverbe correspondant à la définition donnée.**

1. Ce sportif a accompli trois exploits ... (qui se suivent immédiatement). - **2.** Il a agi ... (en suivant sa raison). - **3.** Cette maladie n'est pas ... (qu'on ne peut pas soigner). - **4.** Ils sont ... (sans pouvoir résister) attirés par le rouge.

4 **a. Relevez le préfixe et / ou le suffixe des mots soulignés. b. Dites si ces mots sont employés au sens propre ou au sens figuré. c. Donnez leur définition ainsi que celle de l'expression en gras.**

« L'ordinateur »

Imposante, hautaine dans la simplicité plastique de sa formidable complexité interne, l'énorme machine électronique avait des facultés illimitées, des pouvoirs surprenants, des possibilités innombrables. Elle aurait pu remplacer des services au grand complet, une armée de comptables, n'importe quelle fournée de directeurs et aucune question de gestion, aucun problème apparemment insoluble ne pouvait la **prendre de court**.

J. Sternberg, *188 Contes à régler*, © Denoël.

5 **a. Relevez les mots qui permettent de mieux comprendre les mots et expressions soulignés. b. Donnez leur définition.**

Ce jardin ainsi livré à lui-même depuis plus d'un demi-siècle était devenu extraordinaire et charmant. Les passants d'il y a quarante ans s'arrêtaient dans cette rue pour le contempler, sans se douter des secrets qu'il dérobait derrière ses épaisseurs fraîches et vertes. Plus d'un songeur à cette époque a laissé bien des fois ses yeux et sa pensée pénétrer indiscrètement à travers les barreaux de l'antique grille cadenassée, tordue, branlante.

Victor Hugo, *Les Misérables*, 1862.

6 **Donnez la définition des mots soulignés.**

Knock. – [...] J'ai ici la matière de plusieurs causeries de vulgarisation, des notes très complètes, de bons clichés, et une lanterne. Vous arrangerez tout cela comme vous savez le faire. Tenez, pour débuter, une petite conférence, toute écrite, ma foi, et très agréable, sur la fièvre typhoïde, les formes insoupçonnées qu'elle prend, ses véhicules innombrables : eau, pain, lait, coquillages, légumes, salades, poussières, haleine, etc., les semaines et les mois durant lesquels elle couve sans se trahir, les accidents mortels qu'elle déchaîne soudain, les complications redoutables qu'elle charrie à sa suite ; le tout agrémenté de jolies vues.

Jules Romains, *Knock*, © Gallimard, 1924.

Exprimer une comparaison

Amedeo MODIGLIANI (1884-1920), *Portrait de jeune fille*. Musée Picasso, Paris

Je me taisais énormément. Même avec mon père, je renonçai à discuter ; je n'avais pas la moindre chance d'influencer ses opinions, mes arguments s'écrasaient contre un mur : une fois pour toutes, et aussi radicalement que ma mère, il m'avait donné tort, il ne cherchait même plus à me convaincre, mais seulement à me prendre en faute. Les conversations les plus innocentes recelaient des pièges ; mes parents traduisaient mes propos dans leur idiome[1] et m'imputaient[2] des idées qui n'avaient rien de commun avec les miennes. [...]

Je préférais garder le silence. Seulement mes parents ne s'en accommodaient pas, ils me traitaient d'ingrate. J'avais le cœur beaucoup moins sec que mon père ne le croyait et me désolais ; le soir dans mon lit je pleurais ; il m'arriva même d'éclater en sanglots sous leurs yeux.

Simone DE BEAUVOIR, *Mémoires d'une jeune fille rangée*, © Gallimard, 1958.

1. **Idiome :** langue propre à un groupe de personnes. - 2. **M'imputaient :** m'attribuaient.

1. Parmi les mots du texte exprimant une comparaison, relevez une locution verbale synonyme de *ne pas ressembler à*, ainsi qu'un adjectif et un adverbe mis au comparatif ou au superlatif.

2. Relevez une proposition subordonnée comparative et indiquez par quels mots elle est introduite.

Leçon

Faire une comparaison, c'est rapprocher des faits, des êtres ou des objets pour souligner la **ressemblance** ou la **différence** qui existe entre eux. Pour cela on utilise le plus souvent des **moyens lexicaux** ou **grammaticaux**.

1. La comparaison dans la phrase simple

On peut établir une comparaison en utilisant des **mots exprimant** par eux-mêmes **une idée de comparaison** et introduisant le plus souvent un complément (nom, pronom ou groupe nominal). Ce peut être

– des **pronoms** ou des **déterminants,** *(un, l')autre (que), (un, le) même (que)* :

*Son père adopta **la même** attitude **que** sa mère.*

– un **adjectif,** *tel, identique (à), différent (de), pareil (à)*, etc. :

*Elle se réfugia dans sa chambre, **semblable à** un animal traqué.*

– un **verbe,** *sembler, être semblable (à), avoir l'air de, ressembler à, préférer (à)*, etc. ou des expressions verbales, *on dirait, on aurait dit, on croirait*, etc. :

*On m'imputait des idées qui n'**avaient** rien **de commun avec** les miennes.*

– une **préposition** ou une **locution prépositive,** *comme, à la manière de, à la façon de, à la différence de,* etc. : *Elle riait souvent* ***contrairement à*** *sa sœur.*

– un **adverbe,** *davantage (de), moins (de), autant (de),* etc. :

Je me mis à pleurer. Ils me firent alors ***davantage de*** *reproches.*

On peut aussi exprimer la comparaison par un **adjectif** ou un **adverbe** mis au **comparatif** (d'infériorité, d'égalité ou de supériorité) ou au **superlatif relatif.** Ils peuvent être suivis d'un complément.

Aussi radicalement (comparatif) *que ma mère* (complément du comparatif)*, il m'avait donné tort.*

Les conversations *les plus innocentes* (superlatif relatif) *recelaient des pièges.*

Remarque : le rapprochement entre les faits, les êtres ou les choses peut se faire sans que l'on utilise d'outil de comparaison. On parle alors de **métaphore** (*mes arguments s'écrasaient contre un mur*).

2. La comparaison dans la phrase complexe

La comparaison peut être exprimée par

– une **subordonnée conjonctive comparative**, introduite par *comme, ainsi que, de même que, autrement que, autant que, moins que, aussi... que, plutôt que,* etc. :

J'avais le cœur beaucoup moins sec que mon père ne le croyait.

– une **subordonnée conjonctive comparative hypothétique**, introduite par *comme si, de même que si, autant que si, plus que si,* etc. :

Ils la regardaient comme si elle avait dit une sottise.

On peut aussi faire une comparaison en établissant un **parallèle** entre deux phrases

– **juxtaposées** : *Sa mère cessa de lui parler ; son père renonça à la comprendre.*

– **coordonnées** (par *ainsi, de même,* etc.) : *Cette jeune fille est taciturne. Ainsi en est-il souvent des adolescents.*

Exercices

1 Retrouvez les comparaisons d'origine en complétant ces phrases avec les termes introducteurs suivants : ***en comparaison de, comme, la plus*** **(deux fois),** ***aussi ... que, semblable à, comme si.***

1. La musique a besoin de solfège, ... la parole a besoin de grammaire. (E. Orsenna) - **2.** Tout à coup, autour de nous, sur la mer ... nette ... une plaque d'acier, glissent de place en place, rapides, effacés aussitôt qu'apparus, des frissons presque imperceptibles, ... on eût jeté dedans mille pincées de sable menu. (Maupassant) - **3.** Les blancs pétales d'une corolle, ... des coupes de magnolia, se déplièrent. (N. Charles - Henneberg) - **4.** Ses nombreuses pattes, pitoyablement minces ... la taille qu'il avait par ailleurs, papillotaient maladroitement devant ses yeux. (F. Kafka) - **5.** De toutes les sciences ... absurde à mon avis, et celle qui est ... capable d'étouffer toute espèce de génie, c'est la géométrie. (Voltaire)

2 a. **Dans les phrases suivantes, relevez les comparaisons.**

b. **Récrivez ces phrases en respectant la consigne entre parenthèses.**

Ex. : ***Les nuages progressent lentement dans le ciel ; ils ressemblent à un troupeau de moutons.*** **(préposition suivie d'un groupe nominal)**

a. **comparaison : (les nuages)** ***ressemblent à un troupeau de moutons.***

b. ***Les nuages progressent lentement dans le ciel, comme un troupeau de moutons.***

1. Épuisé, il jette son fardeau pour achever sa route, tel un navire en détresse au milieu de l'océan. (verbe ou expression verbale) - **2.** Il fait froid dans la crique, mais il fait encore plus froid en mer. (adjectif au comparatif suivi d'un groupe nominal complément) - **3.** Mon chien se jette sur sa pâtée ; on dirait qu'il craint de mourir de faim. (conjonctive comparative hypothétique) - **4.** Les hommes ne peuvent pas plus marcher dans les sables mouvants que les poissons n'y peuvent nager. (propositions juxtaposées)

3 **Lisez ces textes.**

1. Le Panturle est un homme énorme. On dirait un morceau de bois qui marche. Au gros de l'été, quand il se fait un couvre-nuque avec des feuilles de figuier, qu'il a les mains pleines d'herbe et qu'il se redresse, les bras écartés, pour regarder la terre, c'est un arbre. Sa chemise pend en lambeaux comme une écorce. Il a une grande lèvre épaisse et difforme, comme un poivron rouge. (Jean Giono)

2. Celui qui regarde du dehors à travers une fenêtre ouverte ne voit jamais autant de choses que celui qui regarde une fenêtre fermée. Il n'est pas d'objet plus profond, plus mystérieux, plus fécond, plus ténébreux, plus éblouissant qu'une fenêtre éclairée d'une chandelle. Ce qu'on peut voir au soleil est toujours moins intéressant que ce qui se passe derrière une vitre. (Baudelaire)

a. **Relevez les métaphores et les comparaisons.**

b. **Indiquez les comparés, les comparants, éventuellement le terme introducteur et expliquez ces comparaisons.**

4 **Rédactions.**

a. **À la manière de Giono (texte 3. 1), faites le portrait d'un homme ou d'une femme que vous comparerez à un élément de la nature (montagne, rocher, fleur, fruit, etc.), en employant une succession de métaphores et de comparaisons.**

b. **Comme dans le texte 3. 2, comparez deux lieux en soulignant l'opposition de lumière, d'atmosphère qui existe entre eux et la différence d'intérêt qu'ils suscitent en vous.**

5 **Lisez ce texte.**

(Ulysse, naufragé, rencontre Nausicaa)

Tout compte fait, ce qui lui parut le meilleur
fut de dire à distance des mots doux comme le miel,
craignant de la blesser s'il lui embrassait les genoux[1].
Sans attendre, il lui tint ce doux astucieux discours :
« Reine, j'embrasse tes genoux ! Es-tu femme ou [déesse ?
Si tu es l'un des dieux qui possèdent le ciel immense,
c'est à la fille du grand Zeus, à la pure Artémis,
que ta beauté, ton port et ta grandeur te font pareille !
Si tu es des mortels qui ont sur terre leur demeure,
trois fois heureux ton père et ta royale mère [...]
Et plus heureux encor que tous les autres dans son âme,
celui-là qui, plus généreux, t'emmènera dans sa [maison !
Non ! jamais je n'ai vu de mortel, homme ou femme, [à toi
pareil ; et devant toi, je me sens plein de révérence[2]. ... »

HOMÈRE, *Odyssée*, VI, trad. Ph. Jaccottet, © La Découverte, 1982.

1. **Embrasser les genoux :** signe de respect ou de supplication, chez les Grecs anciens. - 2. **Révérence :** respect mêlé de retenue ou de crainte.

a. **Relevez les comparaisons et indiquez par quel moyen (comparatif, adjectif, etc.) elles sont introduites.**

b. **Expliquez pour quelles raisons Ulysse compare Nausicaa à une déesse.**

c. **Pourquoi utilise-t-il ces comparaisons pour s'adresser à la jeune fille ?**

6 **Lisez ce texte.**

(Dans une lettre à son ami Rhédi, Usbek lui fait part de sa rencontre avec de « beaux esprits ».)

...Lorsque j'arrivai à Paris, je les trouvai échauffés sur une dispute, la plus mince qu'il se puisse imaginer : il s'agissait de la réputation d'un vieux poète grec dont, depuis deux mille ans, on ignore la patrie, aussi bien que le temps de sa mort. Les deux partis avouaient que c'était un poète excellent ; il n'était question que du plus ou du moins de mérite qu'il fallait lui attribuer. Chacun en voulait donner le taux ; mais, parmi ces distributeurs de réputation, les uns faisaient meilleur poids que les autres. Voilà la querelle ! Elle était bien vive : car on se disait cordialement, de part et d'autre, des injures si grossières, on faisait des plaisanteries si amères, que je n'admirais pas moins la manière de disputer, que le sujet de la dispute.

MONTESQUIEU, *Lettres persanes*, 1721.

a. Relevez une proposition subordonnée exprimant une comparaison ; indiquez le comparé et les termes introducteurs. Quel jugement de valeur l'auteur énonce-t-il ainsi ?

b. Relevez une comparaison qui exprime l'enjeu du débat. À quelle classe grammaticale appartiennent les mots qui l'introduisent ?

c. Relevez les autres comparaisons et montrez qu'elles contribuent à rendre le texte ironique.

7 Lisez ce texte.

Les paléoanthropologues[1] viennent de faire une surprenante découverte : nos plus lointains ancêtres ne connaissaient pas les tourments de l'adolescence. Christopher Dean et son équipe ont étudié la croissance des dents de quelques-uns des plus vieux fossiles de l'humanité. Chez les grands singes (gorilles et chimpanzés), les australopithèques et les plus vieux hominidés comme *Homo habilis*, cette croissance est beaucoup plus rapide que chez les hommes modernes. Mais c'est aussi le cas chez *Homo erectus*, qui vivait il y a encore 800 000 ans. Pourtant, ce dernier marchait debout, avait à peu près la même taille que nous et fabriquait des outils. Autant de caractères qui le rapprochent beaucoup de l'humanité actuelle. Pourquoi, au cours de l'évolution, le passage à l'âge adulte s'est-il fait de plus en plus tard ? Sans doute pour laisser le temps aux enfants d'apprendre toutes les subtilités du langage et de la culture. Mais aussi permettre à nos énormes cerveaux – ils sont deux fois plus gros que celui d'*Homo erectus* ! – de grossir tranquillement.

Serge LATHIÈRE, « Y a plus d'ados »,
Science et Vie Junior n° 149, février 2002.

1. **Paléoanthropologues :** scientifiques qui étudient, à partir des fossiles, les êtres humains ayant peuplé la Terre aux époques géologiques.

a. Dans cet article scientifique, quels sont les groupes comparés ? Parmi les termes qui les désignent, relevez les adjectifs au superlatif et éventuellement leur complément.

b. Quelles différences et ressemblances les comparaisons établies entre eux soulignent-elles ? Laquelle est introduite par un verbe ?

c. Relevez deux phrases contenant un comparatif, dont l'une exprime le problème posé et l'autre constitue une tentative d'explication.

8 Lisez ce texte.

M. Delavelle devint mon professeur de français quand j'entrai en cinquième. Un matin du premier trimestre, à ma grande stupéfaction, il lut en classe ma rédaction. [...]

J'appris ce jour-là que ce que j'avais écrit était bon, et j'en fus aussi surpris que si j'avais, sans m'en apercevoir, traversé la Manche à la nage.

À la sortie, M. Delavelle me retint, me regarda avec une espèce de curiosité étonnée, puis me dit :

– Barjavel, vous êtes intelligent, il faut travailler...

Je le crus, comme j'avais cru M. Roux[1] quand il m'affirmait que je n'arriverais à rien parce que mon index ressemblait au pont d'Avignon[2].

Il est certain que ma « vocation » d'écrivain date de ce jour-là. Je découvris l'exaltation de savoir que je faisais quelque chose de bien, alors que jusqu'à ce jour j'avais cafouillé partout, et considéré l'encre, le papier et le porte-plume comme des instruments de torture. Je suppose que le poulain nouveau-né, qui trébuche sur ses quatre longues pattes grêles, et tombe, et se relève, et retombe sur le nez, doit éprouver le même genre d'euphorie[3] lumineuse quand tout à coup, sans qu'il sache pourquoi, l'équilibre lui vient, ses jambes lui obéissent, le sol ne se dérobe plus sous ses sabots. Le monde où il vient d'arriver l'accepte, il se met non seulement à marcher, mais à courir et gambader.

René BARJAVEL, *La Charrette bleue*, © Denoël, 1980.

1. Son instituteur de CM2. - 2. lorsqu'il tenait son porte-plume. - 3. **Euphorie :** joie intense.

a. Relevez deux propositions conjonctives comparatives. Indiquez quels sont les faits rapprochés et ce qu'expriment ces comparaisons.

b. Relevez une comparaison introduite par un verbe et une autre par une préposition ; indiquez les comparés, les comparants et expliquez le sens de ces comparaisons.

c. Quels points communs existent, selon Barjavel, entre le poulain et lui-même ? Montrez que le rapprochement se poursuit implicitement dans la dernière phrase.

9 Rédactions.

a. En vous inspirant du texte de l'exercice 7, exposez un problème soulevé par la comparaison de deux animaux et tentez d'y apporter des réponses, scientifiques ou fantaisistes, en utilisant des comparaisons.

b. Comme dans le texte de l'exercice 8, évoquez le souvenir d'un fait qui a transformé votre vision du monde et de vous-même. Utilisez des comparaisons et des métaphores qui souligneront la différence entre les sentiments éprouvés avant et après l'événement.

Dire un poème

L'Heur**e** du berger

La lun(e) est roug(e)/ au brumeux‿horizon ;//
Dans un brouillard/ qui dan**se**,// la prairi(e)/
S'endort fumeus(e),// et la grenouill**e** cri(e)/
Par les joncs verts/ où circul(e) un frisson ;//

Les fleurs des eaux referment leurs corolles ;
Des peupliers profilent aux lointains,
Droits et serrés, leurs spectres incertains ;
Vers les buissons errent les lucioles ;

Les chats-huants s'éveillent, et sans bruit
Rament l'air noir avec leurs ailes lourdes,
Et le zénith s'emplit de lueurs sourdes.
Blanche, Vénus émerge, et c'est la Nuit.

Paul Verlaine, *Poèmes saturniens*, 1866.

Pour préparer la diction d'un poème, il est conseillé de :

1. Mettre entre parenthèses les *e* muets et écrire en caractères gras les ***e*** qui se prononcent.

2. Noter les syllabes accentuées ´, les pauses légères qui les suivent / et les pauses plus importantes qui correspondent à la ponctuation //.

3. Indiquer le nombre de mesures de chaque vers (4/6 ; 4/3/3 ; 4/6 ; 4/6).

4. Signaler les enjambements, rejets et contre-rejets ↲.

5. Indiquer les liaisons ‿ et souligner les assonances et les allitérations.

Leçon

Aux origines la poésie était déclamée, avec accompagnement musical, et transmise oralement. Aujourd'hui encore, pour restituer au poème tout son sens, sa puissance évocatrice et sa musicalité, il convient d'adopter une diction qui se plie aux spécificités de cet art. *(Voir le lexique de versification, pages 278 à 281.)*

- On marquera le **rythme** en tenant compte
  – du **nombre de syllabes** de chaque vers. Pour cela il faut élider les *e* en hiatus, prononcer distinctement les autres et être attentif aux diérèses ;
  – des **accents** et des **coupes**. Il faut prononcer les syllabes accentuées avec plus d'intensité et marquer les coupes par une pause plus ou moins prolongée ;
  – des **enjambements**, **rejets** et **contre-rejets**. Il faut donc réprimer la tendance à baisser systématiquement la voix à la fin de chaque vers.
- On soulignera les répétitions de **sonorités** qui créent un effet d'écho de vers en vers avec les **rimes** et, à l'intérieur même des vers, avec les **allitérations** et les **assonances**.

Exercices

1 **a.** Préparez la diction des deux dernières strophes du poème de Verlaine en suivant les conseils donnés pour la première strophe. **b.** Dites ces vers en respectant bien le rythme et la musicalité du poème.

2 Lisez à haute et intelligible voix d'autres strophes et poèmes en vous reportant aux chapitre 32, ex. 8 ; chapitre 34, ex. 5. b. c. - ex. 9 - ex. 10 et chapitre 35, « Ma bohème » - ex. 2 - 6 - 7 - 8.

> PREMIÈRE PARTIE : QUESTIONS-RÉÉCRITURE-DICTÉE (25 points)

Fleuve

MISSISSIPI

À cet endroit le fleuve est presque aussi large qu'un lac
Il roule des eaux jaunâtres et boueuses entre deux berges marécageuses
Plantes aquatiques que continuent les acréages[1] des cotonniers
Çà et là apparaissent les villes et les villages tapis au fond de quelque petite baie avec leurs usines avec leurs hautes cheminées noires avec leurs longues estacades[2] qui s'avancent leurs longues estacades sur pilotis qui s'avancent bien avant dans l'eau

Chaleur accablante
La cloche du bord sonne pour le lunch
Les passagers arborent[3] des complets à carreaux des cravates hurlantes des gilets rutilants comme les cocktails incendiaires et les sauces corrosives[4]

On aperçoit beaucoup de crocodiles
Les jeunes alertes et frétillants
Les gros le dos recouvert d'une mousse verdâtre se laissent aller à la dérive

La végétation luxuriante annonce l'approche de la zone tropicale
Bambous géants palmiers tulipiers lauriers cèdres
Le fleuve lui-même a doublé de largeur
Il est tout parsemé d'îlots flottants d'où l'approche du bateau fait s'élever des nuées d'oiseaux aquatiques
Steam-boats[5] voiliers chalands embarcations de toutes sortes et d'immenses trains de bois
Une vapeur jaune monte des eaux surchauffées du fleuve

C'est par centaines maintenant que les crocos s'ébattent autour de nous
On entend le claquement sec de leurs mâchoires et l'on distingue très bien leur petit œil féroce
Les passagers s'amusent à leur tirer dessus avec des carabines de précision
Quand un tireur émérite[6] réussit ce tour de force de tuer ou de blesser une bête à mort
Ses congénères se précipitent sur elle la déchirent
Férocement
Avec des petits cris assez semblables au vagissement d'un nouveau-né

Blaise CENDRARS, « Mississipi » in « Fleuve » in *Kodak*,
œuvres complètes, tome 1, © Denoël, 1947.

1. **Acréages :** (anglicisme) surfaces cultivées, plantations.
2. **Estacades :** jetées faites par l'assemblage de pilotis.
3. **Arborent :** montrent, font étalage de.
4. **Corrosives :** (sens figuré) acides, piquantes.
5. **Steam-boats :** (anglicisme) bateaux à vapeur.
6. **Émérite :** très habile, expérimenté.

Questions sur le texte (15 points)

I. Au fil de l'eau (Trois premières strophes) (5,5 points)

1. Selon quel point de vue la description est-elle faite ? Justifiez votre réponse. *(1 point)*

2. a. Relevez une métaphore à la fin de la première strophe puis indiquez le comparé et le comparant. *(1 point)*

b. Quels mots ou groupes de mots sont répétés ? Quel rythme contribuent-ils à donner à la première strophe ? *(0,5 point)*

3. Relevez une comparaison dans la deuxième strophe ; indiquez les comparés, les comparants et l'outil de comparaison. Sur quelle idée est fondée le rapprochement entre les éléments ? *(1 point)*

4. a. Relevez deux adjectifs de couleur dévalorisants. Dites quel élément de ces mots leur donne un sens péjoratif. *(1 point)*

b. Que signifient, dans le texte, les adjectifs *hurlantes* et *incendiaires* ? Employez chacun d'eux dans une phrase où il aura un sens propre. *(1 point)*

II. Un paysage qui se transforme (Quatrième strophe) (3 points)

1. a. Relevez les mots et expressions indiquant un changement de lieu et d'état.

b. Quels sont les éléments en mouvement ? Indiquez dans quels sens s'effectuent ces déplacements. *(1 point)*

2. a. Relevez deux termes génériques et les termes spécifiques qu'ils englobent.

b. Quelle impression cette accumulation de noms produit-elle ? *(1 point)*

3. Relevez deux métaphores ; indiquez les comparés et les comparants et expliquez ces images. *(1 point)*

III. Un divertissement cruel (Cinquième strophe) (6,5 points)

1. a. Relevez les mots appartenant au champ lexical du bruit. *(0,5 point)*

b. Relevez une comparaison ; indiquez le comparant, le comparé et l'outil de comparaison. Quelle réaction ce rapprochement suscite-t-il chez vous ? *(1 point)*

2. a. De quels éléments le nom *nouveau-né* est-il formé ? Comment s'appelle ce type de mots ? Indiquez de quels éléments est formé le nom *congénères* et donnez-en le sens. *(1 point)*

b. Les mots *crocos* et *crocodiles* ont-ils les mêmes connotations ? *(1 point)*

3. a. Relevez les mots appartenant aux champs lexicaux du jeu et de la cruauté. Pourquoi sont-ils associés ? *(1 point)*

b. Que signifie l'expression *tour de force* (ligne 20) ? Quelle est la figure de style employée dans le vers « *Quand un tireur ... à mort* » (ligne 20) ? *(1 point)*

4. En vous appuyant sur l'ensemble de vos réponses, dites quel jugement exprime le poète sur les actes des hommes et des animaux. *(1 point)*

Réécriture (5 points)

Récrivez ces vers en remplaçant « *C'est par centaines* » par « *C'était tout seul maintenant que* » et en adoptant une mise en page et des signes de ponctuation qui conviendraient en prose.

C'est par centaines maintenant que les crocos s'ébattent autour de nous
On entend le claquement sec de leurs mâchoires et l'on distingue très bien leur petit œil féroce
Les passagers s'amusent à leur tirer dessus avec des carabines de précision

Les fautes de copie seront pénalisées.

Dictée (5 points)

(Le narrateur chasse dans les marais avec son cousin Karl.)

Deux oiseaux, le col droit et les ailes tendues, glissèrent brusquement sur nos têtes. Je tirai. Un d'eux tomba presque à mes pieds. C'était une sarcelle au ventre d'argent. Alors, dans l'espace au-dessus de moi, une voix, une voix d'oiseau cria. Ce fut une plainte courte, répétée, déchirante ; et la bête, la petite bête épargnée, se mit à tourner dans le bleu du ciel au-dessus de nous en regardant sa compagne morte que je tenais entre mes mains.

Karl, à genoux, le fusil à l'épaule, l'œil ardent, la guettait, attendant qu'elle fût assez proche.

« Tu as tué la femelle, dit-il, le mâle ne s'en ira pas. »

Certes, il ne s'en allait point ; il tournoyait toujours, et pleurait autour de nous. Jamais gémissement de souffrance ne me déchira le cœur comme l'appel désolé, comme le reproche lamentable de ce pauvre animal perdu dans l'espace.

Guy de MAUPASSANT, « Amour » dans *Contes et Nouvelles*, 1886.

> SECONDE PARTIE : RÉDACTION (15 points)

Sujet

De tous temps, l'homme a chassé l'animal.
Cette activité peut-elle encore se justifier de nos jours ou la considérez-vous comme un acte de barbarie ?

Consignes

Vous développerez votre réflexion dans un texte en deux parties dont chacune comportera deux ou plusieurs paragraphes. Chaque paragraphe sera organisé autour d'une idée que vous exposerez avec clarté et que vous défendrez en vous appuyant sur des exemples précis.

Lire un texte poétique

Lors de la lecture d'un texte poétique, on aura soin d'étudier :

- **Le sens des mots et leurs connotations :** On peut ainsi restituer aux mots tout leur pouvoir suggestif et accéder à une plus large interprétation du texte.
- **Les champs lexicaux qui se tissent et s'entrecroisent à travers tout le poème :** Ces associations de mots sont souvent renforcées par une symétrie dans la construction grammaticale, au niveau des mots, des propositions ou des phrases.
- **Les figures de style :** Elles permettent d'évoquer une idée ou une réalité de façon frappante et donc d'agir sur l'imaginaire du lecteur.
- **Les sonorités :** Les rimes, allitérations et assonances permettent de rendre perceptible une atmosphère.
- **Le rythme du vers ou de la strophe :** L'accentuation, les coupes, enjambements, rejets et contre-rejets permettent d'insister sur une idée, une sensation et contribuent à faire partager une émotion.

Lisez attentivement ce poème.
Puis, après avoir suivi les différents axes d'étude proposés ci-dessus, indiquez les pensées et les sentiments qu'a cherché à évoquer le poète.

Les Colombes

Sur le coteau, là-bas où sont les tombes,
Un beau palmier, comme un panache vert,
Dresse sa tête, où le soir les colombes
Viennent nicher et se mettre à couvert.

Mais le matin elles quittent les branches :
Comme un collier qui s'égrène, on les voit
S'éparpiller dans l'air bleu, toutes blanches,
Et se poser plus loin sur quelque toit.

Mon âme est l'arbre où tous les soirs, comme elles,
De blancs essaims de folles visions
Tombent des cieux, en palpitant des ailes,
Pour s'envoler dès les premiers rayons.

Théophile GAUTIER, *La Comédie de la mort*, 1838.

LES CLASSES DE MOTS

Chaque mot d'une phrase appartient à une classe grammaticale qui lui est propre. Certains mots ont une classe grammaticale variable selon leur emploi dans la phrase.

Une classe de collège : classe = nom.
Elle classe ses papiers : classe = verbe.

Les classes de mots variables

Les noms

- Le nom peut désigner un **être** (*enfant, chien*), un **objet** (*stylo*), une **action** (*départ*), une **notion abstraite** (*liberté, inquiétude*).
- On distingue
  - les noms **communs / propres** : *berger, poisson, vent, amitié / Molière, Venise*
  - les noms **animés / non animés** : *danseuse, magicien, ours / table, ennui*
  - les noms **concrets / abstraits** : *vent, cahier / honnêteté, certitude*
  - les noms **dénombrables / non dénombrables** : *feuille, année / lait, fatigue.*

Les adjectifs

- L'adjectif qualificatif exprime une qualité ou une caractéristique d'un être ou d'une chose : *une lumière douce, un cheval blanc, les vertèbres cervicales.*
- L'adjectif peut être au **comparatif** : *plus (moins, aussi) léger (que…).*
- L'adjectif peut être au **superlatif** : – relatif : *le plus (le moins) léger (de… / parmi…)*
  – absolu : *très (extrêmement, fort…) léger.*

Les déterminants

Les déterminants précèdent le nom et indiquent son genre et son nombre.

- **Les déterminants définis :**
  - articles définis : *le, la, les, l', au, aux, du, des*
  - déterminants démonstratifs : *ce, cette, cet, ces,* parfois renforcés par *–ci* ou *–là*
  - déterminants possessifs : *mon, ma, mes, ton, ta, tes, son, sa, ses, notre, nos, votre, vos, leur, leurs.*
- **Les déterminants indéfinis :**
  - articles indéfinis : *un, une, des*
  - articles partitifs : *du, de la, de l', des* (avant un nom non dénombrable)
  - déterminants numéraux : *un, deux, vingt, cent…*
  - déterminants indéfinis : *certains, plusieurs, quelques, chaque, tout, un peu de, trop de, beaucoup de, tant de, même, autre…*
  - déterminants exclamatifs et interrogatifs : *quel, quelle, quels, quelles.*

Les pronoms : voir tableau page 304.

Les verbes

Le verbe est le noyau de la proposition ou de la phrase : *Le bateau gagne le large.*

- Les **temps simples** : présent, imparfait, passé simple, futur
  Les **temps composés** : passé composé, plus-que-parfait, passé antérieur, futur antérieur.
- Les **modes personnels** : indicatif, subjonctif, conditionnel, impératif
  Les **modes impersonnels** : infinitif, participe, gérondif.
- Les **voix** : active, passive, pronominale.

Les classes de mots invariables

Les adverbes et locutions adverbiales

L'adverbe précise le sens d'un verbe, d'un adjectif, d'un autre adverbe ou de toute une phrase : il peut aussi relier des propositions ou des phrases (voir tableau des connecteurs, page 307).

- Les adverbes d'**intensité** : *beaucoup, (un) peu, autant, tellement, si, aussi, assez, très, plus, moins, fort, extrêmement…*
- Les adverbes **circonstanciels** de
  – lieu : *ici, là, y, en, ailleurs, loin, dessus, dessous, en avant, en arrière…*
  – temps : *aujourd'hui, demain, hier, souvent, longtemps, de temps en temps, quelquefois, jadis, naguère, autrefois, bientôt, tôt, tard…*
  – manière : *bien, mal, exprès, ensemble, vite,* ainsi que de nombreux adverbes en *-ment.*
- Les adverbes **modalisateurs** exprimant une opinion ou un sentiment : *sans doute, bien sûr, évidemment, volontiers, heureusement, hélas…*
- Les adverbes **négatifs** : *ne (… pas, … plus, … guère, … jamais)…*
- Les adverbes **interrogatifs** : *où, quand, pourquoi, combien, comment.*
- Les adverbes de **liaison** : *en effet, c'est pourquoi, par conséquent, aussi, ainsi, cependant, toutefois, alors, d'ailleurs, premièrement, deuxièmement…*

Les prépositions et locutions prépositives

Voir tableau page 306.

Les conjonctions de coordination :

et, ou, ni, mais, or, car, donc.

Les conjonctions et locutions conjonctives de subordination

Elles peuvent introduire des subordonnées

– **sujet, attribut du sujet, complément d'objet, complément du nom** : *que, qu'*
– **complément de temps** : *quand, lorsque, après que, depuis que, une fois que, comme, dès que, alors que, tandis que, pendant que, tant que, maintenant que, chaque fois que, avant que, en attendant que, jusqu'à ce que…*
– **complément de cause** : *parce que, puisque, comme, vu que, étant donné que, attendu que, sous prétexte que, non que …*
– **complément de conséquence** : *si bien que, de (telle) sorte que, au point que, à tel point que, tellement que, tant…que, si… que, tel… que, trop… pour que, assez… pour que…*
– **complément de but** : *pour que, afin que, de façon que, de peur que, de crainte que…*
– **complément d'opposition** : *bien que, quoique, alors que, tandis que, au lieu que, même si, quand bien même, quoi que…*
– **complément de condition** : *si, à condition que, au cas où, à supposer que…*
– **complément de comparaison** : *comme, ainsi que, de même que…*

Les interjections

L'interjection est un mot qui exprime une émotion vive.
Elle peut être employée dans une phrase exclamative ou être l'équivalent d'une phrase si elle est employée seule.

Oh ! Ah ! Ouf ! Aïe ! Pan ! Bonjour ! Allons !

LES PRONOMS

Un pronom est l'équivalent d'un nom, dont il peut avoir toutes les fonctions.

- Les **pronoms substituts** remplacent un nom ou un groupe de mots déjà employé, pour éviter une répétition. *Marie connaît ton frère. **Elle** est dans la même classe que **lui**.*
- Les **pronoms indices d'énonciation** désignent des êtres et des choses qui appartiennent à la situation d'énonciation. ***Je vous** ai apporté **ceci**.*

Les pronoms personnels

	singulier	**pluriel**
• **1re personne**	*je, me, moi*	*nous*
• **2e personne**	*tu, te, toi*	*vous*
• **3e personne**	*il, elle, le, la, lui* *on* (personnel et indéfini) *se, soi* (réfléchi, 3e pers.), *en, y*	*ils, elles, eux, leur*

Les pronoms démonstratifs

	singulier	**pluriel**
• **Formes simples**	*celui, celle, ce, c'*	*ceux, celles*
• **Formes composées**	*celui-ci, celle-ci, ceci* *celui-là, celle-là, cela, ça*	*ceux-ci, celles-ci* *ceux-là, celles-là*

Les pronoms possessifs

se rapportant à	***moi***	***toi***	***lui (elle)***	***nous***	***vous***	***eux (elles)***
singulier	*le mien* *la mienne*	*le tien* *la tienne*	*le sien* *la sienne*	*le nôtre* *la nôtre*	*le vôtre* *la vôtre*	*le leur* *la leur*
pluriel	*les miens*	*les tiens*	*les siens*	*les nôtres*	*les vôtres*	*les leurs*

Les pronoms indéfinis

pluralité	**totalité**	**singularité**	**quantité nulle** en relation avec ***ne***	**ressemblance / différence**
plusieurs *certains* *la plupart* *quelques-uns* etc.	*tout* *tous* *chacun* etc.	*quelqu'un* *quelque chose* *quiconque* *qui que ce soit* etc.	*personne* *rien* *nul* *aucun* etc.	*le même* *l'autre* *autre chose* etc.

Les pronoms interrogatifs

• **Formes simples**	*qui (qui est-ce qui* ou *que), que (qu'est-ce qui* ou *que), quoi*
• **Formes composées**	*lequel, laquelle, lesquels, lesquelles, auquel, duquel,* etc.

Les pronoms relatifs

• **Formes simples**	*qui, que, quoi, dont, où*
• **Formes composées**	*lequel, laquelle, lesquels, lesquelles, auquel, duquel,* etc.

LES EMPLOIS DE *QUE*

Pronom

- **Pronom relatif** : *Le livre* ***que*** *je lis est un roman historique.* ***Que*** = *le livre*, COD de *lis.*
  Que représente un animé ou un non-animé.

- **Pronom interrogatif** : ***Que*** *fais-tu ?* *Dis-moi* ***ce que*** *tu fais.*
  Que interrogatif représente toujours un non-animé.

Conjonction de subordination

- ***Que*** introduit des subordonnées conjonctives sujets, attributs du sujet, ou compléments d'objet, de nom, d'adjectif.
  Que *tu viennes* (sujet) *nous fait plaisir.* *L'important est* ***que*** *tu viennes* (attribut du sujet). *Je crois* ***que*** *c'est vrai* (COD).
  J'ai l'impression ***qu'****elle réussira* (CDN). *Je suis satisfait* ***qu'****elle réussisse* (c. d'adjectif).

- ***Que*** est un élément de locutions conjonctives introduisant des subordonnées conjonctives circonstancielles de temps, de cause, de conséquence, de but, d'opposition, de condition, de comparaison.
  [*Parce* ***que*** *Lucie est timide*] (c. circ. de cause), *elle rougit* [*dès* ***qu'****on lui parle*] (c. circ. de temps).

- ***Que*** peut être mis à la place de *pour que*. Il introduit alors une subordonnée conjonctive complément circonstanciel de but.
  Entrez, ***que*** *nous puissions bavarder* (c. circ. de but (= ***pour que***)).

- ***Que*** remplace une autre conjonction de subordination pour éviter une répétition.
  Comme le temps était beau et ***que*** (= *comme*) *nous n'étions pas pressés, nous avons flâné.*

- ***Que*** introduit un complément du comparatif.
  Ce devoir est plus facile ***que*** *le précédent.*
  que *le précédent :* complément du comparatif *plus facile.*

Adverbe exclamatif

Que *ce bruit est pénible ! (que = comme, combien)*

Autres emplois

- ***Que*** **introduit une indépendante au subjonctif** qui exprime l'ordre, la défense, le souhait ou l'indignation. ***Que*** *personne n'entre.* ***Que*** *la pluie cesse enfin !*

- ***Que,*** **élément de locutions diverses**
  – locution restrictive *ne…que* : *On ne fait bien* ***que*** *ce qu'on aime. (= seulement)*
  – locution interrogative *est-ce que* : *Est-ce* ***que*** *vous m'entendez ?*
  – présentatifs *c'est … que, voilà … que, il y a … que* :
  C'est ici ***qu'****il habite.* *Voilà un mois* ***qu'****il n'a pas écrit.*

LES PRÉPOSITIONS

Il existe des formes simples de prépositions et des formes composées, appelées **locutions prépositives.** Les prépositions introduisent un mot ou un groupe de mots ayant une fonction dans la phrase. Les plus courantes sont ***à*** et ***de***, mais il existe de nombreuses autres prépositions introduisant des nuances de sens variées.

Le lieu	*à, chez, contre, dans, derrière, devant, en, entre, sous, sur ; à côté de, à droite de, à l'intérieur de, au-delà de, autour de, à travers, au-dessus de, en haut de, hors de, jusqu'à, le long de, loin de…*
Le temps	*à, après, avant, depuis, dès, en, pendant, à compter de, à l'occasion de, au cours de, jusqu'à, lors de…*
La cause	*par, pour, à cause de, au nom de, en raison de, en vertu de, grâce à, par suite de, sous prétexte de…*
La conséquence	*au point de, de façon à, de manière à, trop… pour…*
Le but	*pour, afin de, dans le but de, dans l'intention de, de crainte de, de façon à, de manière à, de peur de, en vue de…*
Le moyen	*à, avec, par, à l'aide de, au moyen de, faute de…*
La manière	*à, avec, de, en, par, suivant…*
L'accompagnement	*avec, en compagnie de…*
L'opposition	*malgré, en dépit de…*
La comparaison	*comme, à la façon de, à la manière de…*

LES GROUPES DE MOTS

Le groupe verbal (**GV**) est un constituant obligatoire de la phrase de base. Son noyau est un verbe et il peut être accompagné de compléments d'objet, de compléments d'agent et d'attributs.

*Le vent **agite les branches**.* *Le ciel **devient gris**.*

Le groupe nominal (**GN**) a pour noyau un nom accompagné d'un déterminant (groupe nominal minimum) et de ses expansions : épithète, CDN, subordonnée relative, apposition.

***Ce paisible cours d'eau qui traverse la vallée** est sorti de son lit aujourd'hui.*

Le groupe pronominal a pour noyau un pronom accompagné d'un complément, d'une subordonnée relative ou d'une apposition.

***Chacun de nous** devra participer.* *Choisis **celui que tu préfères**.*

Le groupe adjectival a pour noyau un adjectif accompagné de ses expansions : adverbe, complément. Il peut être un comparatif ou un superlatif accompagné d'un complément.

*Il est **assez fier de son exploit**.* *Elle a trouvé un travail **plus intéressant que le précédent**.*

Le groupe participe a pour noyau un participe accompagné d'un ou plusieurs compléments.

***Échappant aux chasseurs**, l'animal se faufila dans son terrier **creusé sous les broussailles**.*

Le groupe infinitif a pour noyau un infinitif accompagné d'un ou plusieurs compléments.

***Réussir sa carrière professionnelle** est son objectif prioritaire.*

Le groupe gérondif a pour noyau un participe, accompagné d'un ou plusieurs compléments.

*Ils se sont revus **en participant à un séminaire**.*

LES CONNECTEURS

Les connecteurs sont des **mots-outils** qui relient les propositions, les phrases ou les paragraphes. Ils donnent de la cohérence au texte.
Ce sont des adverbes, des conjonctions de coordination ou de subordination, parfois des groupes circonstanciels prépositionnels.

Les connecteurs temporels

Les connecteurs temporels peuvent marquer
- la **situation des faits** : *un jour, ce jour-là, aujourd'hui, le lendemain, à ce moment-là…*
- la **succession** : *d'abord, puis, ensuite, enfin, premièrement, deuxièmement…*
- la **durée** : *longtemps, pendant trois jours, durant des années…*
- la **fréquence** : *tous les jours, le matin, souvent, parfois, fréquemment…*
- la **soudaineté** : *soudain, tout à coup, brusquement, au moment où…*
- la **simultanéité** : *pendant que, en même temps, pendant ce temps…*
- l'**antériorité** : *auparavant, le mois précédent, la veille, quelques jours plus tôt…*
- la **postériorité** : *plus tard, après ces événements, par la suite…*

Certains connecteurs situent les faits par rapport au moment de l'énonciation. Ce sont des **indices d'énonciation** :

maintenant, hier, demain, dans deux jours, la semaine dernière…

Les connecteurs spatiaux

Les connecteurs spatiaux **situent** les éléments de la description dans l'**espace** ou **les uns par rapport aux autres**, ou encore **par rapport au lieu de l'énonciation**.
Ils sont souvent employés par paires.

Ici, là ; à droite, à gauche ; devant, derrière ; loin de, près de ; loin, près ;
au-dessus, au-dessous ; ailleurs, au-delà …

Les connecteurs logiques

Les connecteurs logiques établissent un **rapport logique** entre les faits ou les idées.
Ils peuvent exprimer ou annoncer
- l'**addition** : *et, de plus, en outre, de surcroît, puis…*
- l'**alternative** : *soit… soit, soit que… soit que, ou… ou, ou bien…*
- les **étapes** d'un raisonnement : *d'abord, ensuite, enfin, premièrement, deuxièmement, dans un premier temps, puis, en premier lieu, en second lieu…*
- une **explication**, une **cause** : *car, en effet, effectivement, pour cette raison, parce que, puisque…*
- une **conséquence** : *donc, c'est pourquoi, voilà pourquoi, aussi, ainsi, par conséquent, en conséquence, d'où, alors, du coup…*
- une **opposition** : *mais, or, cependant, pourtant, néanmoins, toutefois, certes, bien que, quoique, à l'opposé, malgré tout, contrairement à, au contraire, en revanche, à l'inverse…*

LES FONCTIONS

Les fonctions par rapport au verbe

• **Le sujet.** Le sujet (S) représente l'être ou la chose dont on parle. Il peut être un nom, un GN, un pronom, un infinitif, un groupe infinitif, une subordonnée relative ou conjonctive.

Mes amis sont venus. *Comment allez-**vous** ?* ***Qui vole un œuf** vole un bœuf.*

Dans les tournures impersonnelles, on distingue le **sujet grammatical** et le **sujet logique**.

***Il** est survenu **un incident**.* (Il : S grammatical ; un incident : S logique)

• **L'attribut du sujet.** L'attribut du sujet exprime une qualité ou une propriété du sujet par l'intermédiaire d'un verbe attributif *(être, sembler…)*. Il peut être un nom, un GN, un pronom, un adjectif, un participe, un infinitif, une subordonnée. *L'ours est **un animal protégé**.* (L'ours : S ; un animal protégé : attribut du sujet)

• **L'attribut du COD.** L'attribut du COD exprime une qualité ou une propriété du COD par l'intermédiaire d'un verbe. Il peut être un nom, un GN, un adjectif, un participe.

*Je les trouve **agréables**.* (les : COD ; agréables : attribut du COD)

• **Les compléments essentiels.** On ne peut ni les supprimer ni les déplacer. Ils peuvent être un nom, un GN, un pronom, un infinitif, un groupe infinitif, une proposition subordonnée. On distingue

– le **complément d'objet direct** (COD) qui complète le verbe sans préposition :
*Elle regarde **les nuages**.*

– le **complément d'objet indirect** (COI) qui est introduit par une préposition :
*Nous profiterons **de la belle saison**.*

– le **complément d'objet second** (COS) qui complète un verbe déjà accompagné d'un COD :
*Il confie son chat **à un voisin**.* (son chat : COD ; à un voisin : COS)

– le **complément essentiel de lieu** qui exprime le lieu mais qu'on ne peut supprimer :
*Elle est **dans sa chambre**. Il va **à Paris**.*

• **Le complément d'agent.** Le complément d'agent (CA) complète un verbe passif : il correspond au sujet du verbe actif. *Le train a été retardé **par la neige**.*

Les fonctions par rapport à la phrase

• **Les compléments circonstanciels.** Ils complètent la phrase dans son ensemble. On peut en général les supprimer ou les déplacer. Ils peuvent être un nom, un GN, un pronom, un infinitif, un groupe infinitif, un adverbe, un gérondif, un groupe gérondif, une subordonnée conjonctive ou participiale. Il existe des compléments circonstanciels (CC) de

– **lieu** : *Il possède un bateau **en Bretagne**.*
– **temps** : *Il a navigué **pendant deux mois**.*
– **moyen** : *Elle fait des dessins **au fusain**.*
– **manière** : *Ils avancent **lentement, avec difficulté, en gémissant**.*
– **accompagnement** : *Nous voyagerons **avec vous**.*
– **cause** : *Elle était inquiète **parce que nous tardions à rentrer**.*
– **conséquence** : *Il est **si** fatigué **qu'il s'est endormi**.*

– **but** : *Ils se réunissent* ***pour organiser leurs vacances****.*
– **opposition** : *Elle s'est lancée dans l'aventure* ***malgré nos conseils de prudence****.*
– **condition** : ***Si cet article ne vous convient pas****, rapportez-le.*
– **comparaison** : *J'aimerais voler* ***comme un oiseau****.*

• **L'apostrophe.** Un nom, ou un groupe nominal, est mis en apostrophe lorsque, dans une phrase de dialogue, il sert à interpeller quelqu'un. ***François****, ne reste pas ici.*

Les fonctions par rapport au nom

• **L'épithète.** L'épithète est un adjectif, un groupe adjectival, un participe ou un groupe participe. L'**épithète liée** précède ou suit immédiatement le nom qualifié.

Le pays est couvert de ***grandes*** *forêts* ***sombres****.*

L'**épithète détachée** (ou adjectif apposé) est séparée du nom qualifié par une virgule.

Infatigables*, les joueurs s'affrontaient.*

• **Le complément du nom.** Le complément de détermination du nom (CDN) peut être un nom, un GN, un pronom, un infinitif, un groupe infinitif, une subordonnée conjonctive, une subordonnée relative (dans ce cas, on l'appelle : **complément de l'antécédent**).

Une branche ***d'arbre*** *se détacha.* *Nous avons l'espoir* ***que la paix revienne****.*

• **L'apposition.** L'apposition est détachée du nom auquel elle se rapporte par une virgule ou par deux points. Elle peut être un nom, un GN, un infinitif, un groupe infinitif, un adjectif ou son équivalent (on dit aussi : épithète détachée).

Pierre et Léa, ***les délégués de la classe****, s'adressèrent à leurs camarades.*

Les fonctions par rapport à l'adjectif

• **Le complément d'adjectif.** Le complément de détermination de l'adjectif (CDA) peut être un nom, un GN, un pronom, un infinitif, un groupe infinitif, une subordonnée conjonctive.

L'artiste est heureux ***qu'on l'applaudisse****.* *Il est prêt* ***à partir****.*

• **Le complément du comparatif.** Il est introduit par *que*. Il peut être un nom, un GN, un adjectif, un adverbe, une subordonnée conjonctive.

Ce meuble est plus large ***que haut****.* *Il fait moins froid* ***qu'hier****.*

• **Le complément du superlatif.** Le superlatif relatif est parfois suivi d'un complément. Celui-ci peut être un nom, un GN, un pronom, une subordonnée relative au subjonctif.

Il est le plus qualifié ***de tous****.* *C'est le spécimen le plus ancien* ***qu'on connaisse****.*

Les fonctions par rapport au pronom

• **Le complément du pronom.** Le complément de détermination du pronom peut être un nom, un GN, un pronom, une subordonnée relative (**complément de l'antécédent**).

Chacun ***d'entre nous*** *sera averti.* *Ceux* ***qui ont fini*** *peuvent sortir.*

• **L'apposition.** Un nom, un GN, un infinitif, un groupe infinitif, un adjectif ou son équivalent (on dit aussi épithète détachée) peuvent être mis en apposition à un pronom.

Certains, ***déçus****, repartirent.* *Elle ne désire que ceci :* ***rendre service à chacun****.*

AVOIR

INDICATIF*

Présent		Passé composé		Passé simple		Passé antérieur	
j'	ai	j'	ai eu	j'	eus	j'	eus eu
tu	as	tu	as eu	tu	eus	tu	eus eu
il	a	il	a eu	il	eut	il	eut eu
nous	avons	nous	avons eu	nous	eûmes	nous	eûmes eu
vous	avez	vous	avez eu	vous	eûtes	vous	eûtes eu
ils	ont	ils	ont eu	ils	eurent	ils	eurent eu

Imparfait		Plus-que-parfait		Futur simple		Futur antérieur	
j'	avais	j'	avais eu	j'	aurai	j'	aurai eu
tu	avais	tu	avais eu	tu	auras	tu	auras eu
il	avait	il	avait eu	il	aura	il	aura eu
nous	avions	nous	avions eu	nous	aurons	nous	aurons eu
vous	aviez	vous	aviez eu	vous	aurez	vous	aurez eu
ils	avaient	ils	avaient eu	ils	auront	ils	auront eu

SUBJONCTIF

Présent		Passé		Imparfait		Plus-que-parfait	
que j'	aie	que j'	aie eu	que j'	eusse	que j'	eusse eu
que tu	aies	que tu	aies eu	que tu	eusses	que tu	eusses eu
qu'il	ait	qu'il	ait eu	qu'il	eût	qu'il	eût eu
que nous	ayons	que nous	ayons eu	que nous	eussions	que nous	eussions eu
que vous	ayez	que vous	ayez eu	que vous	eussiez	que vous	eussiez eu
qu'ils	aient	qu'ils	aient eu	qu'ils	eussent	qu'ils	eussent eu

CONDITIONNEL

Présent		Passé 1re forme		Passé 2e forme	
j'	aurais	j'	aurais eu	j'	eusse eu
tu	aurais	tu	aurais eu	tu	eusses eu
il	aurait	il	aurait eu	il	eût eu
nous	aurions	nous	aurions eu	nous	eussions eu
vous	auriez	vous	auriez eu	vous	eussiez eu
ils	auraient	ils	auraient eu	ils	eussent eu

IMPÉRATIF

Présent

aie
ayons
ayez

GÉRONDIF

en ayant

INFINITIF

Présent	Passé
avoir	avoir eu

PARTICIPE

Présent	Passé
ayant	ayant eu

* Il existe **deux autres temps de l'indicatif**, le **futur du passé** et le **futur antérieur du passé**, dont la conjugaison est identique à celle du conditionnel présent (futur du passé) et du conditionnel passé 1re forme (futur antérieur du passé).

ÊTRE

INDICATIF*

Présent		Passé composé		Passé simple		Passé antérieur	
je	suis	j'	ai été	je	fus	j'	eus été
tu	es	tu	as été	tu	fus	tu	eus été
il	est	il	a été	il	fut	il	eut été
nous	sommes	nous	avons été	nous	fûmes	nous	eûmes été
vous	êtes	vous	avez été	vous	fûtes	vous	eûtes été
ils	sont	ils	ont été	ils	furent	ils	eurent été

Imparfait		Plus-que-parfait		Futur simple		Futur antérieur	
j'	étais	j'	avais été	je	serai	j'	aurai été
tu	étais	tu	avais été	tu	seras	tu	auras été
il	était	il	avait été	il	sera	il	aura été
nous	étions	nous	avions été	nous	serons	nous	aurons été
vous	étiez	vous	aviez été	vous	serez	vous	aurez été
ils	étaient	ils	avaient été	ils	seront	ils	auront été

SUBJONCTIF

Présent		Passé		Imparfait		Plus-que-parfait	
que je	sois	que j'	aie été	que je	fusse	que j'	eusse été
que tu	sois	que tu	aies été	que tu	fusses	que tu	eusses été
qu'il	soit	qu'il	ait été	qu'il	fût	qu'il	eût été
que nous	soyons	que nous	ayons été	que nous	fussions	que nous	eussions été
que vous	soyez	que vous	ayez été	que vous	fussiez	que vous	eussiez été
qu'ils	soient	qu'ils	aient été	qu'ils	fussent	qu'ils	eussent été

CONDITIONNEL

Présent		Passé 1re forme		Passé 2e forme	
je	serais	j'	aurais été	j'	eusse été
tu	serais	tu	aurais été	tu	eusses été
il	serait	il	aurait été	il	eût été
nous	serions	nous	aurions été	nous	eussions été
vous	seriez	vous	auriez été	vous	eussiez été
ils	seraient	ils	auraient été	ils	eussent été

IMPÉRATIF

Présent
sois
soyons
soyez

GÉRONDIF

en étant

INFINITIF

Présent	Passé
être	avoir été

PARTICIPE

Présent	Passé
étant	ayant été

* Il existe **deux autres temps de l'indicatif**, le **futur du passé** et le **futur antérieur du passé**, dont la conjugaison est identique à celle du conditionnel présent (futur du passé) et du conditionnel passé 1re forme (futur antérieur du passé).

1er groupe	CHANTER		Voix active
INDICATIF*			
Présent	**Passé composé**	**Passé simple**	**Passé antérieur**
je chante	j' ai chanté	je chantai	j' eus chanté
tu chantes	tu as chanté	tu chantas	tu eus chanté
il chante	il a chanté	il chanta	il eut chanté
nous chantons	nous avons chanté	nous chantâmes	nous eûmes chanté
vous chantez	vous avez chanté	vous chantâtes	vous eûtes chanté
ils chantent	ils ont chanté	ils chantèrent	ils eurent chanté
Imparfait	**Plus-que-parfait**	**Futur simple**	**Futur antérieur**
je chantais	j' avais chanté	je chanterai	j' aurai chanté
tu chantais	tu avais chanté	tu chanteras	tu auras chanté
il chantait	il avait chanté	il chantera	il aura chanté
nous chantions	nous avions chanté	nous chanterons	nous aurons chanté
vous chantiez	vous aviez chanté	vous chanterez	vous aurez chanté
ils chantaient	ils avaient chanté	ils chanteront	ils auront chanté
SUBJONCTIF			
Présent	**Passé**	**Imparfait**	**Plus-que-parfait**
que je chante	que j' aie chanté	que je chantasse	que j' eusse chanté
que tu chantes	que tu aies chanté	que tu chantasses	que tu eusses chanté
qu'il chante	qu'il ait chanté	qu'il chantât	qu'il eût chanté
que nous chantions	que nous ayons chanté	que nous chantassions	que nous eussions chanté
que vous chantiez	que vous ayez chanté	que vous chantassiez	que vous eussiez chanté
qu'ils chantent	qu'ils aient chanté	qu'ils chantassent	qu'ils eussent chanté
CONDITIONNEL			**IMPÉRATIF**
Présent	**Passé 1re forme**	**Passé 2e forme**	**Présent**
je chanterais	j' aurais chanté	j' eusse chanté	chante
tu chanterais	tu aurais chanté	tu eusses chanté	chantons
il chanterait	il aurait chanté	il eût chanté	chantez
nous chanterions	nous aurions chanté	nous eussions chanté	
vous chanteriez	vous auriez chanté	vous eussiez chanté	**GÉRONDIF**
ils chanteraient	ils auraient chanté	ils eussent chanté	en chantant
INFINITIF		**PARTICIPE**	
Présent chanter	**Passé** avoir chanté	**Présent** chantant	**Passé** ayant chanté

* Il existe **deux autres temps de l'indicatif**, le **futur du passé** et le **futur antérieur du passé**, dont la conjugaison est identique à celle du conditionnel présent (futur du passé) et du conditionnel passé 1re forme (futur antérieur du passé).

2e groupe	FINIR		Voix active

INDICATIF*

Présent	Passé composé	Passé simple	Passé antérieur
je finis	j' ai fini	je finis	j' eus fini
tu finis	tu as fini	tu finis	tu eus fini
il finit	il a fini	il finit	il eut fini
nous finissons	nous avons fini	nous finîmes	nous eûmes fini
vous finissez	vous avez fini	vous finîtes	vous eûtes fini
ils finissent	ils ont fini	ils finirent	ils eurent fini
Imparfait	**Plus-que-parfait**	**Futur simple**	**Futur antérieur**
je finissais	j' avais fini	je finirai	j' aurai fini
tu finissais	tu avais fini	tu finiras	tu auras fini
il finissait	il avait fini	il finira	il aura fini
nous finissions	nous avions fini	nous finirons	nous aurons fini
vous finissiez	vous aviez fini	vous finirez	vous aurez fini
ils finissaient	ils avaient fini	ils finiront	ils auront fini

SUBJONCTIF

Présent	Passé	Imparfait	Plus-que-parfait
que je finisse	que j' aie fini	que je finisse	que j' eusse fini
que tu finisses	que tu aies fini	que tu finisses	que tu eusses fini
qu'il finisse	qu'il ait fini	qu'il finît	qu'il eût fini
que nous finissions	que nous ayons fini	que nous finissions	que nous eussions fini
que vous finissiez	que vous ayez fini	que vous finissiez	que vous eussiez fini
qu'ils finissent	qu'ils aient fini	qu'ils finissent	qu'ils eussent fini

CONDITIONNEL / IMPÉRATIF

Présent	Passé 1re forme	Passé 2e forme	IMPÉRATIF Présent
je finirais	j' aurais fini	j' eusse fini	finis
tu finirais	tu aurais fini	tu eusses fini	finissons
il finirait	il aurait fini	il eût fini	finissez
nous finirions	nous aurions fini	nous eussions fini	**GÉRONDIF**
vous finiriez	vous auriez fini	vous eussiez fini	en finissant
ils finiraient	ils auraient fini	ils eussent fini	

INFINITIF / PARTICIPE

Infinitif Présent	Infinitif Passé	Participe Présent	Participe Passé
finir	avoir fini	finissant	ayant fini

* Il existe **deux autres temps de l'indicatif**, le **futur du passé** et le **futur antérieur du passé**, dont la conjugaison est identique à celle du conditionnel présent (futur du passé) et du conditionnel passé 1re forme (futur antérieur du passé).

3e groupe	PARTIR		Voix active

INDICATIF*

Présent		Passé composé		Passé simple		Passé antérieur	
je	pars	je	suis parti	je	partis	je	fus parti
tu	pars	tu	es parti	tu	partis	tu	fus parti
il	part	il	est parti	il	partit	il	fut parti
nous	partons	nous	sommes partis	nous	partîmes	nous	fûmes partis
vous	partez	vous	êtes partis	vous	partîtes	vous	fûtes partis
ils	partent	ils	sont partis	ils	partirent	ils	furent partis
Imparfait		**Plus-que-parfait**		**Futur simple**		**Futur antérieur**	
je	partais	j'	étais parti	je	partirai	je	serai parti
tu	partais	tu	étais parti	tu	partiras	tu	seras parti
il	partait	il	était parti	il	partira	il	sera parti
nous	partions	nous	étions partis	nous	partirons	nous	serons partis
vous	partiez	vous	étiez partis	vous	partirez	vous	serez partis
ils	partaient	ils	étaient partis	ils	partiront	ils	seront partis

SUBJONCTIF

Présent		Passé		Imparfait		Plus-que-parfait	
que je	parte	que je	sois parti	que je	partisse	que je	fusse parti
que tu	partes	que tu	sois parti	que tu	partisses	que tu	fusses parti
qu'il	parte	qu'il	soit parti	qu'il	partît	qu'il	fût parti
que nous	partions	que nous	soyons partis	que nous	partissions	que nous	fussions partis
que vous	partiez	que vous	soyez partis	que vous	partissiez	que vous	fussiez partis
qu'ils	partent	qu'ils	soient partis	qu'ils	partissent	qu'ils	fussent partis

CONDITIONNEL

Présent		Passé 1re forme		Passé 2e forme	
je	partirais	je	serais parti	je	fusse parti
tu	partirais	tu	serais parti	tu	fusses parti
il	partirait	il	serait parti	il	fût parti
nous	partirions	nous	serions partis	nous	fussions partis
vous	partiriez	vous	seriez partis	vous	fussiez partis
ils	partiraient	ils	seraient partis	ils	fussent partis

IMPÉRATIF

Présent

pars
partons
partez

GÉRONDIF

en partant

INFINITIF

Présent	Passé
partir	être parti

PARTICIPE

Présent	Passé
partant	(étant) parti

* Il existe **deux autres temps de l'indicatif**, le **futur du passé** et le **futur antérieur du passé**, dont la conjugaison est identique à celle du conditionnel présent (futur du passé) et du conditionnel passé 1re forme (futur antérieur du passé).

1er groupe	ÊTRE AIMÉ	Voix passive

INDICATIF*

Présent	Passé composé	Passé simple	Passé antérieur
je suis aimé	j' ai été aimé	je fus aimé	j' eus été aimé
tu es aimé	tu as été aimé	tu fus aimé	tu eus été aimé
il est aimé	il a été aimé	il fut aimé	il eut été aimé
nous sommes aimés	nous avons été aimés	nous fûmes aimés	nous eûmes été aimés
vous êtes aimés	vous avez été aimés	vous fûtes aimés	vous eûtes été aimés
ils sont aimés	ils ont été aimés	ils furent aimés	ils eurent été aimés
Imparfait	**Plus-que-parfait**	**Futur simple**	**Futur antérieur**
j' étais aimé	j' avais été aimé	je serai aimé	j' aurai été aimé
tu étais aimé	tu avais été aimé	tu seras aimé	tu auras été aimé
il était aimé	il avait été aimé	il sera aimé	il aura été aimé
nous étions aimés	nous avions été aimés	nous serons aimés	nous aurons été aimés
vous étiez aimés	vous aviez été aimés	vous serez aimés	vous aurez été aimés
ils étaient aimés	ils avaient été aimés	ils seront aimés	ils auront été aimés

SUBJONCTIF

Présent	Passé	Imparfait	Plus-que-parfait
que je sois aimé	que j' aie été aimé	que je fusse aimé	que j' eusse été aimé
que tu sois aimé	que tu aies été aimé	que tu fusses aimé	que tu eusses été aimé
qu'il soit aimé	qu'il ait été aimé	qu'il fût aimé	qu'il eût été aimé
que nous soyons aimés	que ns ayons été aimés	que nous fussions aimés	que ns eussions été aimés
que vous soyez aimés	que vs ayez été aimés	que vous fussiez aimés	que vs eussiez été aimés
qu'ils soient aimés	qu'ils aient été aimés	qu'ils fussent aimés	qu'ils eussent été aimés

CONDITIONNEL / IMPÉRATIF

Présent (conditionnel)	Passé 1re forme	Passé 2e forme	Présent (impératif)
je serais aimé	j' aurais été aimé	j' eusse été aimé	sois aimé
tu serais aimé	tu aurais été aimé	tu eusses été aimé	soyons aimés
il serait aimé	il aurait été aimé	il eût été aimé	soyez aimés
nous serions aimés	nous aurions été aimés	nous eussions été aimés	**GÉRONDIF**
vous seriez aimés	vous auriez été aimés	vous eussiez été aimés	en étant aimé
ils seraient aimés	ils auraient été aimés	ils eussent été aimés	

INFINITIF / PARTICIPE

Infinitif Présent	Infinitif Passé	Participe Présent	Participe Passé
être aimé	avoir été aimé	(étant) aimé	(ayant été) aimé

* Il existe **deux autres temps de l'indicatif**, le **futur du passé** et le **futur antérieur du passé**, dont la conjugaison est identique à celle du conditionnel présent (futur du passé) et du conditionnel passé 1re forme (futur antérieur du passé).

Verbes irréguliers

les plus courants

INFINITIF	INDICATIF PRÉSENT	PASSÉ SIMPLE	FUTUR SIMPLE	SUBJONCTIF PRÉSENT	PARTICIPES
Acquérir et verbes en **-quérir**	j' acquiers nous acquérons ils acquièrent	j' acquis nous acquîmes	j' acquerrai nous acquerrons	que j' acquière que nous acquérions	acquérant acquis
Aller	je vais nous allons ils vont	j' allai nous allâmes	j' irai nous irons	que j' aille que nous allions	allant allé
Apercevoir et verbes en **-cevoir**	j' aperçois nous apercevons ils aperçoivent	j' aperçus nous aperçûmes	j' apercevrai nous apercevrons	que j' aperçoive que nous apercevions	apercevant aperçu
Appuyer et verbes en **-uyer**	j' appuie nous appuyons	j' appuyai nous appuyâmes	j' appuierai nous appuierons	que j' appuie que nous appuyions	appuyant appuyé
Asseoir	j' assieds ou j' assois nous asseyons ou nous assoyons	j' assis nous assîmes	j' assiérai ou j' assoirai nous assiérons ou nous assoirons	que j' asseye ou que j' assoie que nous asseyions ou que nous assoyions	asseyant ou assoyant assis
Atteindre et verbes en **-eindre**	j' atteins nous atteignons	j' atteignis nous atteignîmes	j' atteindrai nous atteindrons	que j' atteigne que nous atteignions	atteignant atteint
Battre	je bats nous battons	je battis nous battîmes	je battrai nous battrons	que je batte que nous battions	battant battu
Boire	je bois nous buvons ils boivent	je bus nous bûmes	je boirai nous boirons	que je boive que nous buvions	buvant bu
Conclure[1] et **exclure**	je conclus nous concluons	je conclus nous conclûmes	je conclurai nous conclurons	que je conclue que nous concluions	concluant conclu
Conduire et verbes en **-uire**	je conduis nous conduisons	je conduisis nous conduisîmes	je conduirai nous conduirons	que je conduise que nous conduisions	conduisant conduit
Connaître et **paraître**	je connais il connaît nous connaissons	je connus nous connûmes	je connaîtrai nous connaîtrons	que je connaisse que nous connaissions	connaissant connu
Coudre	je couds il coud nous cousons	je cousis nous cousîmes	je coudrai nous coudrons	que je couse que nous cousions	cousant cousu

1. *Inclure* se conjugue comme *conclure*, mais son participe passé est *inclus*.

INFINITIF	INDICATIF PRÉSENT	PASSÉ SIMPLE	FUTUR SIMPLE	SUBJONCTIF PRÉSENT	PARTICIPES
Courir	je cours nous courons	je courus nous courûmes	je courrai nous courrons	que je coure que nous courions	courant couru
Craindre et verbes en **-aindre**	je crains nous craignons	je craignis nous craignîmes	je craindrai nous craindrons	que je craigne que nous craignions	craignant craint
Croire	je crois nous croyons ils croient	je crus nous crûmes	je croirai nous croirons	que je croie que nous croyions qu'ils croient	croyant cru
Croître	je croîs tu croîs il croît nous croissons	je crûs nous crûmes	je croîtrai nous croîtrons	que je croisse que nous croissions	croissant crû
Cueillir	je cueille nous cueillons	je cueillis nous cueillîmes	je cueillerai nous cueillerons	que je cueille que nous cueillions	cueillant cueilli
Devoir	je dois nous devons ils doivent	je dus nous dûmes	je devrai nous devrons	que je doive que nous devions	devant dû, dus due, dues
Dire	je dis nous disons vous dites	je dis nous dîmes vous dîtes	je dirai nous dirons	que je dise que nous disions	disant dit
Distraire et verbes en **-traire**	je distrais nous distrayons	*inusité*	je distrairai nous distrairons	que je distraie que nous distrayions	distrayant distrait
Dormir	je dors nous dormons	je dormis nous dormîmes	je dormirai nous dormirons	que je dorme que nous dormions	dormant dormi
Écrire	j' écris nous écrivons	j' écrivis nous écrivîmes	j' écrirai nous écrirons	que j' écrive que nous écrivions	écrivant écrit
Émouvoir	j' émeus nous émouvons ils émeuvent	j' émus nous émûmes	j' émouvrai nous émouvrons	que j' émeuve que nous émouvions	émouvant ému
Envoyer	j' envoie nous envoyons	j' envoyai nous envoyâmes	j' enverrai nous enverrons	que j' envoie que nous envoyions	envoyant envoyé
Essayer et verbes en **-ayer**	j' essaie ou j' essaye nous essayons	j' essayai nous essayâmes	j' essaierai ou j' essayerai nous essaierons ou nous essayerons	que j' essaie ou que j' essaye que nous essayions	essayant essayé

INFINITIF	INDICATIF PRÉSENT	PASSÉ SIMPLE	FUTUR SIMPLE	SUBJONCTIF PRÉSENT	PARTICIPES
Faire	je fais nous faisons vous faites ils font	je fis nous fîmes	je ferai nous ferons	que je fasse que nous fassions	faisant fait
Falloir	il faut	il fallut	il faudra	qu'il faille	fallu
Fuir	je fuis nous fuyons ils fuient	je fuis nous fuîmes	je fuirai nous fuirons	que je fuie que nous fuyions	fuyant fui
Haïr	je hais nous haïssons	je haïs nous haïmes	je haïrai nous haïrons	que je haïsse que nous haïssions	haïssant haï
Joindre et verbes en **-oindre**	je joins nous joignons	je joignis nous joignîmes	je joindrai nous joindrons	que je joigne que nous joignions	joignant joint
Lire	je lis nous lisons	je lus nous lûmes	je lirai nous lirons	que je lise que nous lisions	lisant lu
Mettre	je mets nous mettons	je mis nous mîmes	je mettrai nous mettrons	que je mette que nous mettions	mettant mis
Mourir	je meurs nous mourons ils meurent	je mourus nous mourûmes	je mourrai nous mourrons	que je meure que nous mourions	mourant mort
Naître	je nais il naît nous naissons	je naquis nous naquîmes	je naîtrai nous naîtrons	que je naisse que nous naissions	naissant né
Offrir et verbes en **-frir** et **-vrir**	j' offre nous offrons	j' offris nous offrîmes	j' offrirai nous offrirons	que j' offre que nous offrions	offrant offert
Perdre[1]	je perds il perd nous perdons	je perdis nous perdîmes	je perdrai nous perdrons	que je perde que nous perdions	perdant perdu
Plaire	je plais il plaît nous plaisons	je plus nous plûmes	je plairai nous plairons	que je plaise que nous plaisions	plaisant plu
Pleuvoir	il pleut	il plut	il pleuvra	qu'il pleuve	pleuvant plu
Pouvoir	je peux, je puis nous pouvons ils peuvent	je pus nous pûmes	je pourrai nous pourrons	que je puisse que nous puissions	pouvant pu

1. Sur le modèle de *Perdre*, on conjugue les verbes en **-endre** (sauf *prendre*), **-andre**, **-ondre**, **-ordre**.

INFINITIF	INDICATIF PRÉSENT	PASSÉ SIMPLE	FUTUR SIMPLE	SUBJONCTIF PRÉSENT	PARTICIPES
Prendre et **apprendre, comprendre, surprendre**	je prends il prend nous prenons ils prennent	je pris nous prîmes	je prendrai nous prendrons	que je prenne que nous prenions	prenant pris
Prévoir	je prévois nous prévoyons ils prévoient	je prévis nous prévîmes	je prévoirai nous prévoirons	que je prévoie que nous prévoyions qu'ils prévoient	prévoyant prévu
Résoudre[1]	je résous nous résolvons	je résolus nous résolûmes	je résoudrai nous résoudrons	que je résolve que nous résolvions	résolvant résolu
Rire	je ris nous rions	je ris nous rîmes	je rirai nous rirons	que je rie que nous riions	riant ri
Rompre	je romps nous rompons	je rompis nous rompîmes	je romprai nous romprons	que je rompe que nous rompions	rompant rompu
Savoir	je sais nous savons	je sus nous sûmes	je saurai nous saurons	que je sache que nous sachions	sachant su
Servir	je sers nous servons	je servis nous servîmes	je servirai nous servirons	que je serve que nous servions	servant servi
Suivre	je suis nous suivons	je suivis nous suivîmes	je suivrai nous suivrons	que je suive que nous suivions	suivant suivi
Taire	je tais nous taisons	je tus nous tûmes	je tairai nous tairons	que je taise que nous taisions	taisant tu
Tenir et **venir**	je tiens nous tenons ils tiennent	je tins nous tînmes	je tiendrai nous tiendrons	que je tienne que nous tenions	tenant tenu
Vaincre	je vaincs il vainc nous vainquons	je vainquis nous vainquîmes	je vaincrai nous vaincrons	que je vainque que nous vainquions	vainquant vaincu
Valoir	je vaux nous valons	je valus nous valûmes	je vaudrai nous vaudrons	que je vaille que nous valions qu'ils vaillent	valant valu
Vivre	je vis nous vivons	je vécus nous vécûmes	je vivrai nous vivrons	que je vive que nous vivions	vivant vécu
Voir	je vois nous voyons ils voient	je vis nous vîmes	je verrai nous verrons	que je voie que nous voyions qu'ils voient	voyant vu
Vouloir	je veux nous voulons ils veulent	je voulus nous voulûmes	je voudrai nous voudrons	que je veuille que nous voulions qu'ils veuillent	voulant voulu

1. *Absoudre* et *dissoudre* se conjuguent comme *résoudre*, mais n'ont pas de passé simple ; leur participe passé est *absous, absoute* et *dissous, dissoute*.

Fiche 1

Ce / se - leur / leurs - notre / le nôtre - votre / le vôtre

Ce / se

- ***Ce*** est un mot démonstratif : pronom ou déterminant du nom.

Quand il est un pronom, il est suivi du verbe *être* ou d'un pronom relatif.

__Ce__ sera intéressant. Recopie __ce__ qui est important. __C'__est important (ce élidé devant *e).*

Quand il est un déterminant du nom, il est suivi d'un nom ou d'un groupe adjectif + nom.

__Ce__ chemin. __Ce__ long chemin.

- ***Se*** est un pronom personnel réfléchi, il fait donc partie d'un verbe pronominal. Il est toujours suivi d'un verbe : *Il __se__ lève (se lever).*

Leur / leurs

- ***Leur (leurs)***, quand il est suivi d'un nom ou d'un groupe adjectif + nom, s'accorde en nombre avec le nom qu'il détermine. Il est dans ce cas un déterminant possessif du nom.

__Leur__ frère est parti. __Leurs__ frères sont partis.

- ***Leur***, quand il est suivi d'un verbe, est invariable. Il est dans ce cas un pronom personnel.

Les invités sont arrivés. Nous __leur__ dirons où aller. (leur = aux invités).

Quand on peut remplacer ***leur*** par ***lui***, il s'agit d'un pronom, il est invariable. Sinon *leur* est un déterminant possessif, il s'accorde.

Nous __leur__ (lui) dirons où aller.

*__Leur__ frère est parti. → *Lui frère est parti.*

Notre / le nôtre - votre / le vôtre

- ***Notre*** et ***votre*** sont des déterminants possessifs du nom. Ils ne prennent pas d'accent circonflexe et ne s'emploient qu'au singulier : ***Notre*** *fils,* ***votre*** *fille.*

- ***Le nôtre, le vôtre*** sont des pronoms possessifs. Ils prennent un accent circonflexe et peuvent se mettre au pluriel : *Cette maison est __la nôtre__. __Les nôtres__ ont gagné.*

Fiche 2

Ce qu'il / ceux qu'il - Ce qui le / ceux qui le

- ***Ce qu'il*** peut être remplacé par ***la chose que***.

Le sport, c'est __ce qu'il__ préfère. (= la chose qu'il préfère).

- ***Ceux qu'il*** peut être remplacé par ***les choses*** ou ***les gens qu'il***. Il reprend généralement un nom masculin pluriel, placé avant.

Les sports de plein air sont __ceux qu'il__ préfère.

Qu'il peut être remplacé par ***qu'elle***.

Je ne comprends pas __ce qu'il__ fait. → Je ne comprends pas __ce qu'elle__ fait.

Quels livres liras-tu ? __Ceux qu'il__ m'a prêtés. → __Ceux qu'elle...__

- ***Ce (ceux) qui le*** peut être remplacé par ***ce (ceux) qui la*** ou ***ce (ceux) qui... cela***.

__Ce qui le__ tente beaucoup, c'est de faire de l'alpinisme. → __Ce qui la__ tente...

__Ceux qui le__ savent, levez le doigt. → __Ceux qui__ savent __cela__...

Fiche 3

Ni / n'y - si / s'y

Ni / n'y

- ***Ni*** est une conjonction de coordination, souvent associée à un autre ***ni***. Elle relie donc deux mots ou deux groupes de mots de même classe grammaticale.

  *Nous n'avons eu **ni** pluie **ni** vent. Il ne mange **ni** ne boit.*

- ***N'y*** est composé de la négation ***ne*** élidée et du pronom ou adverbe ***y***. On peut donc le remplacer par ***ne ... à cela*** ou ***ne ... là***.

  ***N'y** pense pas. = **Ne** pense pas **à cela**.* ***N'y** va pas. = **Ne** va pas **là**.*

Si / s'y

- ***Si*** est une conjonction de subordination : ***Si** la mer est calme, nous prendrons le bateau* ou un adverbe : *Il est **si** fatigué !* (= *Il est tellement fatigué !*)

- ***S'y*** est composé du pronom réfléchi ***se*** élidé et du pronom ou adverbe ***y***.
Il fait partie d'un verbe pronominal et, lorsqu'on le conjugue, il devient ***m'y***, ***t'y***, etc.

  *Il **s'y** rend. — Je **m'y** rends. (se rendre)*

Fiche 4

Quand - quant - qu'en

- ***Quand*** exprime le temps. C'est une conjonction de subordination (= ***lorsque***) ou un adverbe interrogatif (= ***à quel moment ?***).

  ***Quand** le chat dort, les souris dansent. = **Lorsque** le chat dort...*
  ***Quand** viendras-tu ? = **À quel moment** viendras-tu ?*

- ***Quant*** forme avec ***à*** une locution prépositive. Il est donc toujours accompagné de ***à, au, aux***. On peut le remplacer par ***pour ce qui est de, en ce qui concerne.***

  ***Quant à** Juliette, elle préfère le ski. = **Pour ce qui est de (en ce qui concerne)** Juliette...*

- ***Qu'en*** est formé de ***que*** élidé (pronom relatif ou interrogatif, conjonction de subordination, adverbe) et de ***en*** (pronom personnel ou préposition). Pour le reconnaître, on peut le décomposer en *****que en*** et en ***que ... de cela*** lorsque ***en*** est un pronom personnel.

  ***Qu'en** pensez-vous ? = **Que** pensez-vous **de cela** ?*

Fiche 5

Peu / peut - peut-être / peut être

- ***Peu*** est un **adverbe** de quantité. On peut généralement le faire précéder de ***très***, sauf dans la locution adverbiale ***un peu***.

  *Il mange **peu**. → Il mange **très peu**.*

- ***Peut*** est le **verbe** *pouvoir*. On peut le remplacer par ***pouvait***.

  *On **peut** réussir. → On **pouvait** réussir.*

- ***Peut-être*** est un **adverbe**. On peut le remplacer par ***probablement***.

  *Il viendra **peut-être**. → Il viendra **probablement**.*

- ***Peut être*** contient deux verbes. On peut les remplacer par ***pouvait être***.

  *Ce film **peut être** vu par tous. → Ce film **pouvait être** vu par tous.*

Fiche 6

Plutôt / plus tôt

- ***Plutôt*** est un **adverbe**. On peut généralement le remplacer par ***de préférence***. ***Plutôt que de*** peut être remplacé par ***au lieu de***.

  *Achète **plutôt** des pommes. → Achète **de préférence** des pommes.*
  *Pars, **plutôt que d'**attendre. → Pars, **au lieu d'**attendre.*

- ***Plus tôt*** est formé de **deux adverbes**. On peut le remplacer par son contraire ***plus tard***.

  *Tu devrais venir **plus tôt**. → Tu devrais venir **plus tard**.*

Fiche 7

L'élision et l'apostrophe

On appelle **élision** le fait de supprimer, dans la prononciation et l'écriture, une voyelle finale devant un mot commençant par une voyelle (ou un *h* muet) en la remplaçant par une **apostrophe**.

1. L'élision de la voyelle -e

- **Le *-e* final des monosyllabes grammaticaux** (pronom, article, préposition, conjonction, négation) s'élide :

  *je (**j'**ignore) - me (elle **m'**aime) - te (il **t'**attend) - le (**l'**horizon, je **l'**oublie) - se (il **s'**y rend) - de (il vient **d'**Italie) - que (le livre **qu'**une amie a lu…, je crois **qu'**on a sonné).*

L'élision de ***ce*** (pronom démonstratif) se fait devant le verbe *être* conjugué (***c'****était*...).

Devant un ***h*** aspiré, l'élision de ces petits mots ne se fait jamais :

*__je__ hume, il **me/te/le** hait, il **se** hâte, il **se** hérisse, il vient **de** Hongrie, **ce** héros…*

- **La fin d'un mot invariable terminé par *-que***, s'élide seulement devant *il/elle/on/un/une* :

  *parce que / puisque (parce **qu'**/puis**qu'**il le faut) - quoique (quoi**qu'**un peu fatigué…) - lorsque (lors**qu'**on aime…) - jusque (jus**qu'**à ce que…).*

Mais on n'élide pas *quelque* (*quelque ami*) sauf dans *quelqu'un*. On n'élide pas *presque* (*presque autant*) sauf dans *presqu'île*.

2. L'élision de la voyelle -a

- **L'article et le pronom *la*** s'élident.

  L'*âme. Marie, je **l'**attends.*

Mais *la* (de même que *le*) ne s'élide pas s'il est un pronom tonique : *Place-la ici.*

3. L'élision de la voyelle -i

- **La conjonction *si*** s'élide seulement devant *il/ils*.

  S'*il vient, je serai content ; je veux savoir **s'**ils viendront.*

Dans tous les autres cas, *si* ne s'élide pas : *si elle vient* ; *il demande si on a frappé.*

Fiche 8

Majuscule ou minuscule ?

1. L'utilisation de la majuscule

1. Au début d'une phrase.

Marie apprend le chinois. Ici il fait chaud.

2. À l'initiale de certains mots.

- Les noms propres :

Marcel, Léon Blum, la France, la Seine, Arles, les Pyrénées.

- Les adjectifs employés comme noms et désignant un peuple, les habitants d'une ville ou d'une région... :

les Chinois, un Marseillais, un Alsacien...

- Les noms communs employés seuls, ou dans des expressions désignant quelque chose de singulier, équivalant à un nom propre (planète, événement, époque, organisme...) :

la Terre, la Renaissance, la Bibliothèque nationale, le Tribunal pénal international...

Seul le terme spécifique de ces noms prend la majuscule :

la fête des Mères, la rue des Érables...

- Les adjectifs qui font partie d'un nom propre, défini comme ci-dessus :

le Moyen Âge, l'océan Pacifique,

Les adjectifs qui figurent dans un nom de rue (*rue Longue*) suivent cette règle.

2. On écrit sans majuscule

- Les noms de peuples employés comme adjectifs ou pour désigner une langue : *un étudiant chinois, un accent alsacien. Le chinois est une langue difficile.*
- Les noms de jour, de mois, de saison, sauf s'ils désignent un événement historique.

Il est né, le 31 mars 1965, au printemps. L'armistice du 11 Novembre.

3. Cas particulier des titres (de livre, de film, de journal)

1. Titres commençant par un article défini.

- **Titres simples** (GN) : On met une majuscule à l'article, au premier nom ainsi qu'aux adjectifs et aux adverbes qui le précèdent.

Les Femmes savantes, Le Dernier Jour d'un condamné, La Guerre des étoiles, Le Monde.

- **Titres formant une phrase :** Seul l'article défini initial s'écrit avec une majuscule (ainsi, bien sûr, que les noms propres).

La guerre de Troie n'aura pas lieu.
Le roi s'amuse.

2. Titres ne commençant pas par un article défini.

- Lorsque le titre se compose d'un nom et d'un adjectif, le nom s'écrit avec une majuscule ainsi que l'adjectif s'il est placé devant.

Bel-Ami, Illusions perdues.

- Lorsque le titre commence par une préposition, un adverbe, un déterminant autre qu'un article défini, seul le premier mot du titre s'écrit avec une majuscule.

Autant en emporte le vent, Au bord de l'eau, Des souris et des hommes, Une vie.

Fiche 9

Écrire les chiffres

1. On emploie les **chiffres arabes** pour écrire les nombres :

– **pour marquer les poids et mesures** :

un billet de 20 euros, une température de 5 degrés, un arbre de 10 mètres, une lettre de 20 grammes ;

– **pour marquer la date ou l'adresse** :

10 avenue Victor-Hugo, le 22 septembre 1939 ;

– **pour marquer le rang dans une série limitée** :

le 18e arrondissement, le 2e paragraphe.

2. On emploie les **chiffres romains** pour noter le numéro d'ordre des siècles et des rois, des papes, etc. :

le XXIe siècle, Napoléon III, le pape Jean-Paul II.

3. Dans **tous les cas, autres** que ceux indiqués ci-dessus, on écrit les nombres en **toutes lettres**.

à dix heures du soir ; elle a dix-huit ans...

Rappel concernant l'écriture des chiffres romains

1. Valeurs

1= I ; 5 = V ; 10 = X ; 50 = L ; 100 = C ; 500 = D : 1000 = M.

2. Combinaisons

- Écrits à la suite les uns des autres, les mêmes chiffres s'additionnent :

XXX = 30 ; CC = 200.

- Un chiffre donné ne peut être répété plus de trois fois :

3 = III, mais 4 = IV ; 30 = XXX, mais 40 = XL ; 300 = CCC, mais 400 = CD.

Un chiffre quelconque diminue ou augmente un chiffre plus fort selon qu'il le précède (IX = 9), ou qu'il le suit (XI = 11).

Fiche 10

Les finales en -ette / -ète [ɛt]

- Les **noms masculins** ont une finale écrite en ***-ète*** :
  poète, ascète… Exception : *squelette, quintette.*
- Les **noms féminins** ont une finale en ***-ette***, lorsque celle-ci a une valeur de **suffixe diminutif** :
  une chemisette, une chaussette…

Dans le cas contraire, ils ont une finale en ***-ète*** : *une comète, une épithète, une planète…*

- Les **adjectifs** ont une finale en ***-ette***, lorsque celle-ci a une valeur de **suffixe diminutif**. Le masculin est en ***-et*** [e] : *un garçon gentillet / une fille gentillette.*
- Les **adjectifs qui n'ont pas de suffixe diminutif** ont un féminin en ***-ète***. Le masculin est aussi en ***-et*** : *secret / secrète, inquiet / inquiète, concret / concrète.*

Fiche 11

Les finales en -otte / -ote [ɔt]

- Les **noms masculins** ont une finale en ***-ote*** : *un patriote, un despote, un pilote…*
- Les **noms et les adjectifs qui ont une finale masculine en *-ot***, ont un féminin

– en ***-otte*** s'ils sont **diminutifs** :
  vieillot / vieillotte, pâlot / pâlotte. Exception : *petiot / petiote, fiérot / fiérote.*

– en ***-ote*** s'ils ne sont **pas diminutifs** :
  un manchot / une manchote, un bigot / une bigote…

- Les **noms féminins qui n'ont pas de sens diminutif et n'ont pas de masculin en *-ot*** ont une finale en ***-otte*** ou en ***-ote*** qui n'est pas prévisible : *de la compote, une hotte.*

On peut parfois s'appuyer sur des mots de la même famille pour les écrire : *botte (botter, bottine…), note (noter, notation…).*

Fiche 12

Les finales en -oir / -oire [waʀ]

- Les **noms féminins** ont tous la finale ***-oire*** :
  une passoire, une bouilloire, la mémoire…
- La grande majorité des **noms masculins** ont la terminaison ***-oir*** : *soir, espoir*, etc. Mais il en existe aussi 35 terminés par ***-oire*** : *un ivoire, un accessoire, un auditoire*, etc.

La plupart des noms masculins en ***-oir*** sont des noms dérivés où le suffixe ***-oir*** s'ajoute au radical d'un verbe : *abreuvoir, déversoir, arrosoir*, etc. Les noms masculins en ***-oire*** sont le plus souvent des mots savants où l'on a ajouté au radical un suffixe ***-toire*** :
  audi/toire, conserva/toire, réfec/toire, etc.

- Les **adjectifs des deux genres** ont tous la finale ***-oire*** :
  méritoire, provisoire… Exception : *noir.*
- Les **verbes** ont tous la terminaison ***-oir*** (*pouvoir, devoir…*). Exceptions : *boire* et *croire.*

Fiche 13

Les familles de mots

1. Cas général

Pour trouver l'orthographe d'un mot, il suffit souvent de rechercher un autre mot de la même famille, plus courant et donc plus facile à écrire.

partial → parti, terrifier → terreur, dentelle → dent.

2. Les variations orthographiques

• Cependant tous les mots d'une même famille n'ont pas la même orthographe.

Ainsi, les mots de la famille de

– ***battre*** ont deux ***t*** dans *battement, battue, combattre, abattoir…* ; un ***t*** dans *bataille, bataillon, combatif…* ;

– ***char*** ont deux ***r*** dans *charrue, charrier, carrosse…* ; un ***r*** dans *chariot* ;

– ***courir*** ont un ***r*** dans *accourir, coureur…* ; deux ***r*** dans *courrier, concurrence…* ;

– ***don*** ont deux ***n*** dans *donner, donneur…* ; un ***n*** dans *donateur, donation…* ;

– ***nom*** ont deux ***m*** dans *renommée, innommable, surnommer…* ; un ***m*** dans *nominal, nomination, dénominateur…* ;

– ***nul*** ont deux ***l*** dans *nullité, nullement…* ; un ***l*** dans *annulation, annuler…* ;

– ***son*** ont deux ***n*** dans *sonner, consonne…* ; un ***n*** dans *sonore, assonance, résonance…* ;

– ***ton*** ont deux ***n*** dans *tonner, tonnerre…* ; un ***n*** dans *tonalité, détonation….*

Il existe d'autres exceptions : *substance* et *substantiel* ; *noyau* et *dénoyauter…*

• Les **noms dérivés** des verbes en *-quer* et *-guer* ont en général une **orthographe différente** de celle des **verbes** :

– *qu → c* : *éduquer* et *éducation* ; *embusquer* et *embuscade.*

– *gu → g* : *naviguer* et *navigation* ; *fatiguer* et *fatigabilité.*

*N.B. Les mots accompagnés d'un * sont définis dans le glossaire.*

Acte de parole : énoncé qu'un énonciateur adresse à un destinataire pour effectuer une action grâce à la parole; on accomplit un acte de parole quand on donne une information, quand on pose une question, quand on donne un ordre, etc.

Adjectif verbal : adjectif formé sur un verbe, qui a toutes les fonctions de l'adjectif qualificatif et s'accorde comme lui (*convaincant, convaincante*), à la différence du participe présent qui est invariable (*convainquant*).

Adverbe : classe de mots invariables. On distingue principalement des adverbes circonstanciels (*ici, longtemps, gentiment*, etc.), interrogatifs (*comment, pourquoi ?*, etc.), de degré ou de quantité (*plus, très, beaucoup, peu*, etc.), d'opinion ou de jugement (*peut-être, heureusement*, etc.). Comme les conjonctions* de coordination, les **adverbes de liaison** permettent de relier des phrases ou des propositions* : *ensuite, pourtant*, etc.

Alliance de mots : figure* de style qui met en relation des termes qui s'excluent par leur sens : *Elle se hâte avec lenteur.* (La Fontaine)

Anaphore (*n. f.*) : figure* de style qui consiste à répéter un élément en tête de vers ou de phrases.

Antécédent du pronom relatif : nom ou pronom représenté par le pronom relatif : *le* ***livre*** *que Jean m'a prêté.* La subordonnée relative est complément de cet antécédent.

Antiphrase (*n. f.*) : figure* de style qui consiste à employer un mot ou une expression dans un sens contraire à son sens véritable : *Comme c'est intelligent !* pour faire comprendre à quelqu'un que ce qu'il dit est stupide.

Antithèse (*n. f.*) : figure* de style qui consiste à rapprocher deux termes (mots ou phrases) de sens opposés ou très éloignés : *Ici c'était le* ***paradis*** *ailleurs l'****enfer***. (V. Hugo)

Antonymes (*n. m. plur.*) : mots de sens contraire : *lourd ≠ léger.*

Aparté (*n. m.*) : au théâtre, ce que dit un personnage en présence d'autres personnages censés ne pas l'entendre.

Archaïsme (*n. m.*) : mot ancien qui n'est plus employé que pour produire un effet : *destrier, ouïr.*

Argument (*n. m.*) : idée ou fait qu'on utilise dans un raisonnement pour défendre une opinion.

Aspect (verbal) : manière dont se présente le déroulement de l'action exprimée par le verbe, indépendamment du temps : par exemple, **aspect non accompli** (*Je dîne, je dînais*), **accompli** (*J'ai dîné, j'aurai dîné*). Les **auxiliaires d'aspect** marquent, par exemple, le début de l'action (*commencer à*), la fin de l'action (*cesser de*).

Attribut du COD : il qualifie le COD : *On le trouve* ***gentil****. On a nommé Pierre* ***directeur***.

Attribut du sujet : élément essentiel d'un groupe verbal avec *être* (ou un autre verbe attributif : *devenir, paraître*, etc.) ; il sert à définir ou à caractériser le sujet* : *Marie est devenue* ***une grande chanteuse****. Il passe pour* ***honnête***.

Auxiliaire (*n. m.* et *adj.*) : emploi de *avoir* ou *être* dans une forme verbale composée : *Elle* ***a*** *mangé. Elle* ***est*** *partie.*

Catégorie grammaticale : voir *classe* grammaticale.*

Champ lexical : ensemble des mots qui, dans un texte, se rapportent à une même idée, à un même domaine. *Bruits :* ***entendre, cris, gazouiller, perçant,*** etc.

Champ sémantique : ensemble des sens pris par un seul mot. *Doux :* ***sucré, délicat, souple, mélodieux.***

Classe (ou catégorie) grammaticale : ensemble de mots susceptibles d'occuper la même place dans la construction de la phrase : *noms, pronoms, déterminants du nom, adjectifs, verbes, adverbes, prépositions, conjonctions, interjections.* On ne confondra pas la classe grammaticale d'un mot et sa fonction* (*sujet, épithète, complément...*).

Cohérence (*n. f.*) : organisation et enchaînement logique des différents éléments d'un texte ; les procédés de reprise*, l'emploi de mots de liaison et la progression* thématique assurent la cohérence d'un texte.

Comparaison : procédé consistant à mettre en relation deux éléments par le moyen d'un terme (*comme, semblable à*, etc.) appelé **outil de comparaison** : ***Le bébé*** *dort* ***comme un ange***.

Comparatif : le comparatif de l'adjectif ou de l'adverbe exprime le degré supérieur, égal ou inférieur d'une qualité par rapport à un élément de comparaison : *Pierre est* ***plus grand, aussi grand, moins grand*** *que Jean.*

Complément circonstanciel : complément de phrase, déplaçable, qui, par exemple, situe dans l'espace, dans le temps ce qui est évoqué dans la phrase : ***À Paris*** (complément circonstanciel de lieu), *on circule difficilement. Il habite ici* ***depuis une semaine*** (complément circonstanciel de temps). On distingue de nombreux autres compléments circonstanciels : de manière, de cause, de conséquence, etc.

Complément d'agent (CA) : complément apparaissant dans une phrase à la forme passive, et qui serait sujet dans la phrase active correspondante : *Un piéton a été renversé* ***par une voiture*** (CA). ↔ ***Une voiture*** *a renversé un piéton.*

Complément de nom : groupe* prépositionnel complétant un nom : *les amis* ***de Pierre****, une machine* ***à coudre***.

Complément d'objet direct (COD) : complément essentiel du verbe, construit sans préposition : *Pierre attend* ***des amis***.

Complément d'objet indirect (COI) : complément essentiel du verbe, construit avec une préposition : *Les animaux obéissent* ***à leur instinct***.

Complément d'objet second (COS) : complément d'objet indirect dépendant d'un verbe dont dépend également un complément d'objet direct : *On a remis une médaille* ***au sauveteur***.

Complément essentiel : complément qui ne peut être ni déplacé ni supprimé dans la phrase. C'est le cas du complément d'objet (direct ou indirect) et du complément essentiel de lieu, qui dépend étroitement du verbe (*Je vais* ***à Marseille****. J'habite* ***à Lyon.***).

Complétive (proposition subordonnée) : subordonnée conjonctive* (*Je crois* ***qu'il viendra***) ou interrogative* indirecte (*J'ai demandé* ***s'il viendra***), **COD** d'un verbe.

Composé (nom) : nom construit à partir de deux mots existant par ailleurs librement dans la langue : *pomme de terre, chaise-longue, portefeuille.*

Concession (*n. f.*) : on fait une concession, plutôt qu'une simple opposition, lorsqu'on affirme ensemble deux faits qui sont en eux-mêmes contradictoires : *Bien qu'il fasse très froid, j'aimerais me baigner.*

Concordance des temps (la) : l'emploi d'un temps verbal dans une subordonnée à l'indicatif ou au subjonctif dépend du temps du verbe de la principale. Il obéit à des règles qu'on appelle les règles de concordance des temps : *Je* ***pense*** *qu'il* ***partira*** *bientôt.* ↔ *Je* ***pensais*** *qu'il* ***partirait*** *bientôt.*

Conjonction de coordination : mot invariable (*mais, ou, et, donc, or, ni, car*) servant à relier deux mots, deux groupes de mots ou deux propositions : *Il est courageux* ***mais*** *pas téméraire. L'un rit* ***et*** *l'autre pleure.*

Conjonction de subordination : mot invariable qui permet de relier la proposition subordonnée qu'il introduit à une proposition principale : *Je crois* ***qu'****il viendra.*

Conjonctive (proposition subordonnée) : proposition subordonnée introduite par une conjonction de subordination : *Je sais* ***que cela est difficile****.*

Connecteur (*n. m.*) : mot-outil qui relie les phrases, les propositions ou les paragraphes* d'un texte pour le rendre cohérent et le faire progresser : *car, cependant* (connecteur logique), *puis, enfin* (connecteur temporel), *ici, plus loin* (connecteur spatial).

Connotation (*n. f.*) : sens particulier d'un mot qui, dans certains emplois, s'ajoute au sens premier (qui est sa **dénotation**, donnée dans le dictionnaire) : la dénotation de *blanc* est la couleur blanche, sa connotation est généralement la pureté.

Contexte (*n. m.*) : texte qui entoure un énoncé* et éclaire son sens.

Coordination : procédé qui consiste à relier par un mot-outil (conjonction*) deux mots, deux groupes de mots ou deux propositions de même rang : *Pierre et Jean. Je pense, donc je suis.*

Dénotation (*n. f.*) : voir *connotation.*

Dérivé (mot) : mot construit par dérivation, c'est-à-dire par ajout d'un préfixe* ou/et d'un suffixe* à un radical : *in-utile, utile-ment, in-calcul-able.*

Destinataire (*n. m.*) : personne à qui s'adresse un énonciateur*, à qui est destiné un énoncé.

Déterminants du nom : classe* grammaticale de mots qui précèdent un nom pour former un groupe* nominal bien construit : *la nuit.*

Il existe différents types de déterminants :

- **article** : type de déterminant du nom, qui peut être **défini** (*le, la, l', les*), **indéfini** (*un, une, des*) ou **partitif** (*du, de la, de l'*) : ***de la*** *joie.*
- **démonstratif** : type de déterminant du nom (*ce, cet, cette, ces*) qui désigne un élément présent dans la situation* d'énonciation, ou déjà mentionné dans le texte.
- **exclamatif** : type de déterminant du nom (*quel, quels, quelle, quelles*) qui s'emploie dans une phrase exclamative : ***Quel*** *beau spectacle !*
- **indéfini** : type de déterminant du nom indiquant la totalité ou une quantité imprécise (*chaque, quelques*, etc.).
- **interrogatif** : type de déterminant du nom (*quel, quels, quelle, quelles*) qui s'emploie dans une phrase ou une proposition interrogative : ***Quel*** *film préfères-tu ?*
- **numéral cardinal** : indique une quantité (*un, dix, mille...*) ; **numéral ordinal** : indique un rang (*premier, dizième...*).
- **possessif** : type de déterminant du nom (*mon, ton, son, ma, ta, sa*, etc.) indiquant à qui ou à quoi doit être rapporté le nom : ***leurs*** *enfants = les enfants* ***de nos amis.***

Didascalies (*n. f. plur.*) : dans une pièce de théâtre, précisions données par l'auteur sur le décor, la mise en scène, les gestes et les expressions des personnages.

Discours : mise en pratique de la langue en vue de raconter, décrire, expliquer, argumenter. On distingue ainsi dans les textes* des formes de discours narratif, descriptif, explicatif, argumentatif.

Discours rapporté : discours* d'un énonciateur* repris dans un énoncé* par un autre énonciateur. On distingue parmi les formes de discours rapporté :

- **le discours direct**, lorsque les paroles prononcées par un énonciateur sont reproduites (entre guillemets) par un autre : *Il lui annonça : « Je ne partirai pas ! »*
- **le discours indirect**, lorsque les paroles rapportées sont présentées sous la forme d'un COD d'un verbe* de parole : *Il lui annonça qu'il ne partirait pas.*
- **le discours indirect libre**, lorsque les paroles rapportées ne sont pas subordonnées à un verbe de parole mais sont présentées comme au discours indirect : *Il lui annonça cette nouvelle : il ne partirait pas.*

Doublets (*n. m. plur.*) : couple de mots issus du même mot latin ou grec, l'un étant un mot savant, l'autre un mot populaire. Ainsi, *auscultare* en latin a donné *ausculter* (mot savant) et *écouter* (mot populaire).

Ellipse (narrative) : fait de passer sous silence, dans une narration, une période de l'histoire racontée.

Emphatique (forme) : mise en relief, dans une phrase, d'un mot ou d'un groupe de mots : *C'est moi qui suis arrivé le premier. Ce livre, je l'aime bien.*

Énoncé (*n. m.*) : message parlé ou écrit (phrase ou texte) qui résulte de l'acte d'énonciation.

Énonciateur (*n. m.*) : personne qui s'adresse à quelqu'un, qui produit un énoncé.

Énonciation (*n. f.*) : fait de s'adresser à quelqu'un en lui parlant ou en lui écrivant.

Épithète (liée) (*n. f.*) : fonction* de l'adjectif quand il suit ou précède un nom et est en relation étroite avec lui : *un cheval* ***fougueux****, des livres* ***scolaires****, un* ***beau*** *livre.*

Épithète détachée (ou apposée) : fonction* de l'adjectif quand il est séparé du nom qu'il peut suivre ou précéder : ***Furieux****, il bondit dans l'arène.*

Étymologie (*n. f.*) : étude de l'origine des mots. Le **sens étymologique** d'un mot est le sens le plus proche de celui du mot d'où il provient. Ainsi *étonné* signifie étymologiquement *frappé par le tonnerre.*

Euphémisme (*n.m.*) : figure* de style consistant à nommer une réalité de manière à en atténuer le caractère douloureux ou désagréable : *un demandeur d'emploi* pour « un chômeur ».

Expansions (*n. f.*) **de l'adjectif** : mots ou groupes de mots qui complètent ou précisent le sens d'un adjectif : *fier* ***de sa réussite****,* ***assez*** *intéressant.*

Expansions du nom : mots ou groupes de mots ayant une fonction* par rapport à un nom (épithète*, complément* de nom, subordonnée relative*, etc.).

Explicite (*adj. qual.*) : antonyme d'*implicite* (voir ce mot).

Famille de mots : ensemble des mots dérivés* à partir du même radical : *an, année, annuel,* etc.

Figures de style : expressions et procédés de rapprochement, d'opposition ou d'amplification destinés à plaire ou à convaincre (métaphore*, antithèse*, anaphore*).

Fonction : rôle que joue un mot (nom, pronom, adjectif...), un groupe* de mots ou une proposition* dans la phrase. Sujet*, complément* (d'objet, circonstanciel, etc.) sont des fonctions. Il ne faut pas confondre la **fonction** et la **classe*** (ou catégorie) **grammaticale** d'un mot (nom, adjectif, etc.).

Forme de phrase : une phrase peut se présenter sous une forme positive, négative, personnelle, impersonnelle, active, passive, emphatique*.

Générique (mot) : mot de sens général qui fonctionne comme une étiquette commune à des mots de sens plus spécifique* (***animal*** *: veau, vache, cochon*).

Gérondif : participe présent précédé de ***en*** : *en travaillant.*

Gradation (*n.f.*) : figure* de style qui consiste à enchaîner des termes exprimant un même sens de manière de plus en plus forte : *C'est beau, magnifique, extraordinaire...*

Groupe de mots :
- **adjectival** : groupe construit autour d'un adjectif ou d'un participe employé comme adjectif : *Un homme* ***très courageux****. Un pays* ***accueillant aux touristes.***
- **adverbial** : groupe construit autour d'un adverbe : ***bien gentiment.***
- **nominal** : groupe construit autour d'un nom, ***mes nouveaux amis.*** Le groupe nominal réduit ne comporte que le nom généralement accompagné d'un déterminant* : ***Le chien*** *court.* Il peut être étendu par des expansions* : *Le* ***jeune*** *chien, le chien* ***de Marie.*** Un nom propre ou un pronom peuvent jouer le même rôle qu'un groupe nominal : ***Pierre*** *court.* ***Il*** *court.*
- **prépositionnel** : groupe nominal précédé d'une préposition* : ***dans la rue.***
- **verbal** : groupe construit autour d'un verbe : *On* ***leur a retiré leurs armes.***

Homonymes (*n. m. plur.*) : 1. **homophones** : mots qui se prononcent de la même façon mais s'écrivent différemment : *cette, sept, Sète, set.* 2. **homographes** : mots qui s'écrivent de la même façon mais se prononcent différemment : *le président ; ils président.* 3. **homonymes parfaits** : mots qui s'écrivent et se prononcent de la même façon (*or*, n.m. : métal précieux ; *or* : conjonction de coordination).

Hyperbole (*n. f.*) : figure* de style qui consiste à employer, par exagération, une expression qui dépasse la réalité : *Je suis* ***mort de fatigue.***

Implicite (sens, énoncé) : information qui est contenue dans une phrase sans être dite explicitement et qui est incluse sous forme de *présupposé* ou de *sous-entendu* (voir ces mots). Présupposer ou sous-entendre sont des actes de parole qui transmettent du sens implicite.

Incise (proposition) : type de proposition qui interrompt ou suit une citation, au discours direct ; son verbe est un verbe de parole dont le sujet est généralement inversé : *Donne-lui tout de même à boire,* ***dit mon père.*** (V. Hugo)

Indices d'énonciation : mots d'un texte qui ne se comprennent que par rapport à la situation* d'énonciation. On distingue les indices de personnes, de lieu et de temps : *je, tu, ici, maintenant, hier, demain,* etc.

Injonctif (*adj. qual.*) : se dit d'un type* de phrase qui donne un ordre ou un conseil : *Tais-toi ! Rouler lentement.*

Interjection : mot très court utilisé seul ou dans une phrase exclamative et exprimant une émotion vive : *oh ! ouf ! hélas !*

Interlocuteurs (*n. m. plur.*) : personnes qui participent à un dialogue.

Interrogative (proposition subordonnée) : type de subordonnée complétive* dépendant d'un verbe principal exprimant une interrogation. On ne met pas de point d'interrogation à la fin de l'interrogative indirecte : *Je lui ai demandé s'il viendrait.*

Juxtaposition : procédé qui consiste à relier sans outil de coordination*, par un signe de ponctuation, plusieurs termes (mots, propositions) de même classe* grammaticale et de même fonction* : *adieu veau, vache, cochon, couvée.*

Litote (*n. f.*) : figure* de style qui consiste à renforcer une idée en feignant de l'atténuer, souvent à l'aide d'une négation : *Je ne suis pas mécontent de mon dessin = j'en suis très satisfait.*

Locuteur (*n. m.*) : celui qui parle à quelqu'un.

Locution (*n. f.*) : groupe de mots figé ayant un rôle correspondant à celui d'un mot unique. Il existe des locutions verbales (*avoir soif*, etc.), des locutions adverbiales qui équivalent à des adverbes (*tout de suite, en vain*, etc.), des locutions conjonctives, qui fonctionnent comme des conjonctions simples (*dès que, parce que*, etc.), des locutions prépositives, (*jusqu'à, à côté de*, etc.).

Mélioratif (*adj. qual.*) : qui présente sous un jour favorable : *persévérant* distinct de *têtu* (péjoratif*).

Métaphore (*n.f.*) : figure* de style qui, à la différence de la comparaison*, n'utilise pas de mot-outil de comparaison (*comme, de même que...*) : *La mer* ***déroulait son ruban*** *d'écume.*

Métonymie (*n. f.*) : figure* de style qui consiste en une substitution fondée sur un rapprochement logique : la partie pour le tout (*Une voile* [= un bateau] *s'éloigne.*) ; le contenant pour le contenu (*Je bois un verre.* = la boisson contenue dans le verre).

Modalisateur (*adj. qual.* ou *n.m.*) : voir *modalisation.*

Modalisation (*n.f.*) : marque de jugement de l'énonciateur (possibilité/nécessité, opinion favorable/défavorable) par des termes (modalisateurs) présents dans certains énoncés : auxiliaires (*devoir/pouvoir*), adverbes (*peut-être, heureusement...*), verbes (*je crois, je veux...*).

Mode (verbal) : forme du verbe exprimant l'attitude de l'énonciateur* vis-à-vis du destinataire* ou la manière dont il envisage la réalité de ce qui est dit dans l'énoncé. On distingue habituellement les **modes personnels** :

- **impératif** : mode exprimant un ordre ou un conseil : ***Venez !*** Les phrases injonctives* sont généralement à l'impératif.
- **indicatif** : mode de ce qui est tenu pour vrai, pour réel : *Il* ***habite*** *à Toulouse.*
- **subjonctif** : mode de ce qui est tenu pour irréel, imaginé, envisagé par l'esprit : *Je regrette qu'il* ***vienne*** *nous voir.*

et les **modes impersonnels** (qui ne varient pas en personne) :

- **infinitif** : *parler* (forme simple), *avoir parlé* (forme composée).
- **participe** : on distingue le participe présent (*chantant*) du participe passé (*chanté*).
- **gérondif** : voir ce mot.

Narrateur (*n. m.*) : dans un texte, celui qui raconte ; à ne pas confondre avec l'auteur.

Négation : la forme négative et la forme positive sont les deux manières d'orienter l'énoncé. Une phrase déclarative, une phrase interrogative, une phrase injonctive* peuvent être positives ou négatives. La négation est marquée soit par des adverbes de négation (*ne... pas, ne... guère*, etc.), soit par des déterminants ou des pronoms indéfinis négatifs (*aucun, personne, rien*) combinés avec *ne.*

Néologisme (*n. m.*) : mot de création récente (*vidéothèque*) ou mot emprunté depuis peu de temps à une langue étrangère (*fast-food*). Le néologisme est le contraire de l'archaïsme*.

Niveaux (ou registres) de langue : voir *Registres.*

Omniscient (narrateur) : type de *point de vue* (voir ce mot) d'un narrateur qui voit tout et sait tout des pensées des personnages.

Paragraphe : ensemble plus ou moins long de phrases qui forme une unité de sens marquée par un alinéa (retour à la ligne). Un texte est découpé en paragraphes.

Paronomase (*n. f.*) : figure* de style qui consiste à rapprocher des mots de sens différents mais de sonorités voisines : *Qui* ***s'excuse s'accuse.***

Paronymes (*n. m. plur.*) : mots dont la prononciation et l'orthographe se ressemblent : *allocation, allocution.*

Pause (narrative) : fait de suspendre le déroulement d'une narration pour développer une description, un commentaire.

Péjoratif (*adj. qual.*) : qui présente sous un jour défavorable : *têtu* distinct de *persévérant* (mélioratif*).

Périphrase (*n. f.*) : expression qui désigne en plusieurs mots ce qu'un mot seul pourrait dire (*L'auteur des* Misérables = Victor Hugo). Elle permet d'éviter la répétition en ajoutant souvent une valeur particulière (poétique, péjorative, etc.).

Personnification : figure* de style par laquelle on représente un animal, une chose ou une idée sous les traits d'une personne : *la misère* ***affublée de haillons comiques.***

Phrase complexe : phrase contenant plusieurs noyaux verbaux et donc constituée de plusieurs propositions* : *Je pense que tu as raison.*

Phrase non verbale : phrase ne comportant pas de verbe : *Soudain, un cri. Ce film, une merveille !*

Phrase simple : phrase contenant un seul noyau verbal et donc constituée d'une seule proposition* : *La ville dort.*

Phrase verbale : phrase ayant pour centre un verbe, par opposition à la phrase* non verbale.

Point de vue narratif : angle selon lequel on raconte ; les faits peuvent être présentés selon ce que voit ou sait le narrateur* ou un personnage.

Polysémie (*n. f.*) : caractère d'un mot qui possède plusieurs sens : *une rivière* ***profonde****, une pensée* ***profonde****.*

Préfixe (*n. m.*) : élément qui précède le radical* dans un mot dérivé* : ***in****-utile,* ***re****-faire.*

Préposition (*n. f.*) : mot invariable (*de, sur, sans, avec,* etc.) qui précède un nom ou un groupe* nominal pour former un groupe* prépositionnel : ***avec*** *joie,* ***dans*** *la rue.*

Présent d'actualité ou **d'énonciation** : emploi du présent pour exprimer des faits qui se déroulent au moment même de l'énonciation* : *Voilà Sophie qui sonne à la porte.*

Présent de narration ou **présent historique** : emploi du présent dans l'évocation de faits passés pour les rendre plus vivants : *Marco Polo part pour la Chine en 1271.*

Présentatif (*n. m.*) : mot ou groupe de mots (*c'est, voici, voilà, il y a... qui*) servant à mettre un autre mot en valeur : ***C'est*** *Molière* ***qui*** *a écrit* l'Avare.

Présupposé (*n. m.*) **(ou présupposition)** (*n. f.*) : élément de sens implicite qui se déduit obligatoirement de l'emploi d'un mot ou d'une expression : *Il a cessé de jouer du violon* a comme présupposé : *Il a joué du violon dans le passé.*

Progression thématique : enchaînement des thèmes* et des propos* qui permet au texte de progresser ; on distingue :

- **la progression à thème constant** : le thème reste le même d'une phrase à l'autre, mais une série de propos apporte des informations différentes : ***Le renard*** *bondit vers le lièvre.* ***Il*** *le poursuivit longtemps.*
- **la progression linéaire** : un élément du propos d'une phrase devient le thème de la suivante : *Le renard bondit vers* ***le lièvre. Celui-ci*** *s'enfuit.*
- **la progression à thèmes dérivés** : les différents thèmes se rattachent à un même thème qui les englobe tous : ***Le renard*** *est un mammifère carnivore.* ***Son pelage*** *est roux.* ***Ses oreilles*** *sont droites.* ***Sa tête*** *a une forme triangulaire.*

Pronom : mot qui remplace un autre élément (substitut* : *il, le, cela,* etc.) ou qui désigne un être ou un objet présent dans la situation* d'énonciation (indice* d'énonciation). On distingue les **pronoms** :

- **personnels** : indices d'énonciation qui désignent l'énonciateur (1re personne : *je, nous...*) ou le destinataire (2e personne : *tu, vous...*) ; substituts (3e personne : *il, elle...*).
- **possessifs** : *Sa console est plus récente que* ***la mienne****.*
- **indéfinis** : certains sont des substituts* (*le même, un autre...*), d'autres indiquent simplement l'indétermination, la totalité, la négation* (*quelque chose, on, tout, rien...*).
- **interrogatifs** : *qui ? quoi ?*, etc. s'emploient dans une phrase interrogative ou dans une subordonnée interrogative* indirecte.
- **relatifs** : ils introduisent une proposition subordonnée relative* : *l'homme* ***qui*** *parlait aux chevaux.* Le pronom relatif a une fonction* dans la subordonnée (***qui*** = sujet de *parlait*).

Propos (*n. m.*) : ce qu'on dit du thème* de la phrase et qui contient une information nouvelle : *Le renard* ***bondit vers le lièvre****.*

Proposition : ensemble de mots organisé autour d'un verbe, le plus souvent conjugué. La phrase* simple comporte une seule proposition : *La terre tremble.* La phrase* complexe comporte au moins deux verbes, noyaux de deux propositions : *Je crois qu'il va neiger.*

Proposition indépendante : proposition constituant une phrase* simple (*Il fait nuit de bonne heure.*), ou coordonnée à une autre indépendante dans une phrase complexe (*Le vent se lève et le ciel se dégage.*).

Proposition principale : dans une phrase* complexe, proposition dont dépend(ent) la(les) proposition(s) subordonnée(s) : *Quand le mistral souffle,* ***Avignon grelotte****.*

Proposition subordonnée : proposition qui dépend d'une autre proposition, le plus souvent introduite par un mot subordonnant* : *Je crois* ***qu'elle ne viendra pas****.*

Radical : élément d'un mot qui contient l'essentiel du sens. Le radical peut être entouré d'un préfixe* et/ou d'un suffixe* : *dé-****congél****-ation.*

Récit (*n. m.*) : texte produit pour raconter une histoire.

Réfléchi : pronom* personnel placé généralement devant le verbe et après un sujet de même personne (*me, te, se,* etc.) : *Nous* ***nous*** *asseyons.* Sens d'un verbe pronominal exprimant une action faite par le sujet sur lui-même : *Il* ***se lave****.*

Réfutation (*n.f.*) : dans une argumentation, action de montrer que les arguments de l'adversaire sont mauvais.

Registres (ou niveaux) de langue : façons de s'exprimer, en rapport avec la situation de communication. On distingue les **registres soutenu**, **courant** et **familier**.

Relative (proposition subordonnée) : proposition subordonnée commençant par un pronom* relatif : *l'homme* ***qui parlait aux chevaux****.*

Réplique (*n. f.*) : élément du dialogue qui rapporte les paroles ou les pensées d'un personnage.

Reprise (procédé de) : utilisation d'un substitut* lexical ou d'un pronom substitut permettant d'éviter les répétitions.

Schéma narratif : dans le récit*, succession d'étapes menant d'une situation initiale à une situation finale.

Sens figuré : par opposition au sens propre, le sens figuré d'un mot est une signification dérivée, plus imagée. Ainsi, *cœur*, dans *Cet homme a du cœur*, signifie *générosité, courage.*

Sens propre : sens premier du mot, par opposition à ses sens figurés. Ainsi, *cœur*, dans *Il a un cœur solide* a son sens propre : *organe vital.*

Situation d'énonciation : situation concrète dans laquelle l'énoncé* est produit. La situation d'énonciation* comprend l'énonciateur*, le destinataire*, le moment, le lieu précis de l'énonciation. Certains mots, appelés indices* d'énonciation, ont un sens qui dépend de la situation d'énonciation : *je, tu, ici, maintenant, hier, demain*, etc.

Sous-entendu (*n.m.*) : information implicite qui peut être déduite de ce qui est dit : *Vous êtes bien coiffé aujourd'hui* peut vouloir dire : *D'habitude, vous êtes mal coiffé.*

Spécifique (mot) : mot qui a un sens restreint et appartient à un ensemble de mots qui peuvent être désignés par un même mot générique* : ***veau, vache, cochon*** par opposition à *animal* (mot générique).

Subordonnant (*n. m.*) : mot (pronom relatif, conjonction de subordination, mot interrogatif) qui relie une proposition subordonnée à une proposition principale.

Substitut (*n. m.*) : mot (pronom, nom ou GN) qui, dans un texte, remplace un mot ou un groupe de mots : *Le hérisson se cache mais je* **le** (pronom substitut) *vois.* ***Cet animal*** (substitut lexical) *est peureux.*

Suffixe : élément qui suit le radical* dans un mot dérivé* : *congél-**ateur**.*

Sujet : fonction* occupée par l'élément essentiel de la proposition* qui commande l'accord du verbe en genre et en nombre, et qui joue souvent le rôle du thème* de la proposition : ***La Terre*** *tourne autour du Soleil.*

Superlatif : le superlatif exprime le très haut degré d'une qualité (superlatif absolu : *très grand*), ou le plus haut degré d'une qualité par rapport à un ensemble (superlatif relatif : *le plus grand des mammifères…*).

Synonymes (*n. m. plur.*) : mots de sens proche : *facile, aisé, commode.*

Temps composé : temps qui comporte, à la voix active, une forme composée : *Nous **avons chanté**.*

Temps simple : temps qui comporte, à la voix active, une forme verbale simple : ***Nous chantons.***

Terminaison (ou désinence) : partie d'une forme verbale qui apporte des informations sur la personne, le mode ou le temps : *Nous chant-**i-ons**.*

Texte argumentatif : texte qui cherche à convaincre, à faire partager un point de vue grâce à des arguments.

Texte descriptif : texte qui permet de se représenter avec précision un lieu, une personne ou un objet.

Texte explicatif : texte qui cherche à faire comprendre.

Texte narratif : texte où l'on raconte une suite d'événements qui se déroulent dans le temps.

Thème (*n. m.*) : ce dont il est question dans la phrase : ***Le renard*** *bondit vers le lièvre.*

Thèse (*n.f.*) : opinion que l'énonciateur* soutient dans une argumentation ; la thèse est appuyée sur des arguments* et des exemples.

Type de phrase : selon l'intention de l'énonciateur*, une phrase est de type déclaratif, interrogatif, injonctif*, exclamatif.

Verbe de parole : verbe suggérant ou introduisant, dans le discours* rapporté, des propos tenus par un énonciateur* : *dire, demander, répondre*, etc.

Verbe intransitif : verbe qui ne peut pas recevoir de complément* d'objet : *dormir, pleurer*, etc.

Verbe pronominal : verbe dont toutes les personnes sont accompagnées d'un pronom personnel réfléchi*, comme *se souvenir* : *je me souviens, tu te souviens, il se souvient…*

Verbe transitif : verbe qui peut recevoir un complément d'objet. Les verbes **transitifs directs** peuvent recevoir un complément* d'objet direct : *regarder, finir*, etc. Les verbes **transitifs indirects** ne peuvent admettre que des compléments* d'objet indirect : *obéir à, dépendre de*, etc.

Versification (lexique de) : voir ch. 35 *Le langage poétique*, pp. 278 à 281.

Voix du verbe : elle indique la relation qui existe entre le verbe, son sujet et son objet. On distingue la **voix active** (*Pierre précède Marie.*), la **voix passive** (*Marie est précédée par Pierre.*) et la **voix pronominale** (*Pierre s'amuse.*).

Index alphabétique

ALPHABET PHONÉTIQUE INTERNATIONAL

Voyelles

Voyelles orales

[a]	la, patte	[i]	si, lys
[ɑ]	âne, pâle	[y]	su, eu
[ɔ]	col, port	[u]	sou
[o]	eau, mot	[œ]	peur
[e]	thé, chanter	[ø]	peu, vœu
[ɛ]	père, pelle	[ə]	le, refus

Voyelles nasales

[ɑ̃]	dans, vent	[ɔ̃]	son
[ɛ̃]	lin, daim	[œ̃]	un, parfum

Consonnes

[p]	pain	[ʃ]	chat, short
[t]	ta, lutte	[v]	vin, wagon
[k]	colle, quart	[z]	tison, bazar
[b]	bon	[ʒ]	jour, geai
[d]	dur	[l]	loi
[g]	gare, gui	[ʀ]	roi
[f]	fort, pharmacie	[m]	ma
[s]	son, cela	[n]	ni
		[ɲ]	peigne

Semi-consonnes

[j]	lieu, maille, yaourt
[ɥ]	bruit, suer
[w]	watt, ouate, soie

Couverture :
Wassily KANDINSKI (1866-1944),
Vers le bas, 1929.
Musée des Beaux Arts, Nantes.

Crédits photographiques : Couverture : G. Blot / RMN © ADAGP, Paris 2003. - p. **8** Ph. © AKG, Paris. - p. **10** © C. Jegou. - p. **15** Ph. © P. Marlow / Magnum. p. **16** Ph. © P. Almasy / AKG - p. **20** Ph. © Leemage - p. **25** © Dargaud-Blain - p. **26** Ph. © Bridgeman-Giraudon - p. **31** Ph. © AKG, Paris - p. **32** Ph. Coll. CHRISTOPHE L. - p. **37** © John Hinde Ltd. / Chris Boot - p. **38** G. Blot / RMN - p. **43** Ph. © Bridgeman-Giraudon - p. **44** Ph. Coll. Archives Larbor - p. **48** Ph. © F. Scianna / Magnum - p. **52** © Dupuis 2002 - p. **68** Ph. © Bridgeman-Giraudon © Mucha Trust / ADAGP, Paris 2003 - p. **78** Ph. © Ravaux / RMN - p. **80** Ph. © Dagli Orti G. © ADAGP, Paris 2003 - p. **84** Christies Images, Londres Ph. © Bridgeman-Giraudon - p. **89** © Hulton Archiv - p. **90** Ph. © C. Jean / RMN - p. **95** Ph. © E. Erwitt / MAGNUM - p. **96** Ph. © Bridgeman-Giraudon - p. **100** Ph. © G. Blot / RMN - p. **105** Ph. © Bridgeman-Giraudon - p. **106** © Coll. Kharbine-Tapabor - p. **110** Malett & Son Antiques Ltd, Londres Ph. © Bridgeman-Giraudon - p. **122** Ph. M. L. Pérony © Archives Larbor - p. **126** Ph. © Archives Nathan - p. **129** South African National Gallery, Cape Town Ph. © Bridgeman-Giraudon - p. **134** Ph. © G. Blot / RMN - p. **136** Ph. © Sipa Press - p. **141** Ph. M. Didier © Archives Larbor - p. **142** Ph. © S. Franklin / Magnum - p. **148** Ph. Coll. Archives Larbor - p. **153** Ph. © D.R. © ADAGP, Paris 2003 - p. **154** © Sempé et Editions Denoël - p. **159** Peanuts © UFS - p. **160** Ph. © Service photographique du MNAM / CCI © ADAGP, Paris 2003 - p. **165** Ph. © Archives Nathan © Succession Picasso 2003 - p. **166** Ph. © EFE / Sipa Press - p. **167** Ph. Oronoz © Archives Larbor - DR - p. **168** ht Ph. © Abbas / Magnum - p. **168** bas g © Survival France - p. **168** bas d © Mix et Remix - p. **169** ht © Barrigue - p. **169** bas d © CNAM - p. **169** m © France Telecom - p. **170** ht g © The Munch Museet - The Munch Ellingsen Group © ADAGP, Paris 2003 - p. **170** ht d © Vlahovic - p. **170** bas Ph. © L. Towell / Magnum - p. **171** ht © Sans Blanc / CE des Cheminots / ATTAC - p. **171** m © Lowe Alice / Société Générale - p. **171** bas ©Plantu - p. **172** ht © Libération - p. **172** m Ph. © A. Nemenov / AFP - p. **172** bas © Burki - p. **173** Ph. Coll. Christophe L. - p. **176** Ph. © British Library / AKG, Paris - p. **179** Ph. © H. Lewandowsky / RMN - p. **194** Ph. © T. Ollivier / RMN - p. **200** © Dargaud Benelux SA - p. **206** Ph. © Bridgeman-Giraudon - p. **208** © Editions Gallimard- Fonds Futuropolis - p. **212** Ph. © H. Gruyaert / Magnum - p. **217** © Bill Watterson / Universal Press Syndicate - p. **218** Ph. © Archives Larbor / Musée de la Publicité, Paris - p. **223** Ph. © Rue des Archives, Paris - p. **224** Ph. © Archives Larbor - p. **228** © Frapar / Editions Marabout 2002 - p. **229** Ph. © P. Marlow/Magnum - p. **232** Ph. © Bridgeman-Giraudon - p. **237** Ph. © AKG, Paris - p. **244** Ph. Jean-Loup Charmet © Archives Larbor / DR - p. **247** © Bamboo Edition - Les Profs de Pica et Erroc - p. **252** © Bibliothèque Nationale de France, Paris - p. **254** Ph. © Bridgeman-Giraudon © ADAGP, Paris 2003 - p. **259** © Truffaut Magazine - p. **260** © Photos12.com-Bertelsmann Lexikon Verlag - p. **265** © Turk & de Groot-Le Lombard 2003 - p. **266** Ph. © AKG, Paris - p. **270** Ph. © R. G. Ojeda / RMN - p. **275** Ph. © David Harriman / Citroën - p. **276** Ph. © J. Schormans / RMN © Henri Martin, ADAGP, Paris 2003 - p. **283** © Editions Gallimard - p. **293** Ph. © ARJ-Photos 12.com.

Conception Maquette : Christophe DURAND
Mise en page, adaptation graphique : Frédérique BUISSON
Recherche iconographique : Clémence ZAGORSKI
Couverture : C B'Art
Compogravure : IGS Angoulême
Fabrication : Jean-Philippe DORE. **Édition :** Colette BRENAC

Imprimé en Italie par NIIAG - Dépôt légal : avril 2003 - N° de projet : 10097974